반일과 동아시아

반일이라는 사상과제

지은이 우카이 사토시 · 천꽝싱 · 쑨꺼 · 권혁태 외

가와베 이치로(河辺一郎, UN 문제 · 일본외교론) 　**고야스 노부쿠니**(子安宣邦, 일본사상)
권혁태(한일관계사) 　**나가하라 유타카**(長原豊, 경제학)
다카하시 데쓰야(高橋哲哉, 철학) 　**도사 히로유키**(土佐弘之, 정치학)
마루카와 데쓰시(丸三哲史, 타이완 연구 · 동아시아 문화론)
모리 요시타카(毛利嘉孝, 사회학 · 문화연구) 　**미조구치 유조**(溝口雄三, 중국사상사)
백영서(사학) 　**백원담**(중국학)
사사야마 나오키(崎山直樹, 역사학) 　**사카모토 히로코**(坂元ひろ子, 중국사)
쑨꺼(孫歌, 중국문학) 　**안연선**(동아시아학)
오가타 고우(緒形康, 중국사상) 　**오카노 야요**(岡野八代, 정치사상사)
오타 오사무(太田修, 조선근현대사) 　**요네타니 마사후미**(米谷匡史, 일본사상사)
요모타 이누히코(四方田太彦, 영화사) 　**요시자와 후미토시**(吉澤文壽, 조선사)
우카이 사토시(鵜飼哲, 프랑스문학) 　**이와사키 미노루**(岩崎稔, 정치사상)
이타가키 류타(板垣龍太) 　**임지현**(사학)
천꽝싱(陳光興, 문화연구) 　**타카구치 코우타**(高口康太, 역사학)
호소미 가즈유키(細見和之, 독일사상) 　**홍귀의**(洪貴義, 정치학 · 사상사)
히가시 다쿠마(東琢磨, 음악평론)

옮긴이 연구공간 '수유＋너머' 번역네트워크
일본에서 6월에 나온 책을 한국에서 8월까지 번역을 마치기에는 여러 사람들의 참여가 있었다.
일본에서 활동중인 최태원 · 홍종욱 · 조기은 · 강원봉과 연구공간 '수유＋너머'의 번역학교 멤버
인 박삼헌 · 정선태 · 오석철 · 최주한 · 김도형 · 김인수, 일본잡지읽기 멤버인 김영수 · 남효
진 · 김우자 · 김신재 · 심정명 · 김희숙 · 윤여일, 그리고 류준필 · 이정훈이 함께 했다. 언젠가의
다음 기획을 예감하면서 연구공간 '수유＋너머' 번역네트워크라는 느슨한 이름을 갖기로 했다.

반일과 동아시아
: 반일이라는 사상과제

1판 1쇄 인쇄 2005년 12월 20일
1판 1쇄 발행 2005년 12월 30일

지은이 / 우카이 사토시 · 천꽝싱 · 쑨꺼 · 권혁태 외
옮긴이 / 연구공간 '수유＋너머' 번역네트워크
펴낸이 / 박성모
펴낸곳 / 소명출판
출판고문 / 김호영
등록 / 제13-522호
주소 / 137-878 서울시 서초구 서초동 1621-18 (란빌딩 1층)
대표전화 / (02) 585-7840
팩시밀리 / (02) 585-7848
somyong@korea.com / www.somyong.com

ⓒ 2004, 소명출판

값 17,000원

ISBN 89-5626-198-9 03910

반일과 동아시아

반일이라는 사상과제

Anti-Japan and East Asia

The Ideological Problem of Anti-Japan

우카이 사토시 · 천광싱 · 쑨거 · 권혁태 외 지음

외국인 '수유+너머' 번역네트워크 옮김

소명출판

⓪ 이 책은 『현대사상(現代思想)』 2005년 6월호의 특집 「'반일'과 마주하다」를 번역한 것으로, 『현대사상』 측의 양해를 얻어 제목과 구성, 목차를 바꾸었다. 천꽝싱의 글은 중국어를 대본으로 삼았으며 한국인 필자 중 백영서·백원담·안연선·임지현의 글은 한국어 원고를 그대로 실었다. 권혁태의 글은 일본어를 한국어로 옮긴 것이다. 또한 『현대사상(現代思想)』 편집장인 이케가미 씨로부터는 한국의 독자들에게 보내는 편집후기를 받아 추가하였다.

① 많은 일본인들이 올 봄 한국과 중국에서 일어난 반일에 당혹감을 감추지 못했다. 일본의 매스컴은 대체로 한국과 중국 정부가 자신들이 처한 내적 위기를 반일이라는 낡은 구호로 모면하려는 것이 아니냐는 식으로 사태의 본질을 외면했다. 상대의 애국주의를 비판함으로써 자신의 국가주의를 감추거나 부추기는 것. 이 책의 많은 일본인 필자들이 표출하고 있는 위기감이나 당혹감은 그러한 일본 내부의 사정을 배경으로

하고 있다.

② 타자를 비난하는 것으로 자신의 정당성을 확인하는 방식의 부정적 운동은 국민국가 사이에서 손쉽게 연쇄반응을 일으킨다. 단일한 실체로 상상된 적대자를 향하는 정치적 원한의 이름일 때, 그리고 그 원한의 감정을 통해 ‘우리’를 하나로 단결시키려는 정치적 구호로 기능할 때, 반일은 그러한 부정적 힘을 실어 나르는 수레에 불과할 뿐이다. 오늘 일본에서 횡행하는 ‘북조선 때리기’는 아마도 그 변종일 것이다.

③ 반일에서 반일 이상을 상상하고 사유하기. 우리가 이 책에 주목한 까닭이다. “반일은 역시 정당하다”거나 “일본의 양심을 보라”는 식의 편안함은 우리의 관심이 아니다. 그것은 어디까지나 타자의 자기 부정을 자기 정당성의 증거로 삼으려는 편협함일 따름이다. 우리에게도 반일은 생뚱맞고 불편하며 ‘시대착오적’인 것이어야 한다. 아시아 ‘외부’의 서구와 대결한다는 대의명분에도 불구하고 정작 그 자신이 아시아 ‘내부’에서 또 하나의 ‘서구’로 군림했던 ‘제국 일본’의 역사적 부채는 ‘그들’만의 것도, ‘어제’만의 일도 아니기 때문이다.

④ 아시아를 말하고 아시아의 연대를 구하되 근대 그 자체를 발본적으로 되물을 용기가 없을 때, 반일은 늘 어색하고 불편하며 곤혹스러운 것으로 다가온다. 자신에게 어울리는 이름을 얻지 못한 채 반일이라는 낡은 외투를 걸치고 황급히 역사의 무대 위로 뛰어올라왔을 뿐, 그는 등이 굽은 노인이 아니라 혈기왕성한 청년의 얼굴을 하고 있다. 전쟁을 경유하지 않는 동아시아의 탈냉전, ‘중국’ 위로 흐르는 또 다른 근대의 시간, 미국 없는 아시아, 글로벌리즘이 관통하면서 만들어내는 새로운 주체의 가능성, 국가의 경계를 가로지르는 대중의 교류와 연대. 잠정적으로 우리는 그에게 ‘반일이라는 사상과제’라고 이름을 붙여보았다. 동아

시아 대중의 살아 있는 함성을 제대로 살려내기에는 여전히 궁색하다는
비난을 피할 길이 없기는 하지만.

5 "반혁명 속에서조차 혁명의 계기를 끄집어내는 노력" 다케우치는
루쉰의 뚝심을 그렇게 평가했다. 그 말에 기대어 우리는, 오늘의 반일에
서 동아시아 연대의 계기를 사고하자는 제안을 던지고 싶다. 방향성을 상
실한 '자기 해체'와 자기 갱신의 '성숙'을 동반하는 역사적 운동은 구분
되어야 하며, 타자의 **고통스러운 싸움**을 함께 나누지 못하는 공허한 연대
의 깃발은 자제되어야 한다. 이 책이 사태를 냉소하거나 즐기기 위한 가
이드북이 아니라 우리 의 '자기 부정'을 촉발하기 위한 출발점이 되기를
바란다. '남의 언어'를 빌어 말하는 가난함도 부끄럽지만, 우리 자신이 아
직도 '근대의 시간' 속에서 체득한 편견들로부터 자유롭지 못하다는 사
실 또한 우리를 초조하게 만든다는 변명도 덧붙여 두기로 하자.

2005년 11월

반일과 동아시아 반일이라는 사상과제

차례

2부 반일의 쟁점들

4부　잠류潛流하는 동아시아 연대

새로운 아시아적 대화를 위해

우카이 사토시(프랑스문학) 지음 / 윤여일 옮김

우선 10년 전으로 거슬러 올라가 보죠. 그 무렵 강상중 씨와 대담할 기회가 있었는데, 요즘 그때 제가 했던 말이 떠오릅니다. 당시는 소위 냉전의 종언, 소련·동구 사회주의권의 붕괴 이후, 특히 구유고슬라비아에서 민족간 모순이 갑자기 심각해져 '내'전으로 돌입해가던 국면이었습니다. 이와 달리 동아시아에서는 천안문사건을 전후로 중국, 북한 그리고 베트남, 라오스와 같은 사회주의국가가 정치체제로서 존속하게 되었습니다. 그때 저는 동아시아에는 정치체제간의 차이가 유지된 채로 냉전이 끝났다는 사실이 역설적이게도 동구처럼 냉전의 종언이 곧바로 민족간 열전으로 전화하는 것을 일단은 막았다는, 그러한 '중단'의 구조가 동아시아에 있는 것은 아닐까라고 이야기했습니다. 그때 말하려 한 것은 유예된 시간을 우리가 어떻게 활용할 수 있을지가 역사적 관점에서 결정적으로 중요하다는 점이었습니다. 그러나 최근의 사태를 보면 우리들은 이 시간을 유효하게 사용하지 못했다는 인상을 지울 수 없습니다. '주어진 10년'을 낭비하고 말았다는 고통스러움, 그것이 제가 이 유예된 시간에 대해 느끼는 주요한 감각입니다. 우리들은 이 10년 간을 충분히 활용하지 못했습니다. 물론 그 사이에 실로 많은 사건이 있었습니다. 한국의 '대북햇볕정책'도 이 역사적 기회를 활용하기 위해서였습니다. 일본도 아무 것도 하지 않은 것은 아닙니다. 그러나 다양한 시도를 거듭하면서도 상황이 여기에 이르렀다는 사실을 우선 확인하지 않을 수 없습니다.

일본 측에서 이 역사적 유예를 활용하려는 시도가 봉착한 벽이란 무엇일까요. 그것을 한 마디로 하면 이 나라가 냉전이라는 '어머니'에게 응석을 부려온 '아이'여서 쉽게 독립할 수 없다는 사실이 아닐까요. 냉전의 '보호'를 받으며 제국주의, 식민주의, 침략전쟁의 역사를 인식한다는 곤란한 작업에 직면하는 것을 회피해 왔습니다. 최근 '성숙/미성숙', 즉 '어른/아이'라는 이항도식이 중국의 시위 참가자를 비난하는 문맥에서 동원되었는데, 아무래도 남 말을 할 처지는 아닙니다. 일본만큼 자기가 처한 역사적 조건을 직시해야 함에도 불구하고 '성숙'하려고 하지 않는 나라, '어른'이 되는 것을 거부하는 나라도 없습니다. 현재 사태를 볼 때 한 가지 실마리는 타이완, 한국, 나아가서는 필리핀, 인도네시아를 포함해 일본의 침략이나 식민 지배를 받은 아시아 국가들의 민주화가 1980년대에 한꺼번에 진행되었다는 것입니다. 그 과정을 통해 탈냉전의 새로운 정치적 문맥이 형성된 의미를 일본은 아직까지 정확하게 포착하지 못했다고 생각합니다. 냉전기의 이 지역에서는 일본 이외의 국가 모두 우익 군사독재정권이었습니다. 민주화를 거쳐 마침내 식민 지배나 아시아태평양전쟁기 피해의 실상이 개인의 입으로 말할 수 있게 되어, 우리의 귀에 닿게 되었습니다. 아시아가 민주화된다는 것은 그런 것입니다.

중국 민중 수준의 대일 항의에 최근 일본의 정부나 미디어가 조직하고 있는 캠페인은 그들이 냉전기 아시아의 군사독재국가에 요구했던 것을 현재 중국 정부에 요구하는 것과 같습니다. 유일한 차이는 일본의 우파 담론이 여전히 노골적으로 분열증적이라는 것입니다. "중국은 독재이기 때문에 열등하다, 일본은 민주주의이기 때문에 우월하다"라고 말하며 입에 침도 바르지 않은 채, "독재적이기 때문에 '반일'을 단속하라"고 말합니다. 이러한 후자의 태도는 냉전기에 한국·필리핀·타이완의 독재정권에 대해 보여 온 것과 동일합니다.

현재 한국 그리고 중국에서 공공연히 제기되고 있는 물음은 민주주의의 문제입니다. 일본보다 훨씬 깊고 본질적인 수준에서 민주주의 문제의 다양한 아포리아에 직면해 사회 전체가 그것과 씨름하고 있습니다. 아시아 각국의 민주화 과정, 현 단계의 성격을 각각 어떻게 다룰지는 대단히 어렵습니다만, 한국의 경우 우여곡절을 겪으면서도 확실히 민주화가 진행되고 있다는 것은 느낄 수 있습니다. 이미 일본보다 민주적인 부분도 많다고 생각합니다. 또한 중국의 시위는 인터넷의 보급으로 형성된 여론이 표면화한 하나의 사례로 보아야 할 것입니다.

다른 하나는 국제 정세의 타이밍입니다. 일본이 UN 안전보장이사회의 상임이사국이 되고 싶다는 의사를 밝혔습니다. 그 요구가 코피 아난 사무총장의 UN 개혁안과 연결되어 어느 정도 현실성이 있다고 전해지자 일본이 상임이사국이 되어서는 안 된다고 생각하는 많은 아시아인이 자신의 생각을 표현했습니다. 저도 같은 생각입니다. 현재 일본처럼 '미성숙'한 나라가 새로이 늘어날 상임이사국에 적합하다고는 도무지 생각되지 않습니다. 일본의 상임이사국 진입에 반대하는 개인으로서, 입장을 표명하고 싶습니다.

저의 생각으로는 그것은 여러 가지 의미에서 일본인에게 좋지 않습니다. 중국이 국제사회에 본격적으로 진입하면 체제가 어떻든 장기적으로는 중국이 국제사회로 깊이 통합될 것은 확실하기 때문에, 일본의 존재가 상대적으로 축소되는 것은 역사적 필연입니다. 일본 전체로서도, 한 명 한 명의 일본인 속에 자리잡고 있는 이 나라의 '이미지'라는 수준에서도, 어떤 의미에서 '대국'으로서의 일본이라는 의식을 바꿔야 합니다. 일본이 대국이 아니라 작아지는 것을 오히려 기쁘게 따를 시련으로서 적극적으로 받아들여야 할 역사적 과제를 앞두고 있는 지금, 자칫 상임이사국이 되어 버려 그 기회를 잃을 수는 없습니다. 또는 과제를 더 곤란하게 만들어서도 안 됩니다. 일본이 작아진다는 것은 결코 부정적인 사태가 아닙니다. '대국'이 아니라고 '소국'인 것은 아니며 여기서 다시 '대/소'라는 이항도식에 빠지지 않는다면, 지금까지 줄곧 볼 수 없었던 가능성이, '대국'이면서 유일한 '초대국'의 '속국'이 되는 것보다 훨씬 적극적인 가능성이 얼마든지 나타날 것입니다. 이 가능성을 좋게 받아들이는 감성을 길러야 할 때에 상임이사국 진입은 '백해무익'합니다.

그런 의미에서 저는 3, 4월에 한국이나 중국에서 일본의 상임이사국 진입에 반대하여 일본의 역사적인 반성을 촉구하는 다양한 수준의 목소리가, 한국의 경우는 대통령을 포함하여, 중국의 경우는 주로 가두의 목소리로 표현되었던 것에 일본 내부의 호응이 이어지기를 간절히 바랍니다. 그러나 그러한 입장을 표명하는 동시에 현재 동아시아의 상황을 일본이 역사적으로 품고 있는 문제로만 한정하지 않고, 전체로서 어떻게 생각할 것인가라는 또 하나의 과제가 있습니다. 그러한 고찰을 심화시킬 만한 몇 개의 가설이나 도식을 활용해 신중한 분석을 시도해야겠지요. 역설적인 표현입니다만, 이 상황에는 극히 고전적인 측면과 역사상 일찍이 없었던 매우 특이한 측면이 표리일체의 모습으로 담겨 있는 듯이 보입니다. 이 지역에서 근대의 시간은 거의 150년으로서, 여기서 근대적인 국민국가가 진정한 의미에서 병존하고 인접하게 된 것은 냉전 이후 최근 15년 정도일 것입니다. 게다가 강력한 군사력을 가진 국력이 거대한 국민국가가 인접하여 병존하는 상황은 19세기의 유럽 이래로 인류의 역사에서 불과 두 번째입니다.

물론 인도와 파키스탄, 혹은 중동의 이스라엘과 아랍 국가들의 관계도 있습니다. 그러나 중동의 경우는 이스라엘이라는 외래 신생국가가 폭력적으로 건설되었기 때문에 생긴 분쟁이며, 인도와 파키스탄의 경우에는 종교적 요인이 큽니다. 결국 19세기 유럽에 비교할 만한 상황은 아닙니다. 동아시아는 수십 세기에 걸쳐 역사적, 문화적으로 많은 사항을 공유해온 복수의 공동체가 지금 국민국가로서 각각 자기를 구성하고 표상하면서 서로 마주하고 있다는 점에서 19세기 유럽과의 비교가 성립합니다.

재래의 공동체가 각각 국민국가로서 자기를 형성해갈 때 얼마만큼의 폭력적인 사태가 '안'으로든 '밖'으로든 향하게 될 것인지, 우리들은 전율을 느끼면서 유럽사를 상기해야만 합니다. 150년 동안 몇 차례나 전쟁이 되풀이된 바로 그 결과, 발레리의 표현에 따르면, 세계의 중심이었던 유럽은 '아시아 대륙의 작은 곶'으로 축소되었습니다. 이 축소의 과정을 어떻게 받아들여야 할지, 어떤 희열로 받아들일 수 있는지 여부는 중대한 문화적 물음이며, 현재의 EU는 전체로서, 혹은 영국·프랑스·독일 등 '대국'의식이 잔존하는 나라에서는 매우 폭주하는 모습으로 이 과제에 직면하고 있습니다. 남근적인 강력함과 불가분한 자기 표상의 수축, 후퇴. 그것은 거세와는 다른 사태입니다. 일본만이 아니라 근대적 식민지 제국으로서 일단 '대국'의식을 가졌던 어떤 나라도 지금 이 경험을 통과하지 않으면 안 되며 생략할 수 없습니다. 우리들이 요구하는 '또 다른 세계'는 이 경험의 너머에 있습니다. 그것이 이 시대의 역사적 요청이며, 뭔가 잘못되어서 이 지경에 이른 것은 아닙니다. 이 경험을 기술하고 분석할 말을 탐구하지 않으면 안 됩니다.

이상이 고전적 측면입니다. 그러나 다른 한편으로 동아시아 국민국가의 병존 상태는 21세기 초두라는 시대의 특이한 모습을 띠고 있습니다. 유럽 국가들은 150년, 핵병기가 인류사회의 지평에 나타났던 딱 그 시점까지 거의 방어장치 없이 서로를 때리는 전쟁을 반복해왔습니다. 말할 것도 없이, 이러한 '사치'는 '후진' 국가들에 허용되지 않습니다. 그렇지 않으면 이 지역에서는 '묘지의 평화'가 기대될 뿐이지요. 우리들은 유럽이 몇 차례의 전쟁을 경유해 마침내 도달했던 지점에, 다시금 전쟁을 거치지 않고서 도달해야 합니다. 그것이 우리 시대 동아시아의 과제이며 또한 인류 역사상 이루지 못한 과제로서, 우리는 긍지를 갖고 달성해야 합니다.

이 과제를 의식한다면 비로소 이 지역에서 미국의 존재, 특히 군사적 존재의 의미를 이해할 수 있습니다. 미국의 군사적 패권이 사라지면 이 지역은 19세기 유럽과 같은 길을 간다고 공공연히 이야기하지는 않아도, 그리고 아시아인에 대한 민족적 편견이 전혀 없다고 해도, 그것이 미국이 동아시아에서 자신의 존재를 최종적으로 정당화하는 논리일 것입니다. 4월 29일 발언에서 아미티지가 미국은 동아시아공동체를 허용하지 않는다고 말했을 때, 그는 매우 솔직하게 이 지역에서 미국이 모든 나라와 양국간 관계를 쌓아온 것을 강조하고 있습니다(『아사히신문』 조간, 4월 30일). 이러한 양국간 관계가 이 지역의 가장 중요한 구조이며 지속되어야 한다는 것입니다. 또한 "미국은 태평양국가이기도 하다"는 표현을 사용하기도 합니다.

이러한 말은 공화당, 민주당을 불문하고 미국의 상당히 장기적이며 전략적인 정치적 의지를 표명한다고 생각합니다. 그것은 물론 동아시아의 현재 상황이 국민국가인 미국의 이익에 적합하여 영속적으로 이 상태를 유지한다는 의지입니다. 그러나 그것과 표리일체의 모습으로 미국의 군사적 존재가 사라지면 이 지역은 고전적인 국민국가간의 전쟁이 발생할 것이라는 상정이 깔려 있습니다. 그 가능성을 스스로 조작하고 경우에 따라서는 전쟁을 도발하면서 동시에 스스로 일으키고 스스로 제거하는 유일의 억지 세력으로서 음으로 양으로 자신을 지속적으로 승인시켜 나가려는 것입니다. 요컨대 동아시아 국민들이 미국을 제외하고 상호관계를 '성숙'시켜 나가는 상황은 있을 수 없다고 얕보는 이러한 판단은 개별적인 국익과는 어떤 의미에서 차원이 다른, 이를테면 '제국'적인 지리적·역사적 전망이라고 말하는 것도 가능합니다.

우리는 이렇게 설정된 한계 너머에서 동아시아의 장래를 희구하지 않을 수 없습니다. 이 지역에 대한 미국의 존재를 비군사화해 가면서, 동시에 19세기의 유럽이 실패했던 지점에서 성공하고자 하는 의지를 가져야만 합니다. 다시 전쟁을 일으키는 것이 아니라, 상호관계를 '성숙'시키려는 것입니다. 그것은 칸트가 『계몽이란 무엇인가』의 서두에서 이야기했듯이, "오성을 공적으로 사용할 용기를 갖고 아이 상태를 벗어나 책임을 지는" 것을 의미합니다. 이 과정을 진행하지 않는 한, 국민국가로서 조직된 사회가 '성숙'할 수는 없습니다. 하나의 국민국가가 성숙한다는 것은 단적으로 말해 이웃국가와의 관계가 '성숙'한다는 것이기 때문에, 이 과정을 진행하지 않는 한 타국의 행동에 자신의 '미성숙'을 투영하는 것은 늘 가능하며 또 유혹적입니다. 그러나 그런 식으로 '미성숙'을 따지는 한, 자국을 '성숙'시킬 수는 없습니다.

반복하지만 전쟁을 거치지 않고 상호승인에 도달하는 것은 지금까지 근대의 전지구 수준의 부분적인 국제사회가 성공한 적이 없는 미답의 과제입니다. 그 과제를 이루기 위한 조건은 당연한 것이면서도 아주 어렵습니다. 의지가 낮은 탓에 요구되는 역사적 과제에서 아득히 멀어져 허둥대는 것이 지금 일본의 모습입니다. 제2차 세계대전 이후의 독일 태도를 텍스트 수준에서 분석해 보면, 역사적·문화적 구조를 스스로 변화시킬 수 있는 반성이 '가능한' 주체로서 '전후 독일'을 일으켜 세우는 구조가 일관적이라는 점을 발견할 수 있습니다. 그러한 의미에서 예를 들어 바이츠제커 연설 등도 분명히 내셔널리즘의 담론 구조를 지니고 있습니다. 그에 비해 일본은 "할 수 없습니다." 이 나라는 "할 수 없는 나라"입니다. 즉 능력이 없지만 1995년 이래 그 '무능'에서 돌변하여 "할 수 없"는 것은 "하지 않아도 된다", 나아가 "하면 안 된다"라고 강변하는 목소리가 커지고 있습니다. 그것이 '새로운 교과서를 만드는 모임'이나 '자유주의사관연구회' 그리고 현재 고이즈미 정권의 구성원을 이루는 사람들의 객관적인 자세라고 생각합니다. 전후 독일처럼 국민의식의 이성화 노력을 하나의 계기로서 경험하면서, 그 과정을 통해 연명하는 주권의 논리 너머에서 국민국가의 경계를 횡단하는 민중의 만남이 이미 생겨나는 이때에 국민국가 일본은 두 단계나 뒤쳐지고 있습니다.

또 하나, 유럽과의 역사적 유비를 조금 더 진행시켜 여기서 다소 위험한 논점을 제시하고자 합니다. 중국 없이 동아시아세계는 형성될 수 없습니다. 이 자명한 역사적 사실은 21세기 정치적 현실을 어떻게 규정하게 될런지요. 일본의 내셔널리스트가 뭐라고 말하는 열도의 문화적 요소 가운데 대륙의 영향을 받지 않은 것은 없습니다. 그런데 유럽 근대의식은 자신들의 문화적인 경로를 그리스·로마의 르네상스를 통해 형성했습니다. 그러나 그 단계에서는 그리스인도 로마인도 역사의 무대에서 모습을 감추어 버렸습니다. 문화유산만이 남아공동체로서는 사라져버린 사람들을 자신들의 정신적인 선조로서 허구적으로 정립한 것입니다. 그리고 그러한 구조를 지녔던 고대를 모방해 근대를 형성합니다. 그러나 그 과정에서 유럽의 형성에 결정적으로 기여한 다른 두 가지 공동체, 이쪽은 동시대인인데 이들에 대한 계속된 적의는 새로운 성격을 띠게 되었습니다. 바로 유대인과 아랍인, 유대교도와 무슬림입니다. 앙리 피렌느는 "무하마드 없이 샤를마뉴 없다"라고 말했는데, 이슬람의 자극을 받아 그것과 대립하며 거기에서 많은 요소를 흡수하지 못했다면 유럽 자체도 성립할 수 없었습니다.

다른 한편 일본의 근대의식에서 고대 일본을 이루기 위해 필수 불가결했던 문화적 요소를 제공한 존재, 유럽으로 말하자면 그리스·로마에 해당하는 존재, 바로 중국과 조선의 사람들은 역사의 무대로 사라지지 않고 가까이에 계속 존재하고 있습니다. 그리고 바야흐로 그 문화적 유산을 스스로가 정통으로 상속해야 할 것으로서 재국유화하면서 국민국가라는 모습으로 주체화되고 있습니다. 일본의 근대의식은 이 점에서 매우 깊은 곳에 어려운 문제를 떠안게 될지도 모릅니다. 최근의 사태에 대한 인터넷상의 우익적인 표현을 보면, 중국이나 한국을 '전근대적'이라고 모멸하는 표현이 반복적으로 나타나는데, 그 표현에는 식민지기의 제국적 심성이 지속되고 있을 뿐 아니라 중국·조선을 동시대적인, 자신과 같은 근대적 존재로 볼 수 없다는 뿌리 깊은 '마음의 병'이 엿보입니다.

반도인 조선과 열도인 일본은 중국 대륙과의 관계가 역사적으로 다릅니다. 그 점이 앞으로 이 지역의 행방과 관련되는 것은 아닐까요. 이시카

와 구이오나 고야스 노부쿠니가 최근에 강조하고 있는 '내재하는 타자'
로서의 한자(漢字) 문제에는 아직 사고되지 않은 정치적 범위가 담겨 있
다고 생각합니다. 본디 일본이라는 나라 이름은 두 글자의 한자에서 비
롯되었습니다. 세로쓰기를 하면 좌우대칭이라는 등 별의별 유래가 담겨
선택된 두 글자 한자입니다. 그것을 지금도 음독하고 있습니다. 이 나라
의 고유명은 이처럼, 여기는 중국이 아니라고 중국인에게 전하기 위해
중국어로 말한 기원의 언어 행위를 흔적으로 간직하고 있습니다. 특별히
이 나라에 한정하지 않아도 어떤 국민국가든 비중심적으로만 형성되며,
그렇기 때문에 사후적인 자기 중심화의 욕망에 사로잡히는데, 그런 까닭
에 히노마루라는 일본기는 그 기원의 비중심성에 대한 장대한 부인(否認)
으로 저런 모습을 하고 있습니다. 이 부인이 정치적 사회적으로 단순하
게 반복되어, 다시 긍정되면 그것만으로도 중국과 일본의 향후 관계에
부정적으로 작용할 것입니다. 이러한 국민의식의 수준에 탈구축적으로
개입할 가능성을 찾아야 합니다.

　중국, 조선을 '전근대' 취급하는 일본 내셔널리즘의 정형화된 논점으
로 돌아가 보면, 북한 때리기 등에서 특히 노골적으로 드러나는 것처럼
중국과 조선에 대한 일본 특유의 경멸적인 차별 감정에는 서양이 일본
에 대해 이야기하는 것이 다분히 투영되어 있다는 점은 분명합니다. 실
제로 우리들은 많은 것을 공유하며, 그 중에는 확실히 부정적인 것도 적
잖이 있습니다. 일본의 식민주의적 팽창의 결과는 현재의 일본 영토 안
에서도 오키나와나 홋카이도라는 형태로 존재하고 있습니다만, 특히 홋
카이도 아이누민족과의 관계를 거슬러 올라가면, 근대를 뛰어넘어 고대
의 도호쿠 침략에 이르게 됩니다. 고대 에조정복전쟁에서는 대륙의 도래
인도 참가하고 있었으며, 그 이데올로기도 많든 적든 중국의 영향 아래
에 있었습니다. 부정적인 문화요소에 대해서도 '일본'으로부터 '중국'을
빼는 것은 쉽지 않으며, 일본인의 중국 혐오는 자주 자기 혐오의 투영으
로 귀결됩니다.

우리가 일본을 답답하다고 생각할 때, 그 답답함의 얼마인가는 중국과 무관하지 않은 무엇에서 비롯됩니다. 식민주의를 수미일관된 모습으로 사고할 때 당면하는 곤란한 대목의 하나는 전근대적인 정복이나 지배와, 근대적인 식민 지배의 연속성과 비연속성을 어떻게 파악할 것인지입니다. 유럽에서는 식민주의라는 개념과 현상의 기원에서 다름 아닌 고대 로마제국을 동시에 묻지 않으면 근대의 식민주의 자체에 근본적으로 물을 수 없습니다. 동아시아에서도 그와 같은 물음이 앞으로 필요한 수정을 거치면서 어떤 모습으로든 어쩔 수 없이 제기되겠지요.

현대 중국에 관한 말들 중에는 완전히 환상이라고 할 만한 것이 상당히 많습니다. '중화사상'이라고 종종 이야기하지만, '중화제국'도 '중화사상'도 실물을 본 사람은 없습니다. 특히 일본은 한 번도 침략받은 적이 없고 지배하는 민중으로서의 중국인을 눈앞에서 본 적도 없습니다. 실제로 직접 중국의 지배를 받으면서 그 사람들과 자신은 역시 다르다고 느끼고, 따라서 자신의 민족성을 중국인들과의 어떤 차이에서 파악한 한반도의 경험을 일본은 한 적이 없습니다.

그러나 그와 동시에 지금의 사태가 세계적인 수준에서 다양한 반응을 이끌어낸 것도 사실입니다. 저도 놀란 일이지만 프랑스에서 5월 29일 벌어진 EU헌법 추진 관련 국민투표에 중국의 시위가 영향을 주었다는 지인의 이야기가 있었습니다. 이 헌법초안이 매우 신자유주의적인 내용인데다 개선도 불가능하다는 것이 알려지면서 헌법 초안에 대한 반대여론이 강해졌는데, 이를 계기로 찬성파가 만회했다는 것입니다. 그리고 찬성파가 내건 근거 중 하나로 미국이 현재와 같은 상태이기 때문에 유럽은 통일 과정을 서둘러야만 한다는 논거와 함께 중국위협론이 이용되었습니다. 그 옛날의 '황화론(黃禍論)'을 거의 그대로 반복하고 있어, 중국의 인구 전체로 보면 한줌에 불과한 사람들의 이번 가두 행동이 EU헌법의 행방을 좌우할 만한 영향을 끼치기 시작한 겁니다. 협소한 일본의 내셔널한 시점에서 보는 사람들은 구미의 중국위협론을 일본에게도 좋은 기회로, 요컨대 그들의 말을 빌린다면 '가미가제(神風)'로 환영하고 있지만, 일본은 또 그렇게 우를 범하고 마는 것입니다. 환상과 현실을 반복해서 분리하는 작업을 통해 전세계가 중국과의 관계를 진지하게 재설정해야만 하겠지요. 그 중에서도 중국에 대한 환상이 가장 만연하는 역사적 조건을 가진 나라가 일본이라는 것은 아무리 강조해도 지나치지 않습니다.

중국만이 아닌 아시아의, 혹은 세계의 다른 지역 사람들과의 연대를 희구할 때 제가 항상 중요하다고 생각하는 것은, 단순히 추상적인 이념을 공유하거나 구체적·물질적인 면에서 함께 싸우는 것뿐만 아니라, 어떻게 타자의 '고투'를 나눠 가질 수 있는지입니다. 각각의 지역에 역사적·지리적 혹은 문화적인 이유로 간단히 해결할 수 없는 문제가 있고, 그 속에서 모두 힘껏 싸우고 있습니다. 그런 싸움의 내실을 나눠 갖는 자세가 없으면 진정한 의미에서의 국제적인 의식, 전지구적인 세계의식은 형성되지 않습니다. 달리 말하자면 타자의 아포리아는 우리의 아포리아라는 것을 원칙으로 해야 합니다. 중국의 민중도 지식인도 지금 고뇌하며 살아가고 있습니다. 중국의 일당독재체제를 단순히 정치 구조의 문제로 파악하여 이쪽이 민주주의이고 저쪽이 독재라고 생각해서는 안 됩니다. 다른 역사적 경험, 다른 정치적 구조 속에서 다른 민주주의가 형성되어 왔다고 생각하고, 중국인이 인터넷을 적극적으로 활용한다는 사실을 포함해 일본에는 없는 다양한 발명을 낳았다고 생각해야 합니다.

중국의 경제적 발전이 계속되면서 중국이 세계의 다른 지역과 어떻게 정합적인 관계를 형성해 갈 수 있을지는 21세기 최대 과제의 하나임에 틀림없습니다. 중국이 성장하면 할수록 중국인이 끌어안아야만 할 아포리아도 심각해집니다. 이 상황을 보고 결국 150년 전과 마찬가지의 지정학적 도식이 부활하기 시작한다고 파악하는 것이 일본 우파들의 사고방식이지요. 미국은 물론 유럽에서도 싹트는 중국에 대한 경계심을 부채질해서 다시 한번 중국을 방패로 일본이 어부지리를 취하고 싶다, 그런 흑심으로 이 사람들은 움직이고 있지만 그것은 결정적인 착각입니다. 결코 일이 그렇게 진행될 리는 없습니다. 오히려 반대로 중국의 고유한 아포리아를 다른 입장에서 나눠 가지려는 노력을 통해, 공통의 미래를 모색하는 것이야말로 우리가 지향해야 할 작업입니다. 루쉰이나 다케우치 요시미처럼 과거의 특별한 지식인으로부터 우리가 다시 배우고자 하는 부분은 그런 것이겠죠.

마지막으로 하나만 더 이야기하겠습니다. 중국에서의 대중운동, 그리고 민중의 가두 행동을 적어도 1960년대부터 우리는 몇 번이나 보아왔습니다. 프롤레타리아 문화혁명, 천안문사건, 그리고 이번 사태입니다. 문화혁명에는 이후의 모든 민중운동의 기점이 되었다는 역사적 위치가 다시 부여되어야만 하지 않을까요. 세계적으로도 분명히 문혁이란 무엇이었는지 다시 질문해야 할 시기가 왔습니다. 그 질문이 없이는 현재 중국의 정치권력과 민중의 관계, 계급투쟁과 그 정치적 표상의 관계를 이해할 수도, 앞으로 이러한 민중운동이 취할 수 있는 형태를 사고할 수도 없습니다. 일본에서도 가가미 미쓰유키 씨의 작업(예를 들어 『역사 속의 중국 문화대혁명』) 등 귀중한 보고서가 몇 개 있지만, 그런 것을 미래 지향적으로 독해할 역사적인 해석틀이 결여된 채로 문화대혁명이 잊혀지고, 단지 부정적인 모습으로만 사고되는 한 결국 우리는 중국의 민중운동에 대한 이해를 포기하지 않을 수 없습니다.

알랭 바디우와 가까운 입장의 이탈리아 역사가로 알렉산드로 루소라는 사람이 있는데, 그는 국제적인 문화대혁명 연구의 네트워크를 만들자고 호소하고 있습니다. 문혁기의 삐라나 조직문서 등 많은 부분을 이제는 중국의 도서관에서 열람할 수 있게 되었지만, 중국에는 연구자가 적은 형편입니다. 그러나 루소는 현재 글로벌 권력의 역사적 위치짓기, 혹은 1968년의 '세계혁명' 그리고 현재의 반세계화운동까지 역사적으로 자리매김하려면, 문혁이 무엇이었는지 다시 질문하지 않을 수 없다고 주장합니다. 그렇지 않으면 단순히 중국을 모르는 것만이 아니라 현대 민중운동의 질도 충분히 규명할 수 없을 것이라고 말입니다. 요컨대 이번 '반

일’시위를 시애틀이나 제네바의 가두 행동과 같은 선상에서 보기 위해서
는 문혁의 재고가 불가결하다는 것이지요. 그는 그런 입장에서 국제적인
문화대혁명연구를 호소하고 있습니다. 저 자신이 얼마나 참여할 수 있을
지는 모르겠지만, 이 호소에 적어도 그 정신에 호응하면서 특히 일본을
향한 중국의 민중운동을 중국인과 중국에 진지한 관심을 보내는 전세계
의 지식인들과 함께 생각하는 자세를 지니고 싶습니다.

그로부터 최근에 다양한 경로로 형성된 동아시아 수준의 민중적 대화
의 공간을 더욱 확장하는 것, 그리고 마지막으로 제가 얼마 전 관련되었
던 「연속 강좌 오키나와」 작업의 연장선상으로, 중국이나 다른 아시아
국가들의 유학생과 일본인 학생이 대화할 장을 대학에서 어떻게 열어갈
지를, 지난 작업을 함께 한 사람들과 생각하고 싶습니다. 이 유예의 10년
을 우리들은 잃어가고 있는 중입니다. 지금 현재 이 지역에서는 냉전의
논리를 뛰어넘어 화해를 모색하는 움직임과 민족간 모순을 슬쩍 전용하
려는 유혹이 동시에 존재합니다. 한 우익 사이트에는 “센가쿠열도를 공
산주의자에게 넘기지 말라”고 씌어 있었습니다. 이것은 전형적인 그들의
견해인데, 이 상황에서 누가 어떤 점에서 얼마나 뒤쳐져 있는지를 어떠
한 착오 없이 따져 묻고, 어떻게 정치적 효과를 낳으면서 일본의 한복판
에서 새로운 아시아적 대화의 장을 열어갈 것인지를 우리는 답해야 할
시간입니다.

아시아의 독립이라는 문제

천꽝싱(문화연구) 지음 / 이정훈 옮김

　최근 중한 양국에서 대규모 반일시위가 벌어진 바 있다. 나는 이 글의 집필 동기가 목전의 상황을 틈타 일본의 상처에 소금을 뿌리려는 의도는 아닌가라는 불필요한 오해를 불식하기 위해 필자의 심정 혹은 입장을 몇 가지 전제로서 미리 밝혀두고자 한다. 아시아 지역의 재 / 통합(re/intergration)은 지역 내 비판적 지식인 전체가 공동으로 책임져야 할 문제이다. 통합을 향한 역사적 운동의 과정에서 최대의 난관은 바로 일본 정부(및 민간)의 태도이다. 일본 지식인 사회는 내부로부터 현재의 국면을 전환하기 위한 생산적 기여 방안을 모색해야 하며, 다른 지역의 지식인들 역시 이에 대해 공동의 책임을 느끼고 문제의 근본적 소재를 함께 고민하며, 바깥으로부터의 시각에 입각하여 적절한 조언을 제공하여 이를 지지해야 한다. 이처럼 안팎에서 동시에 국면 타개를 위해 노력해야만 함께 '임계점'을 돌파하여 아시아의 통합이라는 새로운 단계로 나아갈 수 있을 것이다. 이때 임계점이란 바로 일본이 미국에 대한 군사적 의존에서 벗어나 '독립'할 수 있는가이다.

현재 동아시아는 2차 세계대전 이래 가장 극적인 변화의 한복판에 있다. 이런 총체적 변화의 주요한 동력은 중국 대륙의 '평화적 부상(和平崛起)'을 계기로 한 지역적 경제 통합에서 찾을 수 있다. 그러나 한국의 노무현 정부의 정책실험, 즉 미국에 대한 군사적 의존에서 탈피하여 한반도의 자주와 독립을 추구하면서 '친미반공'이라는 해묵은 정책 기조에 대해 과감한 '조정'을 시도한 것이야말로 동아시아 지역 전체의 '국제정치' 재구성을 위한 강력한 촉매제가 되었다. 노무현 정권의 정책 조정은 결코 돌발적인 것이 아니며 나름의 정책적 구상 속에서 진행되고 있다. 어떤 한국 분석가의 언급에 의하면, 이러한 정책실험은 미래에 현실화될 '동북아의 세기'를 맞이해 한국이 이에 걸맞은 역할을 담당하기 위해서는 국가적 주체성을 근본적으로 한계 짓는 과도한 대미 의존 상황을 혁파할 필요성이 절실하다는 인식에서 채택된 것이라고 한다. 특히 반미와 민주화가 결합되어 온 한국 민주화운동의 정치적 특수성을 고려할 때, "한반도에서의 미군철수야말로 민족적 자존심의 표상"이라고 받아들이는 국민의 심정적 지지가 그 배후에 놓여 있다는 점도 간과할 수 없다. 남한이 채택한 새로운 노선은 동아시아 지역 전체의 신경계통을 건드리고 있다. 그것은 과거의 냉전체제에 대한 도전을 의미하는 동시에 아시아의 독립이라는 장래의 정치적 목표를 향한 행보에 하나의 중요한 고리가 되고 있다. 매우 적극적으로 해석되어야 할 남한의 '탈냉전'적 지향과는 정반대로 타이완의 천수이비엔(陳水扁)과 일본의 고이즈미(小泉) 정권이 보여주는 행태는 실망스럽기 그지없다. 이들 양국은 중국의 급속한 부상에 대한 경계와 우려를 빌미로 '친미반공'의 냉전적 구조를 지속, 심화하는 한편 미국 중심의 패권 구도를 세계적으로 관철하려는 '부시주의'에 계속 의존하는 태도를 보이고 있다. 만약 타이완 및 일본의 지식계가 이에 대해 적극적으로 개입하여 남한의 '탈미반아(脫美返亞)' 노선에 적극 호응하며 냉전 국면을 타파하고 동아시아에 소위 '포스트냉전'의 새로운 시대를 앞당기지 못한다면 아시아의 자주, 독립의 가능성은 물거품이 되고 역으로 지역 내부의 충돌이 격화될 가능성 또한 배제하기 어렵다. 최근 중국 및 남한 여러 지역에서 벌어진 반일운동이 타이완과 일본의 우파분자들의 준동을 자극하는 것으로 귀결되었다는 점은 동아시아 내부의 역사적 문제에 대한 진지한 대면의 자세가 결여되었음을 보여주는 상징적 사건이라 할 수 있다. 지금 우리는 다시 과거의 역사 속으로 진입하여 성실하게 그것과 대면함으로써 현재 우리가 처한 역사적 곤경으로부터 벗어나는 길을 찾아야하는 역사적 요청을 마주하고 있다. 총괄적으로 말해 지금 아시아 각지의 반일운동은 동아시아 지역의 내부 관계에서 일어나는 극적인 변화를 상징하는 하나의 지표로서 해석될 수 있다. 이러한 변화가 과연 임계점을 돌파해낼 수 있을지는 이에 대한 아시아 각지의 진보적 역량의 각성과 결의의 수준에 달려 있다고 해도 과언이 아닐 것이다.

중국과 한국에서 벌어진 강렬한 반일운동과 대조적으로 친미, 친일 성향으로 일관해온 타이완에서는 반일의 목소리가 지극히 미약하였다. 그러나 이 점은 결코 타이완이 동아시아 지역 전반에 걸친 변동에 대해 일종의 면역 상태에 있음을 의미하지는 않는다. 오히려 2005년을 기점으로 타이완의 정세는 놀라운 속도로 변하고 있다. 과거에는 타이완 정치인이 중국 대륙을 방문하는 것은 꿈꿀 수도 없었다. 그랬다가는 당장 대륙에 붙어 타이완을 팔아먹는 매국노라는 비난의 표적이 될 것이기 때문이다. 그러나 2004년 천수이비엔의 무리수를 동반한 총통직 연임 및 같은 해 연말에 치러진 입법위원 재선거에서의 패배는 녹색진영[1]이 타이완독립 노선을 일방적으로 밀어붙이는 것을 곤란하게 하였고 부득불 대륙과의 관계 조정에 나서지 않을 수 없게 만들었다. 대륙의 반분열법 통과 이전

---

1) 민진당(民進黨)의 상징색인 녹색에서 유래하며 천수이비엔을 지지하는 진영을 가리킴. 남색을 상징색으로 하는 국민당의 경우는 같은 이유에서 '남색진영(藍色陣營)'으로 통칭됨. (옮긴이)

부터 천수이비엔은 대륙 측에 유화의 제스처를 보냈지만 반분열법의 통과를 저지하는 데는 실패하였다. 그런데 역설적이게도 이 법안의 통과는 타이완 사회 내부에서 타이완 해협 양안의 평화에 대한 국민적 공감을 크게 강화하는 결과를 초래했다. 타이완 사회 내의 어떤 정치세력이든 양안간의 잠재적 충돌을 해소하는 데 기여할 수 있다면 정치적 정당성을 확보하고 민중의 지지를 획득할 수 있게 된 것이다. 이런 분위기 속에서 야당인 국민당과 친민당(親民黨)은 타이완 정부를 거치지 않고 앞다투어 중국 공산당과의 직접 접촉에 나서 양안간의 화해를 표방하며 긴장완화를 통한 국면 전환을 모색하기 시작했다. 국민당 주석 리엔짠(連戰)은 4월 말 대륙을 방문하여 중국 공산당의 후진타오(胡錦濤) 주석과 직접 대화해 상징적인 의미에서 '국공' 양당간의 대화를 재개하는 장면을 연출했는데, 이것은 2005년 이전에는 상상도 할 수 없는 사건이었다. 이러한 추세가 양안(兩岸)2)간의 즉각적 통일로 이어지는 것은 아니겠지만 독립 노선을 부르짖어온 소위 독립파의 기세를 크게 꺾어놓는 사안임이 분명하며, 이는 과거 독립파가 가속화한 독립정책에 대한 내부적 반동으로 이해할 수 있을 것이다. 과거 20여 년 간 누적되어 온 충돌과 모순을 감안할 때 타이완 내부의 실제 정치상황은 독립이나 통일 어느 쪽도 단기간에 달성하는 것은 불가능하다. 내전의 위험을 무릅쓰지 않는 한 충분한 내부적 합의를 거치지 않고 통일 혹은 독립의 어느 한 노선을 밀어붙이는 것은 실현 가능성이 전혀 없다고 할 수 있다. 그렇다면 결국 현실적인 해결 방안은 타이완 정부가 중국 공산당과 평화협정을 체결해 장기화된 충돌 위기에서 벗어나 독립 노선의 지속을 포기하는 동시에 중국 공산당 역시 무력통일을 포기하도록 유도함으로써 통/독간의 노선 싸움을 넘어 경제·사회 등 기타 영역에서의 교류를 지속적으로 강화해

---

2) 타이완 해협의 양안에 해당되는 대륙과 타이완을 가리킴. 타이완을 국가로 인정하지 않는 대륙의 '하나의 중국'정책에 따라 '양국'이라는 정치적으로 민감한 표현을 우회하여 '양안'이라는 말이 널리 쓰임. (옮긴이)

나가는 것에 있다. 이러한 제안은 이미 다수의 정치권 인사들에 의해 제출되었으며 점차 타이완 사회에서 공감대를 넓혀가고 있는 중이다. 리덩후이(李登輝)를 중심으로 하는 타이완 근본주의파는 이러한 정치 동향에 대해 극도의 불만을 표시하면서 중국과의 회담이 필요하다면 반드시 미국 일본 중국 타이완의 4개국이 참가하는 4자회담의 형식으로 미국에서 회담을 진행해야 한다고 주장하고 있다. 지나치게 진지하다고밖에 할 수 없는 리덩후이의 이 같은 요구는 미국에 의해 즉각적으로 거부당했으며, 이를 통해 보건대 향후 이들 독립파의 정치적 영향력 또한 의심스럽다. 그러나 이들의 정치적 비애감이 향후 타이완 사회 내에서 우익의 동원 역량으로 전환될 가능성이 크다는 점만은 짚고 넘어가야 하겠다.

한마디로 말해 타이완 문제는 곧 역사 문제이다. 중국 대륙에서 벗어난 지 한 세기가 경과한 지금 대륙과의 재/통합을 사고하기 위해서는 겹겹이 얽힌 역사 문제와 대면하는 과정을 거쳐야 한다. 전후 형성된 냉전체제는 식민지 타이완과 일본 제국주의 사이의 역사적 관계에 대한 반성적 검토를 오늘날까지 지연시켜 온 핵심원인이다. 전후 국민당에 의해 구축된 총체적 '친미반공'의 문화적 풍토는 한편으로는 대륙과의 통일 문제에 대한 진지한 접근―어떻게 만악의 근원인 공비(共匪)와 통일을 도모할 수 있다는 말인가―을 지연시키는 구실을 했으며, 다른 한편에서는 리덩후이로 대표되는 친미·친일 노선을 형성하고 식민지시대의 역사에 대한 진지한 성찰을 가로막아 왔다. 냉전 문화의 연장선상에 있는 타이완의 현재 상황 속에서 비판적 주체가 형성되기 위해서는 전후 냉전체제하에서 구축된 타이완과 미국의 관계에 대한 반성적 성찰과 동시에 타이완과 일본의 식민지 역사에 대한 재검토가 필수적이다.

제2차 세계대전 이후 양안의 분단이 이데올로기적 대립을 기초로 한 것이라면 당시 승리자는 신중국을 건설한 공산주의 쪽이라고 할 수 있다. 그러나 지금의 상황을 놓고 본다면 오히려 전세계적 차원에서 주도성을 행사하는 자본주의가 역전승을 거둔 것이라고 해야 하지 않을까? 물론 이런 간단한 개념들로 현실 상황의 복잡다단한 국면들을 설명하기는 무리일 테지만, 이는 대단히 풍자적 함의를 가지고 있는 문제이다.

현재의 급속한 정세 변화를 통해 볼 때 타이완과 중국의 평화적 통일은 하나의 커다란 추세에 속하며 이는 또한 아시아의 통합이라는 보다 거대한 프로젝트의 중요한 구성 부분이 된다고 할 때, 동아시아에서 전개되는 새로운 국면 속에서 일본 문제야말로 가장 다루기 난감한 문제가 아닐 수 없다. 만약 일본이 진실로 '탈아(脫亞)' 노선(이번에는 후쿠자와 유키치 시대의 '입구(入歐)'를 '입미(入美)'가 대체하겠지만)을 향해 나아가려고 한다면 일본의 정부 (및 민간)은 2차 대전 이후 미국과의 관계를 역사적으로 정리해야 한다. 문제는 '아시아로의 회귀(返亞)'이든 '미국으로의 편입(入美)'든 일본 사회는 이에 대한 준비가 결여되어 있다는 점이며, 그 이유는 물론 복잡한 역사와 대면할 수 있는 진정한 독립적 태도가 없기 때문이다.

2005년 4월 22일 반둥회의 50주년 기념대회 석상에서 고이즈미는 일본을 대표하여 일본이 2차 대전 당시 아시아에 대해 저지른 침략 행위에 대해 사과의 뜻을 표명하였다. (일본은 한국과 중국에 대해 유감의 뜻을 표시한 바 있지만 식민지 타이완에 대해서는 한 번도 정식으로 사과한 적이 없었다.) 사실 과거의 제국주의 국가가 피식민지에 대해 사과하는 것은 이례적인 사건이다. 서구 제국주의가 언제 과거의 피식민지에 대해 공식적인 사과의 뜻을 표명했던가? 미국이 필리핀에, 영국이 인도에, 프랑스가 베트남에, 네덜란드가 인도네시아에 언제 사과한 적이 있었는가? 그런데도 왜 일본 정부 측의 거듭되는 사과는 아시아 인민들에게 받아들여지지 않는 것인가? 그 사정은 대체 어떻게 해석해야 하는가?

간단히 말해 일본은 거듭된 사과에도 불구하고, 그 고자세로 인해 발언의 진정성을 의심받아 왔다. 일본은 경제 대국일지언정 군사 대국은 아니라는 고이즈미의 최근 발언에서 엿볼 수 있듯 일본은 언제나 강자의 위치에서 발언할 뿐 몸을 낮춰 약자들과 한편에 서려는 태도를 취한 적이 없다. 일본 정부의 말과 행동 사이의 불일치 또한 문제이다. 언제나 입으로는 사과를 표시하면서도 실제 행동은 아시아 외부의 강자에게 의존하는 태도를 보여 오지 않았던가. 직접 입 밖에 꺼내지 않더라도 아시아의 평범한 민중들이라면 마음속으로 이런 의문을 가지지 않을 수 없다. "일본은 대체 아시아와 미국 가운데 어느 쪽과 한편에 서려는 것인가?" 군사 대국임을 부인하는 것은 다시 말해 일본이 전적으로 군사적 초강대국인 미국에 국방을 완전히 의존하고 있다는 사실의 다른 표현에 불과하다. 이렇게 보자면 일본을 하나의 독립적 국가로 다룰 수 있는지조차 의심스러운 상황에서 안보리 진출은 도대체 무엇이란 말인가? 미국의 군사역량에 의존해 안보리에 진출하더라도 미국의 표를 하나 더 늘려주는 것 외에 아무런 의미도 없을 것이다. 이처럼 자주성을 상실한 국가의 안보리 진출을 우리가 지지해야 할 이유는 없다. 일본의 사과는 언제나 지나치게 의도적이었고 지극히 형식적이어서, 아시아에 대한 사과가 국가정책의 실천으로 전화(轉化) / 번역(飜譯)된 경우란 찾아 볼 수 없다. 국제 관계 속에 구현된 일본의 아시아정책이란 도대체 그 실체가 무엇이며, 아시아 통합이라는 미래의 목표를 염두에 두고 일본은 어떤 정책상의 변화를 시도하고 있는지 우리는 물어야 한다. 미국과의 우호 관계 지속을 최우선 과제로 설정하는 일관된 사고패턴 속에서 일본이 아시아에 대한 접근을 추구할 때 우리는 그 속에서 사과의 실질적 성의가 표현된다고 느낄 수 있는가. 간단히 말해 국가 이익의 확대를 전제로 한 사과는 사과를 받는 상대방에게 설득력을 결여하며 피해자들의 정서적 공감을 전혀 불러일으킬 수 없는 것이다.

전후 일본의 성공은 경제적 측면으로 제한될 뿐 정치와 문화의 수준에서는 아시아인의 존경을 얻는 데 실패했다. 따라서 진정한 존중을 이끌어내기 위한 전제 가운데 하나는 동아시아 속에서 일본이 자신의 아이덴티티와 위상에 대해 새롭게 사고하는 노력이다.

　나는 일본 역사의 전문가가 아니며 전전 및 전후 일본의 정치적 변동에 대한 이해 역시 외부적 시각에 기초해 있으며 지식계의 심층적 상황에 대해 깊이 파악하지도 못하고 있다. 그러나 일본 내 비판적 지식인의 범주에 속하는 벗들과의 오랜 교류를 통해 일본 사회에 대한 몇 가지 문제의식에 도달하게 되었다. 현재의 관점에서 볼 때 일본적 주체성의 내재적 문제는 2차 대전 패전 후의 '컨센서스' 즉, 미국의 점령이 민주주의("하느님이 내린 선물"로서의)와 경제적 번영을 가져다주었다는 인식과 깊이 관련되어 있는 것으로 보인다. 식민자의 위치에서 곧장 미국의 군사적 피식민지로 전락함으로써 일본은 가해자에서 피해자로 바로 위치를 옮겼으며, 이로 인해 이전 식민지 지역 및 피침략 지역과의 역사적 관계와 적극적으로 대면할 수 있는 기회가 사라졌다. 또한 급속히 진행된 냉전체제의 형성은 이전 시기 피식민 지역이 일본제국에 대해 반성을 이끌어내는 역량을 형성할 수 없도록 만들었다. 따라서 전후 일본 사회에는 정치 문제를 회피하고 경제적 생산 활동에 매진함으로써 과거의 유쾌하지 않은 역사를 잊어버리고 미래만을 생각한다는 일종의 공감대가 생겨나게 되었다. 이미 민주주의도 달성했겠다, 국방과 군사 문제야 미국에게 맡겨 처리하면 된다는 의식이 팽배해진 것이다. 남한과 타이완 역시 미국이 주도하는 방어체계 속에 편입되어 과거의 식민지 경험을 벗어던지고 경제적 문제에만 집중하였다. 그러나 타이완 및 한국은 일본과는 결정적으로 다른 점이 있다. 타이완 및 한국 양국은 ① 국방비 지출이 줄곧 매우 큰 비중을 차지하여 전후 초기에는 전체 국가예산의 절반에 달하기도 했으며, ② 얼마 후에는 권위주의 통치하의 백색테러리즘이 만연했다는 공통점을 갖는다. 이와 달리 일본은 ① 전후의 급속한 경제 회복 및 현재의 소위 세계적 경제 대국으로의 도약은 사실상 미국의 군사적 방위 역량에 전적으로 의존한 결과로서, 세계적 대국을 자처하는(UN 안보리 진출까지 꾀하는) 현재까지도 군사적 역량에서 미국의 바짓가랑이를 붙들고 늘어지지 않을 수 없는 상태에 처해 있다. 물론 일본 역시 이에 상응하는 대가를 치르지 않으면 안 되었다. 표면적으로는 자주 독립을 내세우면서도 사실상 미국의 하수인에 머물러 있었기 때문에 문화적 측면에서는 아시아의 여타 국가들과 마찬가지로 제3세계적 입장에 처해 있는 것에 불과했다. 그러면서도 일본은 이를 부정하고 자신을 아시아의 이웃 국가들보다 한 차원 높은 위치에 두려해 아시아와의 연대에서 실패를 거듭해왔다. ② 남한 및 타이완의 1980년 이래 민주화운동은 권위주의체제에 대해 오랜 저항이라는 척박한 환경 속에서 점진적으로 성장해온 것으로서, 하늘에서 떨어진 선물 혹은 미군정에 의해 베풀어진 시혜의 결과라 할 일본의 민주주의와는 그 질을 달리한다. 그렇다면 저항을 통해 쟁취하지 않은 민주주의, 즉 본토의 척박한 환경 속에서 투쟁을 통해 성장한 것이 아닌 제도로서의 민주주의는 과연 무엇이며 그것을 과연 진정한 민주주의의 실천이라고 할 수 있을까? 한 가지 납득하기 어려운 점은 전후 일본의 반천황제운동이 그 배후에 존재하는 미국이라는 비판의 초점을 이탈하고 있다는 점이다. 천황제 존속에 반대하면서 그 배후에 숨은 미국의 존재를 묵인하는 것은 지나치게 근시안적이라고 하지 않을 수 없다.

일본 지식계의 집단적 근시 증후군은 형식주의적 태도의 결과이자 지식인의 비판적 태도가 정치체제 및 미제국주의와 일종의 공모 관계에 있었음을 보여준다. 그렇다면 이러한 지식계의 비판은 가장 기본적인 가치의 문제 즉, 어떻게 역사적 문제와 대면할 것이며 또 어떻게 이웃 나라들과 진정한 내면적 화해를 이룰 것인가라는 문제에 답할 능력을 근본적으로 결여하고 있다고 볼 수 있다. 간단히 말해 우리가 물어야 할 것은 전후에서 지금에 이르기까지 일본이 진정으로 독립적인 국가인가라는 질문이다. 만약 일본이 독립적인 국가라면 대규모의 미군 병력을

어떻게 자신의 영토에 지속적으로 주둔시킨다는 말인가? 이에 대해 그것
은 일종의 역사적 유산으로서, 일본이 패전 후 급속히 냉전체제 속에 편
입됨으로써 선택할 수밖에 없었던 정치적 안배의 결과라고 답할 수도
있으리라. 그러나 냉전은 이미 끝나지 않았는가? 냉전이 끝난 지금 미군
기지의 자국 내 주둔을 용인할 수 있는 정치적 정당화의 담론은 무엇이
며, 또 그것 유효성은 얼마나 오래도록 지속될 수 있는가? 대중운동을
통해 이 문제를 해결하고 독립을 쟁취하지 않는 한, 일본과 미국 사이의
전면적 공모/공감은 미국의 군사적 역량과 일본의 경제적 발전을 맞바
꾼 거래에 불과할 것이다. 또한 그 거래의 수혜자는 일본이되 피해의 범
위는 미군의 주둔으로 인해 독립의 추구를 제약당한 아시아 전체로 확
대될 것이다.

그러나 미군철수가 바로 일본의 국방예산 증가로 이어질 것인가와 같
은 구체적인 문제는 좀 더 생각할 여지가 있다. 아시아 주변국들과의 군
사적 관계에 대한 조정, 이를테면 평화협정의 체결을 통해 군사비 증액
을 불필요하게 만드는 상황이 가능할 것인지 등의 첨예한 문제들은 중
요하고도 현실적인 문제로서 지식인들이 중요하게 다루고 있으리라 믿
는다. 만약 미군의 지속적 주둔에 대한 요구가 전 국민적 공감대를 이루
고 있는 것이 현실이라면, 일본이 미국에 대해 종속적 지위에 처해 있음
을 과감하게 인정하지 못할 이유는 무엇인가? 아시아의 다른 여러 지역
들에서도 마찬가지지만 전후 일미 관계에 대한 철저한 검토는 일본의
진보적 지식계가 수행해야 할 긴요한 과제이다. 정치, 군사, 그리고 지식
의 측면에서 전후 일본은 남한 혹은 타이완과 마찬가지로 독립적인 지
위를 누리지 못한 미국의 하수인에 불과했다. 이는 정치적으로 옳고 그
름을 따지기에 앞서 가장 기본적인 생존과 결부된 주체성의 실현 문제
이다. 한 걸음 더 나아가 일본의 지식계가 과거의 식민지 및 피점령지의
지식계와 화해해 갈 때 유효한 행동지침은 과연 무엇인가를 고민하지
않으면 안 된다. 국가기구에 이 문제를 위임할 것인가, 아니면 지식계가

감당해야 할 고유한 과제로서 떠안을 것인가? 일본의 지식계는 아시아의 연대와 통합에 대해 어떤 태도를 취해야 하며 또 무엇을 실천적 과제로서 설정하고 추진할 것인가? 이런 물음들은 시급히 다루어져야 한다.

전후 일본의 정치적 선택은 냉전 구조라는 제약 속에서 형성된 것이기에 오늘날 더 이상 적용될 수 없으며 새로운 조정은 필수적이다. 이는 또한 자아의 총체적 재정립, 자신의 아이덴티티에 대한 재조정을 포함한 거의 모든 문제에 관한 새로운 토론을 필요로 한다. 미일안보조약과 관련된 문제를 예로 들어 보자. 미군의 일본열도 주둔을 언제까지 허용할 것인가? 만약 그렇지 않다면 어느 시기에 어떤 조건하에서 미군을 철수시킬 것인가? 미일 양측에 의해 오랫동안 억눌려온 오키나와에 대해 취해야 할 조치는 무엇인가? 기실 일본의 반공친미정책은 이미 완화되기 시작했으며 중국과 북한에 대한 기존의 부정적 시각에도 변화가 나타나기 시작하였다. 그러나 유독 친미라는 기본틀에 있어서만은 아무런 변화도 감지되지 않는데, 이는 일본이 아시아와 미국이라는 두 가지 선택의 기로에서 늘 충성스럽게 미국편에 서는 냉전적 심리의 유산을 그대로 답습하고 있음을 여실히 보여준다. 고이즈미 정부는 이처럼 구체적이고도 관건적인 문제에 성실히 대면하는 자세를 보이기는커녕 아시아 통합이라는 장래의 전망에서 갈수록 멀어지는 노선을 취하고 있는 것이 현재의 실정이다.

전후 일본의 중요한 사상가 중 한 사람인 다케우치 요시미(竹內好)는 미군 점령기인 1952년 이 문제를 깊이 성찰했다. 그의 시각을 빌어 접근할 때 우리는 이 문제를 분명히 이해할 수 있을지도 모르겠다.

오늘날 우리의 긴급한 책무는 국민 대중으로 하여금 합심 단결하여 독립이라는 목표를 국가의 이상으로 제출하게 하는 것이다. 우리가 깊이 관심을 가져야

할 문제는 법률적 정치적 독립이라는 명의에 얽매이는 것이 아니라 이러한 명
의를 지탱해 줄 실질적 독립의 문제이며, 어쩌면 이것은 문화적 독립이라고 명
명할 수도 있을 것이다. 메이지유신 이래 일본의 국가 형성에서 정신적 주류는
독립의 외적 형식만을 중시했을 뿐, 그 실질적 내용에 대해서는 반성이 결여되
었고 그리하여 결국 실패하고 말았다. 국제정치에 있어서는 독립국으로 일등국
가로 승인받아 득의양양해졌지만 오늘날 돌이켜보면 그것은 진정한 독립이 아
니었다. 메이지시대의 교양인이라면 아마 오늘도 여전히 전전의 일본을 독립국
가의 모범적 사례로 보겠지만 나는 그것을 부정한다. 당시의 일본은 자신의 의
지에 따라 행동한 것처럼 보이겠지만 사실은 결코 그러하지 못했다. 의식적이
었건 아니건 간에 결국은 세계의 제국주의에 의해 조종되어 맹목적으로 제국
주의 전쟁에 복무한 것에 지나지 않았다. 독립이란 명의에 불과했을 뿐 실질적
으로는 타인의 노예였던 것이다. 오늘날의 미군에 의한 일본의 피점령 상태 역
시 그 자연스러운 귀결일 뿐 결코 전쟁에 의해 독립을 상실한 결과라고 볼 수
없다. 이 시대를 사는 우리에게 자신의 절실한 체험을 통해 이 점을 깨닫는 것
은 매우 중요하다.[3]

　다케우치 요시미의 50년 전 발언을 접하는 오늘날의 우리는 한숨과
감탄 속에서 지난 반세기 동안 일본만이 아니라 동아시아 전역에 걸쳐
다케우치가 말한 의미에서 실질적 독립을 달성한 곳이 어디도 없다는
사실을 새삼 절감하지 않을 수 없다. 다케우치가 말한 '문화'의 독립이란
요즘 식으로 말하자면 대중 속에 깊이 삼투한 비판적 주체의 형성이라
는 문제이다. 그는 이 문화적 독립이 법률이나 정치보다 더욱 심층적인
문제이며 형식적 접근을 통해서는 결코 완성될 수 없는 문제라고 보았
다. 타이완 상황에 비유하자면 국기나 국호를 개정하는 형식적 절차로
독립을 선포하는 행위 역시 비판적 주체의 형성이라는 기초를 결여할
때 한갓 공허한 행위가 되고 말 것이다. 앞서 언급한 것처럼 일본은 전
후 미군 점령의 조기 종식에 급급하였고, 이는 다케우치와 같은 고도의

---

3) 다케우치 요시미, 「국가의 독립과 이상」, 『근대의 초극』(孫歌 등 편역), 北京 : 三聯
書店, 2005.

자기 반성 능력을 갖춘 사상가마저도 그러한 인식론적 전제에서 벗어나 당초 일본 제국주의에 의한 여타 지역의 점령, 특히 이전 식민지 지역의 독립을 지연시켜 초래된 장기적 고통에 대해 충분히 고려하지 못하게 만들었다. 이것이야말로 중요한 문제인데, 만약 일본 지식계가 자신의 독립에 대한 고민 속에서 자신들이 초래한 여타 지역의 독립 불가능성에 대한 인식으로 시야를 확대하지 못했다면 패전이라는 역사적 사건 역시 '문제'일 수밖에 없다는 것이 내 개인적인 생각이다. 다케우치에 대한 이러한 비판은 어쩌면 불공평한 처사일지도 모른다. 당시의 '국가적 치욕'이라는 상황 속에서 다케우치는 다른 지식인들에 비해 냉정하게 반성하였고, 패전의 고통 속에서 문제의 근원을 사색하는 태도를 보였다고 평가할 수 있다. 또한 국민들의 독립 쟁취 요구가 형식주의의 함정에 빠질 것을 경계하면서 다케우치는 표면적으로는 주체의식에 기반한 것처럼 보이는 독립의 추구 역시 제국주의의 노예로 귀결되는 역설적 결과를 빚을 수 있음을 갈파하였다. 다케우치의 이러한 예견에 근거하여 전후 일본의 상황을 비추어 볼 때 우리는 그의 관찰이 가진 정확성을 다시금 살펴볼 수 있다. 표면적으로는 자유의지에 기초한 결단처럼 보이는 일본의 친미반공 노선은 손쉬운 길로 가려는 편의적 선택에 지나지 않았다. 따라서 동아시아 지역 전체의 총체적 자주성의 확보라는 시대적 요구에 이르러서는 막다른 골목에 몰린 것처럼, 제국주의의 총알받이가 되는 것에서 벗어날 아무런 기초나 내적 동력도 없음을 적나라하게 드러내고 마는 것이다. 노예로 사는 것 자체가 부끄러운 것은 아니다. 그러나 노예이면서도 자신이 주인이라고 착각한 채 높은 곳에서 아래를 내려다보는 태도를 취하는 것은 슬픈 일이 아닐 수 없다.

이런 의미에서 다케우치의 일본의 독립 문제에 대한 사고는 우리로 하여금 '독립'이 대체 무엇을 의미하는지 진지하게 되돌아보게 해준다. '독립'은 자주성의 회복을 향한 역사적 운동이며 자신의 운명을 장악하여 스스로 주인이 되는 길이기도 하다. 제3세계 반식민지운동의 역사적 맥락에서 볼 때 '독립'은 제국주의의 식민지 분할을 벗어나 자신의 존엄과 주체성을 회복하는 운동을 의미했다. 이런 관점에서 볼 때, 타이완의 상황 또한 많은 문제를 생각하게 만든다. 지난 2000년 저항적 민주주의 운동의 기치를 내건 민진당이 정권을 장악하고 난 후 이를 '타이완적 주체의식의 승리'라고 스스로 찬미했다. 그러나 그들이 말하는 민주주의란 대체 어떤 함의를 가진 것인가? 족군(族群), 성별, 계급의 평등과 사회적 공정성과 정의의 구현에 도달했음을 뜻하는가? 만약 이에 대한 대답이 부정적일 수밖에 없다면 '독립' 노선이 위에서 말한 민주주의의 심화에 긍정적인 힘으로 작용하고 있다고 평가할 수 있는가? 현재 타이완의 상황 속에서 우리는 타이완의 독립 추진 세력이 내건 '독립'이라는 구호의 민주주의적 함의를 찾아보기 어렵다. 오히려 현재 진행중인 타이완의 독립운동은 미제국주의에 대한 종속의 심화를 향해 나아가고 있음을 분명히 관찰할 수 있다. 그렇다면 이때 '독립'이란 말의 진정한 의미는 무엇인가? 아시아의 저항적 민주운동은 과거의 역사적 경험을 재음미할 필요가 있다. 이 과정 속에서 과거 일본의 식민주의가 아시아 각지에 초래한 오랜 상처 및 미국이 아시아의 친미정권을 지지하는 과정 속에서 초래한 억압의 장기적 영향에 대해 주체성에 입각한 진지한 재검토가 이루어져야 한다. 이런 역사적 사실들은 동아시아 각지의 역사에서 결코 손쉽게 잘라내어 버리거나 외재적 요소로서 간단히 취급해서는 안 될 중요한 구성 부분이다. 이전 역사의 질곡을 넘어서기 위해서는 제국주의를 단순한 외부적 역량으로 두고서 그에 반대하는 단순한 입장을 넘어서지 않으면 안 된다. 제국주의란 실은 우리들 모두의 신체와 욕망 그리고 사상 속에 삼투해 있는 내재적 문제이며, 주체의 비판적 재구성은 이런 상태를 청산하는 것에서 출발해야 한다. 나는 이 문제에 대한 사고가 '독립'을 향해 나아가는 출발점이 되어야 한다고 생각한다. 2차 대전 이후 동아시아 지역의 독립은 기껏해야 다케우치가 말한 형식적 독립 이상의 것이 되지 못하고, 결국 우리 모두가 여전히 제국주의의 '노예'에 불과했음을 깊이 깨달을 때 비로소 우리는 냉전 구조의 사슬에서 풀려나는 길로 나아갈 수 있을 것이다.

다케우치는 독립이란 자신이 추구하는 이념을 암시한 것으로, 이상이 결핍된 독립은 무의미한 것이라고 하였다. 그렇다면 필요한 것은 어떤 종류의 이상인가? 다케우치는 이에 대해 확실한 답안을 제출하지 않았다. 그러나 그는 이러한 이상은 반드시 하나의 국민 집단 내부에서의 내재적 형성 과정을 거칠 때라야만 실질적 작용력을 갖게 된다고 보았다. 그에 따르면 메이지 이래의 부국강병정책은 윤리적 실천적 의의를 갖추지 못한 것이었기에 일찍이 역사에 의해 한 차례의 몽상으로 판명되고 말았다. 그런 점에서 패전은 필연적이었고, 문제는 이 실패 속에서 어떻게 교훈을 찾아내어 실질적 독립의 길로 나아갈 것인가 하는 데에 있다는 것이 그의 생각이었다. 다케우치는 일관되게 일본과는 상반된 길로 나아간 인도 및 중국의 경우를 예로 들고 있다. "비록 형식적 독립은 획득하지 못하였으나 그들의 이상은 얼마나 속박에서 벗어나 독립적인가!" 그는 한걸음 더 나아가 일본인들에게 이상이 무엇인지 상상할 수 있도록 쑨원(孫文)의 삼민주의를 인용하고 있다.

중국은 세계에 대해 궁극적으로 어떤 책임을 져야 하는가? 지금의 세계열강이 취하고 있는 노선은 다른 나라들을 억압하는 것이다. 만약 중국이 강성해진다면 우리 또한 남의 국가를 억압하고 열강의 제국주의를 배워 그들의 전철을 밟게 될 것이다. 따라서 우리는 먼저 우리의 정책을 결정하지 않으면 안 된다. 즉 약자를 돕고 위기에 빠진 자를 구하는 것이야말로 우리 민족의 천직이다. 우리는 약소민족을 지지하는 한편 열강에게 저항하지 않으면 안 된다. 만약 모든 국민들이 이러한 뜻을 마음속에 새기게 된다면 진실로 중국 민족은 발전할 수 있을 것이다. 오늘 우리가 아직 발전에 이르지 못한 지금 약자를 돕고 강자에 맞서려는 뜻을 세운다면 장래 강성하게 되었을 때에도 오늘 우리가 열강으로부터 입은 정치적 경제적 억압과 고통을 헤아릴 수 있을 것이다. 만약 장래에도 약소민족이 고통을 당한다면 우리는 그러한 제국주의를 없애버리지 않으면 안 된다. 이야말로 진정한 치국평천하의 이상일 것이다.

—孫文, 「民族主義」

다케우치는 쑨원이 제기한 이상에 크게 감명받았지만 일본의 조건을 고려할 때 단순한 모방이 불가능하다는 것도 잘 이해하고 있었다. 그가 강조하고 싶었던 것은 이러한 윤리적 층위에서 쑨원의 계발을 받아들여 독립의 이념 문제를 사고할 때만 일본의 독립 문제에 대한 진정한 논의가 가능하다는 점이었다.

다케우치가 받아들인 쑨원을 통해 반세기가 지난 지금 동아시아의 맥락 속에서 독립의 문제를 사고할 때 상황은 이전과 크게 달라져 있음을 발견할 수 있다. 일본과 아시아의 네 마리 용은 이미 상당한 경제적 자원을 축적하고 있으며 중국은 강성까지는 아니더라도 평화롭게 부상하고 있는 중이다. 오늘날 아시아의 독립이라는 문제를 다시 사유할 때 이보다 더욱 고매한 이상을 제출하기란 어렵겠지만 쑨원의 문제제기가 가진 현실적 의의를 따져보는 것은 필수적이다. 약자를 돕고 제국주의에 저항한다는 쑨원의 포부는 결코 구호에만 그칠 수 없는 실천적 문제이다. 만약 포스트냉전시대의 도래를 진실로 믿는다면 현재와 같은 동아시아 지역 내부의 대립 국면이 지속되도록 방치해서는 안 된다. 미국의 군사력으로 대표되는 제국주의를 아시아에서 축출하고 전지국적 힘의 균형을 추구하면서 세계평화의 이념을 향해 나아가는 것 외에도 진정한 아시아의 독립이란 약소국에 대한 지원이라는 기본 이념에 따라 풍부한 자원을 이미 확보한 국가가 '국가이익'이라는 협소한 이해를 뛰어넘어, 아시아 여러 지역 간의 각종 인적·물적 자원의 교류를 풍부하게 해 보다 실질적인 평등에 접근하는 과제와 연결되어 있다.

제국주의에 대한 저항의 진정한 의미 역시 외부의 강대한 세력에 의한 모욕의 경험 속에 갇혀서는 안 된다. 화인(華人) 혹은 중국인으로서의 우리 자신은 서구 제국주의의 침탈에 의한 수난의 체험에 대한 서술을 뛰어넘어야 한다. 우리가 겪은 수난의 감정과 기억이 역사적으로 중화제국이 주변 지역에 초래한 거대한 정치, 군사, 문화적 억압에 대한 진지한 반성을 회피하게 만드는 핑계가 되어서는 안 되는 것이다. 부상하고 있는 중국에 대한 아시아 이웃 나라들의 우려는 중국 공산당으로 대표되는 오늘날의 중국에 대한 것뿐만이 아니라 소위 조공체제로 일컬어지는 과거의 중화제국에 대한 것이기도 하다. 남북한과 오키나와, 베트남 나아가 동남아시아 각국이 중국의 부상에 대해 애매한 태도를 취하는 것은 과거의 중화제국에 대한 역사적 시각과 관련된 문제이다. 향후 중국과 아시아가 열어나가야 할 전망이 이러한 역사적 조공체제로의 회귀여서야 되겠는가? 중국이 결코 다시 제국으로 회귀해서는 안 된다는 역사인식 아래 대륙의 지식계가 전근대 시기 중국의 위상에 대해 반성적으로 검토할 시기가 도래했음을 충분히 인식해야 한다. 패권국으로 재부상하여 미국과 대등해지려는 대국 몽상으로 되돌아가는 것으로 서구의 의해 억압당해온 자기 긍정을 대체해서는 안 된다. 아시아에 있어 탈제국주의의 문제는 서구 제국주의의 침탈과 일본 제국주의의 폭력 및 전후 미국의 냉전체제를 통한 아시아에서 팽창정책의 문제로만 국한될 수는 없다. 이와 동시에 과거 제국으로서 타국에 대해 행사한 억압적 영향력을 중국 스스로가 반성적으로 되묻지 않으면 안 된다. 중국은 제국으로부터 대국으로 변모해가는 중이다. 자신의 위치를 새롭게 정립함으로써 지역 내 이웃들과의 관계를 풀어나갈 새로운 방식을 모색하는 것이야말로 향후 중국의 역사 인식에서 중대한 문제이다. 나는 오늘날 중국 스스로가 탈제국주의라는 과제로부터 자유롭지 못하다는 인식에 기초하여 자신을 제국의 위치로 되돌림으로써 미국의 제국주의에 대항하기보다, 자신을 하나의 대국으로서 인정하면서 그에 따르는 책임에 적극적인 태도를 보이고, 이를 기반으로 동아시아 통합의 과정 속에서 합당한 공헌의 방식을 찾아야 한다고 생각한다. 이는 세계적 차원의 주도권을 행사하려는 야심과는 전혀 다른 것이다. 그러나 쑨원의 말처럼, 제국주의를 소멸시키는 데 있어 하나의 중요한 전제는 스스로 제국이 되고자 하는 욕망을 먼저 소멸시키는 것이다. 중국은 과거 중화제국에 대한 반성을 통해 스스로가 제국으로서 약소국에 억압적 힘을 행사할 가능성을 거절할 때야만 비로소 근본적인 평화를 향해 나아갈 수 있을 것이다.

　"일본은 과연 독립국가인가"라는 질문의 의도는 결코 도발에 있지 않다. 이는 동시에 자기 자신을 겨누고 있는 질문이기도 하다. 또한 동아시아 지역 내부의 화해가 진척되지 못하는 핵심 문제의 소재를 파헤쳐 보기 위함이었다. 일본의 문제는 바로 '우리'의 문제인 것이다. 작금 대륙과 타이완 지식계의 미국 숭배 풍조는 결코 일본에 뒤지지 않는다. 이처럼 미국에 경도된 시야 속에는 오로지 강자만이 존재할 뿐 아시아의 이웃들이 설 자리는 없다. 우리가 이처럼 깊이 미국에 경도된 것은 자신에게 내재한 제국에의 열망을 비판적으로 성찰해낼 능력의 부재와 또한 역사 교과서를 통해 반복적으로 생산되는 중화제국에 대한 우리 스스로의 뿌리 깊은 자기 동일시에서 그 원인을 찾을 수 있다. 역사 속에 층층이 뒤얽혀 있는 제국의 욕망을 스스로 제거해 나가는 것이야말로 아시아의 화해와 통합, 그리고 독립을 향한 길에 나서기 위한 선결 조건이 될 것이다.

반일시위, 어떠한 역사의 눈으로 볼 것인가

미조구치 유조(중국사상사) 지음 / 류준필 옮김

1.

이 정도 규모에 달한 중국 국민의 운동에 대해서는, 항상 그 배후에 선동자가 있다며 영미나 혹은 야심을 가진 정치가를 들먹이면서 깊이 생각하지 않는다. 대체로 일본의 현실 정치가는 사실을 똑바로 바라보고 그 원인을 분명하게 파악하는 일을 소홀히 하면서, 문제를 측면에서만 관찰하고 언제나 색안경을 끼고 보는 폐단이 있다. 따라서 관찰이야 항상 그럴 듯하게 제대로 꿰뚫고 있으면서도, 일본이 대외정책을 잘못 수립하는 한 가지 원인은 실로 이상(理想)이 없는 천박한 정치가가 상대방의 심리를 투시하지 못하는 데서 기인하는 것은 아닌가 한다. 이번 배일(排日)운동의 가장 중요한 원인도 바로 현대 중국의 지식계급, 특히 청년학생들 사이에 흘러넘친 배일사상에 있었다. 오늘날 중국 학생은 신문이나 정당의 선동에만 이끌릴 정도로 무자각하지 않다. 설령 선동에 따라 움직인 것이더라도, 그런 움직임이 가능하도록 미리 준비되어 있었다고 하지 않을 수 없다. 그것이 평소에 저들의 가슴 깊이 자리하고 있던 배일사상이다. …… 특히 일본이 차관을 체결하고 이권을 독점한 사실이나 일중간의 군사협약 등으로 인해 배일 감정이 뽑아버릴 수 없을 정도로 깊이 뿌리를 내리게 되었다.

이것은 1919년 5월 24일(일요일)부터 26일까지 3일 동안 『도쿄아사히신문』에 연재된 기사로서, 「더욱 극렬해진 배일(排日)」이라는 제목을 단 서명 논평(上海, 太田宇之助) 제 2회분의 일부이다. 즉 1919년 5월 4일, 베이징에서 배일시위가 촉발한 소위 '5·4운동'에 관한 논평이다.

5·4운동을 전한 『도쿄아사히신문』 제1보는 5월 6일 조간에 「베이징 배일폭동」(2면), 「배일폭동의 중심 베이징대학생」(5면)라는 제목으로 게재되었다. 이후 주요한 기사 제목을 들면, 7일에 「베이징 폭동 진정」·「오늘은 특히 경계를 요함−소위 중국의 '국치기념일(國恥記念日)'」, 8일에 「중국 학생 공사관으로 몰려들다」, 9일에 「중국 배일 기세」·「학생폭동 진상」, 17일에 「톈진(天津) 배일운동」, 21일에 「실상은 기반이 취약한 중국의 일본 화폐 배척」, 「우후(蕪湖) 배일폭동」, 22일에 「중국에서 일본 군벌은 손을 떼라」, 23일에 「일본 화폐 배척 확대」, 26일에 「난징(南京) 일본 화폐 배척 극렬」·「배일 시시각각 위험」·「푸저우(福州)에서 배일운동」, 27일에 「학생 동맹휴교 상하이(上海)」·「중국 배일소요 톈진, 산터우(汕頭), 항저우(杭州), 샤먼(廈門), 홍콩 쑤저우(蘇州), 사저우(沙州)」고 이어지는 가운데 나온 논평이다.

상하이 거주 오오타 우노스께(太田宇之助)라는 서명이 본명인지 필명인지는 모르겠다. 이 논평을 읽으면, 중국에 대해 당시 "측면에서 관찰하고" "색안경을 끼고 보"며 "그럴 듯하게" "꿰뚫고 있는" 논평이 범람하는 외중에, 아마도 정곡을 얻은 몇 안 되는 경우 가운데 하나라고 생각한다.

22일자에 실린 「중국에서 일본 군벌은 손을 떼라」는 요시노 사쿠죠(吉野作造)의 담화 기사로서, "정부가 외교 방침을 고치고 중국정책을 근본에서부터 바꾸지 않는 한 이번과 같은 문제는 계속 반복될 것이다. 즉 중국에서 일본 군벌이 손을 떼든지, 또 내지에서도 경찰권을 휘둘러 학생(중국인 유학생)을 압박하는 태도를 고치지 않는 한, 원만한 해결에 이르지는 못하리라 생각한다”는 내용이었다. 요시노는 같은 해 6월호『중앙공론(中央公論)』‘시론(時論)’란에 「베이징대학에서의 신사조 발흥」, 아울러 문체나 내용으로 보아 요시노가 쓴 글로 추정되는 권두언 「베이징 학생단의 행동을 매도하지 말라」를 실어, “중국에서의 배일의 불상사를 근절하는 방책은 우리 스스로 군벌과 재벌의 중국정책을 제약하여 일본 국민의 참된 평화적 요구를 이웃나라 벗들에게 분명히 하는 것이다”라고 하였다.

학생시위를 ‘폭동’ ‘소요’로 ‘매도’하는 여론이 압도적 다수를 점하는 가운데, 오오타와 요시노 두 사람은 정곡을 찌른 논평을 하였지만, 이들 논의가 햇빛을 보기 위해서는, 그로부터 26년이 지난 1945년 일본이 패전하기까지 기다려야만 했다. 아니, 햇빛을 봤다는 것은 표면적인 이야기이고, 이 논평의 합당함 여부에 대해서는 2005년 현재에도 아직 결론 짓기 어렵다고 말해야 할지도 모르겠다. 이번 2005년의 반일시위에 관한 논평들 중에 후대의 입장에서 판단해 정곡을 찌른 것이라고 평가받을 만한 것이 있다고 해도, “일면적으로 관찰하”거나 “색안경을 끼고 보”는 다수 의견의 범람 속에서 과연 어떠한 길을 더듬어가야 하는지를 생각해보면 무척 흥미로운 일이다.

2.

베이징에서 반일시위가 발발했을 때, 가장 먼저 떠오른 생각은 이 사건을 어떠한 역사적 시각으로 포착해야 하는가였다. 그래서 우선 역사로 진입하는 입구를 찾아, 5·4 당시의 신문 잡지(『東京朝日新聞』·『萬朝報』·『中央公論』·『改造』)를 열람하였다. 이들 신문 잡지의 상세한 사정에 대해서는 생략하기로 한다. 여기서는 오히려 역사에 진입하기 위한 방법에 관해 언급해두고 싶다. 다케우치 요시미(竹內好)가 중국 문학 연구의 방법에 관해 고찰하면서 "방법의 문제를 이야기할 때, 입장의 반성을 함께 다루어야 한다"(「私と周圍と中國文學」, 『全集』 제14권에 수록, 1937의 글)라고 하였는데, 내 생각으로는 '입장의 반성'이란 방법의 문제의 기초이자 전제이다. 역사에 들어서려는 경우, 먼저 질문되어야 할 것은 입장이다. 우리 중국연구자들이 중국을 대상으로 하기 위해서는, 먼저 관찰자로서인지 평론가로서인지, 혹은 감상가로서인지 애호가로서인지 자신에게 물어보아야 한다. 다케우치는 자신에게 연구 대상 즉 '중국 문학'이 "나의 핏속에 없다면 나에게 무엇일 수 있는가"라고 위의 글에서 서술하였다. 여기서 '중국 문학'이란 대상으로서의 현대 중국이다.

다케우치에 따르면, 고찰 대상으로서의 '현대 중국'은 그것을 고찰하는 자기의 주체가 자신을 되돌아보는 과정을 거쳐야만 한다. 자신을 대상의 바깥에다 두고 대상을 바깥에서 관조하는 것이 아니라, 자신은 왜 어떠한 목적으로 그 대상을 문제삼는가라는 주체를 향한 물음을 부단히 자신에게 던져야만 한다.

다케우치가 이러한 '입장의 반성'을 쓴 1937년(2월)은, 노구교사건(7월)을 계기로 중일전쟁이 발발함에 따라 10월에 친구 타께다 타이준(武田泰淳)이 중국 전선을 향해 출정하고 자신도 그 다음날 전시하의 북경으로 유학을 떠났던 해이다. 연보에 따르면 그 전 해인 1936년 12월에는 당시 일본에 와 있던 중국인 작가 위따푸(郁達夫)를 만나 중국문학연구회의 월례회를 개최하였는데, 그 전날에 위따푸가 중국 유학생 모임에서 반일 연설을 하였다는 이유로 출석을 금지당하였다. 경관이 월례회에 배석한다고 하여 다케우치가 급거 위따푸를 대신해서 '중국 문학연구의 방법'

이라는 주제로 발표한 적이 있다. '입장의 반성'은 아마 그 월례회 발표에서 나온 말인 듯하다. 어쨌든 다케우치에게는 일중 관계가 몹시 긴박한 상태인 것으로 보였고, '입장의 반성'은 바로 일본의 자리는 어디여야 하는지를 절실하게 성찰하는 것이었다. 다케우치에게 대상으로서의 중국은 자신의 '핏속'에 있어야만 했는데, 그런 의미에서 다케우치에게 중국의 문제란 주체적으로는 일본의 문제였다. 그것은 훗날 자신의 5·4운동에 대한 태도로 나타나게 된다.

다케우치는 5·4에 대해 "강력해진 근대가 주체성을 획득한 시기로서 5·4를 생각하고 싶"다면서 "여기서 중국은 새롭게 탄생하였다"(「現代支那文學精神について」, 『全集』 제14권에 수록, 1943년의 글)라고 하여 독자적인 중국 근대의 구분을 제시하였다. 그 해 다케우치는 『루쉰(魯迅)』의 원고를 출판사에 넘기고 허베이성으로 출정하였다. 긴장감 속에서 진행된 5·4에 대한 고찰이었다. 다케우치에게는 오오타이나 요시노와 같은 구체적인 정책 제언은 보이지 않지만, 그 주체는 역사 속에 참여하고 있었다.

"5·4 이후 문학정신은 표면적으로는 활동이 막혀 있는 듯해도, 소리 없는 바닥 깊은 곳에서 쉼 없이 흐르고 있는 듯하다. 그 정신의 밑둥에 충격을 가하지 못한다면 표면에 범람하는 거품과 같은 현상을 아무리 붙잡아봐야 아무 것도 없다. 내가 믿는 바로는, 현재 중국 민중의 첫 번째 염원은 그들의 근대를 꿰뚫는 것이다. 즉 국민적 통일을 완성하는 일이다"라고 다케우치는 말하였다(위의 글). "그 정신의 밑둥에 충격을 가"한다는 것은 무엇을 말하는가. 10년 후 다케우치는 이렇게 말했다. "5월 4일 운동의 직접적 계기가 되었던 4년 전의 21개 조항에 대해 우리들이 얼마나 알고 있는가. 이 일본의 침략 행위를 중국인들이 민족적 굴욕이라고 느끼는 것과 마찬가지로, 우리들 일본국민이 자기 양심의 고통 속에서 민족적 굴욕이라고 느낄 때까지는 아직 시간이 필요할 것이다. 지배민족은 피지배민족과 동일하게 자유롭지 못하다."(「民族的屈辱への怒り」, 『全集』 제4권에 수록, 1953년의 글) 다케우치의 이러한 문맥에 의한다면, "정

신의 밑둥에 충격에 가한다"는 것은 아마도 "자기 양심의 고통 속에서" 상대방의 굴욕을 주체적으로 짊어진다는 뜻일 것이다.

만약 우리(일본 정부, 일본 국민)가 이 문제를 성실하게 이행하고 있었다면, 이번 베이징시위는 일어나지 않았으리라고 말하고 싶은 것이 아닐까. 분명 역사를 반성한다는 차원에서 이번 베이징시위를 5·4운동과 겹쳐 보는 일이 쓸모없지는 않다. 그러나 다케우치가 하고 싶은 말은 여기에 머물지 않는다. 다케우치가 추구했던 것은 근대의 문제였을 것이다. "그 정신의 밑둥에 충격을 가한다"고 발언한 1943년은 다케우치에게는 특별한 시기였다. 다케우치는 이 해 1월에 중국문학연구회를 해산하였고, 앞서 언급하였듯이 12월에는 소집 영장에 따라 징병되어 허베이성으로 출정하였다. 그 사이에 차후 대표작으로 지목된 『루쉰』을 집필하여 출정 전에 원고를 출판사에 넘겼다. 다케우치에게 근대의 문제는 루쉰을 경유하여 모색되었던 것이다.

"근대 중국의 결정적 시기로서 나는 5·4를 생각한다. …… 세계사가 중국에게 근대를 강제하였다고 보는 방식은 유럽 근대의 틀 내부의 발상법이지만, …… 나는 중국이 독자적 근대를 지니고 있었다고 주장하고 싶다. …… 중국을 포섭함으로써 근대는 근대를 근대 내부로부터 부정하는 요인을 배태하게 되었다." "현대 중국이 전체체계로서 포섭된 장소, 다만 그러한 장소는 근대 일본과 근대 중국이 동열에서 부정됨으로써 생겨나는 장소이어야만 한다."(「現代支那文學精神について」) 다케우치는 5·4를 거친 중국에 대하여 유럽 근대에 포섭되면서도 번데기가 그렇듯이 그 껍질을 깨뜨려 독자적인 근대를 창출하기를 기대하였는데, 그것은 "근대 일본과 동열에서 부정되는", 즉 유럽 근대의 그림자로서의 근대가 아니라 일본과 중국이 각기 독자적인 근대화 과정을 상호 인정하는 '장소'라고 설정되었다. 요컨대 다케우치에게 "정신의 밑둥에 충격을 가한다"는 말은 "국민적 통일을 완성하"려는 그 강렬한 지향 속에서 유럽 근대의 틀을 깨뜨리고서 생겨날 중국의 '독자적 근대'를 상정함으로써, 아

시아에 근거를 두지 않고 불안정하게 떠다니는 일본의 근대를 문제의 핵심에서 비판한 것이었다. 그리고 그것은 1919년 베이징시위(5·4)에 대한 1930~40년대 당시, 다께우치에게는 시대적과제로서, 지금 2005년으로 역사화한 것이다. 그러므로 나에게 그 과제는 2005년 현재에도 "소리 없는 바닥 깊은 곳에서 쉼 없이 흐르고 있는 듯이 느껴진다." 아니, 지금도 큰 소리를 내며 흐르고 있다고 생각된다.

3.

2005년 4월, 중국 각지에서 일어난 반일시위는 다음과 같았다.

일본 신문 보도에 따르면, 중국에서 2005년 4월 2일 청뚜(成都: 수십 명, 이하 사람 수는 신문 보도에 따른다)와 4월 3일 선쩐(深圳: 수천 명)에서 청년들이 일본의 UN 상임이사회 가입 반대를 외치면서 시위를 벌인 것을 필두로, 4월 9일에는 베이징에서(만 명 규모), 다음날 10일에는 광저우(2만 명)와 선쩐(만 명)에서, 16일에는 상하이(만 명 이상, 다음날 신문에는 수만 명으로 확대되었다고 함), 항저우(3천 명), 톈진(수천 명)에서, 17일에는 선양(瀋陽; 2천 명), 다시 선쩐(만 명), 쭈하이(珠海: 학생 천 명, 여기에는 중산대학의 분교가 있다), 홍콩(5천 명), 뚱관(東莞: 2천 명, 여기에는 쟁의중인 일본 기업이 있다), 샤먼(6천 명)에서 일본에 항의하는 시위가 있었다. 일부는 '폭도화'하여 격렬하게 진행되면서 세계의 주목을 받았지만, 이후 당국의 진압에 따라 진정되었다. 신문들의 기사 표제어 대부분에서는 시위를 '반일 행동', '반일시위'라고 불렀고, 드물게는 '반일 소동'이라고 부르는 경우도 있었다. 거기서 5·4 시기의 '배일' '폭동'과는 용어 차이가 보인다(후술).

저들의 항의는, (식민지화와 침략전쟁에 대한 반성이 없다고 그들이 간주하는) 『새로운 역사 교과서』의 (정부에 의한 공인이라고 그들에게 보이는) 검인정 합격, 고이즈미 수상의 야스쿠니신사 (그들에게는 A급 전범에 대한) 참배, 거기다가 UN 상임이사국에 포함되려는 후안무치한 (그들의 생각) 일본을 향해 있다는 것이, 오오타와 요시노 식으로 "사실을 정면으로 바라보"는 올바른 시각이다. 물론 오오타가 말한 "일면적 관찰"과 "색안경을 끼고 보는" 그릇된 시각은, 오늘날에는 텔레비전 화면만으로도 5·4 당시와는 비교가 안 될 정도로 많은 양이다. 예컨대 정부가 배후에서 조종하고 있다, 정부 비판과 민주화 요구를 무마시키기 위해 반일을 이용하고 있다, 애국이라는 이름의 반일 교육의 결과이다, 빈부 격차에 대한 대중들의 불만을 배출하는 출구가 되고 있다 등등. 그 모두가 부분적으로는 타당한 면이 있을 것이다. 그렇다고는 해도 그것이 '반일'로서 분출되는 사실까지 해명해 주지는 못한다. 선동이 있었든 민주화 요구가 잠재되어 있었든 간에, 그러한 것들이 중국인들의 반일 감정을 가공(架空)의 것으로 만들지는 않는다. 도대체 시위의 의미를 무화하는 것이 일본의 장래에 어떤 도움이 된다는 말인가.

시위는 "그럴싸하게 잘 꿰뚫고 있는" 많은 해설에도 불구하고, 그것이 "움직일 때가 되어서야 움직이는" 움직임의 동기를 자기 내부에 갖추고 있다. 그 동기는 시위의 참가자들 속에서라기보다는 역사의 맥락 속에서 발견된다.

어떻게 발견되는가.

그것은 5·4와 베이징시위의 유사성과 차이 사이에 역사의 균열로서 나타난다.

우선 유사성은 일본 국민의 여론이 어느 경우든 "일면적으로 관찰하고 철두철미 색안경을 쓰고 바라보는 폐단"으로부터 자유롭지 못하다는 점에서 확인된다. 거기에는 아시아에 대한 경시 혹은 멸시가 근저에서 횡행하고 있다는 뿌리 깊은 공통점이 있다. 일본에서는 1919년으로부터 거의 1세기 가까운 2005년 현재까지, 아시아의 역사를 정면에서 바라보기보다는 구미 기준의 혹은 중국에 대한 우월감의 색안경을 통해 보는 사람들이 여전히 다수를 차지하고 있다는 사실을 이 유사성이 보여준다.

한편, 차이는 5·4가 일본의 침략에 대항하는 '배일(대륙에서 일본의 침략을 몰아내는 것)'이었음에 반하여, 이번은 일본이 실질적인 피해를 주는 것이 아니라 다만 중국에 대한 일본의 태도와 역사 관념만이 문제가 되는 '반일'이라는 점에서 확인된다. 5·4의 경우에는 요시노가 말하였듯이 일본군을 중국 대륙에서 철수시켜서, 다케우치가 말한 "국민적 통일을 완성하"는 것을 목적으로 한 배일운동이라는 점에서, 이해하기 쉬운 물리적 항의운동이었다. 이에 비해 가해의 반성이 없는 국가, 피해를 입은 이웃나라의 허락을 구할 수 없는 나라가 UN 상임이사국이 될 자격은 없다는 이번 시위는 심리적·이념적 이데올로기적인 탓에 이해하기가 쉽지 않다. 베이징시위를 최초로 조직한 것은 쭝관춘(中關村) 주민들이었다고 한다. 쭝관춘이라면 주변에 베이징대학과 칭화대학 등 여러 대학이 있는 교육 지구로서 IT산업의 거리이기도 하며, 신중산층의 거주지로 지목되는 곳이다. 그 중산층 주민들이 어떤 동기로 시위에 참여한 것일까. 불의를 허락하지 않는 정의감에서였을까, 국제질서의 공정성을 추구하는 윤리관에서였을까. 아울러 거리 안에서 참가하거나 거리 옆에서 참가한 이후에, 폭도로 바뀐 일부 청년들의 '반일' 감정 근저에 존재하는 것(반정부나 생활 불만과 같은 감정을 끌어낸 것)은 어떠한 내셔널리즘일까. 아마 이 동기의 일부는 참가자마다 의미나 강도가 다를 가능성이 있다. 근본적으로는 본인조차 자각하지 못할 가능성도 있다. 그러나 그들로서도 이해할 수 없는 그 지점에서 역사가 드러난다.

나의 시각에서는 "내가 믿기로는 현재 중국 민중의 첫 번째 염원은, 그들의 근대를 관철하는 것이다"라고 다케우치가 말하였던, 그들이 "근대를 관통하"고자 하는 바, 그곳이 역사가 드러나는 장소이다.

5·4와 현재의 비교에서 빠진 것은 1919년 시점과 2005년 시점의 배경이 되는 중국의 정치력·경제력의 차이이다. 특히 최근 20년 동안의 중

국의 정치력과 경제력의 급속한 상승을 일본인의 인식이 따라가지 못하고 있다. 그렇기는커녕 "이상 없는 천박한 정치가가 상대방의 심리를 투시하지 못하는" 구태의연한 아시아 멸시, 중국 멸시가 다시 겹쳐진다. 그 현상과 인식의 균열 사이로 역사의 살아있는 목소리가 표출되고 있다. 뒤집어 말하자면, 새로운 시대가 진전되면서 과거의 역사관·세계관이 틀로서의 유효성을 상실하자 균열이 드러나기 시작한다. 그 균열된 틈새로 새로운 역사적 사실이 분출하기 시작한 것이다. 여기서는 서술의 형편상 새로운 역사적 사실을 중국만을 대상으로 한정했지만, 사실은 한국의 반일시위와 관련해서도 문제의 소재는 동일하다는 점을 분명히 밝혀둔다.

4.

중국에서 반일시위가 있었던 2005년 4월에는 아시아에서 두 가지 상징적인 기념 행사가 거행되었다. 하나는 1955년 이후 50년 만에 자카르타에서 개최된 아시아—아프리카 수뇌회의(22~23일), 다른 하나는 호치민 시에서 있었던 남베트남 해방 30주년 기념집회(30일).

50년 전 인도네시아의 반둥에서 열린 제1회 아시아—아프리카 회의(반둥회의)는 네루, 수카르노, 저우언라이(周恩來 : 일본은 경제인 다카사키 타츠노스케高崎達之助 씨를 파견) 등 29개국 대표가 참석하였다. 반식민지주의를 표방한 이 회의를 계기로 아프리카에서는 1960년대에 많은 신생 독립국이 탄생하였지만, 10년 후에 알제리에서 개최될 예정이었던 제2차 회의는 알제리와 인도네시아의 쿠데타, 제2차 인도—파키스탄 전쟁 등으로 인해 중지되어 지금까지 중단되고 있었다. 그 회의가 이번에는 106개국 대표들에 의해 개최되었고, 이후 4년마다 개최하기로 결정하였는데, 이 회의에서 중국의 외교활동은 극도로 적극적이었다. 즉 우리가 반일시위에 눈을 빼앗기고 있던 4월 11일, 원쟈바오(溫家寶) 총리가 인도를 방문하여 1962년 중국-인도 국경 분쟁 이래의 현안 문제 해결의 방향과 전략적 제휴 관계의 확립에 합의하고, 아시아-아프리카 회의에 대해 사전 정비 작업을 진행했다(인도는 중일 외무장관 회의 전날인 17일, 파키스탄의 무샤라프 대통령과 카쉬미르 문제와 관련해서 숙적 관계를 '협조' 관계로 전환시키는 데에 합의하여, 마찬가지로 회의의 사전 정지 작업을 진행하였다). 또한 회의에 참석한 후진타오(胡錦濤) 주석은 회의 중간을 이용해 개별 외교를 전개하였다. 22일에는 알제리 대통령, 파키스탄 대통령, 네팔 국왕, 태국 수상, 파푸아 뉴기니아 수상과 회담했고, 23일에는 미얀마 국가평의회 의장, 수단 대통령, 가나 대통령, 인도 수상, 타지기스탄 대통령(이상은 CC TV에 의함), 그날 밤에 고이즈미 수상과 회담하였다(후진타오 주석은 27일에는 필리핀을 방문, 남중국해 석유자원의 공동개발을 포함한 '평화와 발전을 위한 전략적 제휴'의 확립에 합의하였다).

일본은 장기적인 아시아-아프리카정책이 결여된 채, UN 상임이사국 가입의 지지를 겨냥해서인지 본회의에서 고이즈미 수상이 10년 전 무라야마 담화를 빌려 다시 "반성과 사과"를 표명했지만, 역사의 시선에서 보자면 1955년 반둥회의에서 종결지어야 했던 과제를 2005년이 되어서도 아직 매듭짓지 못하고 있다는 외교적 후진성을 역으로 드러냈다.

이 회의는 최근 50년 아시아가 이러저러한 난동과 곤란을 끌어안으면서도, 착실하게 각기 "자기 나름의 근대를 관철"해 왔다는 점, 또 중국은 스스로를 개발도상국에 위치시키며 아시아·아프리카 여러 나라들과 그 '근대'를 공유해왔다는 인상을 주었다. 작년 중국의 무역 통계를 보면, 중국의 무역 상대 국가/지역 가운데 1위는 EU, 2위가 아메리카, 3위가 일본이다(일본은 제 1위가 중국, 2위가 아메리카, 3위가 EU. 일본과 중국이 순위의 위치가 다르다는 데에 유의). 그렇지만 다른 한편으로 중국의 ASEAN, 남아시아, 서아시아와 아프리카 각 지역 무역액의 합계를 내면, EU와의 무역

총액이 1,700억 달러인 데 비해 중국은 1,900억 달러가 넘어 사실상 1위를 차지하고 있다.

다케우치는 유럽의 굴레를 깨뜨린 "저들의 근대" "독자적 근대"를 조망(혹은 희망)하였지만, 지금까지 일본 논단에서 논의되어 온 '아시아의 근대'는 때론 탈근대의 파고에 휩쓸린 채 박제품이 되어 사유의 기본틀로서의 유효성을 상실하고 말았다.

분명 1850년에서 1950년의 100년 동안 일본에서의 '탈아(脫亞)' '초극(超克)' '흥아(興亞)'의 근대적 틀은 아시아를 이야기하는 기본 틀로서 그럭저럭 유효하였다. 앞서 서술한 다케우치가 1930~40년대에 진행한 근대에 대한 모색은, 틀을 부정하는 방식으로 기본틀의 작용이 유효하도록 하였지만, 그 염원에서라면 다케우치는 유럽제의 일본 근대의 틀과는 다른 틀이 출현하기를 바랐다. "나는 중국이 독자적 근대를 지니고 있다고 주장하고 싶다"는 말은 바램을 너무 일찍 소망을 피력한 것이어서 현실성을 잃어버린 발언이지만, 그러나 그 희망은 지금도 살아있다.

지금까지 일본에서 논의된 근대는 1850~1950년까지 100년을 재료로 한 것으로서, 이러한 근대는 일본을 아시아의 '우등생' 혹은 '모범국'으로 여기는 틀에 의존하는 것을 특징으로 한다. 다케우치가 관철하고자 한 "저들의 근대"가 일본을 우등생으로 여기는 근대가 아님은 주지의 사실이다. 생각건대 다케우치가 바란 "저들의 근대"란 아시아, 아프리카, 라틴아메리카의 여러 나라가 각기 서구화를 수행하면서도, 그 강제된 근대를 통해 유럽을 역으로 포섭하는 것이었다. 다케우치의 희망은 실체가 없는 관념적 영위인 탓에 논리가 굴절된 긴장감에도 불구하고 내용적으로는 공소하지만, 적어도 일본이 떠올리는 근대에 긴장감을 부여하는 에너지는 갖추고 있다.

가령 1850~1950년까지 100년을 근대 전편이라 부르고, 1950년부터 2050년까지의 100년을 근대 후편이라 불러 보자. 시기 구분으로는 1950년 이후는 현대이겠으나, 역사로서의 아시아 근대는 거기서 끝나지 않았다.

실체로서의 아시아, 아프리카의 근대는 1950년부터 시작되었다. 중화인민공화국의 성립과 반둥회의가 그 후편의 막을 올린 것이다. 그렇다면 우리에게 문제는, 2005년 현재 현실은 근대 후편(즉 아시아가 각자의 근대 속에서 나란히 설 때까지)의 경로를 걸어가고 있는 반면에, 사고의 틀은 근대 전편의 상태라는 점 그리고 그런 괴리가 존재한다는 점을 자각하지 못한다는 데에 있다. 야마무로 신이치(山室信一)의 『사상과제로서의 아시아(思想課題としてのアジア)』는 그런 의미에서 근대 전편의 구조를 잘 그려낸 대작이지만, 우리가 이 책을 살리기 위해서는 이 책을 토대로 삼아 근대 후편을 디자인하여, 전편과 더불어 후편을 완성해야만 한다. 그렇지 않으면 역사로서 혹은 사상으로서의 근대는 완성되지 않는다. 그러기 위해서는 2050년에 스스로를 위치시키고 그 시점에서 2005년을 다시 돌아보는 작업을 행할 필요가 있다. 그때 일본은 중국과 인도를 필두로 하는 아시아세계와 어떤 관계를 맺고 있을까. 혹은 맺어야만 하는 것일까.

이번 반일시위를 이해하기 어려운 것은 전편과 후편의 역사관 사이에 존재하는 커다란 거리에서 기인한다. 현실은 근대 후편의 한복판에 있고, 사고의 틀은 근대 전편밖에 지니고 있지 못한 상태가 지속되는데도, 이것이 중국과 일본 어느 쪽에서도 의식되지 못하고 있다. 중국은 전편을 졸업하고 후편으로 나아가고 있는데, 일본에서는 2005년 현재 "이상 없는 천박한 정치가"들은 말할 것도 없고 대다수 국민들은 전편의 의식으로 중국을 해석하거나 세계에 대처하려 하고 있다. 기껏 하는 행위가 '새로운 역사 교과서', 수상의 야스쿠니 참배이며, UN 상임이사국 가입이다.

중국인의 입장으로 위치를 옮겨볼 때 이해하기 어려운 것은 근대 후편이 아직 그 모습을 뚜렷이 드러내지 않는 가운데 의식이나 감정만 앞서 간다는 점이다. 그것은 내셔널리즘이자 공리관(公理觀)이고, 정의감이거나 민주화의 요구, 소득 격차의 불만일 수도 있다. 그런데 저 후편의 행위를 역사화하는 후편의 역사관이 아직 만들어지지 않고 있다.

그렇다면 이번 반일시위로부터 우리가 취할 수 있는 긴급한 과제는

후편의 역사관의 구축일 것이다. 또한 그것이 우리(특히 일본인) 주체에 대
한 질문을 거친 것(자기 성찰)이어야 한다는 점은 분명하다.

보충기록

1. 여기서는 주제의 관련 하에 한국의 경우는 다루지 않았지만, 실제로 일본에게 한국은 중국
   과 마찬가지이다. 덧붙여 말하면 "한국은 세계 제일의 조선국(造船國)이다", "일본은 56년,
   영국을 추월하고 세계 제일이 되었다. 2000년에 한국이 그 자리를 빼앗았다", "세계에서의
   비율은 한국 44%, 일본 32%, 중국 14%"(2005년 4월 25일, 『아사히신문』)이라고 말한다.
2. 베트남에서 남베트남의 해방은 근대 후편 중에서도 특필할 만한 사건이지만 여기서는 생
   략한다.

1919년과 2005년 사이에서

중국 반일시위로 보는 역사와 사건

마루카와 데쓰시(타이완 연구 · 동아시아 문화론) 지음 / 김신재 옮김

'5 · 4'의 반복인가

2005년 4월 내내 중국 각 도시에서 빈발한 반일시위의 계기는 3월 21일 코피 아난 사무총장이 UN 안보리상임이사국 확대안을 발표하는 성명에서 후보로 일본을 거론한 것이라고 한다. 안보리상임이사국의 기본 틀은 제2차 세계대전 전승국을 중심으로 하는 국제질서를 암암리에 제시하고 있으며 극동 군사전범법정도 명확히 그와 연관되어 있기 때문에, 일본 수상의 야스쿠니신사 참배(A급 전범에 대한 애도)는 전후 국제질서에 대한 침범을 환기시키지 않을 수 없다. A급 전범을 국가적 애도의 대상으로 삼으면서 UN 안보리 가입을 지향하는 것은 그 자체가 모순을 드러내는 셈이다.

여기서 돌아보고자 하는 것은 이번 중국에서 벌어진 반일시위의 양상에는 오래 전 일본의 대중(對中) 21개조 요구[1]에 분개한 학생에게서 시작

된 5·4운동의 그림자가 여기저기 발견된다는 점이다. '일본 상품을 불매하자(抵制日貨)'라는 슬로건 등 표면적으로도 역사적인 반복처럼 보인다. 또한 오늘날의 '띠아오위타이(일본 표기: 센가쿠열도)를 지키자(保衛釣魚垱)'라는 슬로건에서도 대중 21개조 요구 중에 산둥성 구독일 권리의 계승 요구와 뤼순, 따롄과 남만주철도의 조차기한에 관련된 1999년 연장 요구가 포함되어 있는 등 영토보전의 정열과 오버랩된다. 대중 21개조 요구에는 '만몽(滿蒙)'에서의 일본인 상조권(商租權), 또한 일중합변사업에 관련된 강압적 요구도 포함되어 있던 것에서, 오늘날 일본 자본 진출에 반발하는 '일본 상품을 불매하자'와 영토를 보전하기 위한 정열을 표현하는 '띠아오위타이를 지키자'는 바로 5·4운동을 구동했던 논리 구조를 반복하듯이 나란히 함께 가는 것 같다. 그러나 당연히 5·4운동의 국제질서와 현재는 전혀라고 해도 좋을 만큼 다른 배치 속에 있다. 당시 중국은 반식민지 상태였고 그 사이에 위치한 한반도는 병합이라는 이름으로 식민지화되어 있었다. 역사적 조건에서 당시의 일본은 제1차 대전의 전승국이었지만, 지금은 설명할 것도 없이 제2차 대전의 패전국으로 자리매김되어 있다.

그러나 그렇기 때문에 더욱 오늘날 일본의 안보리상임이사국 가입 요구는 당시 국제연맹에서 탈퇴한 경위를 역 방향으로 반복하는 기묘한 역사적 흐름을 보인다. 지금의 일본(국가로서)이 대체 뭘 하고 싶은 거냐는 의심이 아시아 각 국, 각 지역에서 부상하는 것은 그런 까닭이다. 일본의 그런 행동은 예전의 국제연맹 탈퇴를 다시 떠올리게 함으로써 역

---

1) 대중 21개조 요구는 다음의 다섯 가지로 정리된다.
제1호: 산둥성에서 구독일권리의 승계와 철도건설 4개조.
제2호: 뤼순, 따롄과 남만주철도의 조차기한 99개조 연장, 또한 만몽의 일본인 상조권에 관한 7개조.
제3호: 漢冶萍煤철도공사의 일중합병에 관한 2개조.
제4호: 중국 연안의 항만과 도서의 불할양 1개조.
제4호: 중국의 군사·정치·재정의 일본인 고문의 설치, 일중 병기규격의 통일 등 7개조.

사의 반복과 차이에 관한 원근감을 불러일으킨다. 물론 역사적 흐름과 현재를 안일하게 결부시켜서는 안 되겠지만, 그 과거와 현재의 다른 배치를 드러내는 것이야말로 실로 역사의 강박적이라고도 할 반복 상황이 지 않을까. 중국의 이번 반일시위에 불을 붙인 것은 한국의 독도 영유권에 관한 반일시위 보도였다. 단순화의 오류를 무릅쓰고 굳이 지적한다면 이번 반일시위의 연쇄적 반응은 3 · 1독립운동에서 5 · 4운동까지의 흐름을 재연한 것이며, 간단히 말해 1919년이라는 시간이 우리에게 다시 도래하고 있음을 알리는 것이다. 국제연맹이 정식으로 성립한 것이 그 다음 해인 1920년임을 감안한다면 레닌의 「평화에 관한 포고」, 「토지에 관한 포고」(1917.11)나 월슨의 「14개조 테제」(1918.1)와 더불어 3 · 1독립운동과 5 · 4운동의 충격(이집트 와하드당의 반영투쟁, 인도의 제1차 불복종운동도)은 훗날 보기에 국제연맹의 이념적 기초가 되는 '민족독립'의 개념을 이면에서 지탱하는 계기가 되었음을 부정할 수 없다. 그러므로 1919년이라는 시간성은 제2차 대전 후 국제질서의 형성, 즉 UN의 바탕이라고도 할 수 있을 것이다. 여기서 유의해야 할 것은 미합중국이 국제연맹에 결국 참여하지 않았다는 점, 나아가 일본이 만주사변 후에 국제연맹에서 탈퇴하고 워싱턴 군축체제로부터 이탈한 궤적은 바로 3 · 1독립운동, 5 · 4운동을 광원(光源)으로 한 1919년의 관점에서 역으로 조명을 받는 역사 구조를 강하게 보존한다는 점이다. 그러므로 그 대전 중의 역사 구조는 걸프전쟁 이후 미합중국이 UN체제를 계속 경시하는 지금, 현재 일본의 무의식에 대해서도 과거의 반복을 강박적으로 만드는 것이 아닐까. 즉 국제연맹에서의 탈퇴(그리고 워싱턴체제로부터의 이탈)는 오늘날의 안보리상임이사국 가입에 관련된 일본의 '불성실'한 대응을 방불케 하는 셈이다. 결과적으로 안보리상임이사국 가입을 무엇보다 우선시하지는 않는다는 점은 중국과 마찰을 일으키는 근간인 수상의 야스쿠니신사 참배(A급 전범에 대한 애도)를 보면 분명하다. 안보리상임이사국 가입을 표명하면서 그에 대해 '불성실'한 부분 — 이런 역사적 강박의 구조를 어떻게 해석하고 타파할 것인지는 바로 5·4운동(3·1독립운동)을 포착하지 못한 역사를 재정립해야 할 현대 일본인의 몫이다.

그러나 그 5·4운동의 효과, 그리고 그 속에 내재된 중국인의 영토보전에 대한 열정은 단순히 1919년에서 2005년으로 바로 이어지지 않는다. 그 팔십 몇 년 동안에도 5·4운동의 충격은 동아시아를 관통했다. 전후 일본의 대중운동 중 이를테면 1960년의 미일신안보조약 개정반대운동은 그 운동의 대외적 목적(반미)과 체제 내적 요구(민주화)라는 측면에서 5·4운동과 가깝지 않은가.[2] 그러나 그것과는 별개의 5·4운동이 분명히 존재한다. 그것은 냉전 시기 동아시아에서 일본에 대항한 또 하나의 5·4운동이었다. 그 역사를 재정립할 때 비로소 5·4운동의 역사적 효과가 지니는 의미가 분명해질 것이다. 즉 '따아오위타이를 지키자'라고 불린 운동이 1970년대 초의 타이완을 석권했다는 역사적 사실이다. 그것은 처음으로 청년 인텔리층을 움직인 영토보전운동이었는데, 그 경험이 훗날 타이완 지식인들에게 다양한 충격을 준 일련의 사건이다(그러나 대부분의 일본인에게 무시되고 말았다).

또 하나의 5·4, 또 하나의 '따아오위타이를 지키자' 운동

1970년대 초의 타이완으로 시점을 이동하기 전에 하나만 덧붙이겠다. 대륙 중국에서 5·4운동을 보는 후세의 평가가 변한 과정이다. 문혁 종

---

2) 쑨꺼는 1960년의 미일안보조약반대운동의 성격이 5·4운동과 가까운 측면이 있다고 지적한다(『亞洲意味著什麼』, 臺灣巨流出版, 2001, 256면). 안보반대운동은 미국의 군사적 지배하에 있는 것을 반대하는 대외적인 운동이었으면서도 화살이 자국 정부에 향해 있었다는 점에서 5·4운동과 동일한 역사 구조를 지닌다는 것이다.

식 후인 1980년대에 '5·4'는 서구 근대가 본격적으로 섭취된 기점으로 이야기되며, 오히려 신문화운동의 측면에서 이해하는 해석이 주류이다. 전(前) 5·4 시기에 후스(胡適)가 이끈 백화문운동 등 국민적인 소통의 해방을 지향한 움직임이 시작된 것이다. 또한 그런 의미에서 5·4정신은 배외적 민족주의를 넘고자 하는 계몽적 근대의 모멘트를 지녔다는 해석도 충분히 성립할 것이다. 단 그런 '계몽'의 강조는 5·4운동의 대중투쟁이 고조되는 현장에서 공산당이 생겨났다는 공산당의 공식이데올로기에 도전하는 의미를 포함하기도 한다. 5·4운동부터 이후 마오쩌둥의 지도가 확립된 공산당의 흐름을 실증적으로 설명하기도 어렵지만, 계몽의 강조는 5·4운동을 계몽적 근대의 기원으로 상상하는 흐름을 반영한 것이다. 다만 엄연히 5·4운동의 직접적 계기가 일본의 대중 21개조 요구에 대한 격분과 저항이었다는 점에서 5·4의 사상은 일본적 근대에 회의를 품고 있는 것은 아닐까. 그런 추측은 다케우치 요시미 등의 영향으로 일본에 정착되었다. 그것은 다케우치 요시미의 논문 「중국의 근대와 일본의 근대」(1948), 혹은 강연록 「방법으로서의 아시아」(1960) 등에서 제시된 비서구 지역에서 근대(모더니티)의 형태와 관련된 문제였다. 다케우치는 5·4운동과 조우한 철학자 존 듀이의 보고서를 인용하면서 일본의 근대 형태와 중국의 근대 형태를 다음과 같이 기술한다. 구조적으로는 구래의 구조를 지니면서도 그 위에 서양에서 취한 문명을 덧씌운 것으로 일본적 근대를 규정하는 한편, 중국의 근대는 외부에서 들어온 자극에 대응하면서 자기 부정을 통해 자기를 철저하게 파괴하고 자기 변혁의 힘을 자신 속에서 만들어낸다. 그렇게 비서구 지역에서의 근대화 모델 형태를 제시한 것이다. 물론 다케우치가 제시한 것은 어디까지나 근대의 모델을 '기능'으로 추출한 것이지, 실체로서 서술한 것이 아님은 말할 것까지도 없다. 다케우치의 사상이 비판받는 지점이고 동시에 가장 효과적인 지점이 이처럼 실체와 기능을 구별하는 사고라고 하겠다.

전후 다케우치가 5·4운동을 상징으로 삼는 자기 부정의 논리에 착안해 전후 일본의 현실과 맞섰듯이 '5·4'는 (대륙) 중국에 한정되지 않고 대외적 위기를 넘어서고자 하는 자기 혁신 민족의 모델로서 마치 표어처럼 동아시아에서 몇 번이나 다시 상기되었다. 그리고 그것은 실은 냉전 시기 동아시아에서 어떤 의미로는 가장 순수한 모습으로 채택되어 '5·4적인 것'이 가장 불가능하다고 생각되는 장소에서 전개된 것이다.

*

그것은 오키나와 일본 반환이 논의되기 시작한 1960년대 후반부터 1970년대 전반에 주로 타이완을 무대로 한 일련의 사건으로 드러났다. 그 사건은 다음과 같이 전개되었다.

1969년 UN 아시아개발위원장(ECAFE)이 타이완 북부, 띠아오위타이(釣魚坮列嶼)에 해저유전이 매장되어 있을 가능성을 제시했다. 다음 해 1970년 9월 일본 정부는 띠아오위타이가 일본의 주권하에 있음을 선언하고 미국국무원도 그것을 추인하듯이 띠아오위타이가 (반환이 예정되어 있는) 오키나와에 소속된 것이라고 발언했다. 타이완의 국민정부에 분명히 충격적인 사태에 대해 당시의 외교부장 웨이위쑨(魏煜孫)은 당연히 해야 할 코멘트조차 발표할 수 없었다. 게다가 이어서 일본해상보안선이 관습대로 띠아오위타이 부근에서 조업한 이란(宜蘭)현의 어민을 저지하는 사건이 일어난다.

이러한 대외적 충돌들을 계기로 타이완 및 미국체재 중인 유학생들에 의해 일련의 '띠아오위타이를 지키자' 운동이 시작된다. 당시 타이완대학 철학과 대학원생이던 왕샤오뽀(王曉波)가 『중화잡지』에 「띠아오위타이를 지키자!」를 발표하고,3) 정부의 약한 외교력을 강력히 비판했다. '5·4운동선언'이라는 글자가 곳곳에 보이는 이 호소문 「띠아오위타이를 지키

---

3) 마오한(茅漢: 왕샤오뽀의 펜네임)·왕쉰(王順), 「띠아오위타이를 지키자」, 『中華雜誌』, 1970.11, 88면.

자!」는 바로 5·4의 학생운동을 상기시키면서 이상주의적인 청년의 기개로 정부와 맞섰다. 당시의 국민당정부는 5월 4일을 청년절이라는 기념일로 만드는 등 관제로 5·4를 계승하고 있었지만, 신중국에서 칭송받는 루쉰의 저작 등은 발매가 금지된 상황이었다. 루쉰 등 이른바 국민당정부에 비판적인 일부, 혹은 대륙에 남은 지식인들을 지워버린 '5·4'가 결국 국민당의 '5·4'였던 셈이다. 그리고 당시의 국민당정권은 일본, 한국 등과 함께 미국이 주도하는 반공동맹에 깊게 관여하여, 일본 정부 및 미국 정부에 대한 비판을 의도적으로 차단하고 있었다. 왕샤오뽀의 선언문 「띠아오위타이를 지키자!」는 애국주의를 전면에 내세움으로써 즉각적인 탄압을 피할 수 있었고, 또 결과적으로도 국민당정권을 비판하는 논조가 공공연히 통용되는 상황을 만들어내는 등 냉전체제를 흔드는 역사적 사건이 되었다.

타이완에서의 이 '띠아오위타이를 지키자' 운동의 구체적인 발생의 계기가 된 것은 미국에 체재하던 유학생 운동에서 자극을 받는 등 이른바 외부에 대한 반응이었다. 타이완대학에서 시작된 첫 번째 가두시위가 화교계 학생그룹에서 조직된 것도 상징적이다. 당시 1966년부터 시작된 대륙 중국의 문화혁명 동향이 전세계의 지식인들을 활성화시켰는데, 그 영향을 직접적으로 받기 쉬웠던 사람들이 외부세계와 통해 있는 유학생들, 홍콩 등지에서 대만으로 온 화교계 유학생이었다. 또한 그들은 미국의 인텔리층 중에서도 세계적인 반체제사상이 그대로 반영된 토양 위에 있었다고 할 수 있다. 미국에서의 '띠아오위타이를 지키자' 운동은 처음은 연합적인 행동을 보였지만 서서히 국민당계 청년조직과 조국통일을 지향하는 좌파계 청년조직으로 분화해가게 된다.

타이완대학에서 있었던 운동의 전개를 다시 한번 살펴보겠다. 백색테러의 공포가 타성적으로 연장되던 타이완대학에 이례적인 사건으로, 당국의 개입을 거치지 않고 자주적으로 제작된 현수막이 걸렸다. 1971년 4월 13일의 사건이다. 타이완대학 정문 근처에 걸린 하얀 현수막에는 "중국의 토지는 설령 정복당한다 해도 한 뼘도 주지 않겠다[中國的土地可以征服, 不可以斷送]", "중국 사람은 설령 살해당한다 해도 머리를 숙이지 않는다[中國的人民可以殺戮, 不可以抵頭]"라고 쓰여 있었다. 이것은 앞의 왕샤오뽀(王曉波)의 선언문 「띠아오위타이를 지키자!」의 서두에 쓰인 문구였다. 이어서 13일, 14일 타이완대학의 화교계 유학생들이 일본 대사관, 미국 대사관을 향해 가두시위를 감행하고, 그에 영향을 받아 오랜 기간의 사상억압에서 깨어나듯이 4월 20일 타이완대학에서 '타이완대학보위띠아오위타이위원회'가 발족했다. 이후 이 '띠아오위타이를 지키자' 운동은 타이완대학, 사범대학에서 나아가 타이완 전역의 학원으로 불꽃처럼 확산되어 갔다.

　이후 '띠아오위타이를 지키자' 운동의 동향은 미국의 학생조직(좌파계) 사이에서는 위에서 말했듯이 서서히 조국통일운동으로 이어진다. 당시의 배치에서 미국의 국민당계 청년조직은 이 통일운동에 적대적이었고, 그 속에서 발생한 연전(連戰) 등 오늘날의 국민당 지도층은 당시의 통일파(좌파)에서 보자면 오히려 '독립파'로 인식되고 있었다. 미국에서의 '띠아오위타이를 지키자' 운동은 그 당시 미국의 베트남 반전운동이나 '문혁'의 진전에 영향을 받으면서 타이완 본도보다 앞서나간 위치였다고 말할 수 있다. 다른 한편, 국민당의 사상통제가 강고하게 뿌리를 내린 타이완에서 '띠아오위타이를 지키자' 운동은, 그 자체로서는 냉각 과정에 들어갔지만 각 대학 학생회의 입장을 국민당계 후보자와 맞설 수 있도록 학원의 민주화투쟁에 그 에너지를 남겼다. 나아가 그런 에너지는 타이완 사회의 황폐한 농촌에 관심을 갖고 시작된 사회조사, 선주민지구의 주민과 관련된 생활개선운동 등 타이완 사회를 저변에서 바라보는 사회개혁으로 이어졌다. 결국 영토보전의 정열은 교육기구의 민주화운동으로, 나아가 개발독재를 은밀히 비판하는 방향으로 이동한 것이다. 그러나 이와 같은 운동의 양상 변화는 매우 양의적인 문제들을 품고 있다. 당시 국민당의 신세대를 대표하는 위치에 있던 쟝징궈(蔣經國)는 다분히 국민당

구세대를 견제하는 의미의 잡지 『대학잡지(大學雜誌)』를 음지에서 지원하는 입장이었고, '띠아오위타이를 지키자' 운동을 담당하는 부분도 포함한 대학원생, 인텔리층을 그 잡지로 끌어들이고 있었다. '띠아오위타이를 지키자' 운동 자체는 불이 사그러들면서 왕샤오뽀 등, '띠아오위타이를 지키자' 운동을 선도한 타이완대학 철학과의 젊은 인텔리들은 이 『대학잡지』에 관여하면서 학원의 민주화에 관해 격렬한 언론전을 지속했다.

그러나 그 와중에 전기가 찾아온다. 1972년 12월의 타이완대학 민족주의 좌담회에 관여한 왕샤오뽀, 첸구잉(陳鼓応) 및 타이완대학 철학과의 학생 몇 명이 1973년 2월 경비총사령부에 연행된다. 그리고 1974년 4월에는 교육부 당국이 갑자기 타이완대학 철학과 대학원생 모집을 중단하더니 같은 해 가을 위에 언급한 왕샤오뽀, 첸구잉 등 타이완대학 철학과의 교원들이 대학에서 추방되고, 당시 철학과 주임이던 샤오틴에이(趙天儀)도 해임된다. 교직의 지위를 박탈당한 이들이 12명에서 13명에 달하는 이 학원사건은 훗날 타이완대학 철학과 사건이라고 불리며 1970년대 타이완의 민주화운동에 큰 그늘을 남겼다.

*

요컨대 이렇게 정리할 수 있지 않을까. 영토보전에 대한 정열을 기조로 한 '띠아오위타이를 지키자' 운동은 5·4운동이 중국 사회 내부의 변혁을 지향한 신문화운동의 성격을 지녔던 것처럼, 타이완 당국체제의 민주화 및 개발독재를 은밀히 비판하는 개혁운동을 지향하게 되었다. 그러나 이러한 사회개혁 지향은 신세대의 리더 쟝징궈의 손에 의해 주요 부분은 이 체제 내로 흡수되고, 체제의 허용한도를 넘은 부분은 강제로 배제된 것 같다. 앞에서 언급한 『대학잡지』에서는 후에 국민당의 많은 테크노크라트가 육성되었는데, 나중에 민진당의 온건파가 된 쉬신량(許信良), 쟝쥔홍(張俊宏) 등의 인재도 배출되었다. 그리고 타이완대학 철학과 사건은 그보다 한층 더 급진적인 부분을 겨냥해, 지식계에서 배제를 감행한 사건으로 성격이 규정될 수 있을 것이다. 참고로 타이완대학 철학과 사건으로 해고된 교수 밑에 있던 학생들, 치엔용샹(錢永祥), 꾸완원(瞿宛文) 등은 1990년대 이후의 비판적 지식계를 이끄는 잡지『계간 타이완 사회연구』의 중심인물이 되어 재부상하게 된다(치엔용샹 등은 왕샤오뽀와 마찬가지로 체포된 경험이 있다).

이렇게 제2의 5·4운동이라고도 할 '띠아오위타이를 지키자' 운동은 1980년대 이후 이루어진 타이완 민주화의 선구로 기억되지만, 1970년대 전반의 이러한 사건들이 타이완 밖에서는(최근에는 타이완 내부에서도) 매우 인지도가 낮은 것에 놀라지 않을 수 없다. 그런데 적어도 일본에서 '띠아오위타이를 지키자' 운동에 관심이 없는 것은 1970년대 전반의 동아시아 냉전 구조 변동이 관련되어 있음을 지적할 필요가 있다. 즉 1970년대 전반은 오키나와 반환이라는 상황 아래, 대륙의 인민공화국과 타이완의 국민당정권 사이에서 힘의 균형이 큰 지각 변동을 일으킨 시기이기도 했다. 잘 알려져 있듯이 1971년 10월 UN에서 중국의 대표권이 인민공화국으로 넘어가, 중화민국(타이완)은 UN을 탈퇴하지 않을 수 없었다. 또 닉슨의 전격적인 베이징 방문에 충격을 받았고, 다음 해인 1972년 9월에는 중국과 일본의 국교가 수립되었다. 그 무렵 인민공화국정부는 일본의 신문사에 지사 설치에 관한 양자택일을 강요했다. 즉 일본의 미디어는 때마침 타이완의 '띠아오위타이를 지키자' 운동 무렵부터 타이완의 사회 동향 정보에 공백이 생긴 것이다. 또한 일본의 좌파적 지식계에서도 타이완의 '띠아오위타이를 지키자' 운동을 제2의 5·4운동으로 이해하는 관점이 거의 없었다.

5·4의 전달, 혹은 반세계화

1970년대 전반의 학생운동을 당사자의 입장에서 활자화한 정홍셩(鄭鴻生)의 책 『청춘의 노래(靑春之歌)』(2001)[4]에서는 1970년대의 반체제운동을 꽃피게 한 1960년대의 독서 자원으로 세 명의 이름이 거론된다. 반체제자유주의를 고취한 평론가 리아오(李傲), 잡지 『자유중국』에서 반전제·반노예를 위해 글을 쓴 타이완대학 철학과의 인하이광(殷海光), 그리고 사회저변의 소시민들을 그림으로써 사회비판을 전개하여 1968년부터 1975년까지 옥살이를 한 작가 첸잉젼(陳映眞)이다.

이 중에서 특히 '띠아오위타이를 지키자' 운동과의 관련을 지적할 수 있는 이는 인하이광(1919~1969)이다. 인하이광은 전후에는 국민당신문 『중앙일보(中央日報)』의 편집에도 관여한 반공자유주의자를 대표하는 인물이다. 1960년대의 인하이광은 후스(胡適), 레이젼(雷震) 등의 계보에 속해 5·4운동의 계몽주의적 정신을 계승했다. 1960년대 당시 인하이광은 리아오와 함께 타이완(중국)의 전면적인 서구화를 제창하고, 국민당정권의 정통성을 공공연히 비판했다. 또한 중화민국은 타이완에 뿌리를 둔 개혁 말고는 길이 없다고 주장한 것도 후에 '띠아오위타이를 지키자' 운동에

---

4) 정홍셩(鄭鴻生)은 이 책에서 1970년대 당시 타이완 지식인들의 '중국'의 의미를 30년 후인 현재 본토화(本土化)의 양상과 대조하는 의미에서 이렇게 설명한다. "중국인이란 정체성에 관해 당시에는 기본적으로는 아무 문제도 없었다. 우리를 중국인이라고 자인하는 것은 공기처럼 자연스러웠다. …… 우리 학생들이 보기에 염황(炎黃) 이래로 각 시대의 인물은 중국인이었고, 신해혁명, 5·4운동 및 8년 항전에 참가한 사람들도 중국인, 홍콩·마카오, 혹은 유학생, 또는 화교들도 물론 중국인이었다. 그러나 어떤 종류의 사람들은 매우 애매했다. 그것이 민국 38년(1945) 이후 중국 대륙의 십 몇 억이나 되는 사람들이었다. 당시 우리 중국인이 이렇다 저렇다, 또한 중국 청년은 어떻게 해야 하는가 운운하며 논의할 때도 그 십 몇 억은 포함되지 않았다. 왜냐하면 (국민당의) 당국체제가 내세운 '반공이데올로기'하에서 그 십 몇 억은 우리들에게 완전히 애매하여 우리의 '중국인'의식 속에는 없었던 것이다. 이 시기 타이완에서 중국의 주체성은 무시되고 있었다 할 것이다."(『靑春之歌』, 聯經出版, 2001, 85면)

서 힘을 발휘한 많은 반체제 엘리트들을 낳은 요인이다. 그런 인하이광의 가르침을 받아 왕샤오뽀 등이 통일파의 사상조류를 만들어내었고, 다른 한편 첸잉전처럼 타이완독립을 지향하는 인물을 낳기도 했다.

여기서 '띠아오위타이를 지키자' 운동과 1980년대의 민주화운동을 이어주는 잡지로 『하호(夏潮)』가 있다. 『하호』는 '띠아오위타이를 지키자' 운동의 흐름에서 왕샤오뽀, 더불어 당시 감옥에서 나온 첸잉전 등이 참가한 반체제잡지인데, 1970년대 전반 『대학잡지』의 경향에 비하면 뚜렷하게 사회주의적 경향을 띠고 있다. 참고로 중요한 것은 『하호』는 타이완의 주류문학(반공문학, 모더니즘문학)에 대해 타이완의 현실로 눈을 돌려야 한다는 '향토문학'논쟁의 무대를 제공하고, 나아가 전쟁 전 식민지 통치하에서의 문학적 저항을 발굴하는 작업에도 힘썼다는 점이다. 그러한 잡지의 지향성은 편집장을 맡았던 쑤칭리(蘇慶黎)라는 인물과 깊이 관련되어 있다. 쑤칭리의 아버지는 전쟁 전부터 공산당원으로 문학운동에도 참여하다가 2·28사건을 계기로 대륙 중국으로 도피한 저명 문화인 쑤신(蘇新)이었다(쑤칭리는 아버지 쑤신과 생이별한 상태였다). 아무튼 1970년대 후반을 이끈 『하호』는 반국민당이라는 암묵적인 목적하에서 식민지시대의 문학적 저항을 매개로 하여 통일좌파와 본토파가 대동단결하는 장소였다고 할 수 있다.

나아가 흥미로운 점은 그런 『하호』 인맥의 흐름에서 오늘날의 '통독(統獨: 타이완 사회의 주요 정치적 쟁점으로서, 중국 대륙과 통일할 것인가 아니면 독립을 유지할 것인가 하는 문제―옮긴이)'으로는 회수되지 않는 인맥과 운동의 지속이 감지된다는 것이다. 그 가운데에서도 언급할 만한 것은 당시 『하호』의 편집에 참여했던 전자오리(詹朝立, 필명 詹)가 농민운동가로서 몇몇 잡지에 참여하면서 최근에는 타이완농민연맹의 부주석을 역임하는 등 타이완에서는 드물게 의회정당에서 자율적인 운동을 전개하고 있는 대목이다. 특히 최근 상황으로 전자오리 등이 진력해 2002년 11월에 감행한 농어민시위는 12만 명 규모로 타이페이시 중심부를 압도했다. 이 '11

·23여농공생전국여행(與農共生全國旅行, 농촌과의 공생·전국시위)'는 명백히 반세계화를 주장한 운동이었다. 당시 민진당정권은 WTO에 참여하여, 일본의 농협계열 신용금고에 해당하는 36개의 농어회신용부(農魚會信用部)를 해체하고 그 자금을 강제적으로 도시은행에 이관시키려 했다. 그것은 노골적인 신자유주의 방식의 '개혁', 즉 농업 부문을 공공 부문에서 방출하는 시책이었다. 또 같은 시기에 치엔용상(錢永祥), 꾸완원(瞿宛文) 등이 선도한 『계간 타이완 사회연구』에서는 지속적으로 '전지구화(세계화)'를 비판하는 논문이 게재되었다. 1970년대의 '띠아오위타이를 지키자' 운동에서 시작된 개발독재를 향한 비판은 잠재적인 지적 흐름을 영위하고 있다. 참고로 흥미로운 것은 이 시기 야당이었던 민진당이 이 '11·23여농공생전국여행'에 찬성하는 발언을 했다는 점이다. 타이완 주민의 대부분은 여당과 야당이 반대였다면, 분명 십중팔구 반대의 모양이 되어 있었을 것이라고 예상된다.

잠재적인 바탕으로서 '띠아오위타이를 지키자' 운동에서 잡지 『하호』를 거치면서, 오늘날 타이완에서 반세계화운동이 전개된 셈인데, 그와 같은 흐름을 무시하듯이 일본에서는 항상 '통독'을 기조로 하여 타이완 정치를 이야기하는 경향이 강하다. 1990년대 후반부터 일본의 매스미디어가 타이페이에도 각 지사를 두게 되었지만, 2002년 11월의 사건(11.23여농공생전국여행)은 전혀 일본에서 보도되지 않았다. 근본적인 문제는 일본이 5·4운동의 영향을 파악하지 못하는 상황이 현재진행형이라는 사실이다. 5·4적인 것의 구조적 반복과 일본 쪽의 구조적 (무)반응이라는 문제는 중일간의 특정한 시기에 한정되지 않고, 또 대륙 중국과 일본 사이에서만 생겨나는 것이 아니다.

덧붙이자면 오늘날 세계적인 글로벌리제이션의 파괴적 진행에 의해 가장 심각한 피해를 입는 것은 말하나마나 대륙 중국의 농민, 노동자이다. 2005년 4월에 빈발한 대륙 중국의 반일시위에는 반세계화의 충동이 뚜렷하게 잠재되어 있다. 특히 지방 시위의 체포자들 대부분은 농민과 실업자였다고 한다. 흔히 중국을 '세계의 공장'이라고 부르는 오늘날, 일찍이 문화혁명의 와중에 마오쩌둥이 이야기한 "세계의 계급투쟁을 중국이 지키고, 지탱하고 있다"는 말은 이 '계급투쟁'을 '세계화'로 바꾸면 그대로 세계의 현 상황을 드러낼 것이다. '반세계화' 지향은 반일시위라는 애국주의의 발양과 영토보전에 대한 욕망으로 채색된 프레임워크의 구석구석에서 보이는 것이다.

이렇게 생각할 때, 대륙 중국의 젊은 편집자 허자오티엔(賀照田)의『학술사상평론(學術思想評論)』(제8호 「후발전국가의 현대성 문제」, 2002.2; 제9호 「늘 자명한 지식과 사상」, 2003.1)에『계간 타이완 사회연구』에 들어 있는 치엔용샹, 꾸완원, 쟈오깡(趙剛) 등의 논문들, 세계화와 근대성을 다룬 논문들이 게재된 것은 시사적이다.[5] 즉 대륙과 타이완의 지식인 사이에서는 '통독' 논의로 집약되는 문제의 타성적인 배치를 우회하면서 반세계화를 기축으로 한 비판적 회로를 형성하는 중이라 할 것이다.

정리를 대신하여

오래 전 대만이 아직 계엄령하에 있던 1980년대, 타이완문학연구자, 마쓰나가 마사요시(松永定義)의 논문 「타이완문학의 역사와 개성」(1984)이 타이완에서 번역되어 사람들이 그것을 돌려 읽던 시기가 있었다. 번역하

---

5) 치엔용샹(錢永祥), 「現代性業己耗盡了批判意識嗎?(근대성은 이미 비판적 의의를 잃고 있는가)」,『學術思想評論』제8호 「後發展國家的現代性問題」, 2002.2; 자오깡(趙剛), 「如今, 批判還可能嗎?(지금, 비판은 아직 가능한가)」, 같은 책; 꾸완원(瞿宛文), 「全地球化与後進國之經濟發展(세계화와 개발도상국의 경제발전)」, 같은 책.
　　쟈오깡(趙剛), 「爲何反全球化? 如何反?(무엇을 위한 반세계화인가. 또 어떻게 반대할 것인가)」,『學術思想評論』제9호 「並非自明的知識与思想」, 2003.1; 꾸완원(瞿宛文), 「反全球化的意義何在?(반세계화의 의의는 어디에 있는가)」, 같은 책.

는 측에서는 일본인이 쓴 논문의 번역이라면 국민당정권도 관대하게 봐줄 거라는 계산이 있었던 듯하다. 계엄령하에서는 타이완문학을 논하는 것 자체에 국민당 지배의 정통성에 대한 저항의 의미가 있었다. 그 당시 마쓰나가는 타이완의 현대문학을 다음과 같이 총괄했다.

타이완의 근현대문학이 지닌 문제점은 그 '중국'과 '대만'이라는 중층적 민족주의의 구조에 있다. 그럼에도 불구하고 타이완문학은 대륙의 문학과 다른 상황에서도 항상 과제를 공유하는 것처럼 보인다. 그런 까닭에 대륙의 문학이 중국 문학의 한 가지 가능성인 것과 완전히 등가적인 의미에서, 타이완 문학도 중국 문학의 또 다른 한 가지 가능성이라고 생각할 수 있다. 중국 문학의 미래는 그 다른 가능성을 어느 정도 자기 것으로 할 수 있느냐에 따라 그 질적인 수준이 가늠될 것이다.[6]

나는 개인적으로도 마쓰나가의 이런 총괄을 종종 떠올리며 타이완의 문화현상을 연구해 왔다. 솔직히 말해 잊고 있었던 적도 있지만, 마쓰나가가 여기서 신중하게 중국과 타이완에 괄호를 치고 있음을 나중에 깨달았다. 이 괄호는 분명히 기능과 실체를 나누어 사고하는, 바로 다케우치의 방식이다. 그리고 여기에 오늘날 과열된 '통독' 논의의 혼란을 피할 수 있을 만한 입지점이 있다. '띠아오위타이를 지키자' 운동을 광원(光源)으로 본다면(또 그 속에 5·4운동이 있겠지만), 이 '괄호'는 1970년대의 좌우 구도가 반쯤은 무리하게 '통독'의 구도로 대체되면서 생겨난 1990년대 후반부터의 문화적 혼란을 예견하고 있는 듯하다. 그 후 일본에서는 일본에서의 타이완독립운동과 연대해온 진메이링(金美齡)이나 총통직을 물러난 후의 리덩후이 등이 당시 '새 역사 교과서를 만드는 모임'에 참가하고 있던 고바야시 요시노리와 연결되는 현상이 목격되었다. 또 그보다 먼저 반체제운동의 투사였던 뤼시우렌(呂秀蓮 : 현재의 부총통)이 시모노세

---

6) 마쓰나가 마사요시(松永正義), 「타이완문학의 역사와 개성」, 『彩鳳의 꿈(타이완현대문학선)』, 연구출판, 1984, 216면; 루쉰, 「小雜感」, 『魯迅評論集』(竹內好 譯), 1981, 「小雜感」初出 : 『語』, 102면.

키조약 체결 100주년을 맞아 중국 대륙과 분리된 타이완의 이미지네이션에 투자하면서 타이완할양에 긍정적인 코멘트를 한 것이 아직도 기억에 선하다.

그러나 이와 같은 현상은 기능적으로 출현한 것이므로 반대 진영에서도 볼 수 있다. 필자는 2002년 여름 타이완에 방문했을 때, 왕샤오뽀 어머니(1950년대 백색테러의 희생자였다)의 50주기 추모집회에 참가했다. 그때 주의를 끌었던 것은 처형장이었던 개최 장소 마장거리에 약 200명 정도의 친척과 지인, 친구와 정치가들의 모습이 여기저기서 눈에 띄었던 점이다. 그 중 가장 거물이었던 사람은 친민당 당수인 쏭츄위(宋楚瑜)였다. 쏭츄위는 예전에 국민당에서 신문국장을 맡는 등 국민당정권의 문화정책에 긴밀하게 관련되었던 인물이다. '띠아오위타이를 지키자' 운동의 투사이자 본인 또한 체포된 경력이 있는 왕샤오뽀와 쏭츄위가 나란히 서있는 모습은 솔직히 위화감을 불러일으켰다. 그러나 이와 같은 역사적 상황을 건망증이라고 이름 붙이기는 너무나 쉽다. 중국인 세계에서 적대의 유동성이란 지난 몇 차례의 국공합작과 내전을 돌아볼 것도 없이, 실로 일상적인 사건일지도 모른다.

그리고 2005년 3월 타이완에서는 대륙 중국의 인민대표자회의에서 가결된 반분열법에 대한 3·23반'반분열법'이라는 말이 크게 유행했다. '분열'이라는 글자 자체에도 부정적인 울림이 있는데다, 거기에 '반'이 두 번이나 반복되는 이 용어의 인플레이션을 보면서 나도 모르게 루쉰이 떠올랐다. 1927년에 느낀 '혁명'이라는 글자의 인플레이션에 관한 「소잡감(小雜感)」은 바로 현재의 타이완에도 꼭 들어맞는다.

> 혁명, 반혁명, 불혁명.
> 혁명가는 반혁명가에게 살해당한다. 불혁명가는 혁명자로 간주되어 반혁명가에게 살해당하거나, 반혁명가라고 간주되어 혁명가에게 살해당하거나, 혹은 아무 것도 아닌 것으로 간주되어 혁명가, 혹은 반혁명가에게 살해당한다.

혁명, 혁혁명, 혁혁혁명, 혁혁 ……7)

이 「소잡감」은 루쉰이 1927년 쟝제스의 반공쿠데타 이후에 쓴 것이다. 당시는 국민당도 '혁명정당'이었고, 국민당에 반대하는 사람들은 반혁명이라고 살해당했다. 이렇게 단어의 인플레이션이 현실의 혼란 속에서 폭력적으로 난무하는 와중에 루쉰은 실로 강렬한 반어적 표현으로 그 상황에 저항했다고 할 수 있다. 무엇이 혁명이고 무엇이 반혁명인지. 훗날 대륙에서는 내전 끝에 '결착'이 따라붙게 되었지만, 당시 대부분의 사람들에게는 정말로 어둠 속에서 손으로 더듬는 것에 가까웠을 것이다. 그러므로 "혁명, 반혁명……"이라고 루쉰이 현 상황을 반어적으로 대응할 때, 그것은 결코 현실도피의 니힐리즘이 아니라 영구혁명을 체현한 시선에 의해 영위된 '문화정치' 자체였다고 할 수 있다. 5 · 4신문화운동이 한창일 때에도 오히려 '시대의 늦음'을 의식하고 정신적 위화감을 느끼며 시대를 비판하는 입장을 맡았던 루쉰이야말로 바로 위기의 시대에 자신의 사고를 단련하는 정신으로서의 '5 · 4운동', 즉 사고운동(思考運動)으로서의 '5 · 4'를 체현했다고 하겠다.

오늘날 타이완언론이 모든 문제를 '통독'논의로 집약해버리고 있지만, 그러한 사고 습관을 타파할 힘이 확실하게 성장하고 있다는 사실은 틀림없다. 그것은 실제로 거의 눈에 보이지 않는 규모라 하더라도 '띠아오위타이를 지키자' 운동으로부터 '5 · 4적인 것'으로의 흐름은 결코 끊기지 않을 것이다. 그리고 더 나아가 지난날 타이완에서 이야기되었던 '띠아오위타이를 지키자'는 오늘날 대륙으로 이동하고 있다.

---

7) 루쉰, 「小雜感」, 『魯迅評論集』(竹內好 譯), 1981, 102면. 「小雜感」初出 : 『語絲』 제 4권 제1호(1927년 12월 17일).

중국의 반일시위로 돌아가자. 우리들은 2005년의 중국 반일시위 속에서 오히려 ‘5·4’와는 다른 시대성을, 다시 말해 5·4운동의 이미지를 배신하는 요소가 느껴질지도 모른다. 그러나 중국의 반일시위를 텔레비전의 화상에서, 혹은 인터넷에서 볼 수밖에 없는 우리(일본인)의 무력감은 어딘지 항일시위에 압도되어 일본으로 귀국한 기타 잇키나 자신이 사랑하는 중국에 가려고 병사(兵士)로 달려가지 않을 수 없었던 다케우치 요시미의 끝없는 무력감의 연속이라고 여겨진다. 또한 1970년대의 일본 지식인도 타이완 5·4운동의 파도를 받아들일 수 없었을 것이다.

근대일본에서 발전을 언급하는 사상사적 맥락 속에는 명백히 아시아의 변혁운동에 대한 독특한 반응(혹은 무반응), 거기에서 나온 자기 촉발의 계기(혹은 전혀 자기 촉발을 일으키지 않는 결락)가 있다. 그러나 결국 5·4정신이란 밖에서부터의 압박으로 드러난 그것들을 자기 변혁의 형태로 완성시키고자 하는 사고운동이었으며, 그것은 일본도 포함해 아시아에서 근대화의 논의를 집약하는 참조들로서 항상 제시되는 것이 아닐까. ‘5·4’가 ‘운동’이었던(인) 한, 또한 근대=모더니티라는 문제 설정이 최종적으로 폐기되지 않는 한 그것은 몇 번이든 역사의 어둠으로 되살아나 비서구의 지반에서 살아가는 아시아에 ‘근대’와의 갈등을 요구하는 구호로 지속될 것이다.

역사의 교차점에 서서

쑨꺼(중국문학) 지음 / 윤여일 옮김

2005년 들어 일본의 UN 상임이사국 참가 문제와 역사 교과서 문제 등을 둘러싸고 한국과 중국에서 대규모 시위 등의 항의 행동이 발생했다. 일본 정부는 초기에 외교적으로 해결할 수 있는 시기를 놓쳤고 중국에게도 대단히 현명하지 못한 태도를 취했다. 그런 까닭에 일시적이나마 상당히 긴장된 순간이 찾아왔고 중일 관계는 동아시아에서 중요한 문제로 부상했다. 시간이 흐르면서 정세도 계속 바뀌었고 외교 해결이라는 공동 인식을 토대로 고이즈미 수상은 아시아—아프리카 정상회의에서 무라야마 전 수상의 담화를 언급하며 일본의 침략전쟁 역사에 대한 사과를 통해 후진타오 주석과의 회담이라는 성과를 이끌어냈다. 그 사이 일본에서도 중일 관계를 좋은 방향으로 진척시키자는 목소리가 높아졌고, 그에 답하기라도 하듯 중국의 시민도 차분한 태도로 바뀌어 현재에 이르렀다. 말할 것도 없이 이 상황은 언제 또 바뀔지 모르며 그렇게 바뀌더라도 이상한 일은 아니다. 어떻게 양국의 국민이 주목하는 가운데 좋은 방향으로 상황을 이끌어갈 것인가는 앞으로도 지속적인 과제로 남을 것이다.

중국의 시위는 일본에서도 돌발적인 비상사건이었다. 그러나 만연한 위기 속에서도 아픔에 둔감한 현대에는 이 비상사건조차 인식의 새로운 계기가 되기는커녕 순식간에 낡은 인식패턴 속으로 회수되어 버리는 것만 같다. 지금까지 오랫동안 중국 대륙은 정치나 언론이 부자유스런 '전체주의국가'로 간주되었으며, 이 나라에서 발생하는 모든 문제들은 최종적으로 '정부의 의향'으로 해석되는 것이 보통이었다. 이번 중일간의 긴장 관계에서 드러난 일본 정부와 국민의 기본적인 반응 속에서도 이러한 사고방식을 찾아볼 수 있다. 사태의 변화에 따라 일본의 여론도 흔들리기는 했으나 주된 인식 패턴은 바뀌지 않았다. 그 인식 패턴이란 바로 '정부의 소행'이라는 것이다. 시위의 주체였던 중국의 시민은 일본 사회의 상상 속에서 정부에 이용당하거나 탄압받는 대상에 불과하다는 식의 수동적 존재로 표상되곤 한다. 그런 의미에서 시위 중 발생한 폭력은 일본의 주류여론이 늘 잊지 않고 챙기는 연장인 셈이다. 논의를 분석하면 알 수 있지만 시위에서 발생한 혼란과 폭력은 그 밖의 다면적인 요소와 유리되어 하나의 상징이 되어 버렸다. 다시 말해 국제법을 따르지 않는 난폭한 중국 정부라는 상징이미지이다. 중국 정부는 이 폭력을 저지하려고 하지 않았다, 일본 정부에 사죄도 하려고 하지 않았다, 중국 정부는 순식간에 탄압으로 일변하여 그 동안 선동하고 이용했던 폭력가담자들을 체포했다라고. 이러한 상징이미지는 최근 일본의 보수적인 미디어가 반복해서 보도한 중일간의 영유권 문제 등으로 보완되면서 늘 이런저런 비상사건으로 증폭된다.

따라서 중국과 일본의 지식인에게 가장 중요한 것은 시위를 논의할 때의 그 발상법일 것이다. 일본의 극단적인 우익 세력이 일본에 있는 중국의 주재기관에 분풀이를 했다는 사실을 거론할 것도 없이 중국의 시위만 놓고 말하더라도, 일본의 보수적인 미디어가 시위의 지나친 부분만 선전하고 그 밖의 요소를 아주 무시하거나 추상화시키는 것은 이데올로기적 색채가 짙은 방식이다. 예를 들어 시위 중 발생했던 폭력에만 주의를 집중시킨 나머지 아마도 다음과 같은 문제는 망각되었을 것이다. 이번에 폭넓게 발생했던 반일시위는 왜 주말에만 나타났을까. 그 시위의 참가자 대다수는 왜 사회질서를 혼란시키지 않았던 것일까. 왜 시위의 주체는 대학생이나 사회의 빈곤층이 아니라 중국의 신흥 중산계급으로 간주되는 젊은 샐러리맨이었을까. 또한 중국 시민 내부에 시위나 불매운동에 대해 개별적으로 다른 의견들이 존재하는 것은 왜인가. 다른 의견들이 존재한다면 그 속에서 소수의견은 어떤 방식으로 평등하게 다루어졌으며, 대립된 의견은 또 어떻게 처리되고 있을까 등등.

시위가 진행되면서 실제로 시민, 특히 지식인 사이에서는 다양한 논의가 제기되었다. 시위는 내셔널리즘의 표현인지, 시위는 상황 개선에 유효한 것인지, 불매운동의 한도는 어디까지 설정해야 하는지, 그리고 만약 일본이 상임이사국이 된다면 어떠한 국면이 발생할 것인지 등등의 문제를 둘러싸고 인터넷 등에서 활발하게 논쟁이 벌어졌다. 주목할 만한 것은 극단적인 반일파와 극단적인 친일파 그 어느 쪽도 인기가 없어 보였다는 점이다. 논쟁은 그 양극의 중간에서 행해졌다고 할 수 있다. 불매운동에 대한 논의도 그 하나이다. 불매운동을 호소한 사람은 자신의 주장과 함께, 실제로 물건을 살 것인지 말 것인지 여부는 개인의 자유라는 것까지 인정했다. 인터넷상에서의 불매운동에 대한 격렬한 논의는 원리적인 논의보다는 구체적인 상황 분석에 근거한 것이었다. 일본상표이지만 중국에서 생산된 제품은 불매 대상이 되는 것일까, 불매가 진행된다면 중국의 종업원과 중국 경제에 미치는 부정적인 영향은 어느 정도일까. 이러한 논의들은 결론을 구하기 위한 것이 아니라 일종의 상황인식을 위한 화제였다. 심지어는 불매운동의 수준을 넘어 중국 경제개혁의 방향 등에 대한 분석까지도 등장했다.

이러한 논의와는 대조적으로 시위의 폭력적인 현상은 논의의 대상이 되지 못했다. 애당초 그 문제에 대해서는 대부분 같은 생각을 갖고 있었다. 무슨 말인고 하니 대다수 사람에게 그것은 생각할 필요도 없이 부정되어야 할 사태였고 그것을 논의하는 것이 어떤 의미도 가질 수 없었기 때문이다. 정부의 의사로 인해, 미디어가 냉정한 입장을 취하며 논쟁공간을 만들어나가는 것은 가능하지 않았지만, 인터넷에서 그리고 사회생활의 각 방면에서 시민 사이의 논쟁은 계속되고 있다. 이러한 논쟁은 하나의 기본적인 추세를 암시하고 있다. 다수의 시민에게 시위라는 형식은 만족할 만한 것이 아니었다. 더군다나 폭력적인 사건 자체는 주목의 대상조차 되지 못했다. 그보다는 오히려 시위 참여 여부를 떠나 대부분의 중국인은 다음과 같은 상황을 따져보는 데 흥미를 보이기 시작했다. 일본은 도대체 어떤 국가인가, 고이즈미 수상의 야스쿠니신사 참배는 어떻게 이해해야 하나, 대체 평범한 일본인은 중국을 어떻게 보고 있는가 등등. 단속적(斷續的)으로 이어진 이번 시위는, 더할 나위 없이 좋은 공공의 화제를 제공했을 뿐 아니라 그 화제를 논의할 공간까지 창출했다. 그 화제란 바로 ‘일본’이다. 중국 사회는 애당초 일본에 대해 관심이 부족했다. 왜냐하면 개혁으로 인한 여러 난제가 중일 관계보다 훨씬 긴박했기 때문이다. 그런데 각지에서 서로 응답이라도 하듯 시위가 발생한 결과, 의도하지 않았는데도 ‘일본’에 대한 여러 의문이나 논쟁이 발생하였다. 드디어 ‘일본’이라는 가깝고도 먼 대상이 중국 사회의 공론 영역으로 진입하게 된 것이다.

중국 사회가 일본에 대해 이 정도로 넓은 관심(이러한 관심은 혐오감이라는 일본에 대한 단순한 이해를 바꿀 수도 있다)을 보였다는 사실은 이번 운동을 단순히 ‘5·4운동’의 재현으로 보기 어려운 근거를 제공한다. 국면이 가라앉으면서 몇 가지 새로운 요소가 드러났다. 그 새로운 요소란 격렬한 정서적 반일풍조 속에서도 차분한 인식(혹은 논의)의 공간이 존재할 수 있다는 것, 샐러리맨을 중심으로 한 시위를 포함하여 상당수의 사람들이 이성을 갖고 사회 정치에 참가하는 방법을 모색하기 시작했다는(배경이 불분명한 폭력 행위와 맞닥뜨린 시위행렬 속에서 ‘이성’이 구호로 유행한 것은 이번이 처음이라고 말할 수 있다) 것, 정부의 대일 자세를 살피면서 자신의 진퇴 여부를 결정하는 사람이 적지 않았다는 것 등이다. 이러한 요소들은 여러 부정적인 현상과 교차하면서 당면의 '반일'이 어떤 종류의 새로운 구조성을 갖추어 나가고 있음을 암시한다. 그런데 이러한 요소들은 사람들이 시위(특히 그 폭력적인 부분)에 지나치게 주목하면서 도리어 은폐되고 말았다. 역설적이지만, 일본의 미디어 속에서 반복되어 온 '중국 정부의 통제'라는 정설에서 이 점을 관찰할 수 있을지도 모르겠다. 이 정설은 하나의 전제를 가지고 있다. 중국에서는 국가의지 이외에 민중의 의지가 존재하지 않는다는 것이다. 시민이 시위에 나오면 그것은 정부가 조종하고 있다, 시민이 시위에 나가지 않으면 그것도 정부가 조종하고 있다는 것이다.

이 전제는 이제 다음과 같은 발상을 낳는다. 결국 모든 것은 중국에서 정치와 언론의 자유가 결여되어 있기 때문이라는 발상 말이다. 더 나아가 일본의 시민들은 냉전시대 기억의 단편들을 떠올리며 이 발상을 보강할지도 모르겠다. 아니, 일본만 그런 것은 아니다. 문화혁명이 끝난 지 이미 30년이 지난 현재 중국에서조차 이러한 발상은 여전히 일부 지식인에 의해 재생산된다. 이러한 발상은 시간과 함께 경직화되어 보이지 않는 인식의 올가미가 된다. 중국 사회는 늘 유동하면서도 그 유동성에 맞추어 자기를 조절하고 있지만, 중국을 분석하는 발상법 자체가 도리어 고정화되어 있으며 스스로를 조절할 수 있는 능력도 결여하고 있는 것이다. 이 점이야말로 문제의 핵심일 것이다. 중국을 전체주의 국가로 설정하는 한, 비상사건에 대한 해석은 모두 하나의 지점으로 회수된다. 정부와 민간(民間)의 복잡한 응답 관계는 오로지 '관민일치'로 치환되고, 시위에서의 폭력사건은 '난폭한 민중(暴民)'으로 규정된다. 아직도 국부적인 반일사건(예를 들어 축구관중들의 폭력)으로만 중국 사회를 인식하는 사람들에게 이번 반일시위는 그야말로 '난폭한 민중'에게나 딱 어울리는 행동이었을 것이다. 그런 까닭에 그들은 정부의 강권만이 이 사건을 매듭지을 수 있을 것이라고 생각할 것이다. 그러나 정부의 요구나 직장 혹은 지역 리더들의 요구가 없었던 것은 아니지만, 실제로 그 요구가 있었든 없었든, 중국 시민들 자신이 주체적인 판단에 근거하여 움직였을 것이라고 이해하는 것이 사실에 가장 가깝다. 9·11 이후의 미국과 비교한다면, 지금의 중국 여론은 훨씬 유연하다. 외견상의 이데올로기 통제가 있다고는 할 수 있겠으나, 그 이데올로기 통제는 사실상 이미 시간 속에서 힘을 잃었고 그 결과 더 이상 사회통제의 원리라고도 할 수 없게 되었다.

또 하나 지적하고 싶은 것은 중국 정부가 일본 정부에 표명한 태도나 요구(예를 들어 후진타오 주석이 고이즈미 수상에게 문제제기한 야스쿠니신사 문제) 역시, 기본적으로 중국 민간의 심정이나 동향에 대응한 것이지 정부 혼자 결정한 것이 아니라는 점이다. 일본의 여론은 중국 시민의 정치적 요구가 정부에 복잡한 영향이나 압력을 가하고 있다는 점을 인정하지 않는다. 그렇기 때문에 일본 여론은 중국 정부가 민간의 기대에 응답한다는 사실 역시 인정하지 못하는 것이다. 그러나 문제는 더욱 미묘한 대목에 있다. 이러한 중국 사회의 기본적인 움직임은 어떤 사실을 암시하고 있다. 다시 말해 정부와 민간 사이의 응답 관계가 잔뜩 긴장되어 있는 모습으로 형성되어 있기는 하지만 아직 그 관계가 적당한 제도 형식의 법제화로 이어지지 못한 상태라는 것, 그 때문에 응답이 일상적으로 제도화된 틀에 따라 이루어지는 것이 아니라, 그와는 반대로, 다시 말해 일시적인 비상사건으로 나타난다는 것이다. 다시 한번 강조하자면 이처럼 형성 중에 있는 응답 관계는 중국인으로서도 파악하기 힘들 정도의 신선한 현상이라는 점이다. 이 관계가 제도화되어 있지 않기 때문에 응답이 존재한다는 사실 자체를 놓쳐버리거나 왜곡하기 쉽다. 그런 점에서 비상사건이라는 비제도성(非制度性)이 시위의 내실을 혼돈으로 풍요롭게 한다고도 말할 수 있다. 가장 중요한 것은 시위와 폭력이 어떤 관계인지가 아니라, 시위가 중국 사회 속에서 도대체 어떻게 주목을 끌었는지, 시위로 인해 어떤 사회 구조적 측면에서 조절이 일어나고 있는지 등에 관한 고찰이다.

2년 전 중국 사회는 사스(SARS)라는 비상 사태를 계기로 새롭게 편성된 정치적 역학 관계를 바탕으로 정치개혁을 추진했다. 정부는 약자 층에 힘을 쏟는 정도에 그치지 않고 사회 전체의 요구에 예민하게 반응하는 메커니즘을 만들었다. 이 과정에서도 종래의 관료주의와 그것에 적합한 이데올로기 통제의 수단 등은 여전히 거대한 타성으로 작동하고 있으며, 기존의 이익집단 역시 역사의 발전을 자신들에게 유리한 방향으로 돌리려고 집요하게 노력하고 있다. 중국에서는 하루가 멀다 하고 각각의 사회집단 사이에서 대항(對抗)이 일어나고 있지만, 이러한 대항이야말로 역사의 복잡한 회로를 좌우한다. 외견상 중국은 정부의 통제에 따라 여론이나 사회의 움직임이 관리되고 있는 것처럼 보이지만, 이러한 관리는 결코 중국 정치 과정의 중심축이 되지 못한다. 중국 정치의 가장 활력 있는 부분은 오히려 그러한 구식 모델을 점점 벗어나고 있다. 이렇게 말해도 좋을 것이다. 중국 정치는 새로운 형태를 모색하고 있으며 시위는 그 모색 과정에서 발생했던 것이라고. 이러한 모색이 어떤 결론에 도달할 것인지를 예언하는 것은 가당치 않은 일이나, 사상사(思想史) 연구자로서 나는 현대사회에서 통용되는 기존의 인식 패턴이 새로운 모색의 아포리아가 되는 것을 가장 우려하고 있다. 중국이든 일본이든, 시위가 다시 발생할 것인지 여부에만 관심을 집중한다면 조용히 움직이고 있는 역사가 우리 눈앞을 스쳐 지나가는데도 그 유동(流動)을 놓쳐버리고 말지 모르기 때문이다. 사람들이 양국 정부에 대해 서로 이런저런 평론을 늘어놓는 사이, 우리 자신이 역사에 참여할 절호의 기회를 덧없이 잃어버릴 수도 있기 때문이다. 역사의 교차점에 서 있는 우리는 과연, 역사의 유동과 함께 움직일 수 있을 것인가. 이것은 시위보다 중요한 일이 아닐까.

포스트 동아시아, 새로운 연대의 조건

요네타니 마사후미(일본사상사) 지음 / 조기은 옮김

동아시아의 위기

패전/해방 60주년이 되는 올해, 동아시아에 위기가 찾아왔다. 점점 거세지는 일본의 역사수정주의, 한국과 중국의 반일시위, 적대/불신의 갱신과 연쇄. 글로벌화로 인한 경제적 상호 의존이 심화되는 가운데 '친일'/'반일', '한류'/'혐한'의 불안정한 왕복이 연출한 장면이라고도 할 수 있다. 9·11 이후 '세계 내전'의 하나로 전개되는 북한 포위망이나 적대의 갱신과도 관련되어 있다. 고통으로 가득 찬 탈냉전의 과정 속에서, 동아시아는 과연 어디로 가고 있는가?

소련과 동유럽의 붕괴 후, 유럽의 지정학적 구도는 유고 내전, 코소보 전쟁에 의해 대단히 폭력적으로 변화되었다. 과연 동아시아에서는 탈냉전, 탈분단, 탈군사화의 과제를 평화적으로 수행하는 것이 가능할 것인가? 이는 마치 칼날 위에서 줄타기를 하는 것처럼 험난한 여정이 될 것이다. 한치 앞을 알 수 없는 미로, 우리가 함께 이 미로의 끝을 찾을 수 있을까.

미국 정부는 지금 북한의 '인권 문제'와 '핵개발 문제'를 결부시켜 위협을 가중시키고 있다. 북한 민중의 고난과 새로운 '해방'='재생'에의 바람을 횡령하면서 '자유'와 '해방'의 이름으로 폭력의 연쇄가 반복될 조짐을 보이고 있다. 일본 정부는 이라크 전쟁에 이은 '제2차 한국전쟁'을 예감하며, 북한을 '점령'하려는 미국 편에 서서 미국을 지원하고 보완하려는 준비에 한창이다. '집단적 안전보장'에 의거하여 일본은 다시금 한반도(북부)의 점령자가 되기를 꿈꾸고 있다. 9·17평양회담 이후 재일조선인에 대해 가중되는 박해 역시 그 중 하나이다. 전후 일본 사회가 재일조선인 사회에 대하여 줄곧 점령자처럼 굴어왔음에도, 그 억압은 더욱 거세지고 있다.[1]

이러한 폭력의 사슬을 어떻게 끊을 것인가? 노무현 정권이 말하는 적대 관계를 넘어선 '동북아시아공동체'의 구상은 그 실마리의 하나일 수도 있다. 동아시아에서 적대와 불신의 연대를 넘어 상호 의존과 공동 번영의 질서를 형성하고, 그로부터 김정일/부시-고이즈미의 폭주를 저지하며 분단체제를 완만하게 재통합하겠다는 것이다.[2]

그러나 '동아시아'라는 지역질서의 통합에 안이하게 우리 자신을 던져서는 안 된다. 근대 동아시아에서는 '동아시아'='동아(東亞)'의 연대와 해방이라는 이름 아래 일본제국의 폭력이 되풀이되었던 사정이 있기 때문이다. 우리는 아직도 '동아시아'라는 망령으로부터 자유롭지 않다.

---

1) 전후 일본 사회의 식민지주의에 관해서는 이와사키 미노루(岩崎稔), 오오카와 마사히코(大川正彦), 나카노 토시오(中野敏男), 이효덕(李孝德) 편, 『継續する植民地主義』(青弓社, 2005) 참조.
2) 노무현의 '동북아시아공동체' 구상에 대해서는 노무현, 『韓國の希望, 盧武鉉の夢』(現代書館, 2003), 『私は韓國を変える』(朝日新聞社, 2003) 참조.

'동아시아'라는 망령

  '동아'의 연대와 해방이라는 이름 아래 반복되어 온 폭력. '문명-입헌'이 '야만-전제'를 구축(驅逐)한다는 명분을 내세운 청일전쟁과 러일전쟁부터 중일전쟁과 태평양전쟁기의 '동아신질서(東亞新秩序)'론, '대동아공영권(大東亞共榮圈)'론에 이르기까지 그 폭력의 뿌리는 길고도 깊다.

  단지 군벌, 관료 등의 지배 세력만이 이 슬로건을 내세운 것은 아니다. 오히려 민주화와 사회개혁을 추구하는 체제비판 세력조차 그러한 이념의 형성에 깊이 관여해 왔다. 메이지의 자유민권론자와 계몽사상가들은 '동아'에서 일본 세력권이 확장되는 것을 '동아'의 문명개화와 계몽의 이름으로 정당화했다(大井憲太郎, 福澤諭吉 등). 전간기(戰間期)(*1), 다이쇼 데모크라시기의 사상가들은 조선, 중국, 타이완의 항일운동, 민족자결 요구에 응답하려고 했으나, 식민지 자치와 제국 재편에 의한 신식민지주의적 질서 형성의 논리를 만들고 말았다(吉野作造, 矢內原忠雄 등). 중일전쟁과 태평양전쟁기의 사회주의자들 역시 일본의 자본주의와 제국주의를 극복하는 이념으로 '동아협동체(東亞協同体)'론을 주장했으나 전시체제를 떠받치는 꼴이 되고 말았다(三木清, 尾崎秀實 등). 그들은 근대, 자본주의, 제국주의를 '초극'하려고 했으나 그것이 만들어내는 폭력과 식민지주의를 반복하고 말았다. 이와 같은 근대 일본의 아시아 관여(關與) 양상에 대한 사상적인 총괄이 필요하다.

  그뿐이 아니다. 이처럼 '동아'의 연대와 해방이라는 이름 아래 행사된 폭력에 조선인도 관여했던 사정을 고려해야 한다. 동아시아에 '근대'가 폭력적으로 도입되는 과정에서, 그 힘에 항거하면서도 휘말리는 조선인이 등장한다. 청일전쟁 이후부터 러일전쟁에 이르기까지 조선 / 대한제국의 개화파 지식인 중에는 일본이 주도하는 근대화 과정에서 일·한·청의 삼국제휴를 통한 '동아'의 자립과 발전을 주장하는 세력이 나타났다.[3]

3·1독립운동이 좌절된 후인 1920년대의 조선에서는 문화운동으로 근대화의 실력을 양성하여 제국 내부에서 일단 자치를 획득하자는 움직임도 있었다. 이러한 경향들은 일본에의 저항과 협력이 착종되는 장(場)을 마련하기도 했으나 결국에는 일본의 전시 동원에 협력하는 친일파=대일협력자를 배출하는 기반이 되었다.[4] 게다가 전시기(戰時期)의 조선에서는 일본의 좌파 지식인이 주장하는 '동아협동체'론에 호응하여, 그에 비판적으로 참여하는 좌파 지식인도 등장했다. 그들은 근대와 자본주의의 폭력을 '초극'하고 일본 제국주의에 저항하고자 했지만 그 자신들이 폭력의 연쇄에 휘말리는 모순을 안게 되었다.[5]

이처럼 '동아'의 연대와 해방의 이름 아래 행해진 폭력은 그 폭력에 저항하는 조선인을 끌어들이는 착종된 형태로 전개되어 갔다. 전후/해방 이후의 동아시아 역시 이 망령으로부터 완전히 자유롭다고는 할 수 없다. 우선 전후 한국의 군사독재정권을 이끌었던 이들은 '제국 일본'을 토대로 한 '식민지적 근대'의 힘에 휘둘린 친일파 세력이었다. 그 힘에 맞서 민주화를 진전시키며 그 주술에서 벗어나기까지는 너무도 많은 시간이 걸렸으며, 여전히 그것은 미완의 과제로 남아 있다.

새삼 주목해야 할 점은 친일파=대일협력자 문제에 '동아시아'='동아' 담론이 깊이 관계하고 있다는 점이다. 특히 전시기의 대일 협력은 새로운 '동아'가 몰락하는 '서양 근대'를 대체하여 근대를 '초극'하자는 담론의 수용과 깊이 얽혀 있었다. 한편 이와 같은 '동아시아'의 주술은 친일파를 비판하는 쪽 역시 얽어매고 있었다. 임종국의 『친일문학론』(高麗書林, 1976)

---

3) 鄭文祥의「近代韓國人の東アジア認識」(요코야마 히로아키(橫山宏章), 구보 료(久保享), 가와시마 마코토(川島眞) 편,『周辺から見た中國』, 中國書店, 2002), 츠키아시 타츠히코(月脚達彦)의「『獨立新聞』における「自主獨立」と「東洋」」(와타나베 히로시(渡辺浩), 朴忠錫 편,『韓國, 日本, 「西洋」』, 慶応義塾大學出版會, 2005) 참조

4) 趙慶喜,「'植民地'と'近代性'の共犯と葛藤」(타카하시 테츠야(高橋哲也) 편,『「歷史認識」論爭』, 作品社, 2002).

5) 崔眞碩의「朴致祐における暴力の予感」(『現代思想』, 2003년 3월), 조관자(趙寬子)의「植民地帝國日本と'東亞共同体'」(『朝鮮史研究會論文集』41集, 2000년 10월) 참조.

은 친일파 문제를 구명(究明)한 고전이지만, 정선태가 말하듯 친일파를 비판하는 임종국 자신이 '동아시아' 담론을 수용하고 있었다는 점에서 그역시 주술로부터 자유로울 수는 없었다.6)

'동아시아'라는 망령은 여전히 힘이 세다. 민주화운동을 떠받치는 언론의 장이었던 『창작과비평』 그룹의 최원식은 몇 년 전부터 '동아시아'의 지역 통합을 통한 분단체제의 극복을 주장하고 있는데, 그는 이것이 자본주의 / 사회주의의 대립을 초극하는 새로운 문명의 창출이라고 이야기하고 있다. 또한 최원식 자신이 전시기(戰時期) 일본의 '근대의 초극'론에 양의적인(ambivalent) 관심을 표명하고 있다.7)

이러한 '동아시아'의 망령은 전후 일본의 사상에서도 반복적으로 회귀한다. 1959년에 다케우치 요시미(竹內好)는 '근대의 초극'론이나 아시아 문제를 우회하는 근대주의를 비판하면서, '근대의 초극'론의 내재적 비판이 필요하다는 문제를 제기한 바 있다.8) 그러나 그의 문제제기는 심화되지 못했으며 근대 비판의 시도는 또 다시 '동아시아' 담론으로 흡수되었다. 전시기 쇼와연구회(昭和研究會)의 멤버였으며 '동아협동체'론에 관여하였던 곤도 야스오(近藤康南)는 1970년대의 중일 국교정상화 이후, 지금이야말로 새로운 의미의 '대동아공영권'의 실현이 필요하다고 말한다.9) 1970년대 신좌익운동의 조류 속에서 '근대의 초극'론을 비판적으로 재검토해 왔던 히로마쓰 와타루(廣松涉) 또한 죽기 직전에 쓴 논설에서 좌익적인 의미의 '동아신체제' 실현을 호소했다.10)

'동아시아'의 망령이 아직도 살아 있는 현재, 한국과 일본의 비판적

---

6) 정선태, 「친일문학연구의 현황과 과제」, 워크샵 'Japan's Pan-Asianism and Korean Intellectuals'의 보고서, 2005년 5월 7일, 코넬대학.
7) 崔元植, 「脫冷戰時代と東アジア的視覺の摸索」(『韓國の民族文學論』, 御茶ノ水書房, 1995).
8) 다께우치 요시미(竹內好), 「近代の超克」(『日本とアジア』, ちくま學藝文庫, 1993).
9) 곤도 야스오(近藤康南), 『昭和ひとけたの時代』(農山漁村文化協會, 1982).
10) 히로마츠 와타루(廣松涉), 「東北アジアが歷史の主役に―歐美中心の世界觀は崩壊へ 日中を軸に'東亞'の新體制を」(『朝日新聞』, 1994년 3월 16일 석간).

지성은 '동아시아'의 새로운 헤게모니 편성에 대하여 여전히 무방비 상태이며 그 주술 또한 풀리지 않은 상태 그대로이다. 상황이 그러할진대, 동아시아 여러 나라의 국가—자본이 주도하는 형태로 전개되는 현재의 지역 통합 움직임에 대하여 적절하게 대치(對峙)하며 비판적으로 개입하는 것이 가능하겠는가?

포스트 동아시아—국가와 자본주의의 지역 통합에 맞서서

탈냉전기의 글로벌화와 함께 동아시아에서도 지역 통합의 시도가 진행되고 있다. 2004년 11월에는 ASEAN+3(중국·한국·일본)에서 '동아시아공동체'를 창설할 것과 동아시아 정상회담을 시작하는 것에 관한 합의가 있었다. 이러한 움직임에 대해 새로운 '대동아공영권'이라는 비판적 시각도 있는데, 흥미로운 것은 현재의 이러한 시도에 대해 정권 차원에서 가장 적극적인 쪽이 한국의 노무현 정권이라는 사실이다.

노무현 정권의 비전은 러시아를 포함한 '동북아시아'의 지역 통합과 시장 통합을 진척시키는 과정에서 북한에게도 개혁과 개방을 촉구하고 북한을 서서히 통합질서 내로 유도—포섭함으로써 분단체제를 극복하고 재통합을 이루려는 것으로 보인다. 러시아의 시베리아 철도와 남/북한의 철도를 연결하려는 계획에서도 볼 수 있듯, 동아시아의 인적, 물적 자원과 함께 화폐와 정보 등이 유통되는 교차점으로 한반도를 재편성함으로써 한반도의 안전보장과 경제적 번영을 확보하려는 것이라 할 수 있다. 이는 분명히 아시아 연대의 의식보다는 국익을 중시하는 논리에 의한 것, 다시 말해 국가나 자본의 주도로 추진되고 있는 전략인 것이다.

현재 '동아시아공동체'의 형성 과정에서 중국과 일본이 경제적인 패권을 놓고 다투고 있지만, 일본의 주도권 요구는 아시아로부터는 새로운 '대동아 공영권'이라는 비판을, 미국으로부터는 미일동맹의 경시라는 견제를 받게 될 것이다. 그런데 오히려 한국에서는 분단체제의 극복과 생존에 사활을 걸고 중국과 일본의 틈바구니에서 지역 통합을 적극적으로 밀어붙이려 하고 있다.

대단히 흥미로운 사실은 1990년대의 일본에서도 이러한 지역 통합에 즈음하여 일본 국가 자체를 유연하고 다원적인 국가로 변모시키려는 움직임이 있었다는 것이다. 고이즈미 정권 이후에는 9·11사건과 9·17평양회담의 영향으로 배외적인 내셔널리즘이 두드러지고 있지만, 1990년대 후반의 하시모토(橋本)−오부치(小淵) 내각 시절에는 오히려 글로벌화에 호응하여 일본을 다문화주의적으로 바꾸고 아시아를 향해 일본을 천천히 열어가려는 국가전략이 추진되었다.

1997년에는 「홋카이도 구토인 보호법(北海道旧土人保護法)」(*2)이 폐지되고 「아이누 문화진흥법(アイヌ文化振興法)」(*3)이 제정된다. 이러한 변화는 일본이 문화적 동화주의(同化主義)로부터 방향을 전환하여 오히려 아이누 문화의 개성이 발휘되는 방향으로, 즉 아이누 문화를 일본의 '다양한 문화의 발전' 속에 포섭하려는 것이었다. 그 과정에서 '선주권(先住權)'이 부인되었으며, 정치·경제·사회적 권리 요구는 묵살되었다. 그리고 이러한 다문화주의적 치장에는 사사키 고메이(佐々木高名)와 같은 지식인도 동원되었다.11)

2000년 오키나와 써미트(summit)에 즈음해서는 슈레몬(守礼門)(*4)으로 도안한 2천 엔 짜리 지폐가 발행되기도 했다. 음악이나 드라마 등의 문화 방면에서는 표층적인 오키나와 붐을 연출하면서도 미군기지 문제를 둘러싼 항의는 봉쇄한 채 다문화적인 일본 안에 '개성적인 오키나와'를 포섭

---

11) 사사키 고메이(佐々木高名), 『多文化の時代を生きる』(小學館, 2000). 그는 '선주권(先住權)'을 부인하고 '선주성(先住性)'으로 슬쩍 바꿔 협의의 '문화법'을 제정하는 전기가 되었던 「ウタリ對策のあり方に關する有職者懇談會報告書」(1996)의 집필진이다.

하려고 하였다. 이러한 시도는 중앙집권적인 근대 일본 국가를 다원적이고 유연한 국가로 변모시키려는 비전에 의해 지지받았으며(「21세기 일본의 구상」 간담회), 오키나와 내부에서도 이를 자발적으로 지지하는 '오키나와 이니셔티브(initiative)'론이 등장하기에 이른다.12)

동남아시아에 대해서도 다양한 문화의 교류와 공생을 도모하는 문화정책으로 「일본―ASEAN 다국적 문화 미션」 프로젝트가 제창되어(1997) 아오키 타모쓰(靑木保) 등의 지식인이 동원되었다.13)

이러한 일련의 시도들은 일미안보를 재정립함으로써 '집단적 안전보장'의 명목 아래 공공연하게 전쟁을 지원할 수 있는 '보통국가'로 탈바꿈하려는 움직임과 병행하여 진행되고 있는 것으로, 글로벌화에 적극적으로 적응하려는 일본의 국가재편 전략이라고 할 수 있다.

현재 동아시아에서는, 국익을 위해서라도 국민경제의 경계를 넘어 지역 통합과 시장 통합으로 나아가야 한다는 시도들이 진행되고 있다. 중국·한국·일본은 상호간의 마찰과 갈등을 감수하면서도 통합의 방향으로 나아가려고 하고 있으며, 그 과정에서 FTA(자유무역협정) 교섭 등이 추진되고 있다. 여기에 과도한 내셔널리즘의 적대나 갱신은 바람직하지도 않을뿐더러 자본의 이익을 위해서도 상호간의 타협은 불가피하다. 올 봄의 적대 관계는 외교 교섭을 통해 신속하게 타협하고 수습하려는 경향으로 흘렀으며 중국 정부 또한 반일시위의 제압으로 응답하였다(5·4의 새로운 물결이 제2의 천안문사건으로 발전하는 것을 두려워하기라도 하듯).

여기서 우리가 눈여겨보아야 할 것은 국가 차원의 적대와 타협을 통해 새로운 헤게모니를 구축하려는 움직임들이다. 그 과정에서 각 지역 민중의 노동 조건은 더욱 열악해지고, 국가로 인정받지 못하는 타이완은 스스로를 대표할 수 없으며, 오키나와인이나 재일조선인, 중국조선족 등

---

12) 懇談會, 「21世紀日本の構想」, 『日本のフロンティアは日本の中にある』(講談社, 2000); 大城常夫·高良倉吉·眞榮城守定, 『沖繩イニシアティブ』(ひるぎ社, 2000).
13) 「多國籍文化ミッション」에 대해서는 靑木(岡部)まき의 교시를 받았다.

마이너리티의 이해는 부차적인 것이 된다. 또한 각국의 치안 협력에 의한 '테러' 봉쇄는 북한을 포위하여 글로벌리즘 아래 종속시키는 양상으로 전개되고 있다.

상황이 그러할진대, 우리가 회귀하는 '동아시아'의 망령 위에 적당히 올라탄다면, 이는 헤게모니 재편성의 소용돌이에 휘말리면서 그 자체를 떠받치는 결과를 낳고 말 것이다. '동아시아'라는 장 속에서 주체와 역사에 새겨진 상흔을 자기 성찰하는 것은 냉전하의 분단체제를 극복하고 새로운 연대의 가능성을 찾기 위해서라도 필요한 태도이다. 그러나 진실로 절실한 것은 '동아시아'라는 새로운 경계짓기와 주체 형성에 뛰어들어 기껏해야 새로운 헤게모니 구축에 공헌할 따름인 '망령으로의 회귀'가 아니라, '동아시아'의 연대와 해방이라는 이름 아래 행사되어 온 폭력까지도 자기 성찰의 대상으로 삼아 그 역사적 주술을 풀고 새로운 복수성(複數性)과 상호 침투의 지평으로 스스로를 여는 것이다.14)

그런 의미에서 다양한 분단선을 넘어 '동아시아'라는 장 안에 스스로를 위치(內在)시키고 그 주술 또한 풀어가면서 새로운 관계성으로 스스로를 여는 실천, 요컨대 '포스트 동아시아'라고 부를 만한 태도가 필요한 것은 아닐까?

그 실천을 위해 무엇이 필요한가? 내셔널한 항쟁을 뛰어넘어 연대를 추구하는 한편, '동아시아'라는 망령에 홀려 근대를 '초극'하고자 했지만 결국은 근대의 폭력을 반복하고 말았던 무의식의 욕망을 자기 절개(自己切開)하는 시도가 함께 요구된다. '동아시아'라는 망령의 그림자를 떨치

---

14) 崔眞碩은 「沖縄の人々と在日朝鮮人を繋ぐもの」(『継續する植民地主義』)에서 재일 조선인과 오키나와인이 동아시아에서 "일본인이 된다"는 동일한 폭력을 경험한 자로서의 만남을 통해 식민지제국의 폭력을 구조적으로 역사화하면서 그 주박에서 벗어나는 길을 모색한다. 또한 이진경은 「식민지인민은 말할 수 없는가」(워크샵 'Japan's Pan-Asianism and Korean Intellectuals'의 보고서, 2004년 5월 6일)를 통해 전시하 아시아 담론에 관련된 조선지식인이 폭력적으로 행사된 초국가적인 만남 속에서 비판적으로 교섭하면서 그 헤게모니와 경계를 '내파'하고 '횡단'하면서 초월하는 가능성을 김사량이나 한설야의 담론전략에서 발견한다.

기 위해서는 고통을 수반하는 긴 여정이 필요하며, 우리는 지금 여전히 그 길 위에 있다.

현재의 동아시아에서는, 글로벌리즘의 시장 통합 과정에서 나타나는 여러 삐걱거림이나 알력과 함께, 새로운 복수성과 상호 침투의 주체를 위한 조건이 마련되고 있다. 어찌하면 한국과 일본의 노동운동은 FTA 교섭에 저항하면서(저항함으로써) 새로운 관계성을 엮어나갈 수 있을까? 올 봄 중국의 반일시위 중에는 현지 일본 기업의 노동쟁의로 발전한 예도 있었다고 한다(「'太陽誘電' 東莞工場 데모-노동쟁의 조짐」, 『마이니치신문』 4월 18일 조간). 우리는 과연, 그와 같이 새로운 물결과 함성에 마음을 열고 접속하는 것이 가능할까? 새로운 연대의 조건이 이제 막 싹을 틔우기 시작했으나, 그런 만큼 새로운 연대가 어떠해야 할 것인지를 날카롭게 따져 물어야 하는 중요한 국면에 접어든 것이다.

*

이 글에서 쓰인 '포스트 동아시아'라는 말은 쑨꺼(孫歌) · 백영서 · 천꽝싱(陳光興) 편, 『포스트 동아시아』(作品社, 근간)의 편집기획 중에 떠오른 단어이다. 또한 일한연대와 노동운동의 중간 역할을 맡고 있는 일본 국제법률가 협회 주최의 심포지움 '동아시아공동체의 시비(是非)를 가린다'(2004년 12월 1일)에 참가하면서도 토론에서 많은 시사를 받았다. 또한 이 글은 2005년 5월 4일~7일 미국의 코넬 대학에서 열린 워크샵 'Japan's Pan-Asianism and Korean Intellectuals'(마이클 신 주재)의 토론에서 촉발받은 까닭에 그 여운을 간직하고 있다. 이 워크샵은 코넬 대학의 비판적인 동아시아 연구그룹, 서울의 '연구공간 수유+너머' 그룹, 그리고 동경의 '식민지 / 근대의 초극' 연구회 제휴에 의해 실현된 것이다.

(*1) 제1차 세계대전이 종결한 1918년부터 제2차 세계대전이 시작되는 1939년까지의 약 20년 간.

(*2) 1899년 3월, 홋카이도의 아이누를 보호한다는 명목아래 공포된 법률. 농업을 희망하는 아이누에게 토지를 지급하고 30년 이내에는 상속 이외의 매매금지, 15년 이내에 개간을 하지 못하면 토지를 몰수한다는 등의 내용을 포함하고 있다. 이 법은 1997년 폐지될 때까지 약 100년 간 지속되었다. 여기서 구토인(旧土人)이란 일본의 보호 아래에 놓인 아이누인은 더 이상 야만인이 아니라 일본의 신민이라는 의미를 내포하고 있다.

(*3) 정식명칭은 「아이누 문화진흥과 전통지식 보급계발법」. 이 법은 「홋카이도 구토인 보호법」이 폐지된 1997년에 제정된 것으로, 처음으로 아이누인을 하나의 민족으로 자리매김한 법률이다. 이 법은 아이누 민족의 자긍심이 존중되는 사회의 실현을 목적으로 하고 있다. 그러나 '선주민'으로서의 권리를 인정하는 내용이 없어 많은 아이누인들의 불만을 샀다.

(*4) 오키나와의 나라시(那覇市)에 남아 있는 류큐 왕조의 슈리성(首里城)의 대문. 슈리성은 1945년 오키나와 전투로 소실(燒失)되었는데 이후 슈레몬과 건물 일부를 복원하였다.

우리[1]의 함성

나가하라 유타카(경제학) 지음 / 홍종욱 옮김

> 바깥에서 오는 것을 고통으로서 저항 가운데 받아들인 적은 한 번도 없지 않은가. …… '일깨워진' 고통은 일본문화와는 인연이 없지 않은가.
>
> —다케우치 요시미(竹內好)[2]

'우리'이다

> 한 마리의 개가 뒤에서 짖었다.
> 나는 거만하게 돌아보고 호통을 쳤다.
> "쉿, 닥쳐. 권세에 알랑거리는 개야!"
> "헤헤." 그는 웃었다. 그리고 말을 이었다. "무슨 말씀을요. 인간 정도는 아닙니다."
>
> —루쉰(魯迅)[3]

얼마 전의 아시아 여러 나라의 반일시위를 접하고서, 나는 무엇 때문에 그리고 무엇에 대해 이리도 안절부절못하고 있는 것일까. 거기서 나는 자칫하면 한낱 슬로건으로 그치기 쉬운 국제주의(internationalism, 이하에서

---

1) 원문은 'われ—われ'이다. 일본어의 'われ'는 '나'를 'われわれ'는 '우리'를 뜻한다. 저자는 'われわれ'라는 익숙한 말 대신 'われ—われ'를 사용함으로써, '우리'라는 개념을 낯설게 하고자 한 것으로 생각된다. (옮긴이)
2) 이하 다케우치의 인용은 『近代の超克』(『筑摩叢書』 285), 筑摩書房, 1983 참조.
3) 魯迅, 竹內 역, 「犬の反駁」(1925), 『魯迅作品集』 2(『筑摩叢書』), 筑摩書房, 1966.

사용할 inter-nationalism과는 다르다)이라는 원칙의 무매개(무반성)적인 표출을 허용하지 않는 무언가의 작동을 느낀다. 그리고 나는 그 원인을 해석하기보다 그러한 안절부절못함이 연유하는 바를 긍정적으로 알고자 한다. 때문에 나는 애초에 들어맞게 되어 있는 '객관적'인 정세 분석 등에 얽매이지 않고 바로 다음과 같이 묻고 싶다. 즉 누가 먼저 반일(反日)이어야만 했는가.

그리고 이 설문(title)에 대한 나의 응답은 지극히 심플하다. 그것은 반일 행동의 대상인 '우리' 말고는 있을 수 없다는 것이다. 이 '우리'는 얼마 전의 아시아 민중에 의한 다양한 형태의 반일이라는 의사 표시를, 오해를 무릅쓰고 말하자면 각각의 나라의 개별적이고 구체적인 현상(現狀, conjuncture)은 물론이고 그것들에 대해 일본이라 불리는 이 나라의 지식에 의한 그럴 듯한(때로는 '올바른') 해석 등과는 전혀 상관없이, 또한 일종의 결단을 갖고 말한다면 탈영토화라는 글로벌 자본의 논리와의 길항 관계 속에서 구래(舊來)의 개별 국가권력(재영토화운동)들이 모색하는 보스끼리의 담합이라는 의도에 저항하여, 천재일우의 요행으로 삼아야 한다.

물론 이 '우리'는 동시에, 1970년 화청투(華青鬪)의 '7·7고발'4)에서 상징적으로 폭로된 전후 일본의 모든 변혁운동에 자리 잡은 자민족중심주의라는 기원을 갖는 동심원적인 무책임의 체계로부터, 1980년대 포스트모더니즘의 안이한 응용에 바탕을 둔(주체의 포스트폴리틱스적인) 탈중심화를 거쳐 1990년대에 창궐한 문화연구(cultural studies)나 탈식민주의 연구(postcolonial studies)의 얄팍한 '현인(賢人)'들5)에 의해 '우리'에게 내려진 치밀하고 그럴 듯한 해석(무책임)에 그것도 지적(academic)으로만 봉착해 왔다.

---

4) 1970년 7월 7일 東京의 日比谷 야외음악당에서 열린 全國全共鬪 주최의 蘆溝橋事件 30주년 집회에서 행해진 在日中國人團體 華僑靑年鬪爭委員會의 연설. "本日의 집회에 참가한 억압민족으로서의 日本의 諸君"이라는 말로 시작된 연설은, 在日朝鮮人/中國人을 비롯한 아시아 諸민족과의 연대에 소극적인 일본의 '新左翼'을 고발하는 내용이었다. (옮긴이)
5) 魯迅, 竹內 역, 「賢人と馬鹿と奴隷」(1925), 『魯迅作品集』 2(『筑摩叢書』), 筑摩書房, 1966.

그 결과 아이러니하게도 바로 주체적 사정에서 **올바르게 부정되어야 할 것**(예를 들면 ‘우리’라는 허구=균질성의 정당한 부정)을 지렛대로 객체적 사정에서 그 부인이 시스템적으로 면죄되고, 이러한 부인이 더욱이 역으로 전자의 부정(진리)을 절대적 타자에의 변명(속임수)으로 전화시킨다는 기능(예를 들면 비판되어야 할 대상 그 자체의 소실이라는 관념적 은폐/발뺌)을 **소기의 의도대로** 효과적으로 발휘하고 있다. 즉 이 ‘우리’는 루쉰의 이른바 ‘개’에 의해 반박당하는 ‘인간’의 눈으로 관찰한다면, 대자(對自)에 있어서의 ‘우리’와 절대적 타자의 시선하에서 ‘일본인(이라는 反照 規定)’으로 일괄되는 다름 아닌 대타(對他)에 있어서의 ‘우리’의 정의(正義) 없는 혼탁을 뒤집어쓰고 있는 것이다.

하지만 동시에 이 대자와 대타(라고 하는 그 자체로서는 ‘올바르고’ 때로는 필요한 것으로 간주되기도 하는 인식론적 조작)는 ‘우리’를 집합적으로 구성하는 ‘나’(의 실천)에게 있어서는 절대로 떼어낼 수 없도록 하나의 신체에 새겨져 있는 한 쌍이기도 하다. 이 ‘나’에게 있어서의 한 쌍을 현실에 있어서도 떼어낼 수 있는 것처럼 그럴 듯하게 속일 수 있는 것은, 예컨대 다케우치 요시미가 루쉰에게서 찾아낸, 그리고 여기서 ‘우리’가 취하도록 강요된 입장이기도 한 “자기인 것을 거부하고 동시에 자기 이외의 것인 것을 거부하는” 입장이 품고 있는 곤란을 야스다 요주로(保田与重郎)가 말한 바 “합리에서 합리를 추구하여 어떤 틀을 벗어나지 못하는 ‘지성’”이라는 지성의 ‘타락형식’으로 정리(rationalize)하고,[6] 그렇게 함으로써 일본이라 불리는 국민국가에 그 ‘응답 책임’을 어떤 ‘고통’도 없이 논리자동적으로 전가─위양(委讓)하는, 부인된 ‘우리’를 사이에 둠으로써 작동하는 부정된 ‘우리’라고 하는 언설장치뿐이다.

이른바 「무라야마(村山)담화(!)」[7] 이래 반복된 편의주의적인 ‘사죄’의 더

---

6) 保田与重郎(1937), 「文明開化の論理の終焉について」, 『文學の立場』, 新學社, 1998.
7) 1995년 8월 15일 종전 50주년을 맞이하여 당시 일본 총리인 무라야마 도미이치(村山富市)가 국회에서 밝힌 담화. 과거 식민 지배에 대해 “통절한 반성과 마음으로부터의

미와 그 거듭되는 부실한 위약(違約)도 따라서 이러한 장치 본연의 소산에 지나지 않으며, 예를 들어 고이즈미 준이치로(小泉純一郎) 등은 근래 드물게 보는 얄팍한 마우스피스에 지나지 않는다(따라서 그는 야스쿠니 참배를 그만 둘 필요가 없다. 하고 싶으면 그 不戰의 다짐8) 같은 것을 마음대로 하면 되는 것이다. ‘우리’는 그를 하루라도 빨리 정치에서 배제할 것을 요구할 뿐이다). 그것이 안다고 하는 것의 유일한 정치적 기능이고, 루쉰의 ‘개’는 안다는 것을 절대적으로 알지 못하기 때문에 또는 알지 못한 척하기 때문에 강력하다. ‘우리’는 이러한 언설장치의 화려한 무지(無知)와는 전혀 다른 위대한 무지(無知)를, 설령 그것이 거의 불가능하게 보일지라도, 크게 긍정해야 한다. 이 긍정에 의해서 비로소 이 ‘개’는 ‘법의 문’에서 문지기에게 조롱당하면서 일없이 계속 얼쩡거리는 카프카의 시골 사람을 닮은 ‘인간’에게 “헤헤”라고 ‘반박’할 수 있는 것이고, 반박당하는 비참한 ‘인간’으로 말하면 카프카의 교회사(敎誨師)와 다르지 않은, 야스다 요주로가 말한 바 ‘지성’의 ‘타락형식’ — 순전히 해석에 지나지 않는 이른바 ‘사죄’의 반복 — 으로써 그때마다 안도할 수 있을 뿐이다. 그러므로 다양한 반일본(反日本) 주체가 있지만 가장 주요한 주체라고 필자가 이해하는 이 ‘우리’는, 루쉰의 이른바 알지 못하기 때문에 반박할 수 있는 ‘개’이기에 비로소 진정한 ‘우리’가 될 수 있는 오직 하나뿐인 주체다. 그리고 이 ‘우리’가 정치적으로 가장 의미 있는 반일의 주체이어야 한다.

물론 우리의 현실에서는 이 ‘우리’는, 늘 이미 알고 있는 또한 늘 이미 알려져 있기도 한, 즉 절대적 타자(비판할 대상으로서 스스로를 노출하는)로서도 또한 ‘우리’(비판될 대상으로서 스스로를 은폐—망각한다는 법 아래 있는)로서도 알고 있어야 하는(그래야 한다고 무인칭의 많은 타자에게 간주되고 있는) 주체(sujet

---

사과”를 표명하여, 한 단계 진전된 역사인식으로 평가받았다. (옮긴이)
8) 야스쿠니 참배를 비판하는 의견에 대해, 자신이 야스쿠니신사에 가는 이유는 ‘不戰의 다짐’을 위해서라고 고이즈미 일본 총리가 거듭 밝히고 있는 것을 가리킨다. (옮긴이)

suppose de savoir)라고 하는, 이중으로 분기된 전이(轉移)를 늘 이미 경유할 것이 의무(사회)로서 부과되어 있다. 그러나 바로 그렇기 때문에, 이중으로 분기된 전이는 뒤에 언급할 다케우치의 이른바 '이중의 패배'를 경유함으로써 저항의 주체로 생성될 수 있다. 하지만 그것은 다시 동시에 이 '우리'의 가장 진지한 부분이 "인생에서 제일 고통스러운 것은 꿈에서 깨어 갈 길이 없는 것입니다. 꿈을 꾸고 있는 사람은 행복합니다. 만약 갈 길을 찾지 못했다면 그 사람을 불러 깨우지 않는 것이 중요합니다"라고 루쉰이 반(反)정신분석적으로 / 아이러니컬하게 타일렀던 이른바 타락한 노라이기도 하다는 것을 의미한다.9) 누군가가 그것을 디아스포라라고 부르기를 즐긴다고 할지라도 필자가 단적으로 국제주의(inter-nationalism)라고 부르는 이러한 "운동으로서 보면 저항"이고 "휴머니즘이 들어설 여지가 없는" 존재론적인 루쉰의 '절망'을, 다케우치는 마치 라캉처럼 "안다고 하는 행위에 의해 알지 못하는 것이다. '나는 아무 것도 모른다'"고 반복했던 루쉰, "자기(日本 / '우리'=내셔널)인 것을 거부하는 동시에 자기(日本 / '우리'=내셔널) 이외의 것인 것을 거부하는"(( ) 안은 필자) 루쉰에게서 읽어냈다. 그리고 이것이 반일(inter-nationalism)의 '反(inter)'의 대상인 동시에 '反(inter)'의(혹은 틈새로 추락하는) 주체이기도 해야 하는 '日(national)'이고, 따라서 여기서의 '日(national)'은 '日(national)'이면서도 '日(national)'인 것에 있어 이미 '日(national)'인 것이 허용되지 않는 것이다.

그렇다면 반박하는 '개'로 생성되어야 하는 '우리', "안다고 하는 행위에 의해"서는 아는 것에 결코 이르지 않는 이 '우리'는, 얼마 전의 사태에 직면하여 어떻게 했어야 했는가? 위의 의미에서 '日(틈새)'임에 다름 아닌 '우리'가 무엇보다 우선 짊어져야 했을 '反'의 한층 더한 의미란 무엇인가? 즉 아직도 완고하게 마르크스주의(inter-nationalism)를 받드는 필자에게, 결과적으로 / 사건(의 사후)에 있어 'éventuelment / événementiel' 가장 애

---

9) 魯迅, 竹內 역, 「ノラは家出してからどうなったか」(1923), 『魯迅作品集』 3(『筑摩叢書』), 筑摩書房, 1966.

국적 / 내셔널한 행동인 이 '反(inter)', '日('우리')'란 무엇인가? 그것은 합리적인(rational) 혹은 이성적인(rational) 해석에 '기원(절대)'적으로 선행하는 정의(正義)의 내인(耐認)—환대(歡待)이다. 따라서 그것은 논리적으로 구축(構築)됨으로써 그 우위성을 자랑할 따름인 해석(합리) 등과는 아무런 인연이 없는 '反(inter)'이고, 또한 '자기(나)'에 있어서 '자기(나)'인 동시에 '자기(나)'인 것이 허용되지 않는 것이 초래하는 말더듬기(실천)이다.[10] 그리고 그것을 다시 다케우치의 표현을 빌려 바꿔 말한다면 "자신이 역사 속으로 들어가지 않고 역사라는 코스를 달리는 경마를 바깥에서 바라보고(……그렇기 때문에) …… 역사를 충실하게 만드는 저항의 계기는 보지 못하지만, 그 대신 어느 말이 이길까(만)은 잘 보이는"(( ) 안은 필자) 입장에 계속서 있는 사람들과 그러한 사람들의 변설에 안도하는 사람들에 대한 철저한 反이다. 또한 '타락형식'에 떨어진 지성의 속임수를 알지 못하는 것으로, 이 '타락'을 '노예의 과학' '노예의 합리주의'—말할 것도 없이 루쉰의 의미에서[11]—라고 부른 다케우치는 여기에서 나아가,

> 그들 관념론자(유물론을 포함해서의 관념론자)에게는 현실은 절대적이고 신성하다. 그것은 권위의 제단에 모셔져 있다. 그들은 현실은 변혁할 수 있다는 주어진 관념 속에서 잠자고 있다. 한 번도 현실을 변혁한 경험을 갖지 않는 자에게 있어서는 현실은 변혁할 수 있다는 관념조차 마음 편한 안면(安眠)의 자리가 된다.

라고 갈파하기도 했던 것이다.

---

10) 이 '말더듬기'에 대해서는 長原豊, 「資本と勞働の吃音」, 『現代思想』 30(10), 2002 참조.
11) 前揭, 「賢人と馬鹿と奴隷」.

'일본이데올로기'라는 해석(노예) 장치

> 일본이데올로기에는 실패가 없다. 그것은 영구히 실패함으로써 영구히 성공하고 있다. 무한의 반복이다.
>
> ―다케우치 요시미

그렇지만 이 '안면(安眠)의 자리'는 역사적 현상의 '구체적 정세의 구체적 분석' ―레닌적 말투를 굳이 쓰자면―에 있어서는 다시 무엇인가? 그것은 최종적으로는 다케우치의 이른바 '일본이데올로기'로 집약할 수 있는 작풍(作風)에 다름 아니다. 앞서 서둘러 인용했듯이 야스다 요주로는 "합리로부터 합리를 추구하여 어떤 틀을 벗어나지 못하는 '지성'이 어떤 형태로 동일의 타락형식을 반복하는지를 안다"고 갈파했는데, 이는 40년 앞서 탈구축의 한계(Grenz) 즉 윤리와 정의를 강조한 것이라 할 수 있을 터인데, 일본이라고 불리는 지정학적 공간과 한국 및 중국을 비롯한 아시아 여러 나라와의 얼마 전의 항쟁을 둘러싸고 돌출한 이 나라의 지적(知的) 반응(응답이 아닌!) ―굳이 지적이라고 말해 두자―의 큰 틀은 야스다의 이 개탄에 아직도 속해 있다.

전문적 연구자건 정치평론가들이건 또한 그 안의 우파이건 좌파이건, 그들／그녀들은 오로지 한결같이 '구체적 분석'이라 칭하고서 정밀하기도 하고 거칠기도 한 여러 가지 '해석' 혹은 '해석에 준하는 이해'라는 것을 계속해서 미디어로 흘려보내고 있다. 그리고 그 켤레항(共軛項)은 객관적 대상화라는 이름(구실) 아래 절대적 타자에 대해서는커녕 그 이전의 스스로에 대한 응답 책임으로부터의 도망이기조차 하고, 앞의 의미에서 "갈 길이 없지만 가야 하는, 오히려 갈 길이 없으니까 가지 않으면 안 되는 상태"인 아마도 이미 순수한 '우리' ―만약 그러한 것이 가능하다고 한다면― 로서는 따르지 않을 수 없는 '우리'의 수락으로부터의, 합리주의-과학을 가장한 도망이다. 그리고 그것이 다시 '일본이데올로기'이다. 이 '일본이데올로기'는 보수파의 이데올로그에게도, 시민파에 의한 냉정하고 이성적인 대처에도, 좌파적인 선동에도 그 논거를 부여할 수 있는 융통무애(融通無碍)의 것이다. 그들／그녀들은 사태의 추이에 설명을 부여하기 위해서 "합리로부터 합리를 추구하여 어떤 틀"에 빠지는 것에 매우 쾌감을 느끼고 있는데 지나지 않는다. 그리고 이 '어떤 틀'이란 사태에 합리적인 설명을 부여하고, 이런 설명으로써 스스로 납득하고, 이 나라의 사람들을 설득하고, 나아가서는 절대적 타자조차 설득할 수 있을 듯이 말해대는, 루쉰이 이른바 "꿈을 꾸고 싶다 ……될 수 있으면 불러 깨워지지 않는"이라고 한, 사태에 (자기) 관여하지 않고 해석한다고 하는 부인(否認)의 정서를 '과학적'이고 '합리주의'적인 언설(과 거기서부터 도출되는 프래그머틱 혹은 냉정한 '처치')로 변경하고자 하는 시도이다. 그리고 이것이 전전기(戰前期)의 '근대의 초극'론 이래 부지런히 계속되어, 다케우치 이전에도 도사카 준(戶坂潤)이 가장 철학적이면서도 저널리스틱하게 들추어낸 '일본이데올로기'의 핵심에 다름 아니다. 이 '이데올로기'에는 따라서 절대로 '실패가 없다'는 것이다. 그렇지만 이 '성공'은 그러나 그렇기 때문에 '영구히 실패'하고 있는 것이다.

　중화사상과 열등감이라는 심리학적 신탁(神託)을 포함하여 다수 존재하는 그러한 언설 가운데에서도 예를 들면 중국 정치 또는 중국 정치사 전문가는 그럴 듯하게 다음과 같이 '우리'를 가르치고 '우리'에게 안도를 무의미(domestic)하게 공급할 것이다―얼마 전 중국의 애국적 '유행(游行)'은, 예를 들어 상해코뮌의 성립과 함께 막을 내린 문화대혁명(의 발동)에서 보이듯이 중국 공산당이 전통적으로 써먹어 온 대중동원형의 정치행동으로서, 그것은 중국 공산당 내부의 권력투쟁에 밀접하게 관계되어 있다 운운. 그들은 더욱이 이것은, 최근의 구미의 중국 연구의 테마 설정에서 말한다면, '제2차 천안문사건' 이후 하부 구조의 급속한 자본주의화라고 하는 과도기 경제하에서 인민 내부의 계급 격차의 확대와 중국 공산당의 정치적 정통성의 유지와의 모순(도시부의 본원적 축적기에 늘 보이는 빈곤층의 체류와 공표되지 않는 농촌부의 농민폭동 등)을 애국교육에 바탕하여 타타적(對他的)으로 해소(김빼기)하려고 하는 중국의 국내 문제이고 그 절호의 테마로서 애국교육이 반일교육으로 전화된 것으로, 따라서 최종적으로는, 관제의 각본에 따른 것(혹은 자작극)이다 운운……등으로 말이 이어질 것이다. 혹은 이번의 반일적 '유행(游行)'을 재판적(再版的)인 본원적 축적이나 과도기 경제에 있어 노'자'(勞'資') 관계의 위장 형태로 이해하는 이러한 해석의 좌파적 버전도, 모든 것을 계급투쟁으로 환원하여 스스로의 소여(所與)의 지령어(슬로건) 아래 억압한다고 하는, 절대적 타자와의 해후(clinamen 또는 '고통')를 진정으로 거치지 않은 본질주의적인 '일본이데올로기'의 아류에 지나지 않는다. 그렇지만 아이러니하게도 지금 글로벌 자본에게 있어 노동자국가인 동시에 최후의 포드주의적인 소비 주체(시장)로서 포섭·균질화되기도 한 중국이라는 구역에서의 그들/그녀들의 외국 자본과의 싸움은, 오해를 무릅쓰고 말한다면, '우리'가 반일의 대상이면서 주체이기도 해야 하는 것과는 직접적으로 관련이 없다. '우리'의 문제를 그들/그녀들의 그것으로 바꿔치기해서는 안 된다.

또한 어떤 이는 예를 들어 위성방송 등에 의한 정보 확산의 급속한 확대가 구사회주의권의 자멸을 초래했던 것처럼, 중국에 있어 인터넷의 보급은 이번의 애국적 '유행(游行)'이 중국 공산당의 정치적 정통성의 전복의 위기를 품고 있기 때문에 중국 공산당은 내부의 적을 떠밀어냈다는 식으로 말할 것이고, 더욱이는 '양심적인' 어떤 사람(PC)들은 양국이 보증한 역사학자가 과학적인 역사 '사실'을 '이성'적으로 공유함으로써 서로 간에 존재하는 '오해'를 해소하면 사태는 좋은 방향으로 향할 것이라는, 계량사에서 전형적으로 볼 수 있는 역사수정주의의 공범적인 시인에 기대를 걸 것이다. 그리고 영원히 수다스럽게 "자신이 역사 속으로 들어가지 않고" 즉 법의 문 앞에서 "역사라는 코스를 달리는 경마를 바깥에서 바라보는" 이러한 해석에는 다함이 없다.

그렇지만 이런 것은 전부 "합리로부터 합리를 추구하여 어떤 틀로부터 벗어나지 못하는 '지성'"에 머물러 있는 채이고, 또한 그것은 이 현대에 있어서는 바로 글로벌화의 논리 / 고리(公理系的 純化)의 추인(追認)에 다름 아니다. 거기서는 정치적 권력들의 이데올로기적 차이 등은 문제도 되지 않는 자본의 논리(예를 들면 이른바 '政冷經熱'이라는 사태는 정치에 대한 무관심=무차별―포스트폴리틱스―이 가장 잘 나타내고 있다)가, 전문가인가 아닌가 혹은 좌파인가 우파인가를 불문하고 관철되고 있다. 그렇지만 '우리'는 이러한 '타락형식'에 있는 '지성'에 의해 해석을 부여받은 사실들을 알아서는 안 된다. 이들은 모두 반일이라는 의사 표시를 자신과 관계 없는 절대적 타자의 (내부) 문제로서 '과학적'으로 멀리하고자 하는, 대상화되는 것에 대한 주저함에 다름 아니다. 바로 그렇기 때문에 다케우치는 "모든 것을 추려낼 수 있다고 하는 합리주의의 신념이 두렵다"고 말하는 데 머무르지 않고, 나아가 그러한 "신념을 성립시키고 있는 합리주의의 배후의 비합리적인 의지의 압력이 두렵다"고 이야기한 것이다. 그리고 '우리'는 다케우치의 이 두려움을 공유해야 한다. 한편으로 "나는 남을 속이고 싶다"―그것은 알(려질) 수밖에 없다!―고 중얼거린 루쉰과 마찬가지의 정서에 무너지면서도[12] 다른 한편으로 동시에 그러나 "나는 아무 것도 모른다"로 일관한다고 하는 '절망'을 견디어 내야 한다. 그리고 그것은 바로 "계속 움직여 안온(安穩)하지 않은" 상태의 내인(耐認)―환대(歡待)에 다름 아닌 것이다. 그렇지만 그러기 위해서는 어떻게 해야 하는가?

---

12) 魯迅, 竹內 역, 「私は人をだましたい」(1936), 『魯迅作品集』 3(『筑摩叢書』), 筑摩書房, 1966.

저항으로서의 패배

저항이 없는 것은 일본이 동양적이지 않은 것이고, 동시에 자기를 지키려는 요구가 없는(자기가 없는) 것은 일본이 유럽적이지 않은 것이다. 일본은 아무 것도 아니다.

—다케우치 요시미

스스로를 반일의 대상으로 해서 그 유일의 주체로서 노출시키려면 이 '우리'는 패배해야 한다. 이 패배에 대해서 다케우치는 '유럽'과 '동양'의 해후라는 역사를 소재로 다음과 같이 말하였다. 그리고 이 입장은 지금 —여기라고 하는 바로 역사에 직면하는 '우리'를 생각하는 데 있어서도 여전히 중요하다.

유럽은 동양의 저항을 통해서 동양을 세계사에 포괄하는 과정 가운데 자기의 승리를 확인했다. 그것은 문화, 혹은 민족, 혹은 생산력의 우위로 관념되었다. 동양은 같은 과정 가운데 자기의 패배를 확인했다. 패배는 저항의 결과다. 저항에 의하지 않은 패배는 없다. 따라서 저항의 지속은 패배감의 지속이다.

그러나 다케우치는 서양에 의한 동양(비-서양)의 근대화를 일반적으로 논하고 있는 것은 아니다. 따라서 다케우치는 단순히 패배를 이야기하고 있는 것이 아니다. 그는 "저항이 없는 곳에 패배는 일어나지 않고, 저항은 있어도 그 지속하지 않는 곳에 패배감은 자각되지 않는다"는 확신에서 저항으로서의 패배를 이야기하고 있다. 다케우치는, 즉 이 '한 번뿐'인 패배—그렇지만 패배는 과연 '한 번뿐'이었는가?—라고 하는 '사실'과 "자기가 패배 가운데 있다고 하는 자각"의 사이에 저해(沮害)하는 방식으로 개입하는 것을 그 임무로 하는 패배의 망각에 의해 "2차적으로 자기에 대해 따라서 또한 결정적으로 패배하는 일이 많기에 그 경우는 당연 패배감의 자각은 일어나지 않는" 상태(常態)를, "2차적으로 자기에 대한 패배를 거부"하는, 즉 "패배에 대한 저항과 동시에 패배를 인정하지 않는 것 혹은 패배를 잊는 것에 대한 저항", 나아가 혹은 "이성에 대한 저항과 동시에 이성의 승리를 인정하지 않는 것에 대한 저항"이라고 하는 '이중의 저항'만이 '우리'를 '우리'답게 한다는 것을 가르치고 있는 것이다. 그리고 이 '이중의 저항'이야말로 '우리'가 늘 이미 둘러쓰고 있는 이중으로 분기된 전이를 대타(對他)와 대자(對自)라는 인식론적 레벨에 있어서가 아니라 바로 무지―직감의 대긍정(大肯定) 가운데 기능시키는 기제인 것이다.

얼마 전의 아시아 민중에 의한 반일의 의사 표명은 이런 의미에서 그것이 어떠한 개별의 경위―의도에서 발생했는가에 대한 다양한 '올바른' 해석과는 전혀 별개로 '우리'가 패배를 따라서 저항을 계속하기 위한 찬스를 부여해 준다. 그리고 이 '우리'는, 제국일본의 패배(1945)를 '끌어안았다(embrace)'고 여겨지는 '우리'가13) '저항의 계속'에 의해 바로 그 뒤를 이은 (그럼에도 불구하고 잊혀진) 또 하나의 패배(1945~49 / 50년―전후 혁명의 허물어진 가능성)를 지금―여기에서 '반복'할 것을, 즉 "과거의 혁명적 개입의 실패를 현재에 있어 반복 / 만회"하고 "잊혀진 행위라기보다도 오히려 행위하는 것이 잊혀졌다고 하는 실패, 사회의 '타자'와의 연대라고 하는 행위를 금지하는 사회적 유대의 힘을 정지시키는데 실패한 것"을 "소급하여 다시 행하기" 위해14) 패배라고 하는 "사태에 편승할(embrace)"

---

13) 존 다워, 三浦·高杉 역, 『敗北を抱きしめて』上·下, 岩波書店, 2001. 말할 것도 없이 원제는 *Embracing Defeat : Japan in the Wake of World War II*(New York and London : W. W. Norton & Company / The New Press, 1999)이다. 이미 다른 곳에서 지적했지만, 이 번역 제목은 'embrace'라는 말을 옮기는 데 있어, 연합군(미합중국)에 의해 가져다진 패배를 「母性」적으로 끌어안는다고 하는 'feminization'적 함의를 포함하여, 극히 오해를 부르기 쉽다. 'embrace'에는 분명히 '끌어안다―깨닫다―쾌락하다―기쁘게 응하다'라고 하는 의미가 있다. 그렇지만 그것은 동시에 '기회에 편승하다'라고 하는 의미도 갖고 있는 것을 놓쳐서는 안 된다. 이 이중의 패배(감)이 번역 제목에서는 사라져 버렸다.

14) 슬라보예 지젝, 『迫り來る革命―レーニンを繰り返す』(岩波書店, 근간) 및 E. Santner, "Miracles Happen : Benjamine, Rozenzweig, and the Limits of the Enlightenment"(unpublished

것을 요청받고 있다. 그리고 그것은 얼마 전의 반일 행동에 직면해서 반일의 대상임과 동시에 반일의 주체이기도 한 '우리'가, 현 상황에서, 제국일본의 패배에 즈음하여 이루는 데 실패한 또 하나의 패배의 '저항의 지속'에 바탕을 둔 '자각' ─ 끌어안을 수 없는 패배의 잔존물에 대한 '자각' ─ 을 다그치고 있다.

이러한 입장을 다케우치는 바로 인터내셔널리즘을 인터-내셔널리즘(국-제주의)에 있어 파악한 히로마츠 와타루(廣松渉)처럼 다음과 같이 도발적으로 적고 있다.

> 만일 어찌되었건 내셔널리즘을 욕망한다면 어떻게 하면 좋은가. 울트라-내셔널리즘에 빠질 위험을 피해 내셔널리즘만을 손에 넣는 것이 불가능하다고 한다면, 유일한 길은 역으로 울트라-내셔널리즘 속에서 진실의 내셔널리즘을 끌어내는 것이다.

그러나 '우리'는 다케우치가 시인하는 좋은 내셔널리즘과 나쁜 내셔널리즘이라는 홉스봄 이래의 이원론과는 전혀 다르게, 애국을 단순히 무죄로는 하지 않을 것이다. 애국은 사랑받을 것을 요청 / 강요하면서 글로벌 자본의 탈영토화에 추파를 보내는 해당 나라들에 있어 유죄에 상당하는 위험한 소행으로 전화한다는 의미에서, 또한 그 의미에서만 무죄여야 한다. '우리'는 애국무죄를 애국유죄 나아가 비국민무죄(非國民無罪)로 전화시킬 찬스를 사건으로서 경과해야 한다.

더 많은 '일본이데올로기'에 대해서 이야기해야 하겠지만, 그러나 이미 주어진 지면을 넘겼으므로 서둘러 마무리짓겠다. 마무리에 임해 포스트폴리틱스 상황에 대치하는 랑시에르의 '미학의 정치'를 높이 평가하는 지젝의 다음의 한 구절을 인용하는 것은 의미가 있을 것이다. 왜냐하면 그것은 아시아 나라들의 반일 행동에 어떠한 '합리적' 해석이 부여된다

---

paper, 2001)에서 '소급해서 행하는 반복' 행위의 의미를 참조할 것.

고 할지라도, 위에서 말한 '우리'의 방향성을 그려내고 있기 때문이다.[15]

    흥미 깊은 현상인 '섬광과 같은 군중(flash mob)'은 (랑시에르가 말하는) 미학
―정치적인 저항을 그 최소한의 틀로 환원시킨 가장 순수한 양태로 표현하고
있지 않은가? 사람들은 정해진 장소 그리고 시간에 등장하여 어떤 (보통은 대
단치 않은 혹은 바보스러운) 행위를 벌이고 다시 흩어진다. 그렇기 때문에 「섬
광과 같은 군중」이 어떠한 목적을 갖지 않는 도회의 시인으로서 그려지는 것도
무리는 아니다. 기존의 사회적 네트워크를 전복할 다양한 (탈)동일화나, 횡단적
인 관계와 놀이를 벌일 가능성에 넘치는 사이버 공간도 그러하다. 그렇지만 과
거의 민중 행동에의 애착에 대한 랑시에르의 이해는, 결코 글로벌한 포스트산
업사회의 출현에 의해 상실된 민중적 과거에의 단순한 향수를 표현하는 것이
아니라, 이제까지 이상으로 액츄얼하다. '좌익'의 혼미라고 하는 이 시대에 그
의 논의는 우리가 어떻게 해서 저항을 계속할 것인가에 대해 수미일관된 개념
을 제공하는 얼마 되지 않는 것들 중 하나다.[16]

    이런 의미에서 '우리'는 반일"에 편승해서 / 을 끌어안고" 과거의 실패
를 소급적으로 반복 / 고쳐하는, 설령 엘리트층의 학생이라도 가두에서는
'liumang'[17]으로서 '폭동'을 일으킬 수밖에 없는 '섬광과 같은 군중'의 유
력한 일부이기를[18] 조금도 개의치 않는다. 거듭 말한다―아시아 여러
나라의 반일 행동은, 제국일본의 패배에 '편승해서' 새로운 사태를 만들

---

15) 랑시에르의 「노동자」론과 민주제론에 대해서는 별고를 준비해야 한다. 무엇보다 우
　　선 J. Ranciere, *La nuit des proletaires : Archives du reve ouvrier*, Paris : Fayard, 1981과 do., *Le
　　philosophie et ses pauvres*, Paris : Fayard, 1983 그리고 do., *La Mesentente : Politique et philosophie*,
　　Paris : Galilee, 1995(松葉 외역, 『不和ある岩了解なき了解』, インスクリプト, 2005) 등
　　을 볼 것.

16) S. Zizek, "Afterword : The Lesson of Ranciere" to J. Ranciere, *The Politics of Aesthetics*(*Le Partage
　　du sensible : Esthetique et politique*, Paris : La Fabrique-Editions, 2000), London & New York,
　　Continuum, 2004, p.79. 또는 A. Badiou, "Ranciere et la communaute des egaux"와 "Ranciere
　　et l'apolitique", in do., *Abrege de metapolitique*, Paris : Seuil, 1998도 참조할 것.

17) 'liumang'은 중국어로 '流氓', 즉 '건달'을 뜻한다. (옮긴이)

18) Che Baoliang, "To be defined a liumang" in M. Dutton, *Streetlife China*, Cambridge : Cambridge
　　University Press, 1998, pp.63~65 및 앞의 『迫り來る革命』, 227면을 볼 것. 또한 다통은
　　슈미트적인 틀을 이용하여 중국정치를 해석하는 저작을 출판할 예정이다.

어내고자 올려졌다가 지워져버린 '우리'의 함성, '우리'의 싸움의 소리를
지금—여기에서 소급적으로 다시 올릴 것을 재촉하고 있다. 그리고 그것
이 '사죄(赦罪)'를 요구하는 데 어울리는 '사죄(謝罪)'가 될 것이다.

응답의 실패

다카하시 데쓰야(철학) 지음 / 강원봉 옮김

민주화와 일본 비판

한국, 중국과의 관계가 급속히 긴장되고 있습니다. 우선 한국 쪽을 보면, 3·1독립운동 기념일연설에서 노무현 대통령은 이전과는 다르게 통렬한 어조로 일본을 비판하였습니다. 일본의 '새로운 역사 교과서를 만드는 모임'이 출간한 교과서도 그 비판을 초래한 원인 중 하나입니다. 이 교과서 내용 중의 한국과 관련되어 있는 기술(記述)이 한국의 분노를 사고 있는 것이지요.

또한 시마네현(島根縣)의 '다케시마(竹島)의 날' 조례 제정 문제가 있습니다. 다케시마 문제는 예전부터 있어 왔지만, 영토 문제라는 점에서 역사 교과서 문제를 비롯한 '역사 문제'와는 다른 것처럼 보이기도 합니다. 그러나 한국 쪽에서 보면 이 문제 역시 역사 문제를 포함하고 있습니다. 올해는 일본이 한국의 외교권을 빼앗고 한국을 사실상의 보호국으로 만든 1905년의 제2차 한일협약(을사조약)이 체결된 지 100주년이 되는 해입니다. 조약이 체결되기 직전인 러일전쟁 와중에 일본군이 한국 전체를 제압한 상태에서 일본 정부는 같은 해 2월 22일 시마네현 고시(告示)를 통해, 한국 정부에는 통지하지도 않은 채 다케시마를 일본령에 편입시켰습니다. 따라서 한국 측에서 보면, 시마네현 고시는 러일전쟁에서 한국병합조약(1910)에 이르는 일련의 한국 침략 과정 중 일어난 최초의 '병합' 사건이라고 할 수 있습니다. 그로부터 100주년이 되는 올해, 시마네현이 2월 22일을 '다케시마의 날'로 제정하고 일본 정부는 그것을 용인했습니다. 이런 상황에서 한국 측이 분노하지 않는다면, 오히려 그게 이상하겠지요.

사태 발생의 직접적인 계기는 이 두 사건입니다만, 사태 악화의 배경에는 고이즈미 수상의 반복되는 야스쿠니 참배와 한일조약 교섭 과정의 사료 공개로 재연된 전후 보상 문제가 겹쳐 있습니다. 노무현 대통령은 한일 관계를 '미래 지향'적 관점에서 보아야 한다고 주장해 왔던 사람입니다. 그러나 일본 측은 그 기대를 번번이 배신해 왔습니다. 이런 상황에서 노무현 대통령이 과감하게 일본을 비판한 것에 대해 여러 가지 의견이 있는 게 사실이고, 그 중에는 노무현 정권이 한·미·일 동맹 관계로부터 중국, 북한과 미일 사이의 균형자라는 중간자적 위치에 서려 한다는 견해도 있습니다. 대통령의 정치적 발언이므로 여러 가지 요소가 있겠지요. 그러나 대통령의 발언 배경에는 여전히 근본적으로 극복되지 않은 역사 문제가 포함되어 있는 것이 분명합니다.

그 뒤 노무현 대통령은 독일을 방문했습니다. 그는 독일의 미디어를 향해 전후 독일의 행로를 높이 평가하는 한편, 일본이 얼마나 과거를 직시하지 않고 있는지를 강한 어조로 비판하였습니다. 이 일을 일본에서는 예상외의 충격으로 받아들였는데, 예컨대 『아사히신문』에서도 대통령의 발언을 지나치다는 식으로 비난하는 논조였습니다. 우파 계열의 미디어는 늘 그렇듯이 한국은 "북한과 똑같은" "반일"이라며 일본의 내셔널리즘을 부채질하는 데에 이번 사태를 대대적으로 이용하고 있습니다.

그 뒤 중국에서 '반일시위'가 일어났습니다. 일반적인 예상을 뒤엎고 주요 대도시에서 대규모 시위가 일어나 일본 언론의 표현으로는 "일부가 폭도화"해서 일본 대사관, 일본 영사관, 일본 기업 등이 피해를 입었습니다. 이때도 한국의 경우와 마찬가지로 역사 문제가 대일비판의 형태로 거론되었고, 일본의 상임이사국 가입 문제, 센가쿠열도 문제 등 중일 간의 현안이 일본 비판의 주제로 거론되었습니다. 일본의 미디어는 한국에 대한 보도 이상으로 "반일 폭동"이라는 "일부의 폭도화" 움직임을 강조함으로써 일본 정부의 "사죄와 보상" 요구가 가장 중요한 문제인 양 보도하고 있습니다만, 이번 문제를 심층적으로 다루는 미디어는 거의 없습니다.

한국이나 중국, 각각의 차이는 있습니다만, 역설적이게도 이러한 갈등은 일본과의 교류가 진전되었기에 발생하는 충돌(齟齬)이라고 보아야 하지 않을까 합니다. 인적 교류도 그렇지만, 특히 정보 교류가 그렇습니다. 일본과의 교류가 진전되면 이전에는 보이지 않던 부분이 보이게 됩니다. 또 민중적 차원에서 보자면 시민사회가 발전한 한국은 물론, 중국에서도 정부의 통제가 미치지 못하는 부분에서 자유로운 주장이 나오기 시작했고 이러한 것들이 인터넷 등을 통해 다중에게 실시간으로 확산되어 가는데, 이런 것들이 크게 보면 '민주화'인 것입니다. 민주화의 진전이 역설적으로 강력한 일본 비판의 형태로 드러난 것이 아닐까요

이와 관련해서 지적하고 싶은 것은 감정의 문제입니다. 3·1독립운동 기념일의 일본 비판은 대통령의 정치적 제스처가 아닙니다. 노무현 정권은 민주화 투쟁의 승리를 계승하여 민중의 목소리를 대변하는 정권임을 표방하고 있습니다. 민중의 기대가 종종 외면당하고는 있지만, 친일파의 계보를 잇는 군사독재정권 시절 정부에 의해 억압당하던 민중 차원의 전쟁과 식민지 지배에 대한 기억이 1990년대 초반 처음으로 일본군 '위안부' 문제 등을 통해 분출되기 시작했고 지금은 정부나 정권에서 그 대

변자를 볼 수 있게 되었다고 생각합니다.

한편에서는 한류 붐이 일어나고 민중 또는 시민 차원에서도 이전에는 상상조차 할 수 없었던 교류가 진행되고 있습니다. 예전에는 실제로 만나는 일 없이 머리 속에서만 일본인은 이렇다, 한국인은 이렇다고 생각했습니다. 그런데 지금은 실제 교류를 통해 각자가 지니고 있는 역사에 대한 기억이나 사고방식의 차이가 분명하게 드러나게 되었고 그 결과로 감정적인 충돌도 생겨나기에 이르렀습니다.

중국의 경우도 그렇습니다. 1970년대 초반 중일 국교 회복이 있고 한동안은 양국의 '국민 감정'이 양호한 시기가 계속되었다고들 합니다. 일본에서는 NHK의 「실크로드」 등으로 중국에 대한 동경이 일기도 했습니다. 한편 혼다 가쓰이치(本多勝一) 씨의 『중국으로의 여행』 등 일본의 중국 침략전쟁 중 과정에서 일어난 민중 차원의 피해를 문제로 삼으려는 움직임이 있었습니다만, 아직은 일반시민이 중국과 관계를 맺는 차원은 아니었습니다. 냉전이 끝나고 중국의 시장경제화가 진행되면서 일본기업이 대거 중국에 공장을 건설하고 유통 부문에도 진출하기 시작했습니다. 경영에 곤란을 겪던 일본 기업은 일본의 삼십분의 일에 불과한 값싼 인건비 덕분에 생존의 길을 찾았고, 지금은 기업 자체가 알차게 되었습니다. 1970년대는 중국과 일본 정부 사이에 표면적 차원의 중일우호가 진행되었지만, 지금은 새로운 상황 속에서 차츰 서로의 실태를 보기 시작하고 있습니다.

일본 정부는 몇 번에 걸쳐 중국 침략에 대한 '반성'을 공식적으로 표명해 왔다고 주장합니다. 가령 그렇다 하더라도 일본 쪽에서는 그때마다 그런 반성 표명을 뒤집는 발언들이 나왔습니다. 수상의 야스쿠니(靖國) 참배 문제가 더할 나위 없이 명백한 사례입니다.

1980년대 나카소네(中曾根) 수상이 야스쿠니에 참배했을 때만 해도 아직은 '합헌성'의 모양새를 갖추기 어려운 상황이었습니다. 중국의 비판을 받고 A급 전범의 분사(分祀)를 시행하려고 했지만 사정이 여의치 않았고 결국은 참배를 단념하게 됩니다. 그런데 고이즈미 정권은 내외의 비판에 대해 오히려 적반하장격의 자세로 일관하고 있습니다. 작년에는 야스쿠니 참배에 대해 위헌 판결이 나왔지만 고이즈미 수상은 여전히 야스쿠니 참배 속행을 공언하고 있지요. 거기에 역사 교과서 문제가 겹쳐 있는 겁니다. 그런데 이번에는 일본에 대한 불신이 감정의 폭발이라는 형태로 드러난 것 같습니다.

한국의 경우 노무현 대통령의 연설문을 읽어보면 국민들에게 냉정한 대처를 호소하고 있습니다. 일본이라고 다 같은 게 아니다, 일본에도 올바른 역사 인식을 지닌, 상호 이해가 가능한 사람들이 있다, 그런 사람들과 연대해야 한다, 그러니 일본인 전체를 적대시해서는 안 된다, 하지만 말해야 할 것은 확실히 말하겠다는 것입니다. 뒤집어 말하면 시민·민중 차원에서 일본을 향한 분노가 대단히 거세다는 것이겠지요. 일본에 대한 분노가 거세다고 해서 곧바로 일본인과의 물리적 충돌을 의미하는 것은 아닙니다. 한국의 경우, 시민사회가 중국보다 성숙해 있기 때문에 일본인과의 만남에서 직설적이고 감정적으로 나오지는 않을 것입니다.

그런데 이번 경우에는 한국에서도 상당히 격렬한 비판이 나왔습니다. 일본인이 이를 어떻게 받아들일 것인지가 문제입니다.

1990년대-응답의 실패

1990년대 초반, 미소의 냉전 종결 이후 동아시아가 새로운 시대에 들어서면서 한국, 북한 그리고 중국 등 과거 일본으로부터 침략당한 피해국의 국민들로부터 비판적 문제제기가 있었습니다만, 일본이 과연 여기에 성실하게 응답했는가? 안타깝게도 일본은 그 응답에 실패했습니다.

그 비판적 제기의 상징이 구(舊)일본군 '위안부'들입니다. 한국의 김학순(金學順) 씨가 자신이 구일본군 위안부였음을 처음으로 밝히자 한국·북한·중국·대만 등 곳곳의 분단된 지역에서, 그리고 인도네시아·필리핀 등에서 피해자가 자기 존재를 밝히기 시작했습니다. 구일본군 '위안부'뿐만 아니라 전쟁, 식민지 지배의 여러 피해자들도 자신들의 존재를 알리고 있습니다. 과거에는 이런 일들이 드물었습니다. 1980년대까지만 해도 전후 보상재판은 두세 건 정도밖에 없었습니다만, 1990년대 이후는 70여 건에 가까운 재판이 제기되고 있습니다. 1990년대가 얼마나 새로운 시대인지를 알 수 있지요

구일본군 '위안부'들의 비판적 제기는 "왜 반세기 동안이나 우리 존재를 무시해 왔는가, 지금까지도 상처투성이로 살고 있는 우리들에게 사죄하고 보상하라"는 겁니다. 가해자인 주제에 이제껏 아무 것도 하지 않았다는 비판이지요. 그러나 지금이라도 진심으로 사과한다면 받아들이겠다는 뜻도 들어 있습니다. 보상이라고 해서 특별히 돈을 바라는 것은 아닙니다. 사과하라는 것, 마음에서 우러나오는 사과를 받고 싶다는 겁니다. 구일본군 '위안부' 할머니들이 줄곧 이야기하는 건 그런 것이지요

이러한 비판적 제기에 어떻게 답할 것인지가 문제되었을 때, 1990년대 초반의 일본에서는 전후 보상운동이 일어났고, 구일본군 '위안부'들의 증언집회에도 많은 사람들이 모였습니다. 당시의 여론조사를 보면, 압도적 다수는 아니었지만 가혹한 처사를 한 이상 보상해야 한다는 의견이 상당수 있었습니다. 호소카와(細川) 수상이 "과거에 있었던 전쟁은 침략전쟁이었다, 잘못된 전쟁이었다고 생각한다"고 말했고, 한국 방문시에도 '위안부' 문제, 창씨개명, 일본어 강요, 강제 연행 등 식민지시대에 했던 행위들을 구체적으로 거론하며 '사과'를 한 바 있습니다. 한국 쪽에서도 "일본이 과거사에 대한 사과를 한 번도 한 적이 없었던 것은 아니다"라는 논조가 나오기도 합니다.

그런데 이처럼 1990년대 초반에 잠시 보였던 희망은 바로 배반당합니

다. 호소카와 정권은 단기간으로 끝나는데, 그 뒤 호소카와 발언을 계기로 삼아 반동적인 일본의 우경화가 시작됩니다. 호소카와 발언은 그때까지만 해도, 역대 총리들에게서는 기대하기 힘든, 명쾌한 발언이었다며 환영하는 사람들이 많았습니다. 하지만 그런 식으로 말하면 우리 아버지, 남편의 죽음은 '개죽음'이라는 말인가 하는 반응도 시민들 사이에서 나왔습니다.

그 즈음 자민당 내부에 '역사검토위원회'라는 그룹이 결성되는데, 이게 결정적이었습니다. 역대 수상을 중심으로 자민당 내 유력 의원들이 결집해서는, 호소카와 수상의 과거사에 대한 발언을 인정하면 일본은 붕괴해 버린다며 대동아전쟁 긍정론을 확립하기 위한 연구와 운동을 전개하는 흐름이 생깁니다. 그들이 원하는 의견을 개진하는 지식인이나 문화인을 초청해 강연회도 하고 말입니다. 이 모임은 1995년에 『대동아전쟁의 총괄』이라는 두꺼운 책을 보고서 형식으로 정리하여 출간한 뒤 해산하는데, 이 보고서를 보면 위원회에 초대된 문화인, 지식인들이 후일 '새로운 역사 교과서를 만드는 모임'(이하 '새역모')의 중심인물들이 되는 걸 알 수 있습니다.

'역사검토위원회'가 해산한 1995년은 전후 50년이 되는 해입니다. 국회에서는 전후 50년의 결의, 이른바 '부전결의(不戰決議)'를 하려고 했는데, 앞서 말한 세력들이 거세게 반대합니다. 결국 구미 각국이 아시아를 침략한 상황에서 일본도 어느 정도 거기에 편승한 점이 있었다는 식으로 일본의 책임을 상대화하는, 전혀 주체성도 없는 내용의 결의로 끝나고 말지요. 이런 허점을 보충하기 위해 나온 것이 '무라야마 담화(村山談話)'입니다. 이 담화 자체는 명확하게 일본이 "과거의 한 시기", "식민지 지배와 침략"으로 아시아를 비롯한 인접 국가 사람들에게 "수많은 고통과 손해"를 끼쳤고 이러한 "의심할 바 없는 사실"을 직시하며 "반성"을 표명하는 것이었습니다. 그 후 무슨 문제가 발생하면 이 '무라야마 담화'가 정부 견해로 인용됩니다. 그러나 이것은 어디까지나 '수상담화'라는 제한된 형태를 취했기에 한국이나 중국에는 잘 알려지지 않았습니다.

일본의 정치가들은 좀처럼 적극적인 의미의 상징적인 정치 행동을 하지 않습니다. 1995년 이후 정계의 우경화가 급속히 진행되는데, 역사검토위원회 해산 이후 그 멤버였던 나카가와 쇼이치(中川昭一) 씨, 아베 신조(安部晉三) 씨가 중심이 되어 '일본의 미래와 역사교육을 생각하는 소장의원 모임'을 만듭니다. 이 모임에 일본의 중진급에서 소장급에 이르는 내셔널리스트가 결집합니다. 나카가와 씨가 회장, 아베 씨가 사무국장으로, 그리고 자유주의사관(史觀)의 후지오카 노부가츠(藤岡信勝) 씨가 등장합니다.

처음부터 이들은, 이제 막 일본의 역사 교과서에 서술되기 시작한 일본군 '위안부' 문제를 삭제하자는 주장을 합니다. 구일본군 '위안부'들의 증언은 거짓이거나 과장되었으며 일본 국가를 해체하려는 반일 세력의 '조작'이라는, 일종의 음모론에 근거하여 '위안부' 부정론을 제기합니다. 이른바 역사수정주의이지요. 정치 차원에서는 '소장의원들의 모임'(후일 '의원들의 모임'으로 개칭)을 통해, 민간 차원에서는 '새역모'를 통해 그 논리가 지속적으로 전개됩니다. 2001년에 '새역모'가 만든 후소샤(扶桑社)판 교과서가 문부과학성 검정을 통과하면서 큰 문제가 되었습니다만, 교과서 채택률이 낮아 이내 잠잠해졌습니다. 그러나 같은 해 고이즈미 총리의 야스쿠니 참배가 시작됩니다. 2001년 8월은 긴장이 고조된 시기였습니다. 고이즈미 수상이 8월 15일 야스쿠니 참배 강행을 공언했는데 마침 그 날은 교과서를 결정하는 최종기한이기도 했습니다.

그 해 한국, 중국과의 관계에 긴장을 고조시켰던 문제가 5년이 지난 올해 다시금 똑같은 양상으로, 말하자면 전혀 해결된 것 없이 다시 반복되고 있는 것입니다. 일본은 '무라야마 담화'와 같은 과거사 표명에도 불구하고 바뀐 것은 아무 것도 없다, 과연 일본이 과거사에 대해 성실하다고 할 수 있냐는 불신감이 나오는 이유가 바로 여기에 있습니다.

실제로 일본의 실패는 구체적인 형태로 드러납니다. 한국에서 자기 존재를 밝혔던 많은 위안부 할머니들이 사망했습니다. 김학순(金學順)·강덕경(姜德景) 씨도 이미 사망한 지 오래이며, 올해에 들어서도 그 수는 점점 늘고 있습니다. 일본 정부는 '아시아 여성기금'을 만들어 여기에 대응해 왔다고 말합니다만, 와다 하루키(和田春樹) 씨도 인정하듯이, 일본 정부가 국가차원의 정식적인 사죄와 보상이 불가능하다는 걸 전제로 한 이야기이니 '아시아 여성기금'을 통한 대응 자체가 일종의 패배 선언이라고 할 수 있지요. 보상금을 받은 이도 일부 있기는 하지만 대부분의 피해자가 기금을 거부했기 때문에 그 사업은 수습 상태에 있습니다. 할머니들이 계속 사망하는 상황에서 일본 대사관 앞의 수요시위는 이미 상당한 횟수를 기록하고 있습니다. 그러나 '새역모'의 후지오카 노부카쓰 씨는 어느 집회에서인가 할머니들의 데모가 "북한 공작원"의 조종에 의한 것이라고까지 말했습니다.

앞에서 말한 '일본의 미래와 역사교육을 생각하는 의원 모임'은 2000년의 '여성 국제전범 법정'을 취재한 NHK 교육방송 특집에 대해 압력을 가한 그룹이기도 합니다. NHK 간부에게서 방송 프로그램에 대한 사전 설명을 들었다고 인정한 아베 신조(安部晋三) 씨, 나카가와 쇼이치(中川昭一) 씨, 후루야 게이지(古屋圭司) '일본의 미래와 역사교육을 생각하는 의원' 모임 현회장, 시모무라 히로부미(下村博文) 문부과학 정무관 등이 모두 이 모임의 회원이지요. 사실 나카야마 나리아키(中山成彬) 문부과학 대신(大臣)도 같은 멤버입니다. 교육방송 프로그램에 압력을 가해 내용을 바꿨다가 그것이 내부 고발과 신문 보도로 추궁당하자, 이번에는 아베 씨가 여성 국제전범 법정과 교육방송 프로그램의 배후에 마치 '북한'의 '의도'가 있는 것인 양 주장하기 시작합니다. 법정의 검찰역을 한 사람도 '북한의 공작원'이었다는 식으로 말이죠. 모든 책임을 '북한'에 떠넘기면, 국민들이 자신들을 지지해 줄 것이라는 속셈인데, 후지오카 씨가 수요시위에 대해 한 발언 역시 같은 맥락에서 나온 것이지요.

정치 차원의 '의원 모임'과 민간 미디어 차원의 '새역모'는 모든 일을 연계하며 진행하고 있습니다. 이들은 매스컴을 통해 2000년의 여성 국제 전범 법정에 참여한 이들은 '북한'이라거나 할머니의 배후에는 '공작원'이 있다는 식의 주장을 퍼뜨리고 있습니다. 한심한 꼴이 아닐 수 없지요 전후 배상 재판, 특히 '위안부' 재판의 결과도 주목할 만한 것이 없습니다. 그런 의미에서, 1990년대부터 나오기 시작한 피해자의 비판적 제기에 대한 일본의 응답은 결국 실패했다는 씁쓸한 결론을 내리지 않을 수 없습니다.

앞서 과거사 문제의 감정적 측면을 강조했습니다만, 한국이나 중국사람들의 일본에 대한 감정은 점잖게 말해 불만이지, 솔직히 말해 부글부글 끓어오르는 분노 같은 것입니다. 실제로 한국의 연구자와 토론하다 보면, 그 감정의 문제를 생생하게 느낍니다. 사태를 냉정히 분석하고 토론하는 연구자들조차 감정의 문제가 크다고 이야기합니다. 그/그녀들은 할머니들의 주장은 단순히 보상금의 문제가 아니다, 한일조약의 재검토라고 해도 배상을 새로 하라는 차원의 문제가 아니라고 말합니다. 일본의 정치가가 몇 번이고 '사과'를 했지만 정말 진심어린 것인지 믿을 수 없다, 한쪽에서는 사과하고 다른 쪽에서는 그걸 뒤집어엎는 행동을 하고 있지 않느냐, 만약 진심을 느낄 수 있는 무언가가 있다면 지금까지의 불만이나 분노, 불신은 정말 봄날에 눈이 녹듯이 사라지지 않겠느냐, 사태의 핵심은 여기에 있다는 겁니다.

올해 3월 말에 서울대 '한국문화연구소'에서 강연을 했습니다. 저를 초대한 이태진(李泰鎭) 교수는 한국병합 무효론, 법적 무효론 등으로 유명한 역사가입니다만, 이 분이 말하기를 문제는 배상이 아니다, 오히려 감정의 문제가 크다, 얼어붙은 분위기를 단숨에 녹여버릴 수 있는 감동적이고 상징적인 일들이 일본에서 일어날 기색이 전혀 보이지 않는다, 그게 무엇보다 안타깝다고 합디다. 또 다른 연구자가 말하기를 할머니들이 일본 대사관 앞에서 수요시위를 하고 있는데, 거기에 천황이 와서 할머니들 손을 잡고 사죄 한마디만 해도 모든 상황이 근본적으로 바뀌지 않

겠냐는 겁니다. 그런 일이 일어날 거라고는 상상하기 어렵지만, 한국 측
에서 볼 때 역시 문제가 제대로 해결되려면 천황이 나서야 한다는 것이
지요. 식민지시대의 조선 총독은 천황 직할이었고 일본군의 최고사령관
도 역시 천황이었습니다. 그런 맥락에서 연구자들도 천황 문제를 제기하
는 것이지요. 할머니들은 이제까지 천황의 사과를 요구해 왔습니다. 만
약 그런 상징적 행위가 이루어지면 사태는 극적으로 변화할 것이라고
말입니다.

독일과 일본의 전후

　이와 관련해서 독일과의 비교 문제를 생각해 봅시다. 패전 후 일본과
독일연방공화국이 전쟁중에 행한 일들 또는 인접 국가들에 끼친 피해에
대하여 어떻게 대응하였는가 하는 전쟁 책임과 전후 책임의 대응방식에
관한 비교가 지금까지 지속적으로 이루어져 왔습니다. "양심적 지식인,
저널리즘이 일본을 독일과 비교하고는 일본이 문제라는 식의 이야기가
반복되고 있지만 사실은 그렇지 않다, 원래부터 양국이 처한 입장, 역사
적 위치가 다르기 때문에 단순히 비교하는 걸로는 안 된다, 굳이 비교하
더라도 독일이 모범적으로 과거를 청산했다고는 할 수 없고 일본도 할
만큼은 했다"는 논리가 보수파로부터 나오고 있습니다. 이보다 극단적인
의견으로는 '새역모'의 회장이기도 한 니시오 간지(西尾幹二) 씨의 주장이
있습니다. 독일인은 모든 책임을 나치에 떠넘기면서 자신들은 나치하고
다르다며 죄를 직시하지 않은 채 얼버무릴 뿐이라고 혹평합니다.
　그러나 한국의 미디어는 현재의 반일 사태를 독일과 비교하면서 일본
을 비판하는 논조가 현저합니다. 한국 쪽에서는 1970년 서독의 빌리 브

란트 수상이 폴란드를 방문해 바르샤바 게토 봉기 기념비 앞에서 무릎을 꿇고 피해자들의 명복을 빈 일이 자주 거론됩니다. 많은 사람들에게 이 행위는 독일이 과거사를 반성하는 증거이자 상징적 정치 행위로 인식되었습니다. 여전히 한국에서 과거사 문제를 이야기할 때 그 사건을 자주 거론하는 것도 그 때문입니다. 언제 한 번 일본 정치가들이 그런 행위를 한 적이 있냐는 것이지요. 1985년 바이츠제커 독일 대통령이 '전후 40주년' 기념 연설에서 "과거를 직시하지 않는 자는 동시대에 대해서도 맹목적이 된다"고 한 구절도 자주 인용되고는 합니다. 대통령과 달리 천황은 국가 원수가 아닙니다만, 한국에서는 역시 이 둘을 비교해서 생각하는 이들이 많습니다.

전후 60주년이 되는 올해도 독일의 슈뢰더 수상은 부겐발트 강제 수용소 유적지를 방문하여 피해자에게 사죄를 표명했습니다. 부겐발트는 바이마르 근교에 있는 곳으로 아우슈비츠가 알려지기 이전에는 나치 강제수용소의 상징적인 장소였습니다. 그곳에서 슈뢰더 수상은 "저는 희생자와 그 가족 앞에 고개 숙여 사과합니다"고 했습니다. 독일의 수상과 대통령이 되풀이했던 걸 올해도 다시 한 것이지요. 독일이 항복한 5월 8일 슈뢰더 수상은 모스크바에서 거행된 유럽 종전 60주년 식전에 참가해서는 러시아 신문을 통해 "독일로 인하여 고통받은 러시아 국민과 그 외 여러 나라 국민들께 용서를 빕니다"고 말합니다.

'민주화'를 거친 일반시민 또는 민중이 전쟁의 기억과 그 책임의 문제에 대한 일반적 인식의 공감대를 형성하고 그것이 커다란 움직임으로 표현될 때, 여기에 답하는 쪽이 그에 상응하는 상징성으로 응답하지 않는다면 인정을 받는 게 쉽지 않습니다. 지금이야말로 그런 상징적 행위가 점점 중요해지는 시점이 아닐까요. '상징적인 행위'는 '단순한 퍼포먼스'와 다른 것입니다. 일본의 정치지도자들이 '사과'는 했어도 그 '사과'는 말 그대로 '단순한 퍼포먼스'에 지나지 않았기 때문에 그다지 설득력이 없었습니다. '상징적인 행위'란 브란트 수상이나 바이츠제커 대통령이 한 것처럼 상대를 설득하는 힘이 있어야 합니다.

독일에서도 '과거의 극복'에 대한 노력이 시작되기까지 전후 30년 가까운 시간이 필요했을 뿐만 아니라 현재도 의견대립이 없다고는 할 수 없습니다. 그러나 정부의 기본적 입장은 한결같습니다. 반면 일본은 전후 50년이 지난 지금도 과거사에 대한 진지한 자세나 일관된 입장이 없습니다. 전후 40주년에 한 일이라는 게 고작 야스쿠니 참배였습니다. 전후 60주년인 지금도 야스쿠니에 가고 있으며 역사 교과서 또한 아직도 문제로 인식되고 있습니다. 상황이 이러하니 독일과 일본 비교론이 그 나름의 설득력을 가지는 것이 아닐까요.

노무현 대통령이 독일과 비교하여 일본을 비판한 것에 대해, 마치무라 외상은 어처구니없게도 독일인은 모든 책임을 나치에 전가할 수 있었지만 일본은 다르다고 공공연하게 말하고 있습니다. 의심할 나위 없이 일본의 외상이 니시오 간지 씨의 주장을 그대로 읊고 있는 겁니다. 이것만 봐도 고이즈미 정권과 '새역모'가 밀접하게 연결되어 있다는 게 분명하지요. 앞서 말한 문부과학 대신도 '의원 모임'의 멤버인데, "교과서에서 '위안부' 문제, 강제연행 구절이 없어진 것은 잘된 일이다"라고 발언해서 문제가 되기도 했지요.

전후 독일인이 "우리는 나치와 다르다"고 말하더라도 이를 증명할 행동 없으면 인접국의 신뢰를 얻는 건 불가능합니다. '언제 또 다시……' 하는 불안이 전혀 없는 건 아니겠지만 어느 정도 믿을 만한 근거를 보여주었기에 이웃나라가 신뢰를 할 수 있는 겁니다. "우리는 나치와 다르다"는 말이 긍정적인 의미를 획득하는 건 그런 맥락에서입니다. 전후 일본이 "우리는 옛날과 다르다, 완전히 변했다"고 주장만 할 게 아니라 그걸 실제 행동으로 보여줬다면 지금과 같은 사태가 일어났을까요. 중국의 주은래 수상은 일본의 침략전쟁이 '일부 군국주의자'가 일으킨 것이기에 일본의 민중에게는 책임이 없다고 강조하였습니다. 그렇게 매듭을 짓되 과거를 잊지 말고 함께 미래 지향적으로 나가자고 말입니다. 배상을 포기할 때도 그런 취지로 말했는데, 사실 야스쿠니 문제도 마찬가지입니다.

야스쿠니

최근 『야스쿠니 문제(靖國問題)』라는 책을 쓰면서 저는 감정의 문제, 역사인식의 문제, 종교의 문제, 문화의 문제, 국립 추도시설의 문제 등 다섯 가지 위상으로 나누어 야스쿠니라는 복잡한 문제를 분석해 보았습니다. 중국이 'A급 전범' 문제에 민감하게 반응하는 것은 사실 이 문제가 전쟁책임론과 직결되기 때문입니다. 일본에 부임하는 역대 중국 대사들은, 나카소네 수상시절부터 말해 온 것입니다만, 문제는 A급 전범이다, 그 외의 일반 전몰자는 문제로 삼지 않겠다고 했습니다.

그러나 좀더 생각해 보면 야스쿠니신사에는 A급 전범만이 아니라, BC급 전범도 있고, 중일전쟁 때 전쟁을 지휘한 일본군 고급장교도 합사(合祠)되어 있습니다. 이걸 하나하나 문제로 삼으면 끝이 없기 때문에 극동국제군사재판, 즉 중국도 연합국 측에 서서 판결하는 입장에 서 있었던 동경재판에서 'A급 전범'으로 규정된 자들에 한정하여 이들만 문제로 삼겠다는 식으로 말하고 있습니다. 'A급 전범'이 이른바 '일부 군국주의자'라는 것이지요. 이들에게 모든 책임을 떠넘기고 나머지는 문제로 삼지 않는다는 것입니다.

전쟁책임론과 관련해서 일본 정부 역시 기회가 있을 때마다 "전쟁은 군국주의자가 일으킨 잘못이었다, 그렇기 때문에 그 시대 일본이 했던 일들을 우리들은 부정한다, 전후 일본은 다른 길을 선택했다, 그렇기에 전후의 일본 헌법이 있는 것이다, 우리는 그들과 다르다"고 주장해 왔습니다.

그러나 이는 역사인식으로서는 불충분한 것입니다. 왜냐하면 원래 ‘A급 전범’들에게 책임을 집중시킨 것은 천황을 면책하기 위한 전략이었습니다. 때문에 도조 히데키(東條英機)가 천황의 책임과 관련된 증언을 하려고 할 때 이는 결국 중지되고 맙니다. ‘A급 전범’에게 전쟁 책임을 집중시켜 천황을 면책시키는 것이 도쿄재판의 중요한 목표 중 하나였고, 그 결과 BC급 전범 이외의 일반 병사들은 전혀 책임을 추궁당하지 않았습니다. 야스쿠니신사의 책임도 따지지 않았습니다. 그런 까닭에 저는 야스쿠니 문제와 관련하여 역사인식 문제를 진심으로 묻고자 한다면 ‘A급 전범’이니 하는 한정된 범주가 아니라 근대 일본의 조선 침략, 타이완의 식민지화 등등 식민지주의의 시작 단계부터 야스쿠니신사가 관여하고 있었다는 사실, 이 사실을 문제로 삼아야만 한다고 생각하고 있습니다. 특히 한국과의 관계에서는 더욱 그렇다고 봅니다.

독일과 비교할 때 확실한 사실 중 하나는 체제에 저항한 사람들에 대한 태도입니다. 저항자는 국외만이 아니라 국내에도 있었습니다. 국외라고 하면 식민지에서 독립운동을 했다든가 해방운동을 한 사람이나 침략에 저항한 사람을 일컫는 것일 텐데요, 국내의 경우는 조직적 움직임이 궤멸당한 상태에서 비록 미약했지만 적은 수의 저항한 사람들이 여러 차원에 걸쳐 존재했던 것이 사실입니다. 만약 호소카와 수상이 말한 것처럼 과거의 전쟁이 침략전쟁이었고, 무라야마 수상 담화에서 볼 수 있듯 식민지 지배와 침략이 잘못된 국책이었다고 인정한다면, 잘못된 국책에 저항한 사람들도 제대로 평가해야 하지 않겠습니까.

바이츠제커 대통령은 전후 40주년 연설에서 먼저 유대인에게 애도의 뜻을 표하면서, 냉전 대립이 한창이었음에도 불구하고 침략당한 소련은 물론 동유럽의 사람들에게도, 그리고 독일군 병사들만이 아니라 독일군에게 학살당한 집시들에게도 애도를 표명하였습니다. 그는 독일의 국내외에서 나치에 저항한 사람들에게도 역시 애도의 뜻을 표명하였습니다. 저항한 이들을 평가한다는 것은 탄압한 쪽이 부당했다는 것을 분명하게 인정한다는 뜻입니다. 그런데 일본의 정치가는 여지껏 누구도 그런 일을 하지 않았고, 그에 대한 발언도 없었고, 무라야마 담화에도 그런 내용은 들어가지 않았습니다. 이건 대단히 큰 잘못이지요.

야스쿠니 문제가 중국과의 관계에서 최대 문제로 떠올랐습니다만, 한국과의 관계에서는 훨씬 복잡한 문제를 안고 있습니다. 한국과 야스쿠니신사의 관련은 중국(대륙)보다 더 오래된 것이기 때문입니다. 한국과 야스쿠니와의 관계는 강화도사건에서 사망한 일본 군인을 제사지내는 것에서 시작됩니다. 식민지주의와의 관계는 1874년의 타이완 출병에서 사망한 일본군의 합사에서 시작됩니다. 그런 사실을 염두에 두면 한국의 경우 야스쿠니 문제는 'A급 전범'만으로는 깨끗하게 해결되지 않지요. 식민지화 과정에서 의병투쟁을 탄압하다 전사한 일본군 병사와 함께, 아시아 태평양전쟁에서 일본군 병사로 동원된 한국인 전사자가 유족의 의사와는 무관하게 합사되어 있습니다. 식민지 지배를 확립하는 과정에서 한국인들을 탄압하기 위해 투입되어 전사한 일본군 사망자와, 일본군에 동원되어 전사한 한국인 사망자가 야스쿠니의 제신(祭神)으로 한자리에 모셔지고 있는 겁니다. 지금 야스쿠니에 제신들로 모셔진 한국인 병사의 유족들은 합사를 철회해야 한다며 군인 군속 재판을 하고 있습니다. 물론 타이완에서도 재판을 벌이고 있는 이들이 있습니다.

이 문제는 이미 1970년대부터 타이완이나 한국에 알려졌지만, 야스쿠니신사가 합사 철회를 거부하고 있기 때문에 아직도 해결되지 않고 있습니다. 일본군의 전쟁에 "협력하고 싶다"고 해서 일본군 병사로서 전사한 것이니까 "유족의 신청으로 철회하는 일은 있을 수 없다", "전사한 당시에는 일본인이었다"라는 식의 노골적인 식민지주의 논리가 지금도 계속되고 있습니다. 합사 철회에 응하지 않는 것은 일본인의 유족에 대해서도 마찬가지인데, 예를 들어 기독교 관계자가 합사 철회를 요구해도 야스쿠니신사는 "텐노의 의지로 모셔진 제신이 유족의 의지로 철회되는 일은 있을 수 없다"며 거부하고 있습니다.

야스쿠니신사는 결국 천황의 의사(意思), 바꿔 말하면 국가의 의사로 합사한 사람과 그렇지 않은 사람을 선별해 온 것으로, 유족의 의사와는 전혀 관계가 없는 것입니다. 죽은 사람을 사후에 '추모하고' '아픔=슬픔'을 공유하는 게 추도이고 애도인데, 야스쿠니가 유족의 슬픔에 대해 전혀 관심이 없다는 걸 분명히 해야 합니다. 야스쿠니에서 가족 제사를 지내려는 유족은 우연히 그것이 국가의 의사와 일치된 것일 뿐, 야스쿠니에 합사하고 싶은 유족의 의사까지 포함하여 유족의 의사 일체가 사실은 야스쿠니의 관심 밖에 있습니다. 야스쿠니신사는 그런 곳입니다. 야스쿠니신사는 지금도 과거 일본의 침략과 식민지 지배를 전부 정당화하는 전시를 부속 박물관인 유취관(遊就館)에서 공공연하게 열고 있고, 일본의 수상을 위시한 정치가들은 아직도 야스쿠니를 공공연히 참배하고 있습니다. 결코 정상이라고 할 수 없는 일이지요. 이런 상황을 바로잡지 않고서는 중국이나 한국과 신뢰 관계를 회복하기 어렵습니다.

일본의 정치가가 아무리 모양새 좋게 사과 발언을 하더라도 곧 이를 뒤집는 일들이 벌어지기 때문에 늘 신용불능 판정이 나오고 마는 겁니다. 이것이 문제의 근본입니다만, 어제(4.24)도 그걸 상징하는 일이 있었습니다. 고이즈미 수상이 반둥회의 중에 중·일 정상회담에서 무라야마 수상 담화를 인용하는 형식으로 '통절한 반성과 사죄'를 표명했습니다. 해외에서, 그것도 국제회의장에서 일본의 수뇌가 역사에 대한 반성의 뜻을 표명한 것은 이번이 처음이라고 합니다. 하지만 이것이 얼마나 공허하게 들리던지요. 야스쿠니신사 참배를 계속하면서 무라야마 담화를 인용하는 것이 대체 무슨 의미가 있습니까? 수상의 연설이 끝난 직후 일본에서는 80명의 국회의원들이 대거 야스쿠니신사를 참배했습니다. 이 일은 즉시 한국에서도 크게 보도되었습니다.

처음에는 참배 대열에 각료는 없었다고 했습니다만, 실은 아소다로(麻生太郎) 총무대신도 참배한 사실이 드러났습니다. 그는 창씨개명은 조선인이 바라던 것이었다는 발언으로 한국에도 잘 알려진 정치가입니다. 고

이즈미 수상의 무라야마 담화의 인용도 결국 이들의 야스쿠니 참배로
아무런 의미도 없는 것이 되고 말았습니다(구술정리).

독도 문제로의 여행

고야스 노부쿠니(일본사상) 지음 / 김신재 옮김

한국의 대구에 있는 한 대학으로부터 '독도 문제'에 대한 심포지엄에 참가해 달라는 권유를 받은 것은 올해 3월이었다. 시마네현 의회가 소위 '다케시마의 날'을 결의한 것을 계기로 벌어진 한국의 격렬한 항의가 한창 보도 중일 때였다. '다케시마'의 문제를 그저 일본과 한국의 영토 문제라고만 생각했던 내게 그 문제가 주제인 회의에, 그것도 이 항의의 폭풍 속에 굳이 참가하기는 부담스러웠다. 더구나 대학을 정년퇴직한 이래 한 사람의 시민으로서 문제들을 보고 생각하려 노력해온 내게 '영토 문제'란 가장 멀고 생각하기 어려운 문제였다. '영토 문제'란 한 사람의 시민에게 무엇인가. 과연 시민에게 '영토 문제'란 있는가. 그것은 무엇보다 국가 차원의 문제이자 정부외교정책에 달린 문제가 아닌가. 그것이 국민의 문제가 되는 것은 어떤 방식으로인가 등등. 나는 쉽게 해결되지 않을 이런 문제들을 다양하게 고려했다. 그러나 '아시아론'이나 '야스쿠니 문제'에 관한 나의 저서[1]가 한국어로 번역되어 출판되면서, 역시 일본의 언론인으로서 이 문제에 직면해야 한다고 생각해 그 회의에 출석하기로 했다.

그러나 일정을 짜고 티켓을 예약한 4월 하순에야 겨우 날아온 초청장에는 ‘일본의 팽창정책 및 주변국들과의 영토분쟁’이라는 회의의 주제가 쓰여 있었다. 그것은 이 회의가 ‘영토 문제’를 차분하게 다룰 여지가 전혀 없는, 일본 비판을 전제로 한 항의자들의 집회임을 알려주었다. 그 주제는 이 문제에 관한 한국의 열정을 알려주는 것이기는 해도 일본인인 나의 참가는 막는 것이었다. 나는 회의에 참가할 수 없다고 곧바로 답장을 보냈다. 그러나 이미 티켓도 예약했고 일정도 꾸렸기 때문에 어쨌든 서울을 방문해 사람들과 만나고 이야기하며 나름대로 이 문제를 생각해보기로 했다. 『러일전쟁의 세계사』의 저자인 최문형 씨나 나의 저서를 번역한 젊은 연구자들을 만날 약속을 잡고, 5월 2일 서울로 향했다. 그것은 이른바 ‘독도(다케시마)’라는 ‘영토 문제’를 생각하기 위한 개인적인 여행이었다.

*

서울 여행을 통해 내가 깨달은 점은 ‘영토 문제’ 일반이란 없다는 것이다. 이것은 당연한 일인지도 모른다. 그러나 ‘다케시마’는 ‘북방4도’나 ‘띠아오위타이(센가쿠열도)’와 함께 일본의 ‘영토 문제’로 우리들에게 제시되고, 우리의 ‘영토 문제’라는 시각으로 보는 것에 익숙하지 않은가. 즉 일본의 국가 주권이 걸린 ‘영토 문제’라는 시각. 이 ‘영토 문제’ 일반이라는 시각은 사실 국가가 우리들에게 주입한 것이 아닐까. 그리고 ‘영토 문제’라는 국가간의 분쟁은 우리들을 그저 내셔널리즘의 격류 속으로 끌고가기 위한 가장 좋은 동인(動因)인 것이 아닐까. ‘영토 문제’ 일반은 없다. 일본에는 ‘다케시마’라는 영토 문제가 있고, 한국에는 ‘독도’라는 영토

---

1) 2005년 2월 출간된 고야스 노부쿠니의 『동아, 대동아, 동아시아』를 뜻함. (옮긴이)

문제가 있는 것이다. '다케시마 문제'와 '독도 문제'는 동일한 '영토 문제'를 구성하는 것이 아니다. 그것을 동일한 '영토 문제'로 삼는 것에서 국가간의 분쟁이 생겨나고, 분쟁이 내셔널리즘을 부추기게 된다.

일본인에게 '다케시마'가 갖는 의미와 한국인에게 '독도'가 갖는 의미는 매우 다르다. 이 먼 거리를 좁히기 위해서는 우리들의 지식과 마음이 여행을 떠나지 않으면 안 된다. 나는 우선 '독도 문제'를 알기 위해 여행을 떠났다.

*

일본인에게 '다케시마 문제'란 무엇일까. 일본 정부는 '다케시마'를 어떻게 우리 영토라고 주장하고 있는가. 우선 일본 외무성 사이트에 올라 있는 '다케시마 문제' 관련 연표를 보자. 괄호 안은 내가 덧붙인 것이다.

1905년 각료회의 결정 및 시마네현 고시에 의해 다케시마를 시마네현에 편입. (러일전쟁에 대한 언급 없이 표기한 1905)

1946년 6월 연합군지령, 어업구역에 관한 맥아더라인의 설정. 다케시마는 이 라인 밖에 있지만, 이 라인은 영토 설정이 아니다.

1951년 9월 (조인) 샌프란시스코 평화조약에서 일본이 독립을 승인한 '조선'에는 다케시마가 포함되지 않는다.

(평화조약 제2장 '영역'의 제2조 a에는 "일본은 조선의 독립을 승인하고 제주도, 거문도 및 울릉도를 포함한 조선에 대한 모든 권리, 권원(權原) 및 청구권을 포기한다"고 되어 있다. 다케시마는 포기한 도서에 속하지 않는다고 한다. 또한 다케시마는 일본이 '폭력과 탐욕으로 가로챈'(카이로선언) 지역에 속하지 않는, 일본 고유의 영토라고 생각한다.)

'다케시마 문제'란 이 외무성 사이트의 연표에 따르면 그 영유권은 1905년 일본 정부의 결정과 함께 확립되었고, 그것을 절대적인 근거로

해서 영유의 정당성을 주장하고 있다. 1905년이라는 해는 일본 정부에게
당시의 러일전쟁이라는 역사적 사건으로부터 분리되어 추상적으로 존재
한다. 이 다케시마라는 바위섬을 둘러싼 어부나 어업권 등의 문제는 그
영유를 정당화하고 영유화하면서 사후적으로 파생된 문제이다. 따라서
'다케시마 문제'는 영유를 주장하는 일본 정부의 문제이지 애당초 국민
의 문제는 아니다. 이것이 분쟁이 되면서 비로소 국민의 문제가 된 것이
다. 즉 국가간의 분쟁에 의해 국민은 처음으로 '다케시마 문제'라는 영토
문제를, 혹은 '다케시마'라는 바위섬의 존재를 지리적으로 안 것이다. 이
것은 일본에게 있어 '다케시마'라는 영토 문제의 성격을 잘 말해준다. 그
것이 한국의 '독도 문제'와 결정적으로 다른 점이다.

*

　한국의 '독도 문제'는 러일전쟁과 그 결과 병합에 이른 역사와 분리될
수 없는 문제이다. 한국의 '독도 문제' 연표는 러일전쟁사 연표라고 할
수 있다.

　　1895년 10월 일본, 명성황후 시해(을미사변).
　　1896년 2월 고종이 러시아공사관으로 옮기다(아관파천).
　　1897년 12월 러시아가 뤼순과 따롄 점령.
　　1901년 3월 러일간에 만주 문제에 관한 전쟁 위기가 4월까지 이어지다.
　　1904년 2월 일본군 서울 진입. 러일전쟁 개전. 일본, 한일의정서를 강요
　　1904년 8월 일본, 한국에 제1차 한일협약을 강압.
　　1904년 10월 러시아 함대(발틱함대) 레발항을 출발.
　　1905년 1월 일본군, 뤼순점령. 도고, 전함선의 대한해협집결명령.
　　1905년 1월 일본 정부, 독도의 일본 영토 편입을 각료회의 결정.
　　1905년 2월 시마네현 고시로 독도를 병합.
　　1905년 5월 쓰시마해협 해전.

1905년 8월 포츠머스강화회의.

1905년 11월 제2차 한일협약(을사늑약).

1905년 12월 일본이 조선에 통감부를 설치. 초대통감으로 이토 히로부미 임명.

1907년 2월 러시아, 일본에 협상을 제의.

1907년 4월 고종이 헤이그평화회의에 밀사를 파견.

1907년 7월 고종이 이토의 강압으로 퇴위 결정.

1907년 9월 일본 정부 한국합병을 각료회의에서 결정.

1910년 8월 한국합병에 관한 한일조약을 조인.

최문형, 『러일전쟁의 세계사』 부록인 「관련연표」에 주로 의거함.

러일전쟁은 "한국은 러일전쟁 개전과 동시에 전장이 되었고, 종전과 동시에 일본의 지배를 받게 되었다. 러일전쟁이야말로 청일전쟁을 통해 식민지화의 위기에 쫓기던 한국을 마침내 일본의 지배하에 두게 된"(최문형, 『러일전쟁의 세계사』) 전쟁의 역사이다. '독도 문제'는 이러한 러일전쟁사의 움직일 수 없는 일부인 것이다. '명성황후시해'에서 '한국합병'에 이르는 한국의 민족적 굴욕의 역사 중 하나로서 '독도 문제'가 존재하는 것이다. '독도 문제'는 '다케시마 문제'가 일본에게 여느 영토 문제 중 하나인 것과는 의미가 전혀 다르다. 따라서 그 문제를 '영토 문제' 일반으로 포괄하거나 국가간 분쟁의 맥락에서 파악해서는 안 된다. 오히려 그것은 역사인식에 관한 문제의 중요한 항목이다.

*

'역사 문제'란 일본인이 아시아에서 한국 사람들과 공생의 위치에 함께 서기 위해 어떻게든 뛰어넘어야만 할 벽이다. 그것은 국가간의 외교적 거래 문제가 아니며, 또 그렇게 취급해서는 안 된다. 그런데 '역사 문제'가 일본 정부에서 항상 그런 수준으로 간주되고, 계속 같은 방식으로 다뤄지고 있는 것이 지금 일본을 동아시아 이웃국가들의 관계를 후퇴하게 만든다.

일본과 한국 사이에 틈을 만들어온 '역사 문제'를 향해 우리들은 여행을 떠나야 한다. 그것은 한국을 진정으로 이해하기 위한, 우리들의 머리와 가슴을 움직이게 하는 여행이다. 그것이야말로 '독도 문제'를 진짜로 해결하기 위해 우리 시민들이 가야 할 길이다. '영토 문제'라는 국가간 분쟁의 도구가 되지 않기 위한 최선의 길도 시민들이 서로 이해를 깊게 하려는 데에 있을 것이다.

러일전쟁사라는 러시아와 일본을 필두로 한 양국간의 외교적·군사적 갈등과 충돌의 역사를 그 전쟁에 유린된 한국의 입장에서 읽은 최문형 씨의 저서 『러일전쟁의 세계사』는 '역사 문제'에 관한 내 여행의 유력한 지침이 되어주었다. 서울에서 점심식사와 저녁식사를 함께 하며 하루 종일 나눈 최문형 씨와의 이야기를 통해 한국을 둘러싼 일본근대사에 관해 많은 것을 알 수 있었으며, 나에게 드문 친구로서 최문형 씨를 발견할 수 있었던 소중한 기회였다.

멀리서 가까이서 독도/다케시마 문제 읽기

안연선(동아시아학) 지음

'탈아입미'?

2000년대 들어 한·중·일 동북아시아 3국간의 긴장은 고조되는 경향을 보인다. 그 중에서 첨예한 갈등을 보이는 것은 영토 영유권과 역사 해석의 문제이다. 예를 들면 영토 영유권 문제로는 독도/다케시마, 센가쿠/띠아오오위의 영유권 문제, 그리고 나아가서 쿠릴/구나시리섬(後島)·에토로후섬(捉島)·시코탄섬(色丹島)·하보마이섬(舞諸島) 등 북방영토의 영유권을 둘러싼 러시아와 일본 간의 긴장, 또한 한반도와 일본 사이의 바다인 동해/일본해의 명칭을 둘러싼 문제 등을 들 수 있겠다. 그 외에도 일본 내에서 우익단체인 '새 역사 교과서를 만드는 모임'(이하 '새역모')의 재/등장, 고이즈미 수상의 야스쿠니신사 참배, 자위대 해외 파병, 국기국가법 제정, 교육기본법과 헌법 개정 시도 등 최근의 움직임은 한국, 조선, 중국에서의 반일 감정 증대를 야기하고, 또한 전후 동북아시아에 그나마 구축된 화해와 친선의 관계를 근본부터 흔들고 있다. 중국에서 그간 반일시위가 거세지자, 이번(2005) 4월 22일 고이즈미 수상은 자카르타에서 열린 아시아·아프리카 정상회의 연설에서 과거 일본의 식민지 지배와 침략전쟁에 대해 사과를 했다. 그러나 또 다른 한편 같은 날 일본에서는 국회의원 80여 명이 야스쿠니신사를 참배하였다.[1] 최근 고이즈미 수상은 아시아의 이웃 국가를 향해서는 마치 '싸움닭'이 된 듯하고, 반면 미국에 대해서는 "순한 양"이 된 듯하다. 고이즈미 내각의 이러한 외교정책은 또 다른 '탈아입미(脫亞入米)'의 시도일까?

남아프리카공화국과 독일의 과거 극복

이러한 최근의 움직임을 보면서 내가 지난 몇 년 간 남아프리카공화국(South Africa)과 독일에 살면서 목격한 과거사와 현대사에서의 갈등들을 극복하고 화해하려는 노력들을 다시 떠올리게 된다. 물론 독일과 남아공의 과거 극복의 과제가 완벽하게 이루어졌다고 보기는 힘들다. 그러나 최소한 과거 불평등한 갈등 관계에 있던 남아공 내의 흑백 사이는 아프리카의 다른 나라들에서 보이는 것처럼 소모적인 내전으로 이어지지는 않았다. 다인종국가인 남아공내의 사람들이 화해를 통해 서로 조화를 이루며 살자는 취지 아래 스스로를 '무지개 나라'로 부르고 있다. 그리고 현재 독일과 프랑스의 화해의 관계, 또한 나치가 행한 홀로코스트 문제에 대한 옛 서독 정부의 사죄와 보상의 노력 등을 보면, 현재까지 과거의 갈등 관계가 유지, 증폭되어 가고 있다기보다는 서로가 화해의 노력을 기울이고 있음을 알 수 있다. 특히 한국과 일본 간의 독도/다케시마

---

1) "Japan PM Apologizes for WWII Aggression", *The Guardian*, April 22, 2005, http://www.gardian.co.uk/

문제를 보면서 전후 폴란드로 편입된 '옛 독일 지역', 예를 들면 이른바 동프로이센, 폼머른, 슐레지엔 등에 대한 문제를 떠올리게 한다. 물론 과거 독일 측으로부터 특히 이 지역 출신 실향도민회로부터 이 지역에 대한 반환과 보상 요구라든가, 혹은 이 지역에 남겨진 문화재 파괴 등을 둘러싸고 폴란드와 독일 간에 문제가 없었던 것은 아니다. 그러나 동서 긴장 완화의 일환으로 신동방정책을 추진한 구서독의 빌리 브란트 수상은 1970년 바르샤바 조약 체결을 통해 오데르-나이세 국경의 불가침성을 분명히 함으로서 독일 내 민족주의 진영이 영토 반환을 주장할 국제법적 근거는 미약하게 되었다. 또한 이로 인해 독일-폴란드 관계 개선에 커다란 장애물을 제거하였다. 더 나아가서 전쟁 전 '독일 영토'였던 그곳에 남겨진 '독일 문화유산'을 보존하는 데에 두 나라가 협력하는 모습도 보인다. 이러한 화해 노력의 또 다른 일환으로 구서독과 폴란드는 1972년 이래 수차례에 걸친 교과서 협의회를 통해 교과서 수정안을 논의하였고, 마침내 1977년 「(구)서독과 폴란드의 역사 및 지리 교과서를 위한 권고안」을 만들기에 이른다. 이러한 상호 화해 노력의 결과, 현재 독일의 교과서에는 이 지역이 독일 영토인데 폴란드인이 '불법 점유'하고 있다는 문맥은 보이지 않는다.

한반도에서 독도 문제를 둘러싼 항의

안타깝게도 최근 한일간에 보이는 양상은 화해라기보다는 독도/다케시마 문제와 우익의 교과서 문제가 겹쳐져 오히려 긴장과 갈등이 악화되고 있다. 우익 단체인 '새역모'가 낸 새 공민 교과서에 뿐만 아니라 외무성 홈페이지에도 역사적 사실과 국제법에 기인해서 다케시마는 일본 영토임을 명시하고, 한국의 다케시마 점유는 국제법상 근거가 없는 불법 점유라고 주장하고 있다. 한국에서 독도 문제는 영토에 대한 영유권의 문제일 뿐만 아니라 역사 인식의 문제로 해석되고 있다. 예를 들어 한국 국가안전보장회(NSC)가 2005년 3월 17일 발표한 '대일 신독트린'에는 "과거 식민지 침탈 과정에서 일본에 강제 편입되었다가 해방으로 회복한 우리 영토에 대한 영유권을 일본이 주장하는 것은 단순한 영유권 문제가 아니라 해방의 역사를 부인하는 것과 다름이 없다"2)고 해석하였다. 독도 문제는 현재의 영토에 대한 영유권 문제일 뿐만 아니라, 한일간의 역사 인식의 문제, 즉 과거 극복의 문제와 연결되어 큰 반향을 일으키고 있다. 따라서 한국 내 정부와 민간 차원에서 항의의 물결 또한 거세다. 예를 들면 독도수비대 강화, 독도우표 발행, 관광을 위해 일반인에게 독도 개방, 양국 지자체 및 문화·청소년단체 간 교류 중단,3) 시도간 자매결연 취소, 일본 대사관 앞에서 항의시위, 일장기, 일본 교과서, 고이즈미 수상 사진 등의 화형식, 마산시의 '대마도의 날' 제정, 일본 상품 불매운동,4) 업소들의 일본인 사양, 단지(斷指) 그리고 극단적으로는 분신자살5)에 이르기까지 그 항의의 움직임이 거세져 왔다. 한국 내에서 뿐만 아니라 해외에서도 예를 들면 독일의 베를린에서도 한국 교민들이 2005년 4월 21일 주독 일본 대사관 앞에서 일본의 역사왜곡과 독도 영유권 주장에 항의하는 시위를 벌였다.6) 그 외에도 독도역사찾기운동본부, 독도학

---

2) 「정부 '日 독도조례, 해방의 역사 부인'-1」, 연합뉴스 2005년 3월 17일, http://news.naver.com/hotissue/read.php?hotissue_id=303&hotissue_item_id=10830&office_id=001&article_id=0000944972§ion_id=2&page=40

3) 「한일문화관광교류 계속되야」, 『내일신문』, 2005년 4월 15일, http://www.kinds.or.kr/

4) 「일본 상품 불매운동」, 『전북도민일보』, 2005년 4월 22일, http://www.kinds.or.kr/

5) 「독도 항의 분신40代 숨져」, 『문화일보』, 2005년 4월 18일, http://news.dreamwiz.com/BIN/viewnews.cgi?cm=2&id=20050418&se=03&ki=munhwa&fn=0050418031133260.html&keyword=%b5%b6%b5%b5,%20%b1%e8%b0%e6%c5%c2

6) 「일본의 역사왜곡 및 독도 도발에 대한 항의시위」, 『베를린리포트』, http://www.berlinreport.com/; 「재외동포 세계 곳곳서 '反日시위'」, 『세계일보』, 2005년 4월 25일, http://www.kinds.or.kr/index.jsp

회, 독도수호대, 독도박물관, 독도우표, 독도지킴이, 독도체험단,[7] 독도사랑예금,[8] 독도특별학습자료,[9] 독도 결혼식,[10] 독도관광열차[11] 등 독도는 그 중요성을 더해가고 있다. 북한의 항의 어조는 조금 더 강해 일본은 다케시마를 군사기지로 전변시켜 한반도에 대한 재침을 위한 "범죄적 영토 팽창 야망"을 보인다고 비판하고 있다. 그리고 "독도는 그 누구도 침범할 수 없는 조선의 신성한 영토"임을 천명하고 있다.[12] 한일간의 독도/다케시마 영유권 분쟁은 서로 대립 구도를 더해가고 있는 듯하다. 2005년 3·1절 이래 한국 정부가 일본과의 과거사 문제에 대해 강경 노선을 펴자 고이즈미 수상은 미래 지향적인 관계와 대응을 강조해왔다. 일본이 미래 아시아에서의 고립을 피하기 위해 고이즈미 내각이야말로 정말 "미래 지향적인" 정치를 해야 할지도 모른다.

국민국가와 개인

그간 독도/다케시마에 대한 두 나라간의 논쟁과 비판 속에는 국민국

---

7) 「학생복 아이비클럽, 독도체험단 모집」, 『파이낸셜뉴스』, 2005년 4월 18일.

8) 「'독도사랑 기금' 2000만원 수협, 독도연구協에 전달」, 『문화일보』, 2005년 4월 23일, http://www.kinds.or.kr/

9) 「경기교육청, 초등교에 독도학습자료 배포」, 『세계일보』, 2005년 4월 25일, http://www.kinds.or.kr/index.jsp

10) 「뜻깊은 혼례 '독도 1호 커플' 탄생」, 『문화일보』, 2005년 4월 25일, http://www.kinds.or.kr/index.jsp

11) 「독도 관광열차 오늘부터 운행」, 『강원일보』, 2005년 4월 16일, http://news.naver.com/news/read.php?mode=LSD&office_id=087&article_id=0000040257§ion_id=102&menu_id=102

12) 「독도문제 일정부 개입 더 분노」, 『민중의 소리』, 2005년 4월 18일, http://www.voiceofpeople.org/new/news_view.html?serial=22346&category=type12

가와 그 안에 존재하는 개인을 일치시키는 전제가 담겨 있다. 예를 들면 독도 문제가 불거지자 한국의 일부 업소에서는 일본인 사양, 혹은 일본인 출입 금지 간판을 문 앞에 내걸었다. 이는 일본이라는 국민국가와 그 구성원을 동일시하여 이 둘 사이의 긴장 관계 혹은 그 구성원들 사이에 다양성이 존재함을 간과하는 것이다. 예를 들어 일본 국적을 지닌 한국계 그리고 일본 내 재일교포들은 이들 업소의 출입을 위해 그들의 '한민족 혈통'을 증명해야 할까? 또 일본인 중에는 극우파들의 주장을 반대하여 항의하는 그룹들도 있는데 이들도 역시 '일본인'이니까 모두 배척해야 할 것인가? 한편 일본에서는 극우파들이 북한의 납치 문제를 크게 여론화시키면서 미디어를 통해 북한 그리고 북한 사람들에 대한 부정적인 이미지가 유포되고 있다. 여기서도 북한이라는 국가와 그 안의 개인들은 동일화되고 되고 있다. 다시 독일을 경우를 예로 들어 보겠다. 독일 정부가 나치의 과거사 극복을 위한 노력을 해왔고 여전히 그 일을 진행하고 있다고 하지만, 최근 다른 한편에서는 네오나치가 다시 활발히 세력을 확장하고 있는 가운데 이들의 극우정당을 지지하는 독일인이 늘어가고 있는 것도 사실이다. 네오나치들이 독일의 각 대도시에서 벌이는 데모를 통해 실업률이 높은 독일에서 외국인들을 몰아내자고 선동하는가 하면, 또 다른 한편에서는 이런 극우파 세력을 반대하기 위한 데모들이 때로는 동시에 열려 충돌을 빚곤 한다. 즉 이 경우에도 국민국가 구성원 개인들 사이의 긴장 관계 혹은 국민국가와 그 구성원들간의 긴장 관계를 역력히 엿볼 수 있다. 독도/다케시마 문제를 둘러싼 두 나라간의 논쟁과 항의 속에는 이러한 긴장 관계나 복합성을 간과한 채 국민국가와 그 안의 모든 개인을 일체화시키는 경향을 띤다. 그리하여 한 국민국가 내 개인의 정체성을 구성하는 젠더·인종·계급 등의 다양한 변수는 국가라는 단일한 카테고리 속으로 용해되어 버리고 만다. 이러한 '일체감'은 '우리나라', '우리 땅', '우리 역사'라는 구호 속에도 잘 드러난다. 남북한은 독도는 '우리 땅' 그리고 '우리 역사'임을 주장·증명하려 하고, 일본 우익은 다케시마가 '우리 땅'임을 주장, 증명하려 해왔다. 일본의 시마네현이 2월 22일을 '다케시마의 날'로 정하더니 곧이어 한국의 마산시는 조선 세종 때 대마도/쓰시마 정벌을 위해 마산포를 출발한 6월 19일을 '대마도의 날'로 정한다는 내용의 조례안을 제정·공포하였다.[13] 이렇게 평행선을 달리는 두 나라의 정치 세력 혹은 양국에서 증가하는 일국주의적이고 편협한 민족주의는 상대방을 자극하여 다시 상대의 민족주의를 강화시키는 현상을 보인다. 이러한 민족주의 세력을 견제하고 동북아 공동체를 논의하기 위해서는 뜻 있는 한일의 시민과 지식인들 간의 교류와 협력이 더욱더 절실한 때일 것이다.

최근 한국과 중국에서 있었던 강도 높은 반일시위는 식민지시대의 기억을 안고 있는 대중들의 분노의 폭발이라 할 수 있겠지만, 다른 한편으로 이들 반일시위가 내부의 문제들로부터 밖으로 눈을 돌리게 하기 위해 자극되거나 혹은 묵인된 채 그 강도를 높여간 것은 아닐까? 행간에는 한국의 야당, 여당, 보수파, 진보파를 포함한 많은 정치가들이 최근 대일강경 노선으로 전환한 것은 다가올 선거를 염두에 두고 국민의 민족주의적인 반일정서에 부합하려는 것이 아닌가 하는 소식도 들린다. 실제로 한 여론조사기관의 조사에 의하면 한국 노무현 대통령이 독도 문제와 일본 교과서 문제에 대해 '초강경노선'으로 선회한 후 그에 대한 지지도가 증가한 것으로 나타났다.[14] 혹시라도 동아시아의 한·중·일 삼국의 정치인들이 역사 인식 문제, 영토 문제를 통해 민족주의적인 정서를 자극하고, 여기에 편승하여 지지를 얻고자 한다면, 그 내부의 개인은 여기

---

13) 「마산시의회, 대마도의 날 조례공포 환영」, 『경남일보』, 2005년 4월 7일, http://www.gnnews.co.kr/selfgovement.html?f_mod=VIEW&f_index=101946; 「마산시'대마도의 날'조례공포/정부'경남도에 재의 요구'」, 『한국일보』, 2005년 4월 7일, http://www.kinds.or.kr/index.jsp

14) 「노대통령 지지도 급등」, 『매일경제신문』, 2005년 4월 19일, http://www.pressian.com/scripts/section/article.asp?article_num=60050418182128&s_menu=정치

에 '동원'될 위험에 처해 있음을 감지할 필요가 있는 것은 아닐까. 그간 한일간에 2002년 월드컵 공동 주최를 통해 그리고 민간과 지방 단위의 문화 교류, 한류 등을 통해 이루어진 친선 관계를 민족주의적인 우파와 강경파들에 의해 무너지게 해야만 하는지. 동북아에서 소모적인 한·중·일 민족주의의 대결로부터 얻을 것은 무엇인지. 사실 동북아 삼국에서 그간 무역·사회·문화·경제적 교류를 통해 형성된 상호의존성은 무시하기에는 너무 중요한 것은 아닐까. 예를 들어 한국에서 일본 상품 불매운동을 벌이는데 그렇다면 일본 부품들을 사용하고 있는 'Made in Korea' 제품들은 생산을 중단해야 하는가? 어찌 보면 한·중·일 세 나라는 이미 상대가 없이는 홀로 존재하기 힘든 상당한 의존 관계에 있는지도 모른다. 이러한 상호의존성에도 불구하고 독도는 '우리 땅'이라는 주장 속에 담긴 남북한과 일본의 민족주의적 정서는 결국 국민국가의 '경계' 속에 갇혀 역사와 영토에 있어서 '자아'와 '타자' 사이의 엄밀한 경계를 긋고 서로를 배척하여 대립 구도로 치닫고 있는 듯하다. 그 동안 위안부 문제와 우익 교과서 문제를 놓고 한·중·일의 시민단체와 지식인들이 연대하여 대처해 왔듯이, 독도/다케시마 문제를 공동대처하기 위한 한일 시민 연대를 이루어낼 수 있을까?

우리들이라는 구제(救濟)

사사야마 나오키(역사학)＋타카구치 코우타(역사학) 지음 / 김인수 옮김

1. 시작하며

2005년 4월 5일 후소샤의 역사 교과서와 공민 교과서가 검정에 합격했다(이하에서는 각각 『역사』와 『공민』으로 약기한다). 이 일이 수상의 야스쿠니 참배, 다케시마(독도) 문제 등 산적한 문제들로 악화일로에 있던 일한과 일중 관계에 큰 영향을 주었다는 것은 기억에 새롭다. 본고는 주로 『역사』를 대상으로 삼아 다음과 같은 두 가지 과제를 설정한다.

첫 번째 과제는 『역사』의 구조와 논리를 비판적으로 검토하여 그 문제성을 명확히 밝히는 것이다. 지금까지 많은 역사연구자들이 『역사』를 비판해 왔지만, 그 대다수는 부정확한 서술을 지적하는 데에 그쳤다. 이러한 비판을 받아서인지 『역사』는 지적받은 점을 대폭으로 수정 및 삭제했다.[1] 그러나 주목해야 할 것은 서술이 수정되었지만 『역사』의 성격은 전혀 바뀌지 않았다는 점에 있다. 아니 그렇기는커녕 오히려 보다 세련

된 형태로 교과서 집필자의 의도가 구현되었다고 말해야 할 것이다. 이것은 『역사』가 지닌 문제의 본질이 부정확한 서술이 많다는 점에 있는 것이 아니라, 그 구조와 논리 자체에 내재하는 것임을 의미한다.

『역사』의 문제는 교과서 서술에 그치는 것이 아니다. 지난 번 검정 때 후쇼사 교과서와 관련된 책이 베스트셀러가 되었듯이, 이에 공감하는 다수의 사람들이 존재한다. 왜 그들은 『역사』에 공감했던 것일까? 이 점을 검토하는 것이 두 번째 과제이다.

2. '역사＝이야기'의 추체험(追體驗)과 '공공의 이익을 위해 일하는' 마음

우선 『역사』의 「서장」에서는 그려진 역사가 추체험해야 할 대상이라고 말하고 있다. 역사를 배우는 것은 과거의 사건을 아는 것이 아니라, "과거의 사람들이 어떻게 생각하고 고뇌했는가, 그리고 문제를 어떻게 극복했는가, 즉 과거의 사람들은 어떤 방식으로 살았는가를 배우는 것"(이하 본 절에서 큰따옴표 안의 내용은 『역사』에서 인용한 것이다)이라고 말하고 있다. 즉 역사 속 등장인물에 눈높이를 맞춰 역사는 '이야기'로서 서술되고 있다. 그리고 "선조가 직면했던 문제"를 "우리도 그것을 마치 자신의 것처럼 상상해 봄"으로써 추체험해야 한다고 말하고 있다. 역사교육은 '역사＝이야기'의 추체험의 장으로서 규정되고 있는 것이다.

추체험하는 '역사＝이야기'의 구체적인 텍스트로서 『역사』의 「제4장 근대일본의 건설」의 그 무대와 줄거리, 주인공과 주인공의 성격을 살펴

---

1) 일본의 '전쟁책임자료센터'에 따르면, 비판서 등에서 지적된 143곳의 오류 중 80곳이 삭제되거나 수정되었다고 한다. 그러나 여전히 부정확한 서술이 눈에 띄는 것 또한 사실이다. http://www.jcaapcorg/JWRC/center/hodo/hodo32.htm 참조.

보도록 하자.

무대는 '아시아의 위기'로 설정되고 그 배경에는 유럽과의 대비가 있다. 서술은 유럽의 산업혁명과 시민혁명에서 시작한다. "16세기에서 18세기에 이르는 300년 동안 유럽에서는 군사기술이 놀라울 정도로 발달했던" 데 비해, "동아시아에서는 약 250년 간 평화로운 시대가 지속되었"기 때문에 군사적으로는 열등했다고 서술되어 있다. 강대한 군사력을 지닌 유럽과 정체한 아시아의 대치가 바로 『역사』 제4장의 무대 설정이다.[2]

이러한 무대 설정하에서 진행되는 역사=이야기는 위기에 처한 아시아 속에서 일본만이 위기를 극복하고 근대국가 건설에 성공한다는 줄거리이다. 왜 일본만이 이 위기를 극복했는가? 다른 아시아 국가들과 일본을 구별짓는 것은 무엇이었나? 이에 대해 일본만이 신속히 체제를 전환시켜 새로운 시대에 대응했기 때문이라고 설명하고 있다. 즉 근대 이전의 에도막부, 청, 조선 등은 체제 전환의 속도가 느렸기 때문에 위기 극복에 실패했다는 것이다. 청과 조선은 인재도 권력도 중앙에 집중되어 있었기 때문에 지방 세력이 약했던 데 비해, 일본은 지방이 힘을 가지고 있었기 때문에 막부를 타도하는 세력이 될 수 있었다고 평가한다. 나아가 정권 교체를 부드럽게 이루어낸 '황실'의 기능도 언급하고 있다.

이 이야기의 주인공으로 그려지고 있는 자는 무사(武士)이다. 일본은 "무가(武家)사회라는 측면이 있어서 열강의 군사적 위협에 민감하게 반응"할 수 있었다고 말한다. 청과 조선의 과거관료(科擧官僚)와는 달리 무사는 무(武)를 담당하는 자이기 때문에 유럽의 군사적 우월을 깨닫고는 "서양문명을 적극적으로 배우는 방향으로 정책을 전환시켰다"고 말하면서, 무사야말로 일본을 근대로 이끈 주체라고 서술하고 있다.

---

2) 위기의 결과 동아시아에 만들어진 것으로써 불평등조약을 다루는 데에 많은 분량을 할애하고 있다. 유럽 국가들이 동아시아 국가들과 맺은 불평등조약과 비교하여 일본이 청과 맺은 청일수호조규는 "국제법의 원리에 기초하여 양국의 대등 관계를 결정한 조약이었다"고 대비시키고 있는데, 청일전쟁 후에 다시 맺은 불평등조약에 대해서는 아무런 언급이 없다.

그렇다면 주인공인 무사의 성격은 어떻게 그려져 있을까? 『역사』는 메이지유신을 특권계급인 무사 자신이 무사신분을 폐지했던 개혁, 즉 "공(公)을 위해 일하는 것을 자신의 사명으로 생각하고 있던 무사들이 실현한 개혁"이라고 표현한다. 이 인용 부분은 검정을 거친 수정본이고, 원래는 "공공(公共)의 이익을 위해 일하는 것을 자신의 사명으로 생각하던 무사"로 기술되어 있었다. 이 점에서도 알 수 있듯이 이 『역사』에서 '공(公)'은 '공공의 이익'과 같은 뜻이고, 무사는 '공공의 이익을 위해 일하는 자'로 정의되어 반복 기술되고 있다. 예를 들어 제3장의 "(읽을거리 칼럼) 무사도와 충의의 관념"에서는 『하가쿠레(葉隱)』를 인용하여 "충의란 주군을 오로지 한결같이 따르는 것이 아니라", "공공의 이익을 위해 일하는" 것을 의미했다고 서술하고 있다.

『역사』의 집필자들은 '역사=이야기'의 추체험을 통해 무엇을 의도하는 것일까? 지금까지 보아온 바대로 『역사』는 일본의 근대를 새로운 시대에 신속히 대응하여 위기를 극복한 시대로 그려내고 있다. 이러한 시대상은 분명히 글로벌화로 기존의 질서와 체제가 동요되고 있는 현재 일본과 비슷한 모습이다. 위기를 극복하는 이야기를 독자는 주인공인 무사의 시점에서 추체험하게 된다. 그리고 그 무사는 "공공을 위해 일하는" 마음을 가진 자이기 때문에 독자를 '공공의 이익에 매진하는 존재'로 이끌어 간다.

3. 창조된 우리들과 그들

앞 절에서 다루었듯이 『역사』의 서술에는 아시아와 유럽, 일본과 청·조선, 무사와 과거관료 등 많은 이항대립적 구도가 반복되고 있다. 이 구

도는 늘 한 쪽에 독자가 추체험해야 할 측면과 그 대비되는 대상의 측면
이라는 관계로 되어 있다. 즉 '우리들'과 '그들'이라는 관계로 성립되어
있다. 이 구도는 역사 사실의 반영이기보다는 '역사=이야기'를 성립시키
기 위한 구축물이고 여러 가지 사실과 현실을 은폐하고 배제하며 망각
시킴으로써 창조된 것이다.

우선 '우리들'의 창조부터 살펴보자. 앞 절에서 보았듯이『역사』에서
는 일본근대의 주역이 '무사'로 설정되어 있다. 이 '무사'라는 주체는 그
내부에 포함되어 있을 여러 입장, 계층 등의 차이를 사상(捨象)함으로써
내부에 모순이 없는 통일된 주체로 창조되고 있다. 따라서 예컨대 메이
지유신을 무사들간의 권력투쟁으로 보는 해석 등은『역사』의 틀로 보면
전혀 이해할 수 없다. 이러한 무사 내부의 다양한 차이를 은폐함으로써
비로소 '무사'라는 주체가 창조되고, 메이지유신을 자기 희생을 통한 숭
고한 결과로 이해하는 것이 가능해진다. 그리고 '우리들'은 여기에서 단
일한 '무사'와 동일화됨으로써 역사 속에서 '공공의 이익을 위해 일할'
수 있는 주체가 된다.

'우리들'이 창조될 때, 이것으로부터 배제되는 존재 역시 생겨난다. 그
사례로『역사』의 오키나와에 관한 서술을 살펴보도록 하자. 오키나와 전
투에 관한 내용은 "4월에 미군이 오키나와 섬에 상륙하였고, 일본군 사
망자 약 94,000명, 일반 주민 사망자 약 94,000명을 낸 2개월 반 전투 끝
에 미군이 오키나와를 점령했다"며, 겨우 64자 분량으로 서술하고 있을
뿐이다. 게다가「대동아전쟁(태평양전쟁)의 전개도」에서는 오키나와 전투
의 기간은 1945년 4월부터 6월까지만 쓰고 1944년 10월부터의 공습, 일
본군사령관의 자결 후 9월까지 간헐적으로 지속된 전투와 주민의 집단
자결 등과 같은 비극에 대해서도 서술하지 않고 있다.3)『역사』에서 오키

---

3) 이러한 서술경향은 비단 후쇼사의 교과서에만 한정되지 않는다.「오키나와타임스」
는 "역사 교과서의 오키나와 전투 서술에서는 지난번 검정에서 8개사 중 5개사가 주민
학살을 언급했는데, 이번에는 2개사만 언급하고 있다. 오키나와현 주민의 사망자수가

나와를 다루는 방식은 사쓰마의 침공을 시작으로 해서 류큐처분, 오키나와 전투, 본토 복귀라는 식으로 어디까지나 일본이 행동을 취하는 대상으로서만 서술되어 있다. 즉 오키나와는 '우리들'에는 포함되지 않고, '그들'로서만 나타나 있는 것이다. 오키나와를 이렇게 서술하는 것은 오키나와가 일본에 있는 미군기지에 대한 참고자료쯤으로 다뤄지고 있을 뿐인 『공민』에서도 동일한 양상을 보이고 있다.

'우리들'이 창조될 때 그 대극(對極)으로서 '그들'이 동시에 창조된다. 평화로운 아시아가 그려질 때 유럽은 강대한 군사력을 지닌 것으로 그려진다. 무사가 무(武)를 담당하는 존재로써 위기에 대응할 수 있는 존재로 묘사될 때 조선과 중국의 관료는 문관이기 때문에 위기에 대응할 수 없는 존재로 그려진다. 일본에 유력한 지방 세력이 있기 때문에 막부를 타도할 수 있었다고 평가되는 반면 조선과 청은 중앙에 인재와 권력이 모두 집중되어 있기 때문에 유력한 지방 세력이 존재하지 않았다고 평가된다. 그리고 '우리들'의 창조가 현실을 은폐하고 배제하며 망각시킴으로써 성립하고 있는 것과 마찬가지로, '그들' 역시 사실과는 무관하게 구축된다. 예를 들어 조선과 중국에서 중앙은 결코 전체를 장악하지 못했고 오히려 지방이 자립적이었다는 것이 통설이다. 그러나 이러한 통설과 달리 『역사』에서는 조선과 중국에서 중앙이 강력한 세력을 가지고 있었다고 쓰지 않을 수 없는 것이다. 요컨대 지방의 번(藩)이 중앙의 막부와 싸워 이긴다는 줄거리가 일본의 역사, 즉 '우리들'의 '역사=이야기'인 이상, '그들'인 조선과 중국은 그 대극(對極)의 존재로 그려지지 않으면 안 되는 것이다. 조선과 중국을 비롯한 '그들'은 '우리들'의 자기 인식을 위한 참고용으로 준비될 뿐 어떤 의미를 갖고, 실제로 어떤 존재였는가라는 실태는 서술되지 않는다. '그들'이라는 거울을 통해 타자를 창조하여 '우리들'의 존재를 강화시키는 것이다.

군인을 상회했다는 오키나와 전투의 특징에 대해서도 이를 정확하게 표현한 것은 2개 사에 그쳤다"고 보도하고 있다. http://www.okinawatimes.co.jp/day/200504061300_02.html

4. 공감하는 사람들

지난 번 2001년 검정에서는 고바야시 요시노리(小林よしのり)의 만화와 『교과서가 가르치지 않은 역사』 등과 같은 관련된 책들이 베스트셀러가 되었고, '새로운 역사 교과서를 만드는 모임'을 지지하는 풀뿌리 회원, '반한국(反韓國)', '반중국(反中國)' 감정을 드러내는 사람들, '우익'적 선전에 공감하는 이들 등, 젊은 세대를 중심으로 많은 사람들이 『역사』에 공감을 표시했던 것에 관심이 모아졌다. 올해 후소샤 교과서의 검정 및 채택운동에서는 지난번 정도로 매스컴의 화제를 모으지는 못했지만, 『역사』에 공감하는 사람들의 심성은 크게 변한 것이 없다. 이렇듯 공명하는 사람들의 심성은 역사 교과서 문제에서 가장 중요한 문제라고도 할 수 있다. 왜냐하면 이들의 존재는 역사 교과서 문제를 일부 사람들의 문제로 왜소화시킬 수 없게 하기 때문이다. 공감하는 사람들의 논리는 지금까지 살펴본 『역사』 서술의 구조와 명확한 공통점을 지니고 있기에, 『역사』의 문제는 이미 광범위한 사람들에게 공유된 것이라고 말할 수 있다.

'역사=이야기'의 추체험을 통해 '우리들'이라는 주체를 창조하기 위한 도구로서 『역사』는 존재한다. 공감하는 사람들 역시 '우리들'을 창조하는데, 이때 그 도구는 더 이상 '역사=이야기'에 한정되지 않는다. 오구마 에이지(小熊英二)와 우에노 치즈코(上野陽子)가 쓴 『'치유'의 내셔널리즘』(慶應義塾大學出版會, 2003)은 「새로운 역사 교과서를 만드는 모임」의 풀뿌리 지원단체인 '역사 모임(史の會)'에서 '좌익'과 매스컴 비판이 일종의 커뮤니케이션 도구로 기능하고 있음을 지적한다. '좌익'과 '매스컴'을 '보통(普通)이 아닌 것'이라고 비판함으로써 자신들을 '보통'의 존재로, 즉 '우리들'로 창조한다는 점을 지적한다. '새로운 역사를 만드는 모임'의 지지자만이 이러한 작법을 구사하는 것은 아니다. 기타다 아키히로(北田曉大)는 『우스운 일본의 내셔널리즘』(NHK북스, 2005)에서 인터넷에서 쉽게 발견할 수 있는 매스컴 비판, '반한' 표현을 다루면서 그것이 본심의 발로라기보다는 오히려 내부공간을 '묶어내기' 위한 커뮤니케이션 도구라고 분석하고 있다. 이 두 책이 비판하는 것은 대상의 실상을 문제시하지 않는다는 점이다. 비판은 도구로 취급되고 있는 것에 불과할 뿐, 그 지향점은 '우리들'을 창조하는 것 그 자체를 향하고 있다는 것을 시사하고 있다. 이러한 의미에서 '좌익', '전후 민주주의', '일본교직원조합', '매스컴', '아사히신문' 등과 같은 비판 대상은 현재 일본 사회에서 지배적인 지위를 점한, 그리고 사회를 잘못된 상태로 이끄는 존재로써 창조된 '그들'로 존재하고 있다.4) 현재 사회의 왜곡을 인식하고 이와 대치되는 '우리들'이라는 구도 이 구도는 『역사』에 공감하는 사람들에게 공통항으로 존재한다. 그리고 이 공통항이야말로 『역사』에 공감을 부여하는 그 무엇이다.

5. 마치며

'우리들'의 창조 이것은 기존의 잘못된 사회를 바로잡는 것으로 제시되고 있다. '새로운 역사 교과서를 만드는 모임'의 현 회장인 야기 히데지(八木秀次)는 『국민의 사상』에서 다음과 같이 주장하고 있다. "교육정상화", "전통적 가족의 강화"를 통해 "국민도덕의 재생"을 모색하지 않으면 안 된다. 그리고 이것은 "일본의 재생"으로 이어질 것이라고 야기(八木)가 말한 "일본의 재생"이란 무엇인가? 그는 "오늘날 우리나라가 직면한 문제"로 "예를 들어 심각해진 소자화(小子化), 이에 동반한 보험과

---

4) 이 점에 대해 앞의 기타다의 책에서는 1960년대 이래 하위문화(Sub-Culture) 역사를 통해 이 문제가 검토되고 있다.

연금재정의 파탄, 학력 저하와 학급 붕괴 등과 같은 교육의 황폐, 흉악화하는 소년범죄, 니트(NEET : Not in Employment, Education or Training)의 증대, 이혼율 상승, 성도덕 문란, 가족 붕괴, 정계 부패, 경제계의 배금주의, 공무원의 기강해이, 그리고 근린 국가들과의 사이에서 발생하는 수상과 각료의 야스쿠니신사 참배 문제, 역사 교과서 문제 등”을 열거하고 있다. 현상 수준에서 모든 문제를 열거하는 과잉된 문제의식인데, 그 원인을 모두 ‘국민도덕’, 즉 ‘공공의 이익을 위해 일하는’ 마음의 결여에서 찾고 있다. 뒤집어 말하면, ‘우리들’을 창조하여 ‘공공의 이익을 위해 일하는’ 마음을 기르는 데 성공하기만 하면 모든 사회 문제를 일거에 해결할 수 있는 만병통치약이 될 것이라고 상정하는 것이다.

그렇다면 ‘우리들’의 창조가 과연 그러한 구제를 가져올 수 있을까? 『역사』는 ‘우리들’을 창조하는 것에 대해서는 말하면서도, 이것이 어떻게 여러 문제들을 해결할 수 있는지 그 구체적인 과정에 대해서는 아무 것도 말하지 않는다. ‘우리들’의 창조가 구제가 될 수 있다는 것은 암묵적인 전제이다. 그것은 『역사』에 공감하는 사람들이 ‘우리들’이라는 것, 오직 그것만을 요구하는 것과 별다를 바 없어 보인다.

다시 한번 질문해 보자. ‘우리들’의 창조는 과연 구제가 될 수 있는가? ‘우리들’의 창조는 현실을 은폐하고 배제하며 망각시킴으로써 성립한다. 그리고 그 세계에는 ‘우리들’과 그 거울상으로서의 ‘그들’조차 존재하지 않고, 외부는 그 어디에도 없다. 지금 ‘우리들’이 만들어지고 있는 동안 은폐되는 것은 무엇일까? 다카하시 데츠야, 구와라 요시후미(俵義文), 이시야마 히사오(石山久雄), 무라타 도모코(村田智子) 등이 집필한 『그만두게 하자! 전쟁으로의 교육—교육기본법 ‘개정’과 교과서 문제』(學習の友社, 2005)는 사이타마(埼玉), 도쿄, 가나가와(神奈川), 에히메(愛媛) 등과 같은 자치 단체장 및 일부 국회의원과 지방의원 등이 『역사』와 『공민』을 강력히 추진하고 있는 점을 지적하고 있다. 그들이 ‘우리들’의 창조를 바랄 때 얻어지는 것은 과연 무엇일까? 『역사』나 이에 공감하는 사람들 모두 ‘우리들’ 그 자체가 목적인가, 아니면 다른 목적을 지니는가?

'우리들’이 창조된 결과, ‘매스컴’, ‘좌익’, ‘중국’, ‘한국’ 등이 비판되어야 할 ‘그들’로 부상하고 있다. ‘우리들’이 ‘그들’을 주시하는 한편, ‘우리들’ 세계의 바깥에서는 신자유주의에 의한 ‘계층화’가 진전되고 있다. 우리가 ‘우리들’이 되기를 열망하는 동안 은폐된 현실은 결국 ‘계층화’된 우리를 갈라놓고 있다. 배제되는 것은 바로 우리들 자신일지도 모른다.

제도의 안과 밖을 넘어서

동아시아 역사 교과서와 교육의 재구성

백영서(사학) 지음

1. 문제제기

올해는 유난히 역사적 기념일의 주기가 몰려 있어 역사에 대한 관심이 그 어느 때보다 높다. 미래를 구상하는 상상력의 자원으로 삼기 위해 이 주기들을 어떻게 기념할지 생각하는 한편, 올해가 우리 역사 속에서 어떻게 기념되게 할지 함께 궁구해야 한다.

필자는 계간 『창작과비평』 봄호의 '권두언'을 통해 이 해가 한국 사회 내부의 평화와 동아시아 국가간의 평화를 정착시키는 '이중 프로젝트'가 착수되는 대전환의 원년으로 기억되기를 바랐다. 때마침 일본 『아사히신문』의 1월 1일자 사설도 올해를 '동아시아공동체 원년'으로 삼자는 소리가 있다고 소개했다. 바야흐로 동아시아의 협력과 평화의 훈훈한 기운이 감도는 것 같았다. 실제로, 지난 해 11월 29일 아세안+3 정상들이 라오스 수도 비엔티엔(Vientiane)에 모여 아세안+3 체제를 한층 더 발전시키기 위해 '동아시아 정상회의(East Asian Summit)'를 내년에 개최하기로 합의함으로써 동아시아공동체를 향한 논의는 더욱 더 활기를 띨 전망이다. 이미 동아시아연구그룹(EASG)의 최종보고서에서 제안된(2002.11) 17개 단기사업이 시행되어 동아시아 국가간 제도적 협력 구상 실현의 토대가 다져지고 있는 중이다. 이처럼 정부간은 물론이고 민간차원에서도 다양한 문화적 접촉과 연대운동이 축적되고 있는 것이 동아시아의 현실이다.

그러나 다른 한편으로, 한일간에 이어 한중간에도 고구려사를 둘러싸고 '역사전쟁'이 일어날 정도로 국가간의 갈등이 엄존하는 것 또한 현실이다. 이 글을 준비하고 있는 현재, 특히 한일간에는 역사 교과서 문제에다가 독도 영유권 문제까지 겹쳐져 갈등이 깊어만 가는 실정이다. '한일 우정의 해'란 표어가 공허하게 들린다. 민족주의를 견제할 지역주의로서 평화와 화해의 동아시아를 실현해 가는 일이 쉽지 않음을 절감케 한다.

이런 시기이다 보니, 필자로서는 '한일 역사 교과서의 현재와 미래'를 일본에 와서 논의하는 이 모임1)에 참석하는 것 자체가 참으로 곤혹스럽게 느껴지기도 한다. 그러나 갈등의 20세기를 넘어서 평화의 동아시아 미래를 이룩하려면, 역사 교과서나 독도가 훗날 화해의 소재로 기억되도록 우리는 각자 할 수 있는 바를 다해야 한다. 이런 다짐의 일환으로, 역사연구자인 필자는 동아시아의 국민국가와 역사학의 관계를 이번에 다시 돌아보겠다.

일반적으로 역사학은 국민국가를 정당화하는 이념적 장치의 하나라고 말해진다. 특히 외압 아래 한 세기 정도의 짧은 기간에 압축적으로 근대를 경험한 동아시아에서 역사학의 이러한 기능은 특별히 강조되었다. 국민국가가 주권을 주장하기 위한 근거로 영토와 더불어 국민의 집단적 자의식이 요구될 때, 국민 통합을 위한 문화적 자산으로서 민족적 집단기억이 중시되었고 그것을 생산·재생산하는 것이 역사학의 주된 역할

---

1) 심포지엄 '일한 역사 교과서의 현재와 미래'(동경대학 : 2005년 4월 6일).

이었던 것이다. 따라서 역사교육이 국어·국문학교육과 더불어 근대적 공교육의 중요 부분이 되는 것은 당연했다.

이 같은 역사교육과 국민국가의 관계의 추이가 역사 교과서에는 잘 반영되어 있다. 대체로 동아시아의 개별 국민국가에 의해 공식 허가되는 절차를 거쳐 교육 현장에 전달되는 역사 교과서에 실린 내용은 공식적인 지식으로서 사회체제의 유지와 밀접한 관련이 있는 것이다. 따라서 역사 교과서는 한 사회의 전형적인 지배 담론을 반영한다고 볼 수 있다. 뿐만 아니라 기성의 학문적 성과를 간추린 형태의 서술 방식을 취함으로써 제도권 학문의 주류적 견해를 반영하는 것이기도 하다.[2]

동아시아에서 근대적 교과서 제도가 도입된 이래, 크게 보면 역사 교과서는 국사와 세계사의 이원체계를 유지하면서, 기본적으로 국민국가를 단위로 한 내셔널 히스토리, 내셔널 아이덴티티를 형성·유지하는 데 기여해왔다. 그렇다면 과연 지금 우리는 일국을 넘어 동아시아에 일체감을 갖는 동아시아 아이덴티티 형성의 계기를 역사 속에서 발견할 수 없는 것일까.

이 물음에 대한 답을 찾아보기 위해, 필자는 20세기 한국과 중국의 중등교육용 역사 교과서에 각각 나타난 상호 인식(내지 동아시아 인식)을 비판적으로 분석해 본 적이 있다.[3] 일본이 아닌 중국을 비교 대상으로 삼은 것은 필자의 전공이 중국인 탓도 있지만, 한일 양국만이 아닌 동아시아로 더 넓혀 문제 해결의 단서를 찾겠다는 이유에서이다.

그런데 역사 교과서는 한 사회의 전형적인 지배 담론을 반영하지만, 국가와 사회의 관계가 유동적일수록 체제의 유지·개편을 둘러싼 헤게

---

2) 이런 시각에서 동아시아 교과서를 비교한 시도는 백영서, 「東アジアにおける教科書の作られ方」, 『アジア新世紀』 제2권 歷史篇, 岩波書店, 2002 참조
3) 백영서, 「20世紀の韓國歷史教科書に見る東アジアの近代像」, 『東アジアにおける公共知の創出 : 過去·現在·未來』(佐々木毅(外) 編), 東京大學出版會, 2003; 백영서, 「20세기 동아시아 역사교과서에 나타난 아시아 인식」, 『大東文化研究』 50집(성균관대 대동문화연구원), 2005.

모니 투쟁의 장소가 되기도 한다. 교육제도의 밖에서 역사학자나 교사들이 교과서라는 틀에 개입해 새로운 내용을 담은 교과서를 제작·유통시킴으로써 지배이념의 변화를 시도할 수 있는 것이다. 바로 이 점에서 볼 때, 최근 제도 안의 역사 교과서의 한계를 느끼면서, 그 바깥에서 역사인식의 공유를 위해 대안적 교과서, 즉 동아시아 공통의 역사 교과서를 편찬하려는 시민사회의 다양한 작업이 특별한 의미를 갖는다. 그래서 필자는 이 글에서는 한·중·일 3국 지식인들이 제작중인 동아시아 공통의 역사부교재『미래를 여는 역사』를 중점적으로 분석해 공동의 역사 교과서 자체가 대안으로서 갖는 가능성과 한계를 검토하려고 한다.

이것은 제도 밖에서 생산되지만 제도 안에서 유통되기를 바라는 특징이 있다. 이에 비해, 교육제도 밖에서 생산되고 유통되는 매스미디어에 의한 역사지식은 점차 그 영향력이 커지고 있다. 그래서 그 다음으로, 매스미디어가 과연 역사교육 매체로서 창조적 기능을 할 수 있을지를 일본인의 한류에 대한 반응을 통해 살펴보려고 한다.

이와 같이 제도 안과 밖을 횡단하여 역사 교과서와 교육 문제를 폭넓게 살펴보는 시각을 가짐으로써, 동아시아가 당면한 역사전쟁을 해소할 수 있는 한층 더 넓은 실천의 공간을 확보하는 데 조금이라도 보탬이 될 수 있기를 간절히 바란다.

2. 동아시아 공동의 역사부교재의 가능성과 한계

별고(각주 3)에서 살펴보았듯이, 20세기 초 이래 한국과 중국에서 자국사와 외국사의 2과체제를 유지해온 역사 교과서는 국민국가를 역사발전의 보편적 추동력으로 설정하는 일국 중심의 발전단계론적 진보사관에 의해 일관되게 서술되어 있다. 이러한 역사관에 근거해서는 동아시아 이웃에 대한 호혜평등적 관심을 북돋우는 교육이 이뤄지리라고 기대하기 힘들다. 그러니 동아시아의 위계질서 안에 제각기 위치한 여러 국가들 사이에서 역사 기억을 둘러싸고 갈등하는 것은 불가피할지도 모른다.

그렇다면 그 해결책은 무엇일까. 역사 교과서가 동아시아 지역의 상호협력의 역사를 중점적으로 서술하거나, 국민국가의 역사가 해소·수렴된 지역사로서의 동아시아사로 바뀌는 것이 바람직한 대안일까. 필자는 이런 방향의 서술은 그다지 바람직하지 않다고 본다. 우리는 동아시아 지역에서의 개별 국민국가의 형성 과정은 단일하지 않고 다양한 경로를 경과했다는 사실을 간과해서는 안 된다. 동아시아에서 국민국가간에 형성된 위계질서에서 차지하는 위치(가 전통적 질서 속에서 차지했던 위치에 대한 집단기억과 교차됨)에 따라 개별 국민국가의 기능이 역사적으로 달리 작용했다. 이러한 사정은 동아시아 국가들의 역사 교과서의 제도나 내용에 일정하게 반영되었고 따라서 각각은 일정한 차이를 보인다.4) 따라서 동아시아 지역을 하나의 단위로 한 시각에서 동아시아 근대사의 위계적 구조 속에서 형성·변형된 역사 기억의 중층성을 총체적으로 파악하는 동시에, 민족 감정 악순환의 해결책을 탈식민과 탈냉전의 과정에서 찾으려는 자세를 가져야 동아시아의 진정한 평화와 화해의 역사가 씌어질 것이다.

이런 관점에서 볼 때, 동아시아에서 20세기 역사 교과서와 교육의 한

---

4) 각주 3의 글에서 확인한 내용을 간략히 요약해보자. 20세기 전반기 중국의 중등 역사 교과서에 나타난 중국인의 동아시아 인식에는 일본이 동아시아 역사를 보는 관점, 즉 식민사관의 영향과 중국의 민족주의적 시각이 혼재되었다. 그리고 자국 이외의 지역사, 특히 동아시아에 대해 깊은 관심을 보이지 않고, 기껏해야 각국사(또는 중국과 주변국가 간의 관계사)로만 접근했다. 20세기 후반, 즉 중화인민공화국 시기에 국가 노선 변화에 따른 역사 교과서 서술 내용의 변화에도 불구하고, 특히 한국사 서술 부분은 중화사관의 '탈냉전기의 최신판'으로 한국 역사학자에게 보일 뿐이다. 따라서 중국 교과서에 나타난 한국 인식에 비해 한국 교과서의 중국 인식이 내재적 발전의 시각에서 좀더 균형 있게 서술되는 방향으로 변해왔다고 볼 수 있다.

계를 넘어서 역사인식의 공유 가능성을 타진하는 다양한 시도들이 최근에 나타나는 것은 바람직한 일이 아닐 수 없다.5) 특히 자국사와 세계사의 2과체제를 문제로 삼으며 새로운 동아시아 역사 구축의 필요성이 부상하고 있어 반갑다. 예컨대, 나카무라 데쓰(中村哲)는 "동북아시아의 역사교육이 자국사, 세계사의 2과체제로 되어 있기 때문에 각국의 역사 교과서는 자국의 근린 지역인 동북아시아에 관한 기술이 양적으로 적고 내용의 차이가 크다는 문제를 안고 있다"고 진단하고, "자국과 관계가 깊은 근린국가·지역의 역사를 중시하고 더욱이 그것을 각국별이 아니라 지역 전체를 가능한 한 일체화해서 파악하도록" 해야 한다고 주장한다.6)

그가 기대한 것이 일국사를 넘어선 동아시아 역사교육이라면, 바로 그 꿈이 올해 실현될 단초가 보인다. 교과서를 주도하는 국가의 제도 밖에서 동아시아 '공통의 역사 교과서'를 민간인들의 힘으로 잇따라 간행할 예정이란 소식이 들린다.7) 그 가운데 한·중·일 공동 역사부교재『미래를 여는 역사』는 한·중·일 세 나라의 역사학자·교사들이 연대하여 자발적으로 제작하고 있을 뿐만 아니라 가장 먼저 간행되는 동아시아 역사 교과서일 터이라 '동아시아평화공동체의 첫 걸음'으로서 벌써부터 기대를 모으고 있다.8) 이 책은 아직 간행되지 않은(원고를 수정중이라고 들

---

5) 물론 이에 대한 반작용으로 역사공동연구라든가, 공통의 역사인식을 '넌센스 그 자체'로 보는 세력이 일본에는 있는 것 같다. 産經抄,『산케이신문』, 2004년 8월 26일자.
6) 中村哲,「歷史教育の問題點とその改善策」,『東アジアの歷史教科書はどう書かれているか』(中村哲 編), 日本評論社, 2004, 231~232면.
7) 한국에서 간행될 순서로 보면, 韓日共通歷史教材制作팀,『朝鮮通信使 : 豊信秀吉의 조선침략과 友好의 조선통신사』(2005년 4월),『미래를 여는 역사』(2005년 5월), 이 외에 한일교과서연구회가 펴낼 한일관계사를 다룬 책(8월 예정), 한일역사교육교류회가 펴낼 한일관계사를 다룬 책(2006년 중반 간행)이 있다. 대개 한국과 일본의 역사 교사나 교수들에 의해 집필된 한일관계사이다.『중앙일보』, 2005년 3월 21일자.
8)『한겨레신문』, 2005년 1월 3일자. 세 나라 학자와 시민단체 대표들이 2002년 3월부터 준비해온 이 책은 일본 문부성의 교과서 검정이 끝나는 2005년 5월에 맞춰 출간이 예정되어 있다. 이 일정에서 알 수 있듯이 후소샤판 역사 교과서로 상징되는 일본 우익의 역사왜곡을 덮는 '평화 교과서'로 자리잡으려는 의도가 강하다. 한국의 '아시아평화와 역사교육연대'가 주동적 역할을 하는 '동아시아평화포럼'에 참여한 각 국 집필위원들이 초안을 일어 중국어 한국어로 각각 집필하고 이에 대한 검토의견서를 다시

었다) 상태라 그 내용에 대해 지금 평가하기는 성급한 감이 없지 않음에
도 불구하고, 그에 대한 기대가 크므로 이미 정해진 목차 등 교정지를
자료로 그 서술의 골격과 기본 시각에 대한 초보적인 검토를 시도하고
자 한다.

개항 전후한 시기부터 1980년대까지 세 나라의 근현대사를 다루고 있
는 이 책은, "일제의 침략과 지배, 이에 대한 저항과 극복을 중심축으로"
역사를 서술하고 있는데, "국경을 넘어 동북아 전체를 아우르는 '동아시
아사'의 관점"[9]을 내세우는 특징이 있다. 한국 측 집필자의 한 사람도
"일국적 관점을 넘어 동아시아 민중의 관점, 나아가 '세계 시민'의.차원
에서 동북아 역사를 함께 살피는 게 이 교과서의 목적"이라고 설명했다.
실제로 목차 구성을 보면,[10] 그런 특징이 잘 드러나 있다. 이 점을 좀더
상세히 분석하면서 그에 대한 필자의 의견을 덧붙이고자 한다.

첫째, 일본 제국주의의 수탈과 그에 대한 한국인과 중국인의 저항이
상세하게 다뤄져 있다. 이 책의 제작을 추진하게 동기가 일본 우익이 주
도한 후소샤판 역사 교과서에 대한 대안을 제시하는 것이었기에 수탈과
저항의 시각이 교과서 전면에 드러나 있다. 따라서 이 책이 앞으로 세
나라에서 각각 간행되어 교육 현장에 보급될 때 일정한 교육적 효과가
있을 것으로 예상된다. 그런데 이 같은 역사서술의 특징이 세 나라의 독
자에게 어떻게 수용될지 좀더 냉정하게 따져볼 필요가 있다. 이것이 한
국과 중국(대륙)의 독자에게 일본이 동아시아에서 저지른 가해와 그로 인
한 한중인의 좀더 많은 피해의 사실을 좀더 많이 그리고 강력하게 전달
하는 효과가 있을 것은 틀림없겠지만, 이런 내러티브가 한국과 중국의

번역해 공통 검토한 뒤 재집필하는 작업을 되풀이하였다.

9) 『한겨레신문』, 2005년 1월 3일자.

10) 서장 개항 이전의 삼국, 제1장 개항과 근대화, 제2장 일본 제국주의의 확장과 한중
양국의 저항, 제3장 침략전쟁과 민중의 피해, 제4장 제2차 세계대전 후의 동아시아, 종
장 동아시아의 미래를 위하여. 공간되지 않은 이 책의 내용을 미리 보여준 김성보 교
수에게 감사한다. 단 집필자인 그와의 약속에 따라 본격적인 내용 분석은 공간(公刊)
뒤로 미루고자 한다.

기존 역사 교과서에서 상당히 강조되어 있어 이미 익숙한 것이므로 그 같은 인식의 틀이 독자의 역사인식의 지평을 넓혀 동아시아적 정체성을 갖게 하는 데 과연 얼마나 효과적일지 묻지 않을 수 없다. 이에 비해 일본의 젊은 독자에게는 당연히 충격적인 내용일 터이고 비판적 역사의식을 자극하는 교육적 효과가 있지 않을 까 예상된다. 그런데 일본 독자들 사이에서 수탈과 저항의 틀을 너무 단순한 것으로 간주하고 '자학(自虐)'과 '자찬(自讚)'을 넘어선 역사인식의 틀을 원하는 경향이 강하다면, 그 강한 만큼 일본 독자에게 미치는 영향은 제한되지 않을까.[11]

둘째, 이 책은 위의 한국 측 집필자의 한 사람이 밝히고 있듯이, 동아시아적 관점에서 서술되어 있다. 우선 장절 구성에서 삼국의 이야기가 각각 균등하게 다뤄진 특징이 눈에 뜨인다. 특히 동아시아 역사를 서술할 때 흔히 상대적으로 덜 중시하기 쉬운 한국 부분이 잘 드러난다. 한국을 비중 있게 다룬 것은, 한국인이 다른 두 나라의 인민에 비해 피해자의 역사경험만 갖고 있기 때문에 독자가 동아시아의 역사 현실을 비판적으로 인식하는 데 상당히 효과적일 것으로 보인다. 그런데 집필진의 동아시아적 관점은 삼국을 병렬한 것, 다시 말하면 각국별 역사를 병렬한 것이지 동아시아 지역 전체를 구조적으로 연관시켜 파악한다는 목표에는 미치지 못한다. 물론 각장절의 말미에 칼럼이란 난을 설치해 국경을 횡단하는 개인이나 사물을 소개하고 있어 그 한계를 보완하고 있지만, 기본적으로는 세 나라의 역사를 합친 '삼국지(三國志)'란 인상을 벗어나기 힘들다.

셋째, 바로 위의 지적에서 드러났듯이 이 책이 내세우는 동아시아사적

---

11) 실제로 일본 측 집필자의 하나인 마쓰모토 다케노리(松本武祝) 교수는 일본 안의 대외팽창정책 반대파(소극파)에 대한 평가 및 일본 국민들의 전쟁 피해에 관한 내용을 넣고자 하는 일본 측과 한국·중국 측 집필자들 사이에 인식 불일치가 있었다고 소개하고 있다. 『한겨레신문』, 2005년 3월 25일자. '자학'과 '자찬'을 넘어선 역사인식에 대한 요구는 『中央公論』, 2002년 9월호 특집 歷史敎育を問い直す,『 '自虐' '自賛'を超えて』 참조

관점이 어떤 것인지 좀더 명료해질 필요가 있다. 이것은 '공통의 역사 교과서'란 무엇을 목표로 하는가라는 기초본적 물음으로 이어진다. 그 목표는 역사 교과서의 제작과 유통을 공통으로 하는 것에서부터 시작해, 각국의 역사 해석의 차이를 병렬 내지 조정하려는 것, 동아시아 국가간의 관계가 아닌 상호연관된 지역 단위로서의 동아시아 역사를 서술하는 것, 그리고 동아시아인의 역사인식의 공유를 기대하는 것까지 여러 층위가 있을 것이다. 물론 각각의 층위는 서로 연결되는 것이지만 간행 의도에 따라 그 성과가 다를 수 있다. 그런데 만일 간행의 궁극적 목적이 "상대국의 입장에서 역사적 사건을 복안적(複眼的)으로 이해한다든가 공감한다든가 하면서 자국을 상대화하고 분석하는 것"을 통해 공통의 역사인식을 형성하도록 이끄는 것이라면,[12] 삼국의 역사를 단순하게 비교하는 것을 넘어서 상호 연관의 역사를 서술하고, 더 나아가 국가 중심의 역사 서술을 어느 정도는 견제할 수 있는 장치가 마련되지 않으면 안 된다. 이와 관련해 필자는 동아시아 안과 밖의 '이중적 주변의 눈', 즉 서구 중심의 세계사 전개에서 비주체화의 길을 강요당한 동아시아라는 주변의 눈과 동아시아 내부의 위계질서에서 억눌린 주변의 눈이 필요하다고 강조하고 싶다. 이 시각에서 동아시아의 역사를 다시 볼 때, 연대와 분열의 동아시아 역사가 더 또렷이 드러날 것이다. 특히 동아시아 질서의 역사에서 중국(제국)－일본(제국)－미(제국과 그 하위파트너인 일본)로 그 중심이 변화함에 따라 그 각각에 대한 우리의 역사적 기억이 또한 어떻게 변화하면서 중첩되기도 하는지가 복합적으로 서술될 것이다. 이 기준에서 이 책을 평가하면, 기본적으로는 일본제국이란 중심의 수탈과 한국과 중국이란 주변의 저항에 치중하기 때문에 이러한 역사서술로는, 서구에 저항하는 동아시아 연대, 중심을 지향한 일본으로 인한 동아시아 분열, 중화제국의 변방이었다가 일본제국에 넘겨진 1895년 이래 일본과 중국 사이

---

12) 岡田敏樹, 「日本と韓國の歷史敎科書共同硏究の試み」, 『世界』 제696호, 別冊(2001년 12월), 127면.

에서 정체성의 혼동을 겪는 대만인의 식민지 경험, 가해자이면서 피해자로 자처하는 일본인의 근대적 경험 등이 어떻게 연관되는지가 잘 드러나기 힘들다.

넷째, 이 책은 국가가 설정한 검인정교과서제도의 벽을 넘기 어려워 '교과서를 보조하는 수업용 공통의 역사부독본'의 형식을 취하고 있다. 그로 인해 간행된 이후 학생 독자에게 유통되는 통로가 제한될 수밖에 없다. 물론 이 교재를 제작하는 3국의 시민운동단체 대표단은 각 나라의 교육 현장에서 이것을 갖고 시범수업을 벌이는 등 공동 역사 교과서 채택 확산을 위한 본격적인 시민교육운동을 펼칠 계획이다. 특히 일본에서는 우익이 주도하는 왜곡 역사 교과서 채택 공세에 대항하는 거점으로 삼을 것이라고 한다. 공동의 교과서 제작과 그 보급을 위한 사회운동의 의의는 충분히 인정하고 그에 연대감을 느낀다. 그러나 교사들이 교과서 선정 과정에서 완전히 배제돼 있는 일본이나 교육이 당과 국가의 통제 아래 있어 교사 등의 자율 영역이 극히 제한된 중국 대륙에서 드러나듯이, 교과서운동이 국가가 주도하는 교과서 제도의 개혁, 더 나아가 교육 전체의 개혁 작업과 연계되어 사회적 합의를 얻어내지 못하면 그 효력이 제대로 발휘될 수 없을 것이다. 이 책의 간행이 바로 이 엄중한 사실을 실천 속에서 절감하는 계기를 가져다줄 테니, 이것만으로도 그 의의가 크다.

3. 매스 미디어와 새로운 역사교육의 가능성—한류 팬 문화

제도 밖에서 제작되어 그 안에서 유통될 '공동 역사부교재'라 해도 (제도 안에서 제작되는 역사 교과서와 마찬가지로) 교과서의 틀을 유지하는 한, 독자의 역사인식 형성에 작용하는 역사교육의 효과면에서 한계가 있는 것은 아닌지도 따져볼 필요가 있다. 나카무라 데쓰는 일본의 역사교육에 대해서, "학교에서 배우는 역사의 과목은 암기물로 되어 생도는 역사에 대한 흥미를 잃어버린다. 이것이야말로 일본의 역사교육의 최대의 문제라 할 수 있다. 일본인은 역사의식이 약하다고 하는데, 이러한 역사교육에 한 원인이 있다"고 지적하는데,13) 사실 이것은 동아시아 여러 국가의 역사교육의 현장에서 공통적으로 발견되는 문제라 하겠다. 그렇기 때문에 우리는 과거의 기억을 전달하는 데 있어 역사 교과서(내지 부독본)와 다른 통로인 매스미디어에 관심을 갖지 않을 수 없다.

여기서 테사 모리스 스즈키가 '해석으로서의 역사'와 구별하여 '일체화로서의 역사'를 강조한 발상은 음미해볼 가치가 있다. 둘 다 우리가 과거와 만나는 방식이지만, 전자는 과거의 원인이나 결과에 대한 사실의 지식이나 지적 이해를, 후자는 상상력이나 공감에 의한 과거와의 만남을 뜻한다. 특히 과거에 산 사람들과의 공감적 관계를 맺는, 과거에 산 타자와의 일체화는 종종 현재에서의 우리의 아이덴티티를 돌아보는 기반이 된다. 일체화로서의 역사의 강력한 통로는 매스미디어이다. 매스미디어에는 과거의 사건에 대해서의 다양한 목소리나 이미지에 폭넓게 접근시키는 힘이 있다.14) 이러한 미디어를 창조적으로 이용하고 국가간 경계를 넘어 역사를 전달하는 것이 지금의 시대에는 특히 중요하다는 그녀의 지적에 필자는 동의한다.

이런 관점에 볼 때, 지금 동아시아에서 활발한 대중문화 교류는 새로운 의미를 갖는다. 소비주의와 전자통신 기술의 진보로 인해 문화적으로 강하게 연결되어 가는 동아시아 나라들에서 형성되는 대중문화를 이 지역의 상호 이해와 연대를 가져올 동아시아인의 정체성을 양성하면서 서

---

13) 中村哲, 위의 책, 233면.
14) テッサ・モーリス-スズキ, 『過去は死なない: メディア・記憶・歴史』, 岩波書店, 2004, 36면.

양발 대중문화와 경쟁하는 것으로 볼 수는 없을까? 필자는 동아시아발 대중문화의 출현이라는 복합적이고 역동적인 현상을 계기로 동아시아인들이 기존의 국경과 이데올로기부터 상당히 벗어나 자신들의 문화공간을 확보하는 과정에서 '동아시아'적 정체성에 매력을 느끼고 새롭게 아시아를 상상할 길을 열릴 수 있을 것으로 기대하는 편이다. 그런데 그렇게 되기 위해서는 무엇보다 동아시아에서 교류되고 있는 대중문화 영역에서 부추겨지는 상업주의 및 자민족중심주의에 대한 비판의식과 대중문화의 상상력이 결합되지 않으면 안 된다.

비판의식과 대중문화의 상상력이 결합될 수 있는 가능성과 한계를 지금 일본에서 한창 뜨거운 문화현상인 한국 드라마 '겨울연가'의 팬 문화에 대한 사례를 통해 점검해보자.

겨울연가 팬의 특징의 하나로 능동적인 팬의식을 지적하는 모리 요시타카(毛利嘉孝)의 발언은 눈길을 끈다. 즉 중년 여성들이 다수인 그들은 미디어에 놀아나는 단순한 수동적 소비자가 아니다. 그녀들은 잡지나 인터넷에서 정보를 수집한다든가, 인터넷에서 발신한다든가, 새로운 정보기술을 습득한다든가, 한국어의 공부를 시작한다든가, 한국에 여행한다든가, 그 여행의 보고회와 팬 미팅을 조직한다든가 등 여러 가지 형태로 텔레비의 시청을 자신의 능동적인 문화적 활동으로 다시 짜고 있는 것이다.15)

그런데 그녀들로부터 과연 정치적인 가능성을 끌어낼 수 있을까. 모리 요시타카는 대중문화를 커다란 정치로부터 종종 배제되기 쉬운 여성들이 주체적으로 관여하는 작은 공간으로 간주한다. 그래서 겨울연가를 통해 처음으로 전면에 나선 중년 여성이란 존재가 자신들의 사적인 언어로 한일 관계나 역사를 말하려고 한 것에 주목하고, 거기에서 다양한 정치적 가능성을 발견한다.16) 즉 "그것은 일반적으로 유포되는 양심적 리

---

15) 毛利嘉孝, 「『冬のソナタ』とファンの能動的文化實踐」, 『日式韓流』(毛利嘉孝 編), せりか書房, 2005, 49면.

버럴의 언어와도 편협한 내셔널리즘의 언어와도 다른 것이지만, 사적인 언어이기 때문에 독특한 설득력을 갖고 있다"는 것이다. 그리고 한국에 대한 이 같은 이미지의 변화가 구체적으로는 개인의 사적인 기억이나 역사의 인식을 동시에 새롭게 재구성해 갈 것으로 전망한다. "이러한 경험은 극히 사적인 것일지도 모르지만, 미디어를 매개로 확실히 넓이를 보이고 있다. 그것은 전통적인 의미에서의 이데올로기나 정치에서 보면 작은 실천이고 사적이어서 문화적으로 보일지도 모르지만 바로 그렇기 때문에 확고한 실감을 주고 있다."[17]

물론 이에 대한 비판의 소리도 높다. 하나의 예를 들면, 이와부치 고이치(岩渕功一)는 한일의 새로운 시대를 향한 교류를 역사의 망각과 맞바꿔 진전케 하려는 일본 정부의 태도를 비판하고, 한류의 침투와 한일문화 교류의 진전이 특히 재일한국인에 대해 긍정적인 형태로 영향을 미치는 한편으로 그것과 표리일체를 이루듯이 부정적인 반북조선 감정이 폭발하고 있는 사실을 날카롭게 지적한다.[18]

그럼에도 불구하고, 그 역시 대중문화 교류가 일본·한국·재일한국인의 사이에 새로운 관계성을 구축하기 위한 상상력을 키우고 있다는 점을 인정한다. 필자는 한류를 비롯한 동아시아 대중문화의 상호 교류—이것을 '아류(A流)'라고 부를 수 있지 않을까—가 동아시아 대중에게 일상적 삶에서 국경을 넘나드는 다문화 체험의 기회를 제공한다는 점에서 긍정

---

16) 일본에서 한국을 말하는 두 개의 공적인 방식이 있는데, 하나는 비교적 리버럴한 또는 좌파 지식인에 공유되는 공적 언어로서 식민지주의 역사를 정확히 인식하고 일본의 진지한 반성에 기반한 한일 관계를 구축하려고 하는 것이라면, 다른 하나는 편협적인 내셔널리즘과 역사에 대한 무반성에서 오는 차별적이고 편견에 찬 한국에 대한 언어로서 공적인 미디어에서는 그다지 이야기되지 않지만 일상적 회화에서는 '혼네(本音)'으로 칭해지며 종종 분출된다. 그런데 그녀들이 그간 입안에서 우물거리며 제대로 말하지 못한 이유는 이 둘 사이에서 자기 자신의 언어가 결락되어 있다고 느꼈기 때문이다. 겨울소나타가 결정적이라면 그러한 여성들에게 한국을 말하기 위한 어휘를 그녀들에게 처음으로 제공했기 때문이다. 毛利嘉孝, 위의 책, 44~45면.
17) 毛利嘉孝, 위의 책, 47~48면.
18) 岩渕功一,「韓流が『在日韓國人』と出會ったとき」, 위의 책, 130~131면.

적으로 보면서, 다만 과연 이 경험이 동아시아인 서로의 삶의 문제에까지 마음 쓰는 감수성 계발로 이어지기 위해서는 '비판적 지역의식'의 매개가 요구된다고 강조하는 편이다.[19] 따라서 '겨울연가'의 팬문화에 대해서도 이 사적인 상상력을 비판적 역사인식과 결합시키고 자기 변혁, 사회 변혁이란 현실적인 프로젝트로 이어갈 것으로 낙관할 수 있을지, 또 그렇게 되도록 비판적 지식인이 개입할 틈이 있을지 몹시 궁금해하고 있는 중이다. 현재 일본의 '새로운 역사 교과서'로 인해 발생한 한국과 일본 간의 역사인식의 갈등을 치유하는 데 그들의 새로운 '정치적 가능성'이 일정한 기여를 할 수 있다면, 역사교육의 새로운 가능성이 열리는 것이다.[20]

4. 맺음말

동아시아인이 당면한 역사인식의 갈등을 종식시키기 위해서는 역사 교과서와 교육을 재구성하는 작업이 일차적으로 필요하다. 그것은 국가의 교육제도 안과 밖의 영역에서 이뤄지는 중층적 활동을 유기적으로 연결하는 유연한 발상에서 수행해야 한다. 그런데 제도 밖에서 제작되어 제도 안으로 진입하려는 공동의 역사부교재는 물론이고 제도 밖에서 제작·유통되는 매스미디어 프로그램 소비자의 문화활동도 역사교육의 새로운 영역으로서 우리가 좀더 적극적인 관심을 기울여야 마땅하지만, 이 영역의 효과가 학교 역사교육에 커다란 쓰나미를 일으키도록 힘을 모아

---

19) 이런 주장은 일찍이 백영서, 「대만 한국열풍」, 『한겨레신문』, 2001년 6월 26일자에서 밝힌 바 있다.
20) 그렇지 못할 때는 일본의 한류 붐으로 한국에 대해 우호의 감정이 생겼는데, 왜 한국에서는 그에 상응하는 일본에 대한 좋은 감정이 안 생기고 오히려 양국간에 분쟁이 생기는지에 이해 못해 실망하는 일본인도 나타날 수 있다.

야 한다. 왜냐하면 우리가 학교를 통해서 우리 자신의 공적 가치, 아이덴티티, 염원을 명료하게 표현하고 전달하는 현실을 무시할 수 없기 때문이다.

이미 역사 교과서 문제를 포함한 역사인식의 문제는 동아시아 국가간 역사전쟁의 쟁점인 동시에 개별 국가의 발전전략의 방향을 둘러싼 일국 내 사회 세력간의 역사전쟁의 쟁점으로서 상호 깊이 연결되어 있음은 우리가 목도하는 바이다. 따라서 역사 교과서 문제의 해결은 올해를 동아시아 개별 국가 내부의 평화와 국가간의 평화를 정착시키는 '이중 프로젝트'가 착수되는 대전환의 원년으로 기억되게 하는 중요한 실천 의제(agenda)가 될 것이다.

이 의제를 온전히 수행해나가기 위해서는, (위에서 확인한 바 있는) 20세기 역사 교과서를 지배해온 역사관 즉 국민국가를 역사발전의 보편적 추동력으로 설정하는 일국 중심의 발전단계론적 진보사관을 넘어서 새로운 역사관을 모색해야 한다. 그리하지 않으면 동아시아 역사전쟁의 휴전은 이뤄지더라도 평화의 정착은 불가능하다. 이것은 구체적으로 개별 국가의 발전전략에 대한 성찰로부터 시작해 중장기적으로 도달할 목표라 하겠다. 여기서 이 과제의 중요성을 일깨워준 작은 사례를 소개하겠다. 한국의 한 노정치학자가 한국이 일제 일본 식민지를 겪은 덕에 일본식 발전의 길을 걷게 되었으니 식민 지배는 한민족의 축복이라고 주장한 글을 일본의 『세이론(正論)』지에 발표한 사실이 한국에 보도되면서, 한국 내에서 작은 물의를 빚었다. 일본 극우파의 논리를 빼닮은 이 글은, 지난 반세기 동안 일본의 노선을 따라 '선진조국' 건설에 앞장서 온 한국 사회의 주류층인 '친일파'들이 노무현 정부가 친일파 문제를 포함한 과거사 문제를 법적으로 제도적으로 처리하겠다고 나선 데 대한 초조감에서 나온 것이다. 그런데 이것이야말로 역설적으로 대한민국의 역사와 정체성을 정면으로 바라보게 하는 악인으로서의 자기 역할을 수행하고 있는 게 아닐까. 왜냐하면, "개혁이라는 이름 아래 '선진한국' 건설과 '친일 진상 규명'을 동시에 이루려고" 하는 노무현 정부와 집권 여당도 "말로는 극일(克日)을 부르짖으면서 실제로는 친일파의 노선과 크게 다르지 않은 길을 가고 있"지 않은지 엄중하게 따져보자는 성찰을 공론화했기 때문이다.21) 바야흐로 한국과 일본 모두 21세기 발전전략(그랜드 디자인)을 둘러싼 논쟁에 직면해 있다.

끝으로, 역사 전쟁을 종식시키는 궁극적인 동력은 인간이 담긴 역사를 탐구하는 '진지함'에 있다는 점을 확인해두고 싶다.22) 역사적 해석이 사실에 맞느냐 맞지 않느냐를 둘러싼 불모라고조차 생각되는 논쟁이나, 검인정 제도에 기대어 제국주의를 미화하는 역사 교과서의 출현을 방조하는 행위를 떨쳐버리고, 억압하고 군림하는 것보다 평등하고 민주적인 인간 관계가 얼마나 더 기쁜 것인지를 마음 깊은 곳에서 누구나 느끼도록 교육해야 한다. 이것은 인간에 대한 예의를 가르치는 것이다. '망각(忘却)'의 반대말은 기억이 아니라 '정의'23)임을 받아들이는 감수성의 변혁이야말로 새로운 역사 교과서와 교육을 재구성하는 데 필요 불가결한 요건이다. 올해가 평화의 '이중 프로젝트'가 착수되는 원년이 될 것인가. 우리는 지금 결단을 요구받고 있다.

* 이 글은 한국의 한국학중앙연구원과 동경대학 교육학부가 공동 주최한 심포지엄 '일한 역사 교과서의 현재와 미래'(동경대학 : 2005년 4월 6일)에서 발표한 필자의 문장 후반부를 부분적으로 수정한 것이다.

---

21) 『한겨레신문』, 2005년 3월 7일자 황대권 칼럼. 박정희 발전모델에 대한 본격적인 검토는 계간 『창작과비평』, 2005년 여름호에서 황대권, 백낙청 등에 의해 이뤄졌다.
22) 사람들이 과거의 의미를 창조하는 과정에의 '진지함'에 대한 논의는 テッサ・モーリス-スズキ, 『過去は死なない : メディア・記憶・歴史』, 33~36면.
23) 유태인역사학자 Yosef Hayim Yerushalmi가 1987년 프랑스에서 열린, '리용(Lyons)의 屠殺者'라고 불린 나치당원 클라우스 바비(Klaus Barbie)의 재판을 회상하면서 한 말. Harvey J. Kaye, *The Power of the Past : Reflections on the Crisis and the Promise of History*, University of Minnesota Press, 1991, p.159.

국민국가의 안과 밖

동아시아의 영유권 분쟁과 역사논쟁에 부쳐

임지현(사학) 지음

국가주권, 제한주권, 간(間)주권

동유럽 국가들이 아직 '유럽연합'에 가입하기 전의 일이다. 바르샤바에서 무심코 『가제타 뷔보르차(*Gazeta Wyborcza*)』라는 폴란드의 일간지를 읽다가, 흥미로운 기사 하나가 눈에 들어왔다. 폴란드 의회가 엄밀한 기술평가나 환경평가도 하지 않은 채 체코의 핵발전소 건설 프로젝트를 승인했다는 비판기사였다. 폴란드 의회의 무능과 부패를 질타하는 이 짧은 기사에 대한 내 관심은 정작 다른 데 있었다. 주권국가인 체코가 자신의 '고유한' 영토 내에 자기 돈으로 부족한 전력을 보충하기 위해 핵발전소를 짓는데 왜 폴란드 의회의 승인이 필요한가 하는 의문이 기사를 읽는 내내 떠나지 않았다. 나중에 안 사실이지만, 체코의 핵발전소 프로젝트는 비단 폴란드 의회뿐만 아니라 슬로바키아나 헝가리 등 이웃 나라들의 승인을 얻어야만 실현 가능한 것이었다. 폴란드나 슬로바키아가 핵발전소를 짓는다 해도 사정은 마찬가지이다.

그제서야 나는 벨로루스의 기억을 떠올렸다. 10여 년 전 우연히 벨로루스를 방문할 기회가 있었는데, 노보그로덱(Nowogrodek)에 있는 미츠키에비츠(Adam Mickiewicz)의 생가를 둘러보고 그로드노(Grodno)로 돌아오는 길이었다. 오래 된 집단농장들과는 달리 슬라브 벽돌로 조잡하게 갓 지은 듯한 집들이 늘어 선 새로운 마을들이 자주 눈에 띄었다. 동행한 그로드노 대학의 친구에게 물으니, 체르노빌의 원자력 발전소 폭발 때문에 방사능으로 오염된 지역의 주민들을 이주시키기 위해 만든 새로운 정착촌이란다. 정작 우크라이나의 대부분 지역은 멀쩡했지만, 이웃한 벨로루스는 바람의 방향 때문에 전 국토의 삼분의 일 가량이 심각한 방사능 오염으로 더 큰 고통을 겪어야만 했다는 것이다. 그나마 소비에트 연방 시절이라, 우크라이나와 벨로루스 간에 심각한 갈등이나 충돌을 면할 수 있었을 것이다.

체르노빌의 예에서 보듯이, 군소 국가들이 조밀하게 국경을 맞대고 있는 동유럽의 경우 핵발전소는 이미 그것을 짓는 개별 국민국가 '고유'의 영토에서 일어나는 주권의 경계를 넘어 지역 전체의 사활이 걸린 문제이다. 체코의 핵발전소 프로젝트가 폴란드 등 이웃나라의 승인을 전제로만 가능하다는 것은 지역 전체의 이익을 위해 체코의 주권이 제한될 수도 있다는 것을 의미한다. 중금속 미세먼지를 잔뜩 안고 한반도의 봄을 공습하는 중국의 황사도 마찬가지이다. 마구잡이로 나무를 베서 사막화를 촉진하든 근대화를 앞세워 오염물질을 마구 배출하든, 중화인민공화국이라는 국민국가의 경계 내에서 일어나는 한 그것은 중국의 주권 문제이다. 그러나 중국의 중금속 황사, 황해와 동해 연안에 속속 들어서는 각국의 핵발전소나 바다오염 등등의 문제는 더 이상 한 국가의 주권적 결정에 맡겨 둘 수 없는 동아시아 공동의 문제인 것이다. 이 지점에서 근대적 국제질서를 규정하는 국가주권의 원칙은 더 이상 신성불가침의 보편원리로 작동하지 않는다.

물론 식민지나 반식민지의 경험이 있는 나라들에게 주권은 여전히 신성불가침의 원칙이다. 신성불가침의 주권을 제한하는 '제한주권론'은 이미 1968년 바르샤바 조약군의 프라하 침공을 정당화하는 논리로 사용되었다. 역사의 진보와 과학적 진리를 담보하는 사회주의의 대의를 위해서 사회주의 형제국들의 주권은 제한될 수 있다는 것이 브레즈네프의 논리였다. 또 보편적 인권을 내세워 미국의 헤게모니에 저항하는 주변부 국가들의 주권을 유린하고 그것을 정당화해온 팍스 아메리카나의 논리도 일종의 '제한주권론'이라 할 수 있다. 세계평화를 저해하는 악당국가들에 대한 '예방적 공격(preemptive action)'의 이름으로 이라크 침공을 감행한 부시 행정부의 정당화 논리도 그것이다. '제한주권론'은 요컨대 제국의 논리인 것이다.

그러나 '제한주권론'이 제국의 논리라고 해서, 그에 대한 조건반사로서 '국가주권'의 신성불가침성이 정당화되는 것은 아니다. 동유럽의 핵발전소나 중국의 황사 등 동아시아의 환경 문제에서 보듯이, 신성불가침의 주권 논리가 동아시아의 산적한 문제들을 해결하는 단서를 제공해주리라고 믿기는 어렵다. 동아시아에 사는 주민들의 삶의 조건이나 그로부터 비롯된 요구가 이미 그러한 논리를 넘어서는 것이다. 동아시아 주민들의 현실적 삶의 관점에서 보면, 제국논리로서의 제한주권론이나 그 대항논리로서의 국가주권의 신성불가침성을 넘어서는 새로운 시각이 요구되는 것이다. 나는 '간주권(inter-sovereignty)'론을 잠정적인 대안으로 제시하고자 한다.

나는 '간주권'이라는 용어가 이미 사용되고 있는지 또 그렇다면 국제법이나 국제정치학의 영역에서 얼마나 정교하게 가다듬어져 있는지 알지 못한다. 단지 개인과 개인 간의 소통이 '간주관성(inter-subjectivity)'을 바탕으로 이루어지듯이, 국가와 국가 간의 소통 혹은 민족집단과 민족집단 간의 소통이 '간주권'을 바탕으로 이루어질 수 있지는 않을까 하는 소박한 바람은 있다. 특수성의 논리로 무장한 개별 '국가주권'의 신성불가침

원칙이나 '진보'나 '인권' 등의 보편 논리로 무장한 제국의 논리를 넘어서, 각각의 개별국가가 갖는 개별성(singularity)을 존중하면서 그 개별성들이 서로 소통하고 교차하는 '간주권'의 장에서 집단적 삶의 보편성을 찾을 수 있지 않을까 하는 희망이 내 제안에는 담겨 있다.

물론 그 문제의식은 기존의 완강한 국민국가체제를 넘어서자는 점에서, 월러스틴이 자본주의 세계체제를 설명하는 틀로 제시한 '국가간 체제(interstate system)'와는 다르다.[1] '간주권'은 기존의 국민국가체제를 현실로 인정한다는 점에서 잠정적인 대안이 될 수밖에 없지만, 현재의 국민국가체제는 인간의 집단적 삶에 자연스러운 부동의 현실이 아니라 극복할 수 있고 또 극복되어야 할 현실로 간주한다. 동아시아 주민들의 현실적인 삶의 요구에서 출발하여 '국가간 체제'의 균열을 찾고 그 틈새를 비집고 나와, 근대 국민국가체제의 틀 속에 포박되어 있는 우리의 상상력을 해방시키는 계기로 작동할 수 있지 않을까 하는 바람의 산물인 것이다. '간주권'에 대한 내 생각은 더 다듬어져야겠지만, 그것은 나만의 몫이 아니라 밑으로부터의 동아시아 연대를 추구하는 모든 동아시아 지식인들의 몫이 아닐까 한다.

---

1) 월러스틴 또한 최근의 주요 저작들에서 자본주의 세계경제와 연결된 국가간 체제를 넘어서기 위해서는 개별 국민국가 단위에 갇혀 있는 구좌파의 변혁적 사고나 국가성에 대한 역사적 대안을 제시하지 못한 민족운동의 차원을 뛰어넘어야 한다고 역설한다. 예컨대 Immanuel Wallerstein, *After Liberalism*(New York : The New Press, 1995), p.7; Immanuel Wallerstein 외, 송철순·천지현 역, 『반체제운동』(창작과비평사, 1994), 41면, 46면, 156면 등을 보라.

국경과 변경

동아시아의 국경지대는 여전히 지뢰밭이다. 지금 동아시아의 평화는 바닷길에까지 뻗쳐 있는 이 지뢰밭에 발목 잡혀 있다. 시마네 현의 '다케시마의 날 조례' 제정을 계기로 현해탄을 뜨겁게 달구고 있는 독도/다케시마, 중국과 일본의 영유권 분쟁을 불러일으킨 띠아오위타이/센카쿠 열도, 러시아와 일본이 팽팽하게 신경전을 벌이는 쿠릴열도, 고구려사 논쟁과 연결되어 중국과 한국 사이에 시한폭탄처럼 가로놓인 간도, 또 시야를 약간 남서쪽으로 돌리면, 중국·베트남·대만 등 6개국이 영유권을 다투고 있는 남사군도와 말레이시아와 인도네시아가 서로 '우리 고유의 영토'라고 우기는 동칼리만탄 섬이 있다.

분쟁 당사국들은 모두 이 분쟁 지역이 먼 옛날부터 '우리나라 고유의 영토'라고 주장한다. 특히 독도/다케시마나 띠아오위타이/센가쿠열도 처럼 무인도의 경우, 현지 주민과 본토 주민과의 문화적 유대를 주장할 아무런 근거가 없기 때문에 역사 자료에 의존할 수밖에 없다. 그래서 각자 그것이 '우리나라 고유의 영토'임을 입증할 만한 역사 자료를 찾아내고자 혈안이다. '신성한 우리 국토'에 대한 애국적 역사가들의 도움으로 다행히도 이들 국가들은 모두 그것이 '우리 고유의 영토'임을 입증하는 자료들을 제시할 수 있게 되었다.

그러나 문제는 분쟁 지역에 대한 이들 역사자료들이 상대방을 납득시킬 만큼 누구의 눈에도 공평무사하고 객관적인 증거를 제시하지 못한다는 점이다. 자신의 눈에만 나름대로 객관적인 증거일 뿐이다. 그래서 국경분쟁은 곧 역사논쟁으로 비화한다. 그것은 더 이상 객관적 사실의 영역이 아니라 주관적 해석의 영역이다. 역사자료를 통해 분쟁이 종결되는 것이 아니라 서로 다른 주장이 이제는 역사까지 등에 업고 팽팽한 평행선을 달릴 뿐이다. 17세기 도쿠가와 막부의 '도해면허'가 독도에 대한 일본의 실효적 지배를 의미한다는 일본 학계의 주장과 오히려 외국임을 입증한다는 한국 학계의 반박은 한 예일 뿐이다.

이런 관점에서 보면 대마도/쓰시마가 한국 영토라고 의결한 마산시 의회의 주장도 근거가 없는 것은 아니다. 쓰시마 박물관에 가면, 대마도를 지배한 '소(宗)' 가문은 도쿠가와 쇼군체제의 신하이자 조선 왕국의 관리였다는 공식문서를 발견할 수 있다.[2] 그러므로 대마도는 일본이자 한국이며, 부산/마산의 지역사의 일부이기도 했던 것이다. 물론 시네마현의 '다케시마의 날 조례'와 비교해 볼 때, 마산시의 '대마도의 날 조례'는 한국에서조차 단순한 에피소드로 치부될 뿐 큰 반향은 일으키지 않았다. 그것은 무엇보다도 현재 일본어를 사용하고 자신을 일본인이라고 생각하는 주민들이 살고 있기 때문이다. 그렇다고 해도 대마도의 주민들이 언제부터 일본인이라는 정체성을 가졌는지를 따지자면, 그 역시 간단한 문제는 아니다.

나는 여기에서 동아시아의 영유권 분쟁에 대한 역사적 시시비비를 가리자는 것이 아니다. '우리 고유의 영토'라는 관념이나 현재의 국경이 오래 전부터 확립된 '자연적 경계'라는 편견이 시민사회의 역사의식을 지배하는 한, 민족주의라는 규율권력에서 벗어날 수 없다는 점을 지적하자는 것이다. 독도/다케시마나 센가쿠/띠아오위타이와 같은 망망대해에 떠 있는 작은 바위덩어리를 '우리 고유의 영토'에서 떼어내면 마치 자신의 팔다리를 떼어내는 것 같은 아픔을 동아시아의 주민들이 느끼는 한, 공동의 문제에 대처하기 위한 동아시아 시민연대의 미래는 없다. 먼 옛날부터 우리 고유의 신성한 영토라는 근대 국민국가의 '지리적 신체' 개념을 벗어나 '변경연구(border studies)'의 관점에 섬으로써 영유권 분쟁이라

---

2) Tessa Morris-Suzuki, "An Integral Part of Our National Territory : Frontiers and the Image of the Nation in Japanese History", 한양대학교 비교역사문화연구소 창립기념 국제심포지움 "Frontiers or Borders?"(23~24 April, 2004) 발표논문. 임지현 편, 『근대의 국경, 역사의 변경』(휴머니스트, 2004), 204면.

는 동아시아의 지뢰밭을 통과할 수 있는 가능성을 탐색하자는 것이다.

"세계사는 경계 위에서만 가장 잘 관측될 수 있다"[3)]는 빌라(Pierre Vilar)의 말을 빌지 않더라도, 근대의 국경은 자연적 경계도 역사적 경계도 아닌 현재의 정치적 경계일 뿐이다. 자신의 고향인 애버가버니(Abergavenny) 사람들에게 웨일즈인이나 잉글랜드인이나 모두 타향 사람이었을 뿐이었다는 레이몬드 윌리엄즈(Raymond Williams)의 회고나[4)] 민족적 정체성을 묻는 1931년 폴란드의 설문조사에서 러시아인도 폴란드인도 아닌 그저 '이곳 사람(tutejszy)'일 뿐이라고 답한 '포드레시에(podlesie)' 농민들의 태도는 변경적 정체성이 민족적 정체성보다 더 자연스러운 것임을 분명하게 말해준다.[5)] 복수의 점들로 산포된 변경 지역에 살았던 이들의 삶과 의식을 국민국가의 단일한 '선'으로 획일화하고 재단하려는 시도는 국민국가의 폭력성을 여실히 드러내줄 뿐이다.

변경의 관점에 설 때, 독도 · 대마도 · 간도 등 분쟁의 대상인 변경은 서로 다른 사람들이 공유하는 친근한 삶의 터전이자, 경쟁하면서도 다양한 삶의 경험을 나누던 문화적 교류의 장으로 이해된다. 한국이냐 일본이냐는 배타적 질문에서 벗어나 그곳을 삶의 터전으로 삼아 온 양국의 주민들에게 초점을 맞출 때, 독도는 고통스러운 과거의 유산이 아닌 동북아 역사의 풍요로움과 다양성을 머금은 미래의 유산으로 드러나는 것이다. '변경'의 관점에서 '국경'의 문제를 바라보자는 것도 바로 이러한 이유에서이다. 독도/다케시마를 배타적으로 독점하려는 한일 양국 민족주의자들의 요란한 구호에 묻혀버리기는 했지만, 일본의 우파에 대해서

---

3) Peter Sahlins, *Boundaries : The Making of France and Spain in the Pyrennes*(Berkeley : University of California Press, 1989), p.xv.

4) Chris williams, "On the Razor's Edge : Understanding Borders in Modern History", 한양대학교 비교역사문화연구소 창립기념 국제심포지움 "Frontiers or Borders?"(23~24 April, 2004) 발표논문. 임지현 편, 『근대의 국경, 역사의 변경』, 65~66면.

5) Jie-Hyun Lim, "The national question in Poland", in Stefan Berger and Angel Smith eds., *Nationalism, labour and ethnicity 1870~1939*(Manchester : Manchester University Press, 1999), p.136.

뿐만 아니라 독도에 군대를 주둔시키고 개발하자는 한국 민주노동당의 성명서에 대해 '독도는 원래 괭이갈매기와 바다제비, 수많은 물고기와 파도의 것'이라는 한 환경주의자의 단호한 비판에 주목하는 것도 이러한 이유에서이다.6)

물론 현재 동아시아의 국제질서를 규정하는 국민국가의 경계를 부정하자는 것은 아니다. 현실정치에서 그것은 불가능할뿐더러 바람직하지도 않다. 우선은 현재의 경계를 바탕으로 대화와 타협을 통해 상호 국경선을 국제법적으로 인정하는 범 동아시아 차원의 국제조약이 필요할 것이다. 2차 대전 직후 폴란드에 할양한 동프로이센의 영토를 영구 포기한 독일이나 그 대신 동부 변경 지역을 리투아니아·벨로루시·우크라이나 등에 양보한 폴란드의 예가 이미 있는 것이다. 라살레(Ferdinand Lassale)가 잠들어 있고 가장 독일적인 대학도서관을 갖고 있는 브로츠와프 / 브레슬라우(Wrocław / Breslau)나 귄터 그라스(Guenther Grass)의 고향이자 한자동맹의 주요 도시였던 그단스크 / 단치히(Gdańsk / Danzig)에 대한 독일인들의 향수를 고려한다면, 쉽지 않은 결정이었을 것이다. 19세기의 폴란드 지성의 요람이었던 빌니우스 / 빌노(Vilnius / Wilno)나 르비프(L'viv / Lwów)를 양도한 폴란드인들의 심정도 크게 다르지 않았을 것이다.

그러나 영유권 분쟁의 대상인 변경을 배타적인 일국적 공간이 아닌 다양한 문화와 정체성들이 자유롭게 소통하는 공동의 역사공간으로 이해할 때, 상호 이해와 양보의 공간은 넓어질 것이다. 오데르-나이세 선을 독일의 국경으로 재차 인정하는 헬무트 콜(Helmut Kohl)의 선언은 물론 독일통일에 대한 주변국들의 위구심을 무마한다는 차원도 있지만, 독일-폴란드 역사위원회의 꾸준한 작업이나 유럽연합이라는 새로운 정치적 공동체라는 전제가 있었기에 가능한 것이었다. 이처럼 변경의 시선으로 바라 볼 때, 독도와 대마도는, 간도와 만주는, 어느 나라의 국경에 속하

---

6) 변홍철, 「독자투고-독도문제, 일본 풀뿌리와 연대를」, 『한겨레신문』, 2005.03.21.

는가와 상관없이 우리의 유산이자 그들의 유산인 동아시아 공동의 풍요로운 유산이 되는 것이다. 변경의 시선으로 국경의 의미를 새롭게 되새길 때, 1956년 러시아가 약속한 대로 시코탄 섬과 하보마이 군도를 되돌려 받는 것으로 양보하자는 다카하시 고스케나 기타 러시아 전문가들의 반가운 주장이 일본 사회 내에서도 설득력 있는 목소리로 자리잡지 않을까 한다.[7] 변경의 시선이 영유권 분쟁의 평화적 해결을 위한 첫 걸음이 되는 것도 이러한 이유에서이다.

국사의 대연쇄

지도 위에 인위적으로 그어진 선으로서의 '국경'이 사람들의 일상을 어떻게 규율하는가를 보여주는 흥미로운 일화가 있다. 무대는 1차 세계대전 직후 폴란드와 러시아의 변경지대이다. 베르사이유 궁전의 한 방에서 외교 전문가들이 머리를 맞대고 자로 그은 국경을 확정짓기 위해서는 대대적인 측량 사업이 필요했고, 급기야는 최신 장비를 갖춘 측량 기사들이 이곳 변경지대의 오지 마을을 찾아오게 되었다. '그들'이 독립했는지조차 모르는 한 농민이 밭을 갈다가, 이들에게 도대체 무엇을 하는가 하고 물었다. 나라와 나라 사이의 경계를 긋는 국경선을 측정한다고 이들이 답하자, 그 농부는 자기 땅은 어디에 속하게 되느냐고 물었다. 아슬아슬한 차이로 러시아를 비껴나 폴란드에 속하게 된다는 답변을 듣자 이 농부는 안도의 한숨을 쉬며 신께 감사의 기도를 드렸다. 왜냐고? 러시아의 겨울은 너무 추워서 견디기 힘들기 때문이라는 것이다.

---

7) Kosuke Takahashi, "Ending the Russia-Japan Impasse : fresh thinking on the Kurils", *Japan Focus*(2005-04-30). http://japanfocus.org/266.html.

이 일화는 '국경'과 '변경'에 대해 흥미로운 사실을 전해준다. 근대 국민국가의 지배 헤게모니에 포섭된 일반적인 상식으로는 이 농민은 폴란드 사람이기 때문에 폴란드에 속하게 된 데 대해 안도감을 느낄 것이라고 상상한다. 그런데 러시아의 겨울이 폴란드의 겨울보다 더 견디기 힘들기 때문이라는 이 농민의 대답은 우리의 상식을 일거에 전복시켜버리는 힘을 보여 준다. 그나마 이 농민의 전복적 상상력은 잘 무장된 해체주의적 이론의 힘이 아니라, 매서운 겨울나기라는 일상의 체험에 굳건히 서 있다. 일상의 경험에 뿌리박은 이 변경 지역 농민의 의식은 언어와 종족이라는 나름대로의 원칙에 따라 동유럽의 지도 위에 마구 국경선을 그어댔던 아르메니아 출신 미국의 지리학자 도미니안(Leon Dominian)의 지식을 비웃고도 남음이 있었다. 성공한 프로야구 선수보다 더 높은 연봉을 미국의 국무성에서 받았던 도미니안의 해박한 지식은 변경 농민의 일상적 삶에서 보면 그야말로 자의적이고 인위적인 것이었을 뿐이다.[8]

그러나 이 일화에서 위에서 제멋대로 그은 국경의 개념을 전복시키는 한 투박한 농민의 전복적 상상력만을 읽어낸다면, 그것은 지나치게 일면적이다. 자의적으로 그은 국경선에 따라 엄혹한 러시아의 겨울과 상대적으로 온화한 폴란드의 겨울을 구분하는 그의 의식은 국경의 경계 안에 포박되어 있는 것이다. 근대 국민국가의 경계 논리에 포섭된 그의 의식은 이 '선' 너머의 겨울은 러시아의 겨울이기 때문에 '선' 안의 폴란드 겨울보다 더 혹독할 것이라는 엉뚱한 논리의 연상 작용을 불러일으킨다. 그러나 현실에서 떨어진 이 논리의 문제점을 지적한다고 해서 러시아와 폴란드의 경계를 가르는 이 농민의 의식이 치유될 것 같지는 않다.

초등학교의 의무교육, 신문과 라디오 그리고 후에는 TV 등의 미디어,

---

8) 도미니안과 동유럽의 경계에 대해서는 Linas Eriksonas, "Historic Borders and Ethnic Arguments in Eastern Europe After 1918", 한양대학교 비교역사문화연구소 창립기념 국제 심포지움 "Frontiers or Borders?"(23~24 April, 2004) 발표논문. 임지현 편, 『근대의 국경, 역사의 변경』, 84~98면.

징병제도를 통한 국민병의 군대교육, 현충일과 같은 국민적 기억의 공식 행사, 다양한 국민축제, 전쟁과 민족적 상처에 대한 크고 작은 기념비 등을 통해 이 엉뚱한 논리는 이 농민의 몸에 그리고 그 아들/딸들의 몸에 각인된다. 그래서 애국가와 기미가요를 부르면서 경건해지고 태극기와 히노마루 앞에서는 차렷 자세를 취하며, 이 국민국가의 상징들은 죽음을 무릅 쓰고 적진에 돌격하도록 신체를 훈련시킨다. 그것은 자연적인 본능의 결과가 아니라, 근대 국가 권력에 의한 훈련의 결과일 뿐이다. '민족' 과 '국민'이라는 추상을 통해 구체적인 '일상'이 갖는 전복적 상상력을 끊임없이 질식시키고, 몸과 의식에 대한 국가 권력의 통제력을 강화한 결과인 것이다. 이 과정에서 역사학의 기여는 아무리 강조해도 지나치지 않다.

19세기 이래 근대 역사학은 국민적 훈련의 가장 중요한 지적 장치였다. '국사(national history)'가 가장 중요하고 당연한 역사적 패러다임으로 받아들여지고, '국사'를 지키는 것이 곧 '국가'를 지키는 것이라는 널리 퍼진 생각 등은 그러한 훈련의 결과이다. 고구려의 역사적 자리매김을 둘러 싼 한국과 중국의 역사논쟁도 같은 맥락에서 이해된다. 이 논쟁은 그 결과에 상관없이, 자기 땅의 경계가 어떻게 그어지는가에 따라 러시아의 겨울과 폴란드의 겨울을 구분하는 허위의식을 불어 넣어주는 계기로 작동한다. 이 '국사'의 배타적 논리는 인위적 '국경'의 경계 안에 그 경계를 넘나들며 다양하고 복합적인 역사를 만들어나간 변경을 억지로 구겨 넣는다. '국경'의 시각은 선을 가로질러 넘나들며 복수의 점들로 산포된 '변경'이 갖는 역사적/문화적 복수성과 다양성을 부정하고 고정시킨다.

근대 국민국가의 관점에서 고구려의 역사를 배타적으로 전유하려는 주장이 지배적인 한, 변경으로서의 고구려 역사가 지닌 문화적 다양성과 역동성은 중국이나 한국 어느 일방에 의해 폭력적으로 획일화되는 것이다. 그 결과 역사적 주체로서의 민중에 대한 요란한 강조에도 불구하고, 정작 고구려 역사의 주인인 고구려인은 설 땅이 없는 것이다. '잡종'으로

서의 역사적 고구려인은 한국 민족의 역사로 통합된 '예맥' 계통과 중국
의 영토로 흡수/통합된 '거란/말갈/여진' 계통으로 해체되어, 한국사냐
중국사냐에 따라 어느 일방의 계통이 강조되고 다른 하나는 배제될 따
름이다.9)

한국과 중국 간의 고구려사 논쟁뿐만 아니라 4년 만에 다시 되풀이되
고 있는 '새 역사 교과서'를 둘러 싼 한국과 일본 간의 역사논쟁도 사정
은 마찬가지이다. 먼 과거의 야마토 조정과 '임나'의 관계나 '도래인'인
가 '귀화인'인가 하는 명칭을 둘러 싼 양국 역사학계의 대립은 '시대착오
주의'라는 공통의 기반 위에 서 있다. 고대 시기부터 '우리나라', '우리
민족', '국민', '일본인', '한국인', '일본문화', '한국문화' 등의 단어가 서
슴없이 튀어나온다. 뿐만 아니다. 고대의 동아시아세계를 그린 역사지도
에도 버젓이 '중국'·'일본'·'한국' 등의 표기가 등장한다. 이는 먼 과거
에서부터 '중국'·'일본'·'한국'이라는 범주가 영속적인 실재로 존재해
왔다는 인상을 심어준다.10) 어려서부터 반복된 훈련을 통해 이러한 사유
체계가 몸에 각인될 때, 따뜻한 겨울인가 추운 겨울인가의 문제는 폴란
드의 겨울인가 러시아의 겨울인가 하는 문제로 전화되는 것이다.

'일본군 성노예'에 대한 의도적 생략을 통한 왜곡이나 남경학살에 대
한 고의적 축소와 같은 몇 가지 문제를 제외하면, '새 역사 교과서'를 둘
러 싼 동아시아의 역사논쟁은 사실상 역사 사실과 왜곡이라는 실증적
차원을 넘어선다. 2001년 판 '새 역사 교과서'의 서문에서 명백히 밝히고
있듯이, "역사는 민족에 따라 각기 다른 것이 당연"하고 "국가의 숫자만
큼 역사가 있어도 조금도 이상할 것이 없다"면 이미 그것은 객관적인 역
사적 진실의 문제가 아닌 것이다. 일본의 민족주의 역사가들에게 한국의

---

9) 임지현, "Between National Sovereignty and Historical Sovereignty", 한양대학교 비교역사
   문화연구소 창립기념 국제심포지움 "Frontiers or Borders?"(23~24 April, 2004) 발표논문.
   임지현 편, 『근대의 국경, 역사의 변경』, 19~34면.
10) Tessa Morris-Suzuki, op. cit., pp.197~199.

국정 교과서를 본받으라고 촉구한 「산케이신문」의 사설만큼 통렬하게 동아시아 역사논쟁의 현주소를 말해주는 것도 없다. 각각의 국민국가가 자국의 '국민적 정체성'을 심어주기 위해 '국사'를 교육하고 또 그것을 정당화한다는 관점에서 보면, 한국의 국정 교과서가 '새 역사 교과서'의 모델이 되는 것이다. 한/일 민족주의의 적대적 공범 관계가 한/일 국사의 적대적 공범 관계로 전화하는 것도 이 지점에서이다.[11]

그렇다면 문제는 더 이상 역사적 진실과 왜곡 여부가 아니다. 또 민족주의의 해체 전략으로서의 해체주의를 '국사'를 정당화하는 상대주의로 바꿔친 민족적 상대주의를 추인하는 것도 아니다. 한국사학계의 실증적 민족주의나 '새 역사 교과서'의 상대적 민족주의를 해체하기 위해서는 '국사'라는 텍스트가 배치되어 온 정치적/사회적/문화적 권력 관계에 대한 질문을 던지는 것이 중요하다. '옳다 그르다'의 차원을 넘어 근대 '국민국가'의 정치적 프로젝트로서 '국사'를 이해해야 하는 것이다. '국사'는 비단 역사교육을 통해서 뿐만 아니라 다양한 국가적 행사, 국립박물관, 역사소설, 티비 드라마와 영화 등을 통해 끊임없이 우리에게 각인된다. 그람시를 패러디한다면, 헤게모니적 장치로서의 '국사'가 시민사회에서 펼치는 이 진지전의 위력은 참으로 가공할 만하다. 헤게모니와 진지전의 문제를 최초로 제기한 그람시조차 '국사'가 파놓은 깊은 참호에서 벗어나지 못했다. 민족—민중 문화를 강조하고 좌절된 리소르지멘토 혁명의 완성을 이탈리아 좌파의 과제로 설정함으로써, 그람씨 또한 이탈리아의 '국사' 패러다임에 포섭되었던 것이다.[12]

제국과 식민지라는 역사적 경험의 비대칭성이 일본의 국사에 대해 한국의 국사를 정당화하는 논리로 작동해서는 곤란하다. 제국에 저항하는

---

11) 임지현, 『적대적 공범자들』(소나무, 2005).

12) Kevin Passmore with Stefan Berger and Mark Donovan, "Historians and the nation-state : some conclusions", in Stefan Berger et. al. eds., *Writing National Histories : Western Europe since 1800*(London : Routledge, 1999), p.7.

이론적 기제로서의 주변부 '국사'가 제국의 역사를 대문자 역사, 즉 역사 해석의 마스터 코드로 간주하는 식민주의의 에피스테메에 기대있다는 원론적인 차원에서 우선 주변부의 국사는 정당화될 수 없다. 더 나아가서는 위에서 언급한 「산케이신문」의 사설이나 최근 한국의 국정 교과서를 비판한 일본 외상의 발언에서 잘 보여주듯이, 한국의 국사 또는 중국의 국사가 '새 역사 교과서'를 정당화하는 기제로 작동하기 때문이다. 지난 몇 년 간 「비판과 연대를 위한 동아시아 역사포럼」이 성취한 한/일 양국의 국사 비판 작업의 성과들이 잘 보여주듯이, 문제는 '유럽세계-동아시아-개별 국민국가'로 이어지는 국사의 대연쇄고리를 끊어버리는 작업인 것이다.

첫째, 세계사적 차원에서 그것은 '국사'의 패러다임이 근거하고 있는 유럽 중심의 세계사에 대한 종속이나 제국과 근대에 대한 욕망을 버림으로써 '길들여진 타자'인 주변부의 역사학을 '스스로 오리엔탈리즘(Self-Oreintalism)'에서 해방시키는 계기가 된다. 둘째, 동아시아 차원에서 그것은 시민사회의 역사의식을 민족주의적으로 규율하고 그것을 매개로 국가의 동원논리를 정당화하는 민족주의의 '적대적 공범 관계'를 해체한다는 데 의미가 있다. 셋째, 개별 국민국가 차원에서 그것은 특정한 헤게모니 집단이 단일한 의지와 이해를 지닌 국민의 이름으로 전체 주민을 대표함으로써 국민 내부의 차이를 은폐하고 억압하는 헤게모니의 해체를 의미한다.13)

'국사'의 패러다임에 입각한 최근의 역사논쟁은 동아시아 민족주의의 '적대적 공범 관계'와 그것을 강화시키는 '국사'의 헤게모니적 역할을 여실히 드러내주었다. '국사'를 해체하는 작업은 따라서 일국적 틀에 갇혀서는 곤란하다. 그것은 동아시아 전체 차원에서 동시다발적으로 이루어져야 할 작업이다. 일국적 차원에서 '국사'의 일방적 해체는 다른 국민국

---

13) 이에 대해서는 임지현, 「국사의 안과 밖-헤게모니와 국사의 대연쇄」, 임지현·이성시 편, 『국사의 신화를 넘어서』(휴머니스트, 2004), 29~30면.

가의 '국사'를 반사적으로 정당화하고, 그것이 일으키는 민족주의의 도
미노 효과는 동아시아 민족주의의 '적대적 공범 관계'를 정당화하는 역
작용을 빚을 수 있기 때문이다. 상호비판과 자기 성찰을 통한 밑으로부
터의 동아시아 연대가 그 어느 때보다도 절실한 시점이다.

일한 교섭 당시 피해자와 유가족의 목소리

오타 오사무(조선근현대사) 지음 / 남효진 옮김

한국 측의 불만과 불신

일한 국교가 정상화된 지 40년이 되는 2005년은 한국 측이 일본의 역사인식 문제를 엄격히 따지면서 시작되었다. 그 경위에 대해서는 이미 많은 논자가 다루고 있으므로 여기서 반복하지는 않겠다. 그런데 한국 측이 문제를 제기하는 그 밑바탕에는 일본 정부나 국민이 역사 문제를 소홀히 한 것에 불만과 불신이 깔려 있다. 그럼에도 불구하고 한국 측의 이런 움직임을 고이즈미 수상이나 일본의 미디어는 "국내의 사정을 참작한 발언"이라고 평하며, 또 어떤 미디어 보도 프로그램에 출연한 코멘테이터는 "이젠 슬슬 어른스럽게 교제를 했으면 한다. 언제까지나 과거에 얽매이지 말고"라고 냉정하게 말했다. 이런 일본의 논조도 일한 대립을 한층 더 깊게 하는 것 같다. 더욱 신경 쓰이는 것은 일본의 미디어가 역사 문제를 대하는 한국 측의 불만과 불신을 종종 '반일'이라는 말로 옮기려 한다는 점이다. 과연 이 '반일'이라는 말은 한국 측이 던지는 질문의 핵심을 정확하게 전달하는가.

이 글은 역사 문제에 관한 한국 측이 갖는 불신과 불만의 핵심을 제대로 이해하기 위한 실마리이며, 일한 국교정상화 교섭 중에 있었던 식민지 지배와 전쟁의 피해자·유가족들의 목소리를 빌어 지금 그들이 일본에 무엇을 요구하는지 다시 한번 생각하고자 한다.

1950년대의 유골 반환·보상을 요구하는 움직임

일한 국교정상화 교섭이 진행되던 1950~60년대에 식민지 지배와 전쟁의 피해자·유가족들은 무슨 생각을 했을까. 1990년대 이후 전후 보상 운동에 대해서는 잘 알려져 있지만, 그 이전의 피해자·유가족들의 양상은 그다지 알려져 있지 않다. 오타 오사무의 『일한 교섭―청구권 문제의 연구』(크레인, 2003)에서 재산을 잃은 사람들, 피폭자, 징용·징병된 피해자, 유가족들의 목소리를 잠깐 검토한 적이 있다. 아래에서는 최근에 찾아낸 자료를 소개하면서 식민지 지배와 전쟁의 피해자·유가족이 무엇을 호소했는지, 우리들은 그로부터 무엇을 읽어내야 하는지 좀더 생각해 보려 한다.

1957년 3월 9일 서울에 사는 K 씨는 다음과 같은 내용의 '탄원서'를 한국 외무부장관에게 보냈다. 한국전쟁 전후 한반도 북부에서 '월남'한 K 씨는 1938년 12월에 아들이 일본군에 지원병으로 징용되었다. 아들은 1942년에 제대했지만, 1944년 5월에 다시 '소집'되어 필리핀으로 파견되었다. 같은 해 8월까지는 연락이 있었지만 그 후 소식이 두절되었다. 1957년 3월 6일에 열린 후생대신이 일본 중의원에서 한 답변에 따르면, 유해가 사세보 혹은 구레(吳: 히로시마시 남동에 있는 항구—옮긴이)에 보관되어 있다는 것이다.

　　외롭고 불쌍한 신세로 30여 년 간 초조하게 지내며 쌓아 온 원한을 푸는 의미에서 유해가 남아 있다면, 이번 계기에 송환해주시고 그에 따르는 문제를 완전하게 해결해주시기를 간절히 부탁드립니다.[1]

라고 K 씨는 호소했다. 현재 확인할 수 있는 공식자료 중에서 유가족이 유골의 반환을 요구하는 청원서를 한국 정부에 제출한 최초의 사례다. K 씨가 어떻게 일본 국회의 질의응답을 알고 정부 당국에 탄원서를 제출했는지는 알 수 없지만, 아마도 탄원서를 낸 것이 한국전쟁 직후라는 혼란한 상황 속에서 유골조차 돌아오지 못한 자식을 생각하는 늙은 아버지가 직접적으로 할 수 있던 최대가 아니었을까.

　다른 자료를 하나 더 소개한다. 한국 주일대표부 오사카사무소가 본국 외무부장관에게 보고한 공문은 1950년대 말 재일(在日) 한국·조선인의 피해자·유가족들의 유골 반환 요구 움직임이 있었던 것을 기록하고 있다. 이 자료를 보면, 1958년 5월 15일에 희생자 유골의 조사, 수집, 봉환 사업을 적극적으로 추진할 목적으로 '태평양전쟁희생동포위령사업실행위원회'가 결성되었다. 그 취지문의 내용은 다음과 같다,

　　희생동포의 대다수가 남태평양제도에서 폭사, 학살의 원혼이 되었고, 일부는 일본 국내의 탄광·군사·철도 시설의 몰아치기 공사장에서 비인간적인 학대를 받으면서 중노동을 하다가 아사하거나 병사하고 학살당하였으며, 또 해방 직후 …… 우키시마마루(浮島丸)호가 마이쓰루항구에서 원인불명의 폭발로 …… 약 2,000명의 동포가 해방 조국을 눈앞에 두고 무참하게 폭사했다. 그 가해 책임자인 일본 정부 당국이 당연한 정치적 책임을 지고 이런 희생자들의 유골을 조사,

---

1) 「태평양전쟁 중 전사한 한국인 유해에 관한 건」, 외무부장관으로부터 주일공사관, 1957년 3월 18일, 「재일한국인 유골봉환, 1958~65」, 『한국외교문서』 분류번호791 41 (원문은 한국어, 이하 동일).

수집, 송환, 위령사업을 완수해야함에도 불구하고, 그들은 조사 자료의 제시마저도 거부하고 있다.[2]

GHQ(연합국군최고사령관총사령부-옮긴이) 점령 아래에 있던 일본 후생성 복원국이 약 8,000여 명의 명부와 유골 일부를 1948년 2월과 6월 두 번에 걸쳐 이미 반환하였다. 그렇지만 그것은 일본에 존재하는 유골의 극히 일부에 지나지 않는다. 그 후 1952년과 1956년 일본 정부는 한국 정부에게 유골을 반환하겠다는 제안을 했다. 1956년 일본 정부는 한국 정부의 요청에 따라 후생성에서 보관하고 있던 유골의 '한국인 전몰자 명부'(2414명분)를 한국 측에 보냈다. 그 후 일본과 한국 양국 정부간에 유골 반환 문제로 몇 번인가 접촉이 있었는데, 일 한교섭이 재산청구권 문제에 중점을 두면서, 아니 그보다 일한 양국 정부가 유골 반환 문제에 그다지 열의가 없었기 때문에 보류되었다.

이처럼 한국전쟁의 발발과 그 폐허에서 일어서는 부흥의 시대에도 피해자·유가족들의 유골 반환과 보상을 요구하는 독자적인 움직임이 있었던 것에 주목해야 한다.

일한 교섭 타결 전야의 유골 반환, 보상요구운동

1964년 3월 마침 한국에서 '한일조약'반대운동이 본격화될 무렵, '한국인전몰자유골봉안회' 회장인 재일 한국인 강위종 씨가 방한하여 아시아태평양전쟁에서 희생된 2,000여 '한국인'의 유골이 일본 후생성의 창고에 보관되어 있는 사실을 3월 20일자 『조선일보』를 통해 알렸다. 강 씨

---

2) 「태평양전쟁 중 희생동포 위령사업 실행위원회취지서」, 위의 책.

는 해방된 지 18년이 지났고 한일 교섭도 13년째가 되었음에도 유골 반환 문제가 해결되지 않는 현 상황을 비판하고, 유골이 조속히 반환되기를 호소했다. 강 씨는 나아가 보상 문제에 대해 다음과 같이 주장했다.

> 일본 정부가 제2차 대전시에 징용되어 사망한 일본인 유가족에게는 보상금을 지급한 것으로 미루어 보건대, 한국인 유가족에게도 보상금을 지급하도록 당연히 한일회담에서 논의해야 한다.[3]

'전(前)일본군재일한국인상이군인회'가 수상관저나 국회를 방문하여 전후 보상 요구를 한 것은 오시마 나기사(大島渚) 감독의 다큐멘터리『잊혀진 군대』에 묘사되어 아는 사람도 많다. 그렇지만 같은 시기에 민간단체 '한국인전몰자유골봉안회'가 피해자들의 유골 반환, 보상요구운동을 하고, 방한해서 실정을 호소한 것, 나아가 그 신문보도를 계기로 한국국회에서 논의가 본격화된 것은 지금까지 그다지 알려지지 않았다. 나아가 위와 같은 강 씨의 발언으로 알 수 있는 것은 적어도 강 씨와 '한국인전몰자유골봉안회'는 보상 문제에서 국적 차별을 간파하고 그 차별의 극복을 꾀했다는 것이다.

마침 이 시기에 한국에서는 아시아태평양전쟁의 피해자 및 유가족으로 구성된 '사단법인 범태평양동지회 추진위원회'가 국회외무위원회에 청원서를 제출하여, 처음으로 피해자의 보상과 유골 반환 등 전후 보상 문제가 본격적으로 한국국회에서 논의되었다.[4] 이 '범태평양동지회'는 1947년 초에 결성된 '태평양동지회'의 후신이며, 한국전쟁 후 그 활동을 중단했다. 이번에 찾아낸 자료에는 그 중심 멤버가 앞의『조선일보』기사를 보고 '준비위원회'를 만들어 국회에 청원서를 제출한 것이 실려 있다.[5]

---

3)『조선일보』, 1964년 3월 20일.
4) 오타 오사무, 『일한 교섭―청구권문제의 연구』, 크레인, 2003, 311~313면.
5)「제2차대전 때 희생된 한국인(군인, 군속 등)의 유골문제」, 1964년 7월 2일,『한국외교문서』.

그 후 '준비위원회'는 5월 3일에 전국임시총회를 열어 정식으로 '사단법인 범태평양동지회'를 발족하고, 활동현황보고(재일유골봉영 대책, 보상 문제, 무연고유골 대책, 제반경비 대책 등)나 유골 송환 후의 관리 업무 등을 위촉해 줄 것을 요청하는 건의서를 외무부에 보냈다.

'진정한 국교정상화를 달성'하기 위해 일본은 '금전적인 상환에 앞서 인도적인 반성'을 해야 하며 이를 위해서 '양심의 각성'이 필요하다. 덧붙여 '미수노임'(가족수당, 가족송금, 야전저금, 미지급노임, 장례비, 보상금 등)을 청구하고, '유골 처리'(위령제 실시, 유가족에게 송환, 공동묘지 시설 설치 등), '유가족원호사업'(극빈자에 대한 후생자금 지급, 유가족자녀에 대한 장학사업, 기타 회원 복지사업 등)을 한다.[6]

또한 민간단체인 '홍익부인회'도 앞의 신문기사로 한국인 전몰자가 일본 후생성 창고에 방치되어 있는 것을 알고 다음과 같은 청원서를 외무부에 보냈다.

과거 일제시대에 여학생은 정신대로 남자 청장년은 학도병 혹은 징용으로 동원되어 전사한 것을 생각하면 분노를 금할 수 없습니다. 우리 부인회원은 조속히 이 유골을 봉환하여 그 원혼을 만분의 일이라도 위령할 수 있도록 유골봉환의 방도를 각 처에 문의한 끝에 재일교포인 …… 강위종 씨와 연락이 닿아 현재 (사업을) 추진 중입니다.[7]

이렇게 외무부 당국에 협력·지원과 도일 수속에 편의를 봐줄 것을 요청했다.

이런 민간단체나 국회 외무위원회의 요청·건의를 받아 한국 외무부

---

6) 「사단법인 범태평양동지회취지문, 정관」, 「일본국에 보관중인 징병징용자 유골송환에 대한 건의」 범태평양동지회가 외무부장관 앞으로, 1964년 10월 19일, 『한국외교문서』.
7) 「태평양전쟁 한국인 전몰자 유공봉환의 건」 홍익부인회로부터 외무부장관 앞으로, 1964년 7월 23일, 『한국외교문서』.

당국은 제2차 대전 당시 한국인 전몰자의 유골 관련 명부(육군 관계 1,548위, 해군 관계 807위, 우키시마마루 관계 56위, 합계 2,411위)를 일본 측으로부터 입수했다. 그리고 ① 유골은 대한적십자사를 통해 봉환한다, ② 일본 정부 당국에 향촉대, 매장비 등의 지불 여부를 타진한다는 방침을 세웠다.[8]

외무부 당국자의 메모에는 일본 측은 향촉대, 매장비 등을 재산청구권 자금 안에 포함하겠다는 입장을 표명했다. 일본 측은 여기서도 재산청구권자금으로 모든 것이 "최종적으로 완벽하게 해결되었다"고 말하고 싶었을 것이다.

이 문제가 그 후 어떻게 처리되었는지는 추적이 불가능하지만, 명부는 1990년에 후생성이 보관하고 있는 것으로, 확인된 것 중 일부라고 생각된다. 유골은 1969년 일한정기각료회의에서 유족으로부터 인수 신청이 있으면 반납하기로 서로 약속하여, 올해 3월 말까지 8,835주가 한국 측에 반환되었다. 유족이나 연고자가 확인되지 않은 1,136위가 아직도 도쿄 유우텐지(祐天寺)에 임시 안치되어 있다.[9]

얼마나 상상이 가고 공감할 수 있는가

'일한조약'이 체결된 지 40년이 되는 올해 한국 특별법에 따라 국무총리 산하에 설치된 '일제강점하 강제동원피해진상규명위원회'가 본격적인 진상 규명 조사작업을 시작했다. 5월 10일 현재 피해 신청 총계는 12만 7,000여 건이다.[10] 일본 정부는 올 봄 한국 측으로부터 호된 비판을 받아

---

8) 「전몰한국인유골문제」 외무부장관으로부터 주일 대사 앞으로, 1964년 8월 5일, 앞의 『한국외교문서』.
9) 『아사히신문』, 2005년 5월 5일.

서인지, 지금까지 "국가와 직접 고용 관계가 아니었다"고 발뺌해온 민간 기업의 조선인 징용 실태조사를 시작해, 8월까지 그 결과를 한국 측에 전달한다고 한다.11)

　이와 같이 전후 60년이 지난 오늘날까지도 식민지 지배와 전쟁에 따른 피해의 실태조사조차 제대로 시행되지 않고, 당연히 보상도 불충분한 실정이다.

　그런데도 해방 후 면면히 이어져 온 피해자·유가족의 행동과 호소, 비판을 일본에서는 "국내의 사정을 감안한" "언제까지 과거에 얽매인" 발언이라고 하거나, 또 단순한 '반일'이라고 거리낌 없이 묵살해버린다. 한국 사람들이 역사 문제에서 드러내는 불만과 불신은 이런 일본의 태도 때문이라는 것을 이해해야 한다. 그러므로 지금 개별적인 상황에서 가장 중요한 것은 식민 지배와 전쟁으로 죽은 자나 피해자, K 씨와 같은 유가족의 삶을 이해하고, 그 삶에 공감하는 것이 아닐까.

　그리고 정치적 상황에서는 충분한 진상 규명과 보상을 조속히 행할 것을 일본에게 요구해야 한다. 일본 정부는 진상 규명 측면에서 '일제강점하 강제동원피해진상규명위원회'의 조사 작업에 가능한 한 협력하여, 아직도 창고에 잠자고 있는 식민지 지배 관련 자료와 일한 교섭 관련자료를 적극적으로 공개해야 한다. 보상 측면에서는 재한 피폭자, 사할린 거주 한국인, 재일한국인 군인군속, 일본군 위안부 문제에 대한 특별 조치도 사실상 보상의 일부임을 인정해야 할 것이다. 또한 이런 조치는 조선민주주의인민공화국의 피해자에게도 동일하게 적용되어야 한다. 일본이 동아시아의 사람들과 사이좋게 지내기 위해서 그리고 무엇보다 피해자의 한을 풀기 위해서도 지금이 과거 청산을 할 최선이자 최후의 기회이다.

---

10) http://www.gangje.go.kr/
11) 『아사히신문』, 2005년 5월 5일.

균열

역사상 최초의 일한회담 관련 외교문서 공개로부터 시작된 '진실의 탁류'에 붙여

요시자와 후미토시(조선사) 지음 / 김영수 옮김

1. 시작하며—공개된 문서의 이면을 주시한다

1945년 8월 조선은 일본의 식민지 지배에서 해방되었다. 그러나 미국과 소련 양국은 조선을 남북으로 분할 점령하고 1948년 분단국가로 만들어 버렸다. 그리고 샌프란시스코 강화회의 직후인 1951년 10월부터 미국의 주선에 따라 일본은 한반도의 분단국가 중 한 쪽인 대한민국과 국교정상화 교섭(일한회담)을 개시하였다. 일한회담은 14년에 걸쳐 장단과 재개를 반복한 후 1965년 6월의 일한 기본 조약 및 협정이 체결되면서 종료되었다. 국교정상화 교섭이 10년 이상이나 계속된 경우는 드물다(그런 의미에서 북일 국교정상화 교섭은 1989년의 예비 교섭으로부터 계산하면 이미 완전히 15년을 넘어가고 있다). 단적으로 말하면 일한 양국이 일본의 식민지 지배에 대한 인식을 둘러싸고 격렬하게 대립했기 때문에 일한회담은 장기화되었던 것이다.

2005년은 1965년 일본과 한국 간 국교정상화 40주년이다. 한 고비 단락이 되는 해인 것이다. 올해 1월 한국 정부는 일한회담 관련 외교문서 5건을 공개하였다. 이번 공개는 그 자체가 획기적이다. 왜냐하면 정부가 일한회담 관련 외교문서를 일반 공개한 것은 이번이 처음이기 때문이다. 일한 국교정상화 30주년에 해당하는 1995년에는 일본도 한국도 이러한 외교문서들을 일체 공개하지 않았다. 당시 이미 북일 교섭이 시작되고 있었고 전후 보상재판도 계속적으로 진행되고 있는 상황을 일한 양국이 지나치게 신중하게 대응하였기 때문일 것이다. 특히 일본 정부는 북일 교섭에 의한 '안건의 계속'을 이유로 일한회담 관련문서를 일체 공개하지 않기로 하여 한국 정부에게도 비공개를 요청해왔다(『마이니치신문』, 2005년 1월 17일자 석간).

아무튼 이번 문서 공개는 식민지 지배하에서 강제 동원되었던 한국인 피해자 및 유족단체의 소청으로 실현되었다. 즉 2002년 10월에 강제 동원 피해자와 유족단체는 한국 외교통상부장관을 상대로 정보공개거부처분의 취소를 요구하며 서울행정법원에 소송을 제기하였다. 이 소송에서 법원은 2004년 2월에 원고가 공개를 요구한 7건 중 이번 5건의 문서를 원고가 자신의 개인청구권 소멸 여부를 판단할 수 있는 자료라고 하여 공개를 명하였다.

문제는 공개된 문서의 내용이다. 재판관은 일한회담 관련문서 161건 중 청구권에 관한 57건을 정밀조사한 결과, '피해자의 구체적인 이익'이 되며 또한 '국익을 해치지 않는' 자료를 선별하였다고 한다. 이 중에서도 주목된 것이 『재개・제6차 일한회담청구권위원회 회의록 및 경제 협력 문제, 1964』(등록번호 762)에 수록되어 있는 한국 정부 부처간에 오고간 공식 전문이다. 한국인의 개인청구권에 대한 대응을 요약하면 1964년 2월부터 5월에 걸쳐 경제기획원 및 재무부가 개인청구권에 대한 보상을 외무부에 여러 번 타진하였다. 이에 외무부는 다음과 같이 답하였다. "대일 청구권 금액은 쌍방의 법이론과 사실 인정에 현저한 차이가 있어 결국

김·오히라 합의에서 정치적으로 일괄 타결되었습니다. 정부는 개인청구권에 각 항목별로 대처하기 위하여 인정 기준 및 (보상)방법을 강구할 입장입니다."(1964년 2월 5일자 프레임번호 77) 이와 같이 외무부는 청구권 문제가 정치적으로 타결된 것을 받아들여 한국 정부가 한국인 피해자에 대한 보상 조치를 강구할 필요성을 지적하였다.

1월의 문서 공개를 보도한 일본의 미디어는 이 점을 두고 한국 정부의 개인 보상 의무가 명백해졌다는 점을 강조하였다. 그러나 일한회담에 있어서 청구권 문제를 정확히 알려면 오히려 한국 정부가 국내에서 보상 조치를 해야 한다고 판단하게 된 경위를 명확하게 이해해야 한다. 특히 외무부가 발신한 공식전문에 있는 것처럼, 청구권 문제가 '정치적으로 일괄타결'되기까지 행해졌던 토의야말로 일본의 식민 지배에 의한 피해자에게, 그리고 일본의 식민지 책임을 알아야 하는 모든 사람들에게 무엇보다도 '구체적인 이익'이 될 것이다.

이 글에서는 이상과 같은 문제의식 위에서 일한회담 내 청구권 문제의 전개에 대하여 우선 한국인의 개인청구권의 행방에 초점을 맞추어 그 논점을 새롭게 정리한다.

2. 샌프란시스코 평화조약이라는 족쇄

한반도에서는 해방 직후부터 노동자가 일본인 경영자에게 미불임금 보상을 요구한다든지, 전쟁피해자 단체가 대일 배상 요구를 위하여 전쟁 피해를 조사하였다. 특히 1948년에 수립된 대한민국 정부는 이들 조사를 기초로 하여 대일 배상조사를 더욱 진행하였다. 그리고 그 성과는 1949년 3월 및 9월에 작성된 『대일배상요구조서』(전2권)에 종합되었다. 그 내용에는 유가증권, 보험금, 원호연금, 체불금 등 민사상의 청구 및 '중일 전쟁 및 태평양전쟁에 기인한 인적 물적 피해'로 일괄 표현된 개인의 손해에 대한 보상청구가 포함되었다. 다만 이들은 어느 것이든 일본의 식민지 지배에 따른 수탈을 원상 회복할 것과 식민지 지배 및 그 종료에서 생긴 조선인의 손해를 보상하라고 요구하는 것이었다. 즉 『조서』에서는 '배상'이라는 용어가 사용되고 있었지만, 그 요구 내용은 일본의 식민지 지배 청산을 목적으로 하였다.

한국 정부는 대일 배상조사와 병행하여 곧 있을 샌프란시스코강화회의에 '전승국'으로 참가하기 위하여 외교활동을 전개하였다. 아시아태평양전쟁 당시의 조선은 일본의 식민지였지만, 중국에서 대한민국 임시정부하에 조직된 광복군이 대일 선전포고를 한 뒤 대일전쟁에 참가하고 있었다. 이를 근거로 한국 정부는 미국·영국·중화민국 등에 손을 썼다. 그 중 미국은 동북아시아 냉전에서 한국 정부의 지위 강화를 위하여 한국의 강화회의 참가를 지지하였다. 그러나 중국의 강화회의 참가 문제가 끼칠 영향을 고려한 영국은 한국이 패전국 영토였다는 점을 들어 반대하였다. 그리고 일본도 재일조선인이 '연합국인'이 되는 것에 강한 우려를 표명하고 있었다.

그 결과 한국 정부는 1951년 9월의 샌프란시스코강화회의에 초대받지 못했다. 이에 따라 한국 정부는 샌프란시스코평화조약 제14조 a항의 1에 있는 '일본국 군대에 점령되고 또한 일본국에 손해를 입은 연합국'으로서 배상청구권을 행사할 수 없게 되었다. 그리고 한국 정부의 대일청구는 동 조약 제4조 a항의 규정에 기하여 일본과 개별 외교 교섭으로 해결해야 할 상황이 되었다. 즉 일한회담에 비추어 해석하면 동 조약 제4조는 일한 양국 및 그 국민의 재산 및 청구권의 처리가 일한간의 '특별계약'의 주제가 된다는 것(a항)과 일본이 미군정부에 의한 재조(在朝)일본인 재산 처리의 효력을 승인한다는 것(b항)을 정한 것이다.

이와 같이 샌프란시스코평화조약 제4조 a항에 규정된 '청구권'은 한국

뿐만이 아니라 일본의 청구권도 상정하고 있다. 즉 여기에 규정된 ‘청구권’은 구식민지로부터 구종주국에 대한 ‘과거의 청산’ 요구를 정한 것은 아니다. 그와 같은 조문은 조약 기초자인 미국과 영국이 일본이 저지른 식민 지배 문제를 청산해야 하는 부분에서 그 판단을 회피한 결과였다. 그리하여 샌프란시스코평화조약의 ‘청구권’ 규정은 배상청구권과 전혀 다른 것이 되어 한국의 대일청구에 ‘족쇄’를 채우는 것이 되었다.

3. 교섭기술로서의 대한청구권

일한회담은 1951년 10월의 예비회담에서 시작하여 1952년 2월 정식회담으로 이행되었다. 그때 국교정상화 이전에 해결해야 할 일한간의 현안으로 기본 관계, 어업, 재일조선인의 법적 지위, 선박 그리고 청구권을 다룰 위원회가 열렸다. 2월 20일 청구권위원회 제1차 회의에서 한국 측은 ‘일한간 재산 및 청구권협정 요강’(소위 대일청구 8항목)을 제시했다. 이 ‘요강’은 앞에 말한 『대일배상요구조서』의 내용을 기초로 한 것이어서 당연히 한국인의 개인청구권이 포함되어 있었다. 단 『조서』의 내용에 비하면 ‘요강’에서는 아시아태평양전쟁 당시의 물적 피해와 강제공출에 따른 손해가 제외되었다.

이 점에 대하여 한국 정부는 다음과 같이 설명하고 있다. “한국이 일본에 청구해야 할 재산은 8항목 이외에도 막대하지만, 평화조약 제4조(b항 — 저자)에 따라 일본은 한국 내의 구일본 재산을 포기하게 된 점을 충분히 고려하여 처음부터 중요한 것만을 8항목으로 추려서 제출하였다.”(한국 정부 외무부 정무국 아주과 『일한회담의 개관 및 제 문제(제6차 일한회담 관계자료)』, 120~121면) 즉 제1차 회담에서 한국 측이 주장했던 청구권은 당초의 요구에 비하여 특히 전시에 일어난 수탈에 대한 원상 회복 요구를 대폭 취하한 결과 '식민지 지배의 청산'이라는 목적이 한층 명확하게 되었다.

그러나 일본 측은 3월 6일의 청구권위원회 제5차 회의에서 '재산청구권의 처리에 관한 협정 기본 요강'을 제출하였다. 이때 일본 측은 처음으로 재조일본인 사유재산에 대한 청구권을 한국 측에 제시했다. 즉 일본 측은 1907년에 헤이그에서 조인된 '육전법규관례에 관한 조약' 제46조에 있는, 점령군이 점령지에서 상대국의 사유재산을 몰수하는 것을 금한다는 조항을 가져왔던 것이다. 그러나 이 조문을 재일한본인 재산 처리 문제에 적용한다면 여기서 말하는 '점령군'이란 미군을 지칭하는 것이 된다. 그럼에도 불구하고 일본 측은 미국이 아니라 한국에게 이의신청을 했다.

이러한 일본 측의 논리는 1953년 10월의 구보타 일본 측 수석대표에 의한 발언(소위 '구보타 발언')에 확실히 나타나 있다. 종래는 '구보타 발언' 중에서 예를 들면 "일본으로서도 조선의 철도와 항만을 축조했다든지 농지를 조성하기도 했으며 대장성은 당시 많을 때는 2000만 엔까지 지출했던 해도 있었다"(『아사히신문』 1953년 10월 22일자)고 한 부분이 거론되곤 하였다. 그러나 여기에서는 일본 측의 '청구권'을 설명한 아래 발언에 주목하고 싶다. "개인적 견해지만, 사유재산을 몰수하는 것은 역시 위반이라고 생각한다. 나 자신은 미국이 국제법을 위반했다고 생각하고 싶지 않으며, 위반이 되지 않도록 해석하고 있다. 가령 위반했다고 하더라도 일본은 미국에 대한 청구권을 포기한다."(앞의 자료)

즉, 구보타 발언을 정리하면 일본 측의 입장은 다음과 같다. 미군정부가 사유재산을 몰수하는 것은 국제법 위반이다. 그러나 일본은 미국을 배려하여 미군정부의 처리를 국제법 위반이라고 해석하지 않고 미국에 대한 청구권도 포기하고 있다. 그럼에도 불구하고 일본은 미국에 대하여 포기한 청구권을 한국에는 주장한다. 구보타는 이와 같이 매우 무리한 '논리'를 피력했던 것이다.

이와 같은 일본 측의 주장은 한국 측의 청구권에 대항하는 '교섭기술'
이었다. 1961년 3월 17일 중의원외무위원회에서 나카가와 조약국장은 대
한(對韓)청구권이 "한국으로부터 막대한 청구권 요구가 있는데도, 거절해
야 할 것을 거절하지 못하는 여러 가지 사정을 고려하여 소위 교섭기술
이라는 점을 염두에 두고" 주장한 것이라고 설명한다(『제38 국회 중위원 외
무위원회 회의록』, 1961년 3월 17일자). 일본 측은 한국 측이 '막대한' 청구권을
주장할 것이라고 예상하고 있었다. 그 때문에 일본 측은 재조일본인 재
산에 대한 청구권을 주장함으로써 한국 측 청구권의 감액 혹은 상계를
시도하였다.

4. 제2의 족쇄, 미국무성 '구술서'

결국 식민지 지배 책임에 대한 인식이 결여된 '구보다 발언'을 둘러싸
고 한국 측이 발언 철회와 사죄를 일본 측에 요구했으나, 일본 측이 응
하지 않았기 때문에 1953년 10월에 일한회담은 결렬되었다. 이 후 일한
회담은 4년 반의 중단기로 들어선다. 회담이 재개되는 것은 일본 정부가
'구보타 발언' 및 재조일본인 재산에 대한 청구권을 철회한 1957년 12월
31일자 일한 공동선언 발표 후인 1958년 4월부터였다. 일한 공동선언 중
대한 청구권의 철회에 관한 부분은 다음과 같다. "일본국 정부는 1957년
10월 31일자 『일한청구권 해결에 관한 일본국과 평화조약 제4조 해석에
대한 미합중국의 견해 표명』을 기초로 하여 1952년 3월 6일에 일본국과
대한민국 간의 회의에서 일본 측 대표가 행한 재한(在韓) 재산에 대한 청
구권주장을 이에 철회한다."(『마이니치신문』, 1958년 1월 1일자)
여기서 말한 '미합중국의 견해'란 미국무성이 샌프란시스코평화조약

제4조 b항에 대한 견해를 표시한 구술서(이하 미국무성 「구술서」)를 지칭한다. 이 「구술서」는 필시 1957년에 일한 회담 재개를 앞두고 일한 양국이 협의를 하고 있던 때에 미국 측이 제시한 것으로 생각된다. 그러나 그 골자는 1952년 4월 29일 즉 일한회담에서 일본 측이 '청구권'을 제시한 직후에 한국 측의 요청에 응하여 미국무성이 주미한국 대사에게 보낸 서한의 내용을 추인한 것이었다. 그 요점은 ①일본은 대한청구권을 주장할 수 없다, ②그러나 한국 정부의 재조일본인 재산 취득에 의해서 한국의 청구권은 어느 정도 충족되었다는 것이었다. 미국무성 '구술서'는 이 견해를 보충하여, ③따라서 일한간의 청구권 교섭에서는 이 점을 고려하여 한국 측 청구권을 토의하여야 한다. ④단, 미국은 이 문제에 직접 관여하지 않는다. 즉 '구술서'의 내용은 일본 측이 의도했던 한국 측 청구권의 감액이라는 목적에 맞는 것이었다.

실제로 1957년 일한 공동선언 발표에 이르기까지 한국 정부는 미국무성 「구술서」가 청구권 교섭에 주는 영향을 신중하게 검토하고 있었다. 당초 한국 측은 일한 공동선언과 동시에 발표할 합의의사록에 일본 측의 청구권 포기가 "한국의 청구권을 실질적으로 해치는 것이 아니다"라는 점을 명기하려 하였다(『This is 요미우리』, 1999년 1월, 61면). 그러나 이러한 한국 측 의도는 일본 측의 반대로 실현되지 않았다. 이에 한국의 이승만 대통령은 이 「구술서」를 비밀문서로 하도록 김유택 주일 대사에게 지시하였다. 결국 미국무성 「구술서」는 1961년 3월에 일한 양국이 동시에 공표할 때까지 그 내용이 밝혀지지 않았다.

그러나 일본 측은 1960년 이후 청구권 교섭에서 미국 정부에 의한 재조일본인 재산의 한국 정부로의 양도를 이유로 대일청구권의 규모 축소를 주장하였다(앞의 『일한회담의 개관 및 제 문제(제6차 일한회담 관계자료)』, 122면). 이와 같이 미국무성 '구술서'는 청구권 문제의 최종적 해결을 일한간의 교섭에 맡긴다고 하면서도 한국 측의 청구권 주장에 소위 제2의 '족쇄'를 거는 것이었다.

5. 깐깐한 관료적 공세

한국 측의 대일청구권은 1960년 10월부터 1962년 3월까지 일한회담에서 집중적으로 토의되었다. 토의는 한국 측이 새롭게 제출한 '일한간 재산 및 청구권협정 요강'의 각 항목을 설명하고 일본 측이 여기에 코멘트하는 식으로 진행되었다. 그 중 개인청구권에 대한 토의를 정리해 보자.

우선 한국 측이 모든 청구권 항목에 '법적 근거'를 주장한 것에 일본 측은 식민지 지배의 책임을 물을 수 없고, 영토의 분리에 수반된 민사상의 개인청구권 중 충분한 자료가 뒷받침되는 것만 지불에 응하였다. 우편예금과 개인이 소유하는 유가증권 등이 이에 해당한다.

그러나 식민지 지배 책임을 묻는 항목에서 일본 측은 식민지 지배 및 전후의 법률체계를 들어 스스로의 정당성을 주장하고 한국 측 청구권을 전혀 인정하지 않았다. 예를 들면 한국인 구군인 및 군속에 대한 원호연금에 대해 외무성 아시아국의 우라베 도시오 위원은 "원호연금법 입법의 근본에는 일본인 국적을 가진 자라는 제한이 있고 또 수취인에게 직접 교부하는 것으로 되어 있다"고 말하였다. 이 발언에 대하여 한국 측 김윤근 위원은 "원호연금법의 국적 규정은 개인 사정으로 일본 국적을 이탈한 경우로 생각할 수 있다"고 말하여 원호연금법의 국적 규정은 한국인처럼 전후 처리 과정에서 일본 국적을 이탈한 자를 상정한 것은 아니라고 주장하였다(대한민국 외무부 정무국 『제6차 일한회담 회의록』 II, 171~176면).

또한 전쟁에 의한 피징용자의 피해에 대한 보상금을 한국 측은 "우리 국민은 일본인과 달리 일본의 전쟁 수행 때문에 강제 징용으로 희생된 점에 비추어 사상자에 대한 보상은 물론이고 생존자에 대해서도 그 피해에 대한 보상을 요구한다"(대한민국 외무부 정무국 아주과 『제6차 일한회담(평화선·일반청구권·선박)위원회 회의록(12월 21일 현재)』, 220~221면)고 주장하였다. 이에 대하여 일본 측의 대장성 이재국장인 미야카와 신이치로 위원은 "한국 측은 징용자 보상금 중 생존자의 정신적 고통 보상을 청구하고 있으나 당시 한국인의 법적 지위가 일본인이었다는 점에서 일본인에게 지불되지 않은 보상금은 지불할 수 없다"(전출『제6차 일한회담 회의록』II, 174~175면)고 회답하였다. 이와 같이 일본 측은 일본의 원호연금법이 근본적으로 일본 국적 소지자를 대상으로 하는 것이라는 점과 원호연금은 수취인에게 직접 교부하게 되어 있는 점을 이유로, 구군인, 군속인 한국인에 대한 원호연금 지불을 인정하지 않았다. 또한 한국 측이 '강제징용'으로 인한 조선인의 피해 보상을 요구한 것을 일본 측은 식민지 통치하에 있던 당시 조선인의 상황을 전혀 고려하지 않고 당시의 법률 관계를 그대로 적용하여, "일본인이었다"라는 이유만으로 보상금 지불을 거부하였던 것이다. 부언하자면 일본 측은 구군인 군속과 마찬가지로 "종전 후 외국인이 되었다"라는 이유로 '강제징용'에 의한 사망자 및 상병자는 유족원호법을 위시한 전후 일본의 원호법 체계의 대상에서 제외하였다.

또한 한국 측은 지금의 '종군위안부'에 의한 보상 요구 등을 상정하여 일한회담에서 제기하지 않았던 한국인의 개인청구권을 법원에서 행사할 수 있도록 해야 한다고 주장하였다. 그러나 일본 측은 "우리들로서는 역시 자연인과 법인 관계의 청구권 모두가 이 회담에서 해결되기를 바라고 있다"(앞의『제6차 일한회담(평화선·일반청구권·선박) 위원회회의록(12월 22일 현재)』, 256~258면)며 이를 인정하지 않았다.

이와 같이 '식민지 지배의 청산'을 요구한 한국 측의 개인청구권을 일본 측은 식민지 지배 및 전후의 법률체계를 엄밀히 적용하여 이들을 하나하나 거절하였다. 깐깐한 '관료적 공세'를 전개한 일본 측은 일한회담에서 조선인 강제 동원에 대한 자료를 일체 공포하지 않은 채 식민 지배 책임을 계속 부인한 것이다.

6. 청구권의 대가가 아닌 경제 협력

청구권 교섭과 병행하여 1961년 11월 12일자로 박정희 국가재건최고회의 의장이 이케다 하야토 수상과 회담하였다. 박·이케다 회담에서는 한국의 대일청구권이 충분히 토의된 후, 문제 해결을 위한 정치적 절충이 합의되었다. 즉 앞에 말한 대일청구권의 구체적 토의는 소위 정치적 타결을 앞둔 준비작업이었다.

결국 일한회담에서 청구권 교섭은 1962년 10월 및 11월에 오히라 마사요시 외상과 김종필 한국중앙정보부장 사이의 회담에서 정치적 타결의 큰 틀이 결정되었다. 즉 이 회담에서 무상 3억 달러, 유상 2억 달러, 민간차관 1억 달러 이상이라는 일본의 대한 경제 협력을 위한 '합의선'이 결정되었다(민간차관에 대하여는 최종적으로는 3억 달러 이상이라는 조건으로 변경되었다). 12월에 일한 양국은 이 '합의선'을 정식으로 승낙하였다. 여기에 표시된 '무상 3억 달러'라는 조건은 이 해 9월에 열린 러스크 미국 무장관과 오히라 외무장관 회담에서 미국 측이 제시한 것이었다. 이런 의미에서 오히라·김종필 회담의 '합의선'은 한·미·일 3국이 한국경제를 원조한다는 목표를 가지고 일한 국교정상화의 조기 실현을 도모하려고 교섭을 진행시킨 결과였다.

그런데 일본의 대한경제협력자금은 개인청구권을 포함한 대일청구권의 대가로 한 것인가? 아니면 그것과는 관계없는 '경제 협력'으로 한 것인가? 이 논점은 오히라·김종필 회담 이후 1965년 4월부터 시작된 협정문안 작성 작업단계까지 다루어졌다. 이때의 토의는 이번에 공개된 외교문서 중 『제7차 일한회담 청구권관계회의 보고 및 훈령 65(제2권 65, 4, 3 가서명 후의 청구권 및 경제협력위원회 1965.4~6)』(등록번호 1468)에 수록되어 있다.

문제의 토의는 1965년 5월 14일에 일본외무성에서 행해진 청구권 및 경제협력위원회 제6차 회합에서 행해졌다. 우선 일본 측의 니시야마 대

표는 "한국 측에서는 청구권의 대가라고 생각하고 있으나 우리들은 그
렇게 생각하지 않는다"고 하며 다음과 같이 말하였다. "우리들로서는 한
국에 공여하는 자금이 배상과 같지는 않지만 일종의 정치적 협력이라는
의미에서 제공하는 것이라고 생각한다. 일본의 일방적인 의무에 입각하
여 제공하는 것으로 생각하면 곤란하다." 이에 한국 측의 김용준 대표는
"전혀 의무가 없다는 것은 말이 되지 않는다. 물론 청구권을 일반적으로
주장하는 것도 이제까지의 상호의견 대립이라는 점에서 보자면 문제가
되지만, 최소한도 청구권 해결을 위한 경제 협력이라는 생각이 가미되었
기에 결국 '조문의 용어도' 청구권 및 경제 협력이라는 것이 된 것이 아
닌가?"(프레임번호 164) 즉 일본 측이 대한경제협력자금을 청구권과 별개의
것이라고 하고 있는 것에, 한국 측은 청구권 문제의 해결 수단으로 경제
협력이 실시되는 것이므로 관련이 있다고 주장한 것이다.

이상과 같은 토의를 거쳐 작성된 '재산 및 청구권에 관한 문제 해결
및 경제 협력에 관한 일본국과 대한민국 간의 협정' 제2조 제1항은 다음
과 같다. "양 체결국은 양 체약국 및 그 국민(법인을 포함한다)의 재산, 권리
및 이익과 함께 양 체약국 및 그 국민 사이의 청구권 문제가 1951년 9월
8일에 샌프란시스코에서 서명한 일본국과의 평화조약 제4조 (a)에 규정된
것을 포함하여 완전하고 최종적으로 해결되었다는 것을 확인한다." 또한
이 협정과 동시에 일한간에 교환된 『합의의사록』 2의 (g)에는 "완전하고
최종적으로 해결되었다고 하는 양국 및 국민의 재산, 권리 및 이익과 함
께 양국과 그 국민의 청구권에 대한 문제에는 일한회담에서 한국이 제
출한 『한국의 대일청구 요강』(소위 8항목)의 범위에 속하는 모든 청구권이
포함되고, 따라서 동(同) 대일청구권에 관해서는 어떠한 주장도 할 수 없
게 된 것이 확인되었다." 이 점을 보충하자면, 여기에서 '해결'된 대일청
구권에는 당초 일본 측이 지불의무를 인정하고 있던 영토의 분리에 수
반하는 민사상의 개인청구권도 포함되었다.

이리하여 일본 정부는 한국 정부 및 한국인에 대한 식민 지배 책임을

지기 위하여 필요한 보상을 한 푼도 지불하지 않고 일한 국교정상화를
실현시켰던 것이다.

7. 마치며—드디어 진실의 탁류가 시작되다

한국 정부의 일한회담 관련문서 공개를 처음으로 보도한 2005년 1월
17일자 신문들을 다시 검토하면 다음과 같은 소제목을 곳곳에서 볼 수
있을 것이다. 「한국의 개인 보상 의무」(『일본경제신문』), 「개인 보상은 한국
정부」(『도쿄신문』), 「개인의 대일청구권 소멸」(『마이니치신문』), 「식민지 보상
한국 정부가 인수」(『요미우리신문』), 「식민지 지배에 대한 개인 보상 한국
정부가 의무 부담」(『산케이신문』 18일자 조간). 상업신문으로는 『아사히신문』
이 유일하게 「일한 보상을 두고 격론」이라고 보도하였다.
　그러나 위와 같은 경위를 보면 한국 정부가 국내에서 보상 조치를 검
토하기까지, 일본이 식민 지배 책임의 문제에 정면에서 대응하지 않고 오
히려 한국인의 개인청구권을 잘라버리는 식의 교섭을 행했다는 것을 알
수 있다. 분명히 경제개발을 우선한 박정희 정권 그리고 '과거사' 문제에
서 정권의 인기몰이를 하려는 노무현 정권의 문제도 있기는 하다. 그러나
일본의 미디어가 제일 먼저 따져야 할 것은 한국 정부의 책임이 아니라
한국 정부를 그처럼 내몰아간 일본 정부의 교섭 자세 및 책임이 아닐까?
　이 글을 통해 검토한 것같이 이번에 공개된 문서만으로는 조선식민지
지배의 피해자가 행사할 개인청구권에 대하여 거의 알 수 없다. 일한회
담의 청구권 교섭에 관한 외교문서의 추가적인 공개가 요구된다. 한국
정부는 2005년 8월에 제2차 일한회담 관련문서 공개를 준비하고 있다고
한다. 그러나 이 문제에 적극적으로 나서야 할 것은 누구보다도 일본 정

부이며 일본 국민이다.

만약 일본인이 일한회담의 진실을 일체 비밀로 하여 식민 지배 책임을 '망각'한 채 일북 교섭을 일본에 유리하게 진행하고, 전후 보상재판을 계속 무시하는 것을 이익이라고 생각한다면 그것은 오해나 착각이다. 오히려 일본과 한반도의 관계를 직시해 양자 사이의 바람직한 모습을 추구하는 것이야말로 진정한 '이익'이다.

비밀주의라는 이름의 '댐'에 한국의 문서 공개라는 한줄기 균열이 생겼다. 우리들은 식민지 지배 책임에 대한 '망각'으로 비밀주의라는 이름의 '댐'을 보강해서는 안 된다. 이 백해무익의 '댐'이 균열되면 불성실과 무책임이라는 더러움을 씻어 내릴 '진실의 탁류'가 시작된다. 일본 패전 후 60년, 일한조약체결 후 40년. 지금이야말로 일한회담 관련문서의 전면 공개를 포함하여 일본과 한반도 사이의 관계사를 성찰하기 위한 행동을 시작해야 할 것이다.

붕괴하는 이성과 윤리

상임이사국 가입 문제의 시사점

가와베 이치로(UN 문제 · 일본외교론) 지음 / 오석철 옮김

1. 논의되지 않는 상임이사국 가입 문제

한국과 중국에서 반일 기운이 거세지고 있다. 그 이유로 거론되는 것은 이른바 역사인식, 영토, 일본의 UN 안보리상임이사국 가입 등이며, 특히 중국에서는 2005년 3월 하순부터 상임이사국 가입에 대한 반발이 급속하게 거세져 격렬한 항의운동으로 발전했다. 여기서 주목되는 점은 일본의 상임이사국 가입이 이렇듯 격렬한 움직임을 불러일으키는데도 일본 국내에서는 거의 아무런 논의조차 이루어지지 않았다는 것이다.

일본과 중 · 한 사이에서 문제가 되는 세 가지 가운데서 영토와 역사인식의 해결은 곤란하게 보일지도 모르겠다. 그러나 이러한 문제를 둘러싸고 격렬한 대립이 있다 하더라도 대립하는 각 관계자는 모두 자신이 그 문제를 중시하는 것과 마찬가지로 타자가 중시하고 있다는 점을 이해하고, 나아가 그 해결이 쉽지 않다는 점을 인식하고 있다. 이럴 경우에

는 근본적인 해결에 이르지는 못한다고 하더라도 해결을 향한 방안을 검토할 수는 있다. 적어도 각 관계자는 공통적으로 문제의 소재를 인식하고 있기 때문이다. 이에 반해 한쪽이 위기감을 느끼고 있으면서 다른 쪽은 상대가 어째서 그러한 위기감을 갖는지를 이해하지 못할 경우에는 대화의 계기를 만드는 일조차 쉽지 않다.

일본에서는 상임이사국 가입을 다음처럼 생각하는 경우가 많다. "미국 추종도 하나의 사고방식이지만, UN 안전보장이사회의 상임이사국이 되어 평화의 틀거리 만들기에 항시적으로 관여하는 지위를 진지하게 추구해야 하지 않을까", "평화헌법을 가진 채로 상임이사국에 들어가는 것 자체가 UN의 역사를 바꾼다. 전쟁을 포기한 나라가 세계 평화에 관여하는 새로운 개념을 인류사에 추가하는 마음가짐이 필요하지 않을까. 당연히 이것은 이라크전쟁에서 무력감을 맛본 UN의 대개혁으로 이어지는 충격파가 될 것이다."(『마이니치신문』, 2004년 8월 18일 사설) 상임이사국 가입은 헌법을 적절히 활용하는 수단이며 대미 추종과는 다른 방향성을 지닌 정책으로 보고 있는 것이다.

상임이사국 가입을 추진하는 것은 일본 정부지만, 만일 이런 주장이 뜻하는 바를 그대로 이해하고서 추진하는 것이라면 한국과 중국인들의 격렬한 반발은 그다지 적절치 못한 것이다. 『마이니치신문』도 이번 반대 운동에 대해 "중국 정부가 이 소동을 주도하고 있는 것은 아니다. 하지만 '일본에 대한 불만은 일본이 역사 문제에서 올바른 태도를 취하지 않았던 것이 주된 원인'이라며 심정적 이해를 나타내고 있다. 이것은 사태를 복잡하게 하는 논법이다. UN 안보리가 상임이사국을 늘릴지 여부에 관한 UN 개혁논의를 일본과 중국 간의 역사인식 문제로 바꿔치기한 선동자들을 정당화하는 셈이 되기 때문"(2005년 4월 8일 사설)이라는 내용의 사설을 쓰고 있다. 이 사설에서 "역사인식 문제에 해결의 전망을 마련해두어야만 한다"고 말하고 있는 데서도 알 수 있듯이, 이 사설은 이른바 역사인식에 대해서는 『요미우리』·『산케이』 등의 우파 미디어와는 다른 자세를 취하고 있다. 이 점에서는 한국과 중국인들의 주장을 어느 정도는 이해할 수 있겠지만, 이 사설에서는 상임이사국 가입과 역사인식 문제가 나란히 비판받는 것은 "선동자"의 "바꿔치기"라고 인식하고 있다. 당면 문제인 상임이사국 가입이 과거의 역사 문제로 파급되고 있다는 사실은 전혀 생각하지 못하는 것이다.

또한 개헌을 주장하는 미디어나 정치가가 상임이사국 가입을 강하게 주장하고 있는 이상, 헌법을 적절히 활용하기 위해 상임이사국 가입을 목표로 삼고 있다는 주장은 근거를 갖지 못하는 셈이 된다. 이 사설은 가슴속 깊은 곳에서 그 주장이 뜻하고 있는바 그대로 이러한 주장을 하고 있는 것인지, 아니면 문제를 이해하고 있지 못하기 때문에 그러한 주장을 하는 것인지, 그게 아니면 헌법을 활용하는 일 따위는 생각하고 있지 않음에도 불구하고 정부를 측면지원하기 위해 일부러 이렇게 주장하는 것인지, 대체 그 의도 자체를 이해할 수 없다.

상임이사국 가입의 움직임은 일본이 UN에 가맹할 당초부터 있었으며, 1970년을 전후로 주장되었다. 그러나 1970년대 중반부터 미국이 UN을 강하게 비판하고, 일본도 특히 1980년경부터 그 뒤를 쫓으면서 그 무대에서 한 번은 사라졌다. 그 후 1993년에 정치적으로 현재화(顯在化)하지만, 호소카와(細川) 내각이 신중한 자세를 취함으로써 침체되고, 2003년 이후에 새로이 활성화되었다. 그 후에도 논의다운 논의가 이뤄지지 않은 채, 지금까지 상임이사국 가입을 목표로 삼는 것이 당연하다는 사회적 인지를 받고 있다. 이미 수십 년에 걸친 역사를 지니고 있고, 현재의 동향에 직접 연결되는 시점에서 보더라도 10년 이상의 경위가 있다. 그럼에도 불구하고 이해가 제대로 이루어지지 않았다는 것은 구조적인 문제가 있기 때문일 것이다. 따라서 본고에서는 상임이사국 가입이 또 다시 등장하는 정치 배경과 이것을 일본인이 어떻게 인식해왔는가라는 두 가지 관점에서 그 문제를 검토하고자 한다.

한편 필자는 지금까지 상임 가입이 아니라 상임화(常任化)라는 표현을 사용해 왔다. 상임이사국 가입이라는 표현으로는 상임이사회라는 이름의 조직에서 일본이 위원국이 되는 것을 의미가 되고, 일본은 거기에 들어가지 못하기 때문에 영향력을 가질 수 없는 듯한 인상을 줄 우려가 생기기 때문이다. 일본은 세계 최대의 안보리 당선회수를 자랑하고 있고, 상임이사국 5개국을 제외하면 UN 가맹국 가운데 안보리에 가장 많은 영향력을 행사해 왔다. 이러한 일본이 안보리에서 영향력을 보다 확대하고자 하는 이상 지금까지의 일본의 행동을 검증하지 않으면 안 되는데, '상임 가입'이라는 표현으로 인해 거기에 눈을 돌릴 수 없게 될 우려가 있다. 그래서 이미 안보리에서 적지 않은 힘을 발휘해 온 일본이 상임이사국을 지향하고자 한다는 의미에서 사용해 온 것이 바로 '상임화'였다. 그러나 안타깝게도 이토록 논의가 활성화되지 않는 상황에서 이러한 배려는 의미가 없다. '상임 가입'이라는 표현이 정착되기도 했으니 이 용어를 사용한다. 또한 필자는 1994년에 간행한 『UN과 일본』 및 『상임이사국 가입』(둘 다 岩波書店), 2002년에 간행한 『일본 외교와 외무성』(高文研) 등에서 이 문제를 논의해 왔다. 2002년까지의 움직임에 대해서는 이것들을 참조하기 바란다.

2. 이라크 폭격과 상임 가입

　일본의 정치가들이 새삼스레 UN개혁을 주장하게 되는 것은 미국과 영국이 이라크 폭격을 시작한 다음부터였다. 당시까지 일본 정부는 미국이 무력 행사를 하더라도 UN의 틀 내에서 행하는 것은 당연하고, UN중심주의와 일미동맹은 모순되지 않으며 미국의 군사 행동을 지원하더라도 위헌이 아니라고 국민에게 설명해 왔다. 이 설명은 부시 정권이 UN

을 무시하고 폭격을 개시함과 동시에 붕괴하는데, 여기서부터 특히 여당 내에서 UN개혁을 주장하게 되었고, 폭격을 개시한 3월 20일의 중의원 본회의에서 자민당의 고무라 마사히코(高村正彦) 전 외무장관은 "이번 안보리의 결과를 교훈으로 삼아 지금이야말로 우리나라가 리더십을 발휘하여 국제여론에 UN개혁을 호소해야만 하지 않는가"라고 언급했으며, 공명당의 후유시바 데쓰조(冬柴鐵三) 간사장도 안보리 개혁을 주장했다.

개혁을 바라는 이상 현재의 UN을 비판하는 소리 거세진다. 폭격 개시 전에 아난 UN 사무총장이 폭격에 대하여 헌장(憲章)상의 문제를 표명했는데, 이에 대해 당시의 가와구치 준코(川口順子) 외무장관은 "아난 사무총장은 미국이나 그 밖의 나라가 안보리의 틀 밖에서 무력 행사를 하는 것은 이것은 UN헌장에 위배된다는 것을 말하고 있다", "미국의 경우에는 앞서 말씀드린 바와 같이, UN의 안보리 결의에 기초하여 행동한다고 생각하고 있기 때문에 사무총장의 발언과 미국의 무력 행사 사이에는 아무런 모순이 없는 것이다"(2003년 3월 19일, 중의원 외무위원회)라며, 폭격이 시작되는 전날에 이르러서도 이런 답변을 하고 있다. 그러나 폭격이 시작된 후에는 이런 답변도 통용되지 못하게 되고, "어떻게 아난 사무총장에게 안보리의 결의를 유권적으로 해석할 권리가 있는가? 아난 사무총장은 안보리의 사무국장이다. 사무국장이, 안보리의 사무국장이 안보리의 멤버가 결정한 결의를 유권적으로 해석할 수 있는 입장은 아니다"(2003년 4월 24일, 중의원 예산위원회)라고 말하면서 사무국장의 발언 자체를 비판하기에 이르렀다.

이와 동시에 『요미우리』나 『산케이』 등과 같이 이라크 폭격을 지지한 미디어도 UN을 비판하기 시작한다. 이 중에서 『쇼쿤(諸君)』, 『츄오코론(中央公論)』, 『Voice』, 『세이론(正論)』 등과 같은 월간지가 5월호부터 6월호, 즉 폭격이 시작된 다음인 4~5월에 나온 호에서 동시에 UN을 중시해서는 안 된다고 하는 글을 게재한 것은 이상하게 보이기조차 한다. 이들 미디어는 국제공헌이나 UN 협력의 이름으로 대미 군사 협력을 정당화할 수

있는 동안에는 UN 중시를 주장했지만, 이것이 양립될 수 없게 되자 주
장을 바꾼 것이다. 이것은 UN 중시 그 자체가 목적이 아니라 어디까지
나 편법에 지나지 않다는 점을 잘 드러내고 있었다.

그렇다고 한다면 사태가 변하고 UN을 편리한 대로 이용할 수 있게
되면 간단히 입장을 바꾸게 된다. 예컨대 폭격이 시작되고 10개월 가량
지난 2004년 2월 24일에 정부의 초대로 일본에 온 아난 UN 사무총장이
UN 사무총장으로서는 처음으로 참의원 본회의장에서 연설을 했는데, 우
익계 미디어는 "자위대 파견을 높이 평가하는 UN"(『요미우리』, 2월 24일 사
설), "UN도 칭찬하는 자위대 파견"(『산케이』, 2월 25일 사설)이라며 일제히 이
연설을 다루었다.

이것을 직접적으로 표현하면, 안보리가 폭격을 인정하지 않아서 여당
이 곤란에 처했기 때문에 폭격을 인정하도록 개혁하라는 의미가 된다.
이 주장이 일본의 상임화로 수렴한 것은 일본이 상임이사국이 되면 안
보리에서 폭격 승인을 추진할 수 있다는 것에 다름 아니다. 그러고 보니
1998년에 미국과 영국이 이라크를 폭격했을 때에도 안보리에서 다른 12
개국이 유감의 뜻을 표명하는 가운데 미국과 영국을 명확하게 지지한
나라는 유일하게도 비상임이사국이었던 일본이었다.

그렇지만 외무성의 홍보지인 『외교 포럼』이나 외무성의 외곽단체인
국제문제연구소가 발행하는 『국제 문제』 등과 같은 정부계 미디어는 당
시에는 UN을 언급하지 않았다. 『국제 문제』가 '시련에 처한 UN'을 특집
으로 다룬 것은 10월호, 『외교포럼』이 'UN은 필요한가'를 특집으로 다룬
것은 11월호였다. 9월에 시작되는 UN총회를 대비하여 봄에 UN개혁의
기운을 높여두면 국내의 여론 형성을 위해서도 좋았겠지만, 우파 미디어
에 비하면 반년 정도 대응이 늦었다.

이런 동안에 기묘한 일이 벌어졌다. 정부는 9·11 이후 테러의 원인을
빈곤이라고 반복해서 주장하였고, 이라크 폭격이 시작된 다음인 2003년
3월 25일에도 가와구치 외무장관은 빈곤층이 테러의 온상이 되기 쉽다

는 주장을 했다(참의원 외교방위위원회). 하지만 9월 30일의 중의원 테러특별위원회에서는 "테러의 근원과 배경이 무엇인지는 매우 파악하기 어렵다"고 말하기 시작한다. 수상도 10월 3일의 특별위원회에서 "빈곤이 전부가 아니"라 하고, 이시바 시게루(石破茂) 방위청장관도 10월 1일에 "나로서는 빈곤이 모든 테러의 원인이고, 따라서 빈곤을 타파하지 않으면 테러는 사라지지 않는다는 생각이 반드시 정확한 것이라고는 할 수 없다고 생각한다"고 말하는 등, 정부 수뇌가 일제히 말을 바꿨다.

당시까지 빈곤을 강조해온 배경은 확실하지 않다. 어쩌면 JICA 등 특수법인의 개혁과 신(新)ODA대강(大綱)에 관한 논의, 그리고 경제 침체에 따른 ODA 삭감에 관한 주장에 영향을 받았는지도 모르겠다. 빈곤 대책을 강조하는 것은 ODA 예산의 삭감에 대한 반론이 되기 때문이다.

그러나 테러의 원인이 빈곤이라고 주장하는 것은 '테러와의 전쟁'에 관한 정부의 대응을 경제적인 측면으로 한정하게 된다. 만일 정부가 자위대 파견을 생각하고 있었다면 이상한 것이 된다. 빈곤 대책에 군사적인 조직을 파견하는 것은 사리에 맞지 않기 때문이다. 예컨대 사민당(社民黨)의 기타가와 렌코(北川れん子)는 6월 24일에 중의원 본회의의 대표 질문에서 "필요한 것은 테러와 보복의 악의 연쇄를 끊고 그 온상이라 할 수 있는 글로벌리즘이 가져온 빈곤이나 차별과 같은 현실을 개선하는 것이며, 분명 그러기 위한 국제 협력이었을 것"이라고 하면서 테러의 원인은 빈곤이라고 주장하는 정부의 설명을 역이용하여 대표 질문을 하고 있다.

그럼에도 불구하고 정부가 빈곤을 강조한 것은 적어도 폭격 개시까지는 자위대의 파견을 예정하고 있지 않았다는 점을 말한다. 이 배경에는 이른바 아프간 트라우마, 즉 아프간전쟁에서 자위대를 파견할 수 없었기 때문에 막대한 돈을 냈음에도 불구하고 감사받지 못했다고 하는, 정부 관계자를 짓누르고 있는 인식으로 이번에는 그렇게 하지 않겠다는 생각이 깔려 있다고 볼 수 있다. 이미 일본은 테러특조법(特措法)에 기초하여 페르시아만에 자위대를 파견하고 있고, 미국의 아프가니스탄 폭격을 뒤에서 지원, 다시 말해 아프간전쟁에서 이룰 수 없었던 것을 행하고 있었기 때문이다. 미국은 더 이상 군사지원을 바라는 일은 없을 것이라고 판단하지는 않았을까.

그러나 미군의 희생이 증가함에 따라 미국 내에서는 부시 정권을 비판하는 목소리가 거세진다. 이런 가운데 "미국의 강력한 요청에 응답하기 위해 조기 파견으로 방침을 전환했다"(『아사히신문』, 2003년 9월 26일). 이런 추측이 정확하다면, 페르시아만의 후방 지원과 이라크 폭격을 지지하는 자세를 나타내는 것으로 충분하다고 생각한 외무성의 주류파는 완전히 판단을 잘못한 셈이 된다. 물론 그러한 판단이 도의적으로 적절한지 어떤지는 또 다른 문제다.

그렇지만 여기서 입법상의 문제가 발생한다. 일본의 국내법에는 군사행동을 취하기 위한 법적 근거가 없기 때문에 일미안보조약에서 테러특조법에 이르기까지 UN헌장의 집단적 자위권 규정이나 안보리 및 총회의 결의를 참조하여 만들어졌다. 자위대를 이라크에 파견하기 위해 7월 26일에 성립한 이라크 특조법도 "국제연합 안전보장이사회 결의 제678호, 제687호 및 제1441호, 더불어 이러한 것들과 관련하는 동(同) 이사회 결의에 기초하여 국제연합 가맹국에 의해 이라크에게 행하는 무력 행사 및 이에 이어지는 사태"를 '이라크 특별 사태'라 칭하고 "안전보장이사회 결의 제1483호를 바탕으로 삼아 인도적 부흥 지원활동 및 안전 확보 지원활동을 시행한다"는 것을 목적으로 삼을 수밖에 없었다. 안보리를 무시하고 행해진 폭격을 지원하기 위해 안보리 결의를 거론한 것이다. 그것은 부시 정권의 행동이 그만큼 설명하기 어렵다는 점을 말하고 있었다.

이런 모순에 대한 정부의 속마음은 외상의 자문기관인 '외교정책평가 패널'이 9월 18일 발표한 답신에 노골적으로 나타나 있다. 답신은 "일본의 법제 대부분이 UN활동과 관련지어(적어도 그런 치장을 하고) 설정되어 있고, 그렇게 하지 않으면 국내 입법을 할 수 없는 현실이다. 이 점은 재검토할 여지가 있다” “집단적 자위권의 행사는 할 수 없다는 정부의 헌법 해석이 현실적인 걸림돌이 되고 있다”고 하였다. 이것이 의미하는 바는 명백했다. 이라크 특조법과 같은 모순된 사태의 해소, 보다 직설적으로 말하자면 개헌을 주장한 것이다.

이 답신이 발표된 18일에는 외상의 자문기관인 ‘UN개혁에 관한 지식인 간담회’가 제1회 모임을 개최하였다. 또한 『외교 포럼』이나 『국제 문제』가 UN을 특집으로 다룬 시기이기도 하다. 특정 시기에 정부가 집중적으로 움직여 UN개혁이 급속하게 정치과제가 된다고 하는, 알기 쉬운 대응이었다. 더불어 ‘외교정책평가패널’의 좌장을 맡았던 기타오카 신이치(北岡伸一) 도쿄대학 교수는 이듬해 2004년 4월 UN 대사에 취임했다.

3. 이라크 폭격 정당화의 구실

이렇듯 도리에 맞지 않는, 그리고 임시변통적인 대응을 하고 있었음에도 불구하고, 더군다나 미국과 영국을 비롯해 이라크에 군대를 파견한 나라 중 많은 나라에서 격렬한 정부 비판이 일어나고 있었음에도 불구하고 고이즈미 정권에 대한 지지율이 이 문제로 인해 크게 저하하는 일은 없었다. 일본에서 이라크 폭격에 대한 지지는 어떻게 정당화되었는가?

이라크 폭격이 시작되기 직전에 소리 높여 호소된 것은 북한 정세였다. 예컨대 일본 국제포럼 긴급제언위원회 유지(有志)의 이름으로 2002년 2월 20일에 발표된 ‘이라크 문제에 대하여 미국의 입장과 행동을 지지한다’는 제목의 호소는 “‘이라크에 대한 무력 행사에는 반대하지만 북한의 위기에는 단호히 대처하기 바란다’고 일본이 요구하는 것은 도리에도 정

의에도 어긋나는 것이라 하지 않을 수 없습니다"라고 단정하는 말로 끝
맺고 있었다. 제2절에서는 "'불량국가'의 대량파괴무기 보유는 허용할 수
없다"는 것도 이유로 제시되어 있지만, 이것과 앞의 결론은 직접적인 관
계는 없다. 이 끝맺음 말은 그때까지 어떠한 주장을 펼쳐왔다고 하더라
도, 그것과는 관계없이 논의를 단호히 매듭짓는 사항으로서 제시되어 있
다. 이것은 논의를 거부하는 의미도 갖고 있었다. 자신의 힘이 미치지 못
하는 문제로 인해 어쩔 수 없이 미국을 지지하는 것이라면, 이라크에 문
제가 있는지 없는지, 부시 정권의 대응은 적절한지 어떤지는 더 이상 문
제가 되지 않기 때문이다. 이 호소에 서명한 사람은 정치가, 학자, 재계
인, 전 외무관료 등이었는데, 논의를 중시해야 할 사람들이 논의를 초월
하는 이치를 전개한 것이다. 거기에는 기타오카의 이름도 있었다.

　이라크 폭격을 반대하는 운동이 세계적으로 활발해지는 가운데 이와
같은 초월의 정도는 더욱 증폭되었다. 예컨대 『요미우리신문』은 3월 14
일자의 사설에서 "북한 위기가 심각해졌을 때 신속하고 실효성 있는 대
응이 가능한 것은 UN이 아니다. 동맹국인 미국밖에 없다. 일부에서 '일
본의 방위는 안보조약에 기초하는 미국의 의무'라 하고, 북한 문제는 이
라크 문제에서 미국을 지지하는 이유가 되지 않는다고 하는 목소리도
있다. 하지만 조약이 간단히 파기된 예는 역사상 얼마든지 있다. 북한이
핵과 탄도미사일을 개발, 강화하고 있는 상황 속에서 일미동맹을 뒤흔드
는 대응은 결정적으로 국익을 훼손한다"는 말까지 하게 된다. 미국에 대
한 불신을 언급하면서까지 북한 정세를 강조한 것이다. 제목은 '일본의
국익을 지키는 시각을 잊지 말라'였다. 또한 아오키 미키오(靑木幹雄) 자
민당 참의원 간사장도 3월 16일 NHK의 프로그램에서 "전쟁인가 평화인
가, 미국을 따라갈 것인가 말 것인가라는 논의는 조금 이상하다. 일본 전
체가 북한에 불안을 느끼고 있는 때에, 이것을 일체 생각하지 않고 미국
과의 관계를 논할 수는 없다"(『共同通信』, 3월 16일)는 발언을 하였다. 전쟁
을 하고자 하는 정부를 지지할 것인가 말 것인가를 문제시하고 있음에

도 불구하고, '전쟁인가 평화인가'는 문제가 아니라고 단언한 이 발언은 맥락을 초월한 논의의 극치였다.

한편, 유럽에서는 후세인 정권의 존재가 정의롭지 못한 것인지 폭탄을 투하하는 것이 정의롭지 못한 것인지가 계속 논의되었으며, 부시 정권에서도 후세인 정권의 존재가 미국과 세계의 평화에 위협이며, 또한 후세인 정권하에서 이라크인이 고통받고 있다는 점을 전쟁 이유로 계속 주장했다.

당시 폭격에 반대하는 각지의 데모에서는 "석유를 위해 피를 흘리지 말라" 등의 플랜카드가 상당수 눈에 띄었는데, 이것은 부시 정권이 이라크 폭격의 이유로 석유 확보 등을 들고 있었기 때문은 아니었다. 부시가 정의를 계속 주창했기에 오히려 그것은 거짓말이라는 비판을 가한 것이다. 부시가 말하는 바와 같이, 미국과 세계의 평화를 지키고 이라크인들을 돕기 위한 정의의 행동이라면, 이라크인에게 희생자가 생기는 것은 어쩔 수 없을지 모르지만, 미군의 희생은 숭고한 것이라고 말할 수 있는 것이다. 그러나 이것이 만일 석유를 위한 폭격이라고 한다면, 그들은 석유 자본의 배를 불리고, 미국의 가솔린 가격을 몇 센트 내리기 위해 죽은 것이 된다. 2005년 5월 현재 미군의 희생만 보더라도 이미 1,500명을 넘었는데, 만일 그들이 이러한 이유로 죽었다고 한다면 정부가 격렬한 비난을 받는 것은 당연한 것이었다. 바꾸어 말하자면, 부시가 이 전쟁은 석유 확보를 위한 것이라고 말하는 것은, 설령 그것이 진심이라 하더라도 자신의 정치 생명을 끝장내는 의미를 갖게 된다. 바로 그렇기 때문에 이라크 폭격과 석유 이권의 관계에 대한 보도나 발언이 빈번히 나타난 것이다.

하지만 일본에서는 "어쩔 수 없다"는 설명이 여론의 지지를 얻었다. 아오키는 앞의 발언에서 "수상이 왜 미국을 지지하는지를 국민을 향해 분명히 알기 쉽게 설명할 필요가 있다"고도 말했는데, 북한 정세와 대비시키는 것은 여론의 지지를 얻기 위한 참으로 알기 쉬운 설명으로 받아들여진 것이다. 때문에 폭격이 시작된 후에는 오히려 미국 지지에 대한 찬성은 상승하였다. 3월 22일과 23일에『요미우리신문』이 실시한 조사에 서는 "당신은 일본 정부가 이라크 문제에서 미국을 지지하고 있는 데 대 해 당연하다고 생각합니까, 어쩔 수 없다고 생각합니까, 아니면 납득할 수 없다고 생각합니까"라는 설문에 대하여 '당연하다'고 답한 사람이 12.1%, '어쩔 수 없다'가 63.8%에 이르렀고, 일관되게 폭격을 지지해 온 『요미우리』는 "이라크 전쟁, 정부의 지지율 '당연' '어쩔 수 없음' 76%" 라는 제목을 붙여 보도하였다(3월 25일 조간).

이라크 특조법 심의에서는 자위대 파견의 이유로 석유확보도 거론되 었다. 북한 정세에 대해서는 이것이 이라크 정세와는 직접 관계가 없는 이상 국회에서의 답변 등의 공식적인 발언을 할 수 없었던 정부이지만, 자위대 파견에 관해서는 석유에 대한 언급을 반복해서 표명한 것이다. 예컨대 가와구치 외무장관이 "우리나라의 중동에 대한 의존도가 석유에 서도 상당히 높은데, 이 지역의 평화와 안정이라는 것은 우리나라의 국 익으로서도 매우 중요한 문제라고 생각합니다"(참의원 외교방위위원회, 2003 년 7월 17일)고 말한 것을 비롯하여, 후쿠다(福田) 관방장관(참의원 외교방위위 원회, 2003년 7월 22일) 등도 빈번히 석유 문제를 언급하였다.

이러한 설명이 여론의 반발을 불러일으키고, 야당의 비판 재료가 되었 다면 이렇게 장기간에 걸쳐 여러 관료가 반복하는 일은 없었을 것이다. 자위대 파견의 이유로 석유를 내세우는 것이 정부의 공식 자세로서 문 제가 없었을 뿐만 아니라, 야당에 대항하는 데에 힘을 발휘한 까닭에 반 복되었다. 미국에서는 설령 그것이 진심이라 하더라도 입에 담을 수 없 는 정치적인 금기라고 할 수 있는 사항이 일본에서는 가장 강력한 설득 력을 지닌 것이다. 정의를 위한 일이기 때문에, 설령 미국 단독이라도, 그리고 미군의 희생자가 나오더라도 폭격을 가한다고 단언한 부시 정권 과 그것을 지지한 미국인과는 달리, 일본인은 문제의 정당성보다도 자국 의 이익을 중심에 두고 전쟁에 나선 셈이다. 석유를 위하여 전쟁을 한 것은 미국이 아니라 일본인이었다.

논의 양태는 그 사회에 속하는 사람들이 어떻게 문제를 이해하고 인식하는가에 따라 결정된다. 하나의 논의 양태가 모든 사회에 동일하게 적용되어 동일한 의미를 갖는 것은 아니다. 당연히 미국에서의 논의는 이라크 폭격에 찬성하는 쪽이나 반대하는 쪽 모두 미국 정부의 설명과 국민의 인식에 기초하여 전개되고 있다. 한편 일본 정부는 미국 정부와는 다른 설명을 국민에게 하고, 국민도 미국인과는 다른 문맥에서 정부를 지지하였다. 이럴 경우 미국 내의 논의를 그대로 일본에 전하더라도 그 의미는 축소된다.

미국에서는 9·11을 계기로 왜 미국이 미움받고 있는지에 관해 논의되고, 그 가운데 '제국'으로서의 미국이 새삼 논의되면서 부시 정권의 각료들과 석유 이권 및 이라크 이권의 관계가 다루어지고, 폭격의 중요한 이유였던 대량파괴무기에 대한 보도도 계속되었다. 부시 정권이 정의를 내세웠기에 이에 대한 검증이 계속해서 이루어지고 있는 것이다.

대량파괴무기를 발견할 수 없었던 점은 당연히 전쟁의 대의를 크게 손상시켰고, 이라크의 아부그레이브 형무소에서 미군이 민간인을 포함한 이라크인을 학대하고 있는 사실이 밝혀짐으로써 정의의 전쟁이라는 설명이 뒤흔들렸다. 보도기관도 2004년 5월 26일 『뉴욕타임스』가 자신들이 쓴 이라크 관련 기사에 잘못이 있음을 인정하는 등, 내부 점검에 노력하였다. 그것은 단지 잘못을 저질렀기 때문에 이를 인정할 수밖에 없었다는 것이 아니다. 그것이 정의의 전쟁이라고 설명되었다는 바로 그 이유로 인해 정의인지 아닌지 검증이 불가피하다는 것이다. 영국에서도 마찬가지였다. 이라크가 대량 파괴 무기를 "45분 이내에 배치할 수 있다"고 주장한 정부의 보고서를 둘러싸고 BBC와 정부가 전면적으로 대립하여 BBC가 패하고 난 뒤, 2004년 9월 12일에 이르러서는 스트로 외무장관이 이 기술(記述)의 취하를 표명하기에 이르렀다.

한편 일본에서는 "어쩔 수 없다"는 것이 이유로 제시된 이상 구미에서

이라크 폭격의 정당성을 둘러싼 중요한 문제가 일어나더라도, 이것은 일본의 여론이나 정치 상황에 큰 영향을 미치지 않았다. 설령 폭격의 정당성이 흔들렸다고 하더라도, 원래 '전쟁인가 평화인가'가 문제시된 것이 아니라 부시 정권을 비판하는 것이 '도리에도 정의에도 어긋나는' 것으로 인식되고 있었기 때문이다. 폭격의 정당성이 흔들림으로써 부시 정권이 상처입고, 이것이 더러운 전쟁이었다 하더라도 그 비판은 미국을 향할 것이고, '어쩔 수 없이' 부시 정권을 지지한 고이즈미 정권과 이를 지지한 일본인이 상처받는 일은 없었던 것이다.

문제는 일본의 모든 강경파가 미국 내의 논의에 전면적으로 편승하여 미국 '제국'론이나 석유 이권에 관심을 집중시킨 것이다. 이것이 의도적으로 이루어진 것인지 아닌지는 알 수 없다. 이러한 논의 방식이 취해진 것은 이것이 원래 반미 지향인 일본의 우파에도 받아들여지기 쉬운 측면이 있으며, 그 논자가 『아사히』에서 『산케이』에 이르기까지, 『세카이(世界)』에서 『분게이슌쥬(文藝春秋)』에 이르기까지, NHK에서 민영방송에 이르기까지 등장할 수 있기 때문이다. 이른바 강경파 논자가 이러한 배려를 했을 수도 있고, 다만 생각이 거기까지 미치지 못했던 것일지도 모르겠다. 하지만 적어도 그 결과 미국 정부가 무엇을 하고 있는지는 문제시되더라도 일본 정부가 무엇을 하고 있는지는 관심 밖에 놓이고 말았다. 미국의 보도, 학자, NGO 등이 미국 정부의 주장을 검증하는 데 노력을 기울인 데 반해, 일본의 보도나 학자는 자신의 정부를 검증하지 않은 채 지금에 이르고 만 것이다. 그 결과가 본고의 서두에서 소개한 사설이라 할 수 있다. 자신이 약한 존재고, 그렇기 때문에 '어쩔 수 없는' 선택을 할 수밖에 없었다고 인식함으로써 그 힘의 강화, 즉 상임국 가입을 쉽사리 인정하는 것으로 이어졌다. 이것은 학자나 보도가 밖에서 일본 사회를 보는 눈과 안에서 보는 눈의 낙차를 확대시킨 것을 의미했다.

이러한 것은 아프간전쟁에서도 나타났다. 이른바 강경파 가운데서 UN에 관여하고 있으면 전쟁에 휩쓸리기 때문에 탈퇴해야 한다는 주장이

나온 것이다. 일본이 그 거대한 힘을 사용하여 군사적인 방향으로 UN을 움직이고 있다는 점은 전혀 생각조차 못하는 것 같았다. 이런 상태는 15년 동안 변하지 않은 채 유지된 셈이다.

4. 글을 마치며

1990년대 이후 UN에서는 비군사적인 측면에서의 움직임이 다양한 방면에서 일어나 많은 성과도 거두어 왔다. 국제사법재판소에서 있었던 핵무기의 위법성에 관한 심리, 대인지뢰금지조약의 성립, 국제형사재판소의 설립, 지구환경에 관한 교토의정서 등이 예인데, 그 대부분에서 일본이 일관되게 부정적인 자세를 취해온 것은 잘 알려져 있다. 핵무기의 위법성에 관한 심리에서는 당초 핵무기는 위법이 아니라고 하는 의견서를 제출하려다가 비판을 받았으며, 그 후에도 핵군축을 추진하는 여러 나라와 거리를 유지하고 있다. 또한 대인지뢰금지조약은 서명회의가 개최되기 3일 전에 겨우 참가를 표명했을 뿐 아니라 조약의 약화를 시도했으며, 이미 139개국이 서명하고 98개국이 비준하고 있는 국제형사재판소 규정에는 아직 서명조차 하지 않았고, 교토의정서에서도 이 문제를 추진하려는 유럽에 대해 부정적인 자세를 견지했다. 하지만 일본인은 자신의 정부의 행동을 감시하는 일을 계속 방기하였다. 이러한 사건과 같은 시기에 진행된 행정개혁에서 외무성과 외교정책이 거의 전혀 문제시되지 않았다는 점은 상징적이다.

미국에서는 부시 정권이 볼튼 전(前)국무차관을 UN 대사로 지명한 것이 커다란 반발을 불러일으켜서, 지명되자마자 'stopbolton.com'이라는 이름의 인터넷 사이트까지 등장했다. 아버지 부시 정권에서 UN 담당 사무

차관보를 맡아 부시 부자의 2대에 걸친 반UN 자세를 지지해온 볼튼을
보수파, 도식적으로 말하자면 이라크 폭격을 지지하고 환경 문제를 경시,
국제형사재판소에 반대, 총기 규제에 반대하는 사람들이 지지하는 한편,
그 반대의 자세를 취하는 사람들이 그를 지명하는 데에 반대하고 있는
셈이다. 그리고 이러한 찬반이 커다란 정치 논의를 불러일으키고 있는
것은 미국인이 문제를 올바르게 이해하고 있고, 이러한 가운데 미국만이
아니라 세계의 미래를 둘러싼 진지한 논의가 이루어지고 있다는 것을
의미한다.

한편, 외무성이 기타오카를 UN 대사로 결정했을 때에는 거의 아무런
논의도 일어나지 않았다. 물론 학자가 개인적인 견해를 표명하는 것은
아무런 문제도 없다. 그러나 집단적인 자위권 행사 등과 같이 관료가 주
창하기 어려운 일을 주장하는 인물을 관료로 기용할 경우에는 사태가
다르다.

볼튼의 예에 비춰보면 개헌을 지지하고 이라크 폭격을 지지하고 한국
과 중국 등이 역사 문제를 거론하는 데에 반발하고 환경 문제를 경시하
는 사람들이 상임국 가입을 지지하고 기타오카를 지지할 것이며, 거꾸로
호헌을 주창하고 이라크 폭격에 반대하고 역사인식 문제의 해결을 중시
하고 환경 문제를 중시하는 사람들은 상임국 가입에 의문을 나타내고
기타오카의 임명에도 의문을 가져야 한다. 하지만 크게 이러한 움직임이
보이지 않은 채 현재에 이르고 있다. 그리고 이러한 상황 속에서 기타오
카는 상임국 가입 등에 대해 활발한 발언을 계속하고 있다. 이렇게 보면
대통령 선거에서 국민의 지지가 완전히 둘로 나누어져, 볼튼의 지명이
중요한 정치 대립을 초래하고 있는 미국인들이나 일본의 상임국 가입에
격렬하게 반대하는 한국과 중국인들은 적어도 일본인보다도 문제를 정
확히 파악하고 있다고 말할 수밖에 없다.

바이츠제커 전 독일 대통령의 유명한 연설에 비유하자면, 일본인이 눈
을 감고 있는 것은 과거가 아니다. 오히려 '지금'이다. 바로 그렇기 때문

에 극단적으로까지 자기 이익을 내세움으로써 전쟁의 추진마저 정당화
할 수 있는 윤리 상황에 이르렀음에도 불구하고 자신의 무오류성(無謬性)
을 순진하다고 할 정도로 믿을 수 있는 것은 아닐까? 자신을 검증하는
의지를 지니지 못한 순진함이 노골적인 일본 내셔널리즘과 맞물려 상임
이사국의 상황, 즉 21세기 세계의 상황에까지 영향을 미치고자 한다면,
이것만큼 어리석은 일은 없다.

조선과 일본을 둘러싼 기억의 장

이타가키 류타 지음 / 김영수 옮김

내가 가르치는 대학의 학생들에게 최근 한국과 중국에서 왜 시위가 일어나는지 물어보면, 다수가 '반일'의 성격을 가진 '교육'과 '매스미디어' 때문이라고 대답한다. 평론 등을 통해 어느 정도 지식을 갖고 있는 학생은 정부에 대한 불만과 경제 불안이라는 그럴 듯한 원인을 이야기하기도 한다. 이러한 '해답'은 어디에서 나오는 것일까? 어쩌면 내가 질문하는 방식이 서툴렀을지도 모르겠다. 꼭 시위에 참가하지는 않은 사람도 포함하여 '역사'란 조금 더 나아가 '일본'을 둘러싼 역사란, 시위가 일어난 그 사회에 있어서 도대체 어떠한 의미를 갖는 것인가? 공교육이나 매스미디어라는 경로로만 환원되지 않는 광범위한 영역은 어떻게 펼쳐 있는지, 이를 계기로 상상을 펼쳐보면 어떨지 좀더 말을 골라 물었어야 했는지도 모르겠다.

역사 교과서를 위시하여 역사를 둘러싼 문제가 표면화될 때 등장하는 '역사인식의 공유'라는 표현을 나는 절실한 과제라고 생각하면서도 항상 약간의 위화감을 느끼지 않을 수 없다. 오해가 없도록 말해두지만 이러한 표제하에 '일한', '일중', '일중한'이라는 구도로 '공동연구', '공동위원회', '국제심포지엄' 등이 열리고, 그러한 대화의 장이 만들어지는 것 자체에 내가 부정적인 것은 아니다. 여러 가지 경로를 통하여 대화를 해야만 하고 가능하면 정부 개입이 없는 공간에서 행해야 한다고 생각한다. 그러나 이러한 종류의 공동작업이 '역사인식의 공유'를 목적으로 출발하는 경우, 바꾸어 말하면 상호 역사인식의 차이로부터 출발하여 무언가 합의나 타협에 도달하는 것이 가장 중요한 목적이 되는 경우, 거기에는 중요한 물음이 빠진다고 생각한다. 즉 '공유' 이전에 왜, 그리고 어떻게 차이가 나는지를 해명하는 것, 즉 각각의 바탕을 되돌아보고 서있는 지반의 상이함과 차이의 근원을 대면하는 작업은 그 경우 생략되고 마는 것이다. 그것은 단지 학설사를 정리한다고 해서 도출되지 않는다. 혹은 각각의 '국사' 존재양태를 분석하면 그것으로 끝나는 식의 단순한 이야기가 될 수도 없다. 역사라는 것이 그 사회에서 어떤 식으로 존립하고 있는가? 이전에 경제 인류학자가 사용하던 '사회에 깊이 파묻힌 경제'라는 표현을 빌려 말하면 역사가 어떻게 사회에 파묻혀 있는지까지 들어가서 탐구해야만 할 것이라고 생각한다.

나는 1999년부터 2001년까지 2년 반 정도 한국에서 살았다. 마침 김대중 정권 시대였다. 대부분의 기간은 서울이 아니라 경상북도 상주라는 지역에서 지냈는데 한반도에서 있어서 근현대의 사회 변화를 가급적 자세히, 개인의 수준에서 알고 싶다고 생각했기 때문이다. 시골을 걸으며 이야기를 듣고 자료를 보고 있노라면 '일본'의 흔적과 자주 부딪힌다. 신사가 세워졌던 언덕, 소학교에서 배운 군가를 부르는 노인, 명백히 건축방식이 다른 건물 등등. 식민지 시기만이 아니다. 임진왜란 관련사적 등도 각지에 있어 조선시대부터 이어진 의식(儀式)이 계속 행해지고 있다. 즉 '일본'을 둘러싼 '기억의 장'이라고도 할 만한 것이 한국 사회 곳곳에 산재해 있는 것이다. 이것은 '반일교육' 차원의 문제는 아니다. 그 사회가 혹은 개인이 놓여진 처지에 따라서 남겨지고 계승된 흔적임에 틀림

없는 것이다.

프랑스의 시도를 필두로 독일, 이탈리아 등에서 전개되고 있는 '기억의 장'을 둘러싼 방대한 연구는, 분명히 그러한 영역을 깊이 천착하기 위해서는 어떻게 하면 좋을까 하는 문제의식에서 시작했다고 할 수 있다.[1] 그러나 이미 지적하듯이 이러한 '기억의 장' 프로젝트는 그 기억의 외연이 내셔널하게 설정되어 있고, 이 글과 관련해 말하자면 그 결과 내셔널한 것이 아닌 식민지는 그대로 '기억의 공백'이 되고 만다는 큰 문제를 안고 있다.[2]

나는 지금의 상황을 만드는 한 가지 조건은 '기억의 장'들이 어떤 차이를 지니는지 좀 나아가 말하면 '기억의 장'과 '기억의 공백'을 둘러싼 의식의 불균형성에 있는 것이 아닌가 생각하고 있다. 아래에서는 내가 현장에서 겪었던 사례 가운데 기억의 장을 생각할 때 항상 떠올리게 되는 것을 세 가지 정도의 메모로, 콜라주 풍으로 묘사해 보고자 한다. 사례별로 제대로 갖추지는 못했지만 적어도 지역사회에서 공통의 인식이 형성되어 있는 장만이 아니라 그렇지 않은 장, 혹은 장의 존재양태에 불균형성이 드러나는 그러한 상황도 제시하면서 이 문제를 생각해보고자 한다.[3]

---

1) 프랑스의 시도에 대해서는 피에르 노라 편 『기억의 장』 전3권(이와나미서점, 2002 ~2003)으로 번역 소개되어 있다.

2) 예를 들면 노라를 둘러싸고 일어났던 동경 외국어대학의 특별 학술 심포지움에서 이연숙, 이와자키 등의 코멘트 및 그에 대한 노라의 응답을 참조할 것(『*Quadrant*』 6호 동경외국어대학 해외사정 연구소, 2004년 3월에 특집 '『기억의 장』이라는 질문으로부터'라는 제목으로 수록되어 있다). 거기에서 노라는 '기억의 장'에서 결락된 것으로 '기억의 공백'이라는 표현을 쓰고 있다.

3) 본고는 『교토신문』(2005년 3월 28일)의 '창발공간' 코너에 게재된 글을 다시 부연한 것이다. 또한 여기에서의 문제의식은 '비판과 연대를 위한 동아시아 역사 포럼'에서 '동아시아에 있어서 역사학의 위상'이라는 주제로 행해진 워크숍, 나아가서 이와자키 미노루 씨의 '동아시아에 있어서 기억의 장'이라는 문제제기와 그것을 이어받아 행해진 논의에 자극을 받은 것이다.

메모 1. 임란의 기억

2000년 10월 상주 북천 전적지에 있는 충의단에서 임진왜란(약칭 '임란'
이라 한다) 때 죽은 세 사람의 '충신'과 두 사람의 '의사'를 기리는 제사가
있었다. 나는 아는 영감님들에게 사전에 이야기를 들었기 때문에 참가하
였다. 제사가 끝난 후의 연회('음복'이라 한다)에서 안면이 있는 영감님이
다른 사람들에게 나를 소개할 때 한 사람이 "일본인은 보고 싶지 않다"
고 내뱉듯이 말했다. 그 상황은 소개해 준 영감님이 수습했는데 그 직접
적 원인은 마침 그 전월에 모리 요시로 수상(당시)이 한국 KBS와의 인터
뷰에서 "다케시마는 일본 고유의 영토다"라고 발언을 했기 때문이다. 실
은 이 발언 때문에 나는 조사 작업을 할 때 우선 이 화제부터 시작하여
그 다음 본 주제로 들어가지 않으면 안 되는 상황에 있었다. 임란의 기
억과 현재의 문제가 이러한 형태로 연결된다는 경험을 하였던 것이다.

임란은 400년 이상이나 된 예전의 일이다. 따라서 당연하게 '기억'이라
는 범주를 넘어서 있다. 그러나 그처럼 역사상 일을 엊그제 들었던 것처
럼 말하는 사람과 만나는 것은 드문 일이 아니다. 게다가 그것은 단지 일
반적인 '역사 애호'와는 다르며, 단지 한국 정부가 내세운 가공의 역사적
연속성을 구성하는 내셔널리즘으로 환원시키는 것도 불충분하다. 그보다
는 '임란'의 기억, 좀더 나아가 말하면 '임란'에 즈음하여 일어났던 의병
의 기억이 그 후손들의 주도하에 적극적으로 계승되어 역사적으로 기억
의 장이 형성되었다고 보아야 할 것이다. 그것은 근대조선에서 향촌사회
가 존재하는 방식을 깊이 고찰하지 않으면 이해할 수 없는 대목이다.

정진영이 이미 밝혔듯이 16세기에 급속하게 향촌 지배를 강화하고 있
던 상주 지방 양반은 임란에서 의병활동을 주도하고 그것을 계기로 임
란으로 황폐된 향촌사회의 질서를 재확립해 갔다.[4] 조금 더 부연해보자.
상주의 양반이 '입향(入鄕)'하기 시작한 것은 여말선초에 걸친 일이었지

만, 향안(鄕案)이라는 명부를 작성하고 향청과 서당을 중심으로 결속을 강화하고 향촌 지배를 한 것은 16세기의 일이었다. 그때 1592년 4월 돌연 나타난 것이 '왜적'이었다. 상주목사 등은 상주에서 도망가고 순변사도 전사하였으며, 고니시 유키나가가 이끄는 부대가 상주성을 점령하였다. 이에 대하여 5~6월에 산발적인 의병이 일어난 뒤, 7월에 양반과 궁수 등이 합동으로 '창의군(昌義軍)'을 일으키고 나아가 8월에는 '충보군(忠報軍)', 9월에는 '상의군(尙義軍)'이 일어나 왜군(여기에는 일본인 병사 외에 도중에 가세한 조선 농민과 소금장수 등이 포함되어 있었다)에 대항하여 게릴라 공격을 전개했다. 이러한 의병의 지도층 다수는 향안에도 등장하는 양반들이었다. 11월에 도망갔던 목사를 대신하여 임시판관 정기룡이 관군과 함께 부임하자, 의병은 관군과 함께 왜군과 싸워 12월 초에 상주성을 탈환하였으며 명군의 남하와 함께 의병은 자연히 해산했다.

임란 후의 복구 과정에서 상주의 양반들은 급속히 조직적 세력을 강화해 갔다. 명부인 향안의 재작성(1595), 향약 조직의 '낙사합계(洛社合契)'로서의 재조직(1599), 상주 최초의 서원인 도남서원의 건립(1606), 양반의 연결 접점이었던 향청의 재건(1610) 등이 활발하게 전개되었다. 16세기에 건축되었다는 17개 서당들도 전란으로 소실되고 그 후 '중건'되었다는 기록이 많이 전해지고 있다.[5] 또한 임란 중의 행적에 대하여, 공적이 있는 양반 중 다수에게 관직이 부여, 공신록에 기재되었다.[6]

이러한 경위가 있었기 때문에 의병에 대한 기억은 17세기 이후의 상주 지방 양반에게 향촌 지배를 위한 정당성의 중요한 근거가 되고, 그것이 수많은 '기억의 장'을 만들어 내는 계기가 되었다.[7]

---

4) 정진영, 「임란 전후 상주 지방 사족의 동향」, 『조선시대 향촌회사』, 한길사, 1998.
5) 1749년에 권상일이 주관하여 증보한 『상산지』 학교조에 의하면 '임진란'으로 소실되었다고 전해지는 서당 중에 그 후 복건되었던 것은 석문서당(1596), 수선서당(1603), 영빈서당(1603), 노동서당(1629), 죽림서당(1694), 오산서당(연도불명), 용문서당(연도불명)이다.
6) 상주얼찾기회 편, 『선무원종공신록건 부창의록』(1997) 및 『상주호국충의록』(1999)에 그 상세가 정리되어 있다.

1) 문헌

임란의 기억은 다양한 문헌 중에 계승되었다. 임란시에 실시간으로 기록된 조정(趙靖)과 조익(趙翊) 형제(풍양 조씨)의 일기는 각각 『검간집(黔澗集)』, 『가휴집(可畦集)』이라는 문집을 목판으로 간행할 때 일부 수록되었다. 흥양 이씨인 이준(李埈)이 형인 이전(李㙉)에게 업혀서 왜병으로부터 도망쳤던 광경을, 서장관으로 명나라에 갔을 때 화공에게 그리게 하고 지역의 양반들이 이에 문장을 덧붙인 『형제급난도(兄弟急難圖)』는 지금도 그 종손이 귀중하게 보관하고 있으며 목판으로도 복제되어 있다. 1617년에 이준이 중심이 되어 편찬한 지지 『상산지(尙山誌)』(상산은 상주의 별칭)에도 인물조에 임란에 있어서 여러 가지 공적을 기록한 에피소드가 있고, 그 후 20세기에 이르기까지 몇 번이나 증보되었다.

2) 사우(祠宇)·석비(石碑)

문헌뿐만이 아니라 보다 공동성이 높은 석비와 사우(위패를 두고 정기적으로 제사를 하는 건물)도 또한 여러 개가 건축되었다. 앞 시기의 충의단은 여러 번의 진정 끝에 18세기 말에 왕조의 사액을 받아 건축된 사우이다. 그 외 17세기 말에 건축된 충렬사도 있어 각각 제사가 모셔졌다. 석비도 북천전장터의 석비들, 김일과 그의 '효녀'의 비 등은 조선시대에 건립된 것이다.

---

7) 상주 이외의 지역의 예를 말하면 야마우찌가 안흥(安興)현을 사례로 하여 16세기 말부터 20세기 전반에 걸친 과정을 검토하고 있어 주목되는 바이다(「왜란 기록과 현창·제사—임진 정유왜란과 조선향촌사회」, 『니이가타 사학』, 2003).

3) 현조(顯祖)에 대한 추모

현조란 조상 중에서도 공적이 있는 등 일족에게 각별한 위치에 있는 인물을 말한다. 의병에 관여한 자 중 자손이 현조로 추대하여 사당의 제사나 묘지의 묘사로 그 기억이 공동화된 자도 많다.[8]

이와 같이 '임란'의 기억은 조선 후기의 향촌사회에서 양반의 존재와 밀접하게 관련되어 전승된 것이다(본고에서는 언급하지 않았으나 향리들도 관계되어 있다).

이러한 임란을 둘러싼 기억의 장은 일본에 의한 식민지 통치하에서도 어느 정도 지속되었다. 충의단은 1920~30년대에 걸쳐 보수되었으며,[9] 『상산지』는 1929년에 증보판이 활자로 출판되었을 뿐만 아니라 현조의 제사도 계속되었다.

실제로 그러한 배경도 있어서 식민지 시기에는 고등경찰도 양반가의 인물을 경계 대상으로 하고 있었다. 예를 들면 경상북도 경찰부가 편찬한 『고등경찰요사』(1934)의 머리말은 "본래 본도는 양반유생의 무리가 모인 곳이라"고 하는 문장으로 시작하여 '양반유생'과 그 영향을 받았다고 생각되는 사건을 열거하여 의병운동과 3·1운동이 "멀리는 임진왜란 이래 배양된 배일(排日)이라는 사실에서 출발함은 분명한 바"라고 그 계보를 더듬고 있다. 그리고 권말에는 '양반유생분포상황표'를 붙여 상주에서는 12문중 9,912명의 '양반'을 집계하고, 특히 상주에서도 5개의 '양반' 가문 합계 950명을 '가장 주의를 요하는 자'로 지정했다. 물론 이런 관점

---

8) 예를 들면 본문에서도 적은 풍양 조씨인 조정·조익, 홍양 이씨인 이전·이준, 상산 김씨인 김일 등 외에 재령 강씨인 강응철, 영산 김씨인 김각, 청도 김씨인 김중신, 풍산 유씨인 유진, 진양 정씨인 정경세, 여산 송씨인 송량, 옥천 전씨인 전식 등을 들 수 있다. 또한 사족만이 아니라 이족(향리)에 있어서도 상산 박씨인 박걸, 경주 이씨인 이경남 등이 그런 예에 속한다.

9) 「자양산사실기」(1924)에는 금을 모아 삼림을 다시 산 사실이 기록되어 「충의단제각중수상량문」(1926)에서 제각이 보수되었다는 것을 알 수 있으며, 「충의단강당중수기」(1938)에서는 수년간 저축한 뒤에 강당을 보수한 기록이 있다(필사본 『충의단사실』 수록).

은 총독부가 민중운동을 좁게 평가한 것에 지나지 않으며, 양반가의 인물이 폭넓게 활약한 것은 사실이지만 그것만의 운동을 환원시킬 수는 없다. 그렇다고 해서 임란의 '의사(義士)'에 대한 기억이 어떤 작용도 하지 않았다고 생각하는 것도 무리가 있을 것이다.

다만 그러한 상황이기 때문에 임란의 기억이 그대로 이어진다고 할 것도 아니었으며, 따라서 『상산지』가 증보될 때 몇 가지 표현이 변경되기도 하였다. 예를 들면 상주 시가지 한가운데에 있는 '왕산'이라는 언덕이 17세기의 '상산지'에서는 과거 왕산이 별명인 '장원봉'이라 불리며 장원을 많이 배출하는 산으로 되어 있었으나 '임진란'의 '왜구'가 큰 나무들을 벌채하고 꼭대기에 높은 누각을 건축한 후 40년 이상 장원이 나오지 않았다고 하는 일화를 전하고 있다. 다만 식민지 시기의 증보판에서는 이 기록 자체는 남아 있지만 '왜구'가 '일병(日兵)'으로 바뀌어 있다. '북천전장'의 기사에 있어서도 18세기판과 1929년판에서는 '왜적'이 '일병'으로 되고, '왜장'이 '적장'으로 되는 등이다. 이와 비슷한 사례는 야마우찌 타미히로도 소개하고 있는데,[10] 이것 역시 활자화되면서 사전 검열을 의식하여 고쳐 썼다고 생각한다. 충의단도 건물은 유지되었지만 제사가 계속되었다는 기록은 눈에 띄지 않는다.[11]

그 후 상주에서 임란을 둘러싼 기억의 장이 보다 공동적인 것으로 활성화되는 것은 해방 후 그것도 아마 1970년대 후이다. 정기룡 장군 유적의 대규모 공사(1972), 조정(趙靖)의 임란일기 원본 발견과 공개(1975), 군비(郡費)에 의한 충의단 보수(1977) 등에 이어 다시 그 문물이 국보나 지방문화재로 차례로 지정되었다.[12] 이것은 박정희 정권 이후의 '국사(國史)'의

---

10) 야마우찌 타미히로, 앞의 논문.
11) 『상주대관』(상주경제자립연구회, 1957)에는 "제사는 지금은 없어졌다"라고 기록되어 있다.
12) 1980년대까지로 한정하더라도 정기룡 장군 유적지(74년 도지정기념물), 정기룡 장군 유물(80년 국가지정보물), 형제급란도(86년 도지정유형문화재), 임란북천전적지(88년 도지정기념물), 조정임진란기록(89년 국가지정보물) 등을 들 수 있다.

구축 과정과도 병행하는 움직임이었다고 할 수 있다. 한편 이러한 사업도 '의사'의 후손이 중심이라는 점에서 단순히 '위'로부터의 움직임만은 아니었다고 할 수 있다.

내가 만났던 '임란의 기억'은 이러한 과정을 거쳐 전승된 것이다. 물론 그것도 공교육, 매스미디어와 무관한 것은 아니지만, 단순하게 그것만으로 환원시킨다면 역시 납득이 가지 않는 것은 위와 같은 이유 때문이다. 분명 출병한 쪽의 '분로쿠·케이초의 역(役)'(임진, 정유왜란의 일본 명칭―옮긴이)에 대한 기억이 전승되는 것은, 사회에 깊이 각인된 '임진·정유왜란'에 대한 기억과는 근본적으로 다르다. 그러한 점까지 포함해 검토할 필요가 있을 것이다.

메모 2. 60년째의 동창회

2000년 2월의 일이었다. 상주에 있는 나에게 고향 사도에 계신 부친께 연락이 왔다. 부친은 신년회에서 이웃 어르신(W 씨이라고 해두자)과 이야기를 하다, 아들이 한국에 있다고 하던데 어디에 있냐는 질문을 받았다. 경상북도의 '쇼슈'였던가 '상(尙)'자 이름이 붙은 곳이라고 대답하자, 그것이 정말인가, 나는 전전(戰前)에 거기에서 짧은 기간 교사를 했다고 한다. 그래서 이미 80세가 되어 가는 이 W 씨가 상주를 다시 방문하여 옛날의 제자들과 만날 수 있을지를 부친을 통해 내게 부탁한 것이다. 자세하게 들어보니 사도의 농업학교를 졸업한 후 학교게시판에 붙어 있던 대구 사범학교의 모집공고를 보고 응모하여 1939년에 대구로 와서, 1940년에 상주의 S국민학교에 부임하였으나 1941년에는 군대에 소집되었기 때문에 교사생활을 그만두었다고 한다. W 씨의 집은 우리 집에서 걸어서 5

분 정도 떨어진 곳에 있다. 가까이 살고 있는 사람이 그러한 경력을 가진 사람이었다고는 전혀 몰랐다.

나는 어떻게 하면 좋을까하고 우선 현재의 S초등학교 교장을 만나서 도움을 청했다. 바로 대답하기는 어려울 것이라고 생각했는데 의외로 빨리 교장에게 연락이 왔다. W 선생께 배운 적이 있는 사람들이 아직 상주에 있고 동기생 조직도 있다는 것이다. 곧바로 나는 그 동기생을 만나러 갔다. 그들은 대단히 환영하며 지금도 매년 동창회를 하고 있으므로 꼭 W 선생이 상주에 오는 날에 올해 동창회를 열고 싶다고 하는 것이다. 좋은 소식이었지만 이 동창회를 어떤 장으로 할까 약간 고민을 하였다. 동기생 측은 '스승에 국경은 없다'라며 열렬한 환영무드였다. 그러나 그 환대 모습을 그대로 받아들이기에는 거리끼는 점이 있었다. 개인 대 개인으로 형성된 사제 관계도 그 배경에는 식민주의 더구나 전시동원체제에서 여러 가지 사회적 모순이 있었기 때문이다.

예를 들어 동창생에 따르면 당시의 S 교장은 스파르타식 황민화정책을 추진한 사람으로, 때리고 차고 담뱃불로 지지는 일은 다반사였고 나아가서는 '어진영(御眞影)'을 봉납하는 봉안전(奉安殿)을 학생들을 동원해 짓고, 수업시간 중에 고르지 못한 학교 운동장을 학생들에게 고르게 시켜 학생뿐만 아니라 교사의 반발을 불러일으켰다. 결국 그 학년생들은 결집하여 S교장 반대운동을 일으켰다. 수업 전에 "당신의 수업은 받고 싶지 않습니다"라고 쓴 노트 1학년 이하 80인분을 교탁 위에 쌓아 두었던 것이다. 그것을 보고 화가 난 교장이 가장 앞에 있던 학생의 귀를 잡아 당겨 쓰러뜨렸고, 이에 분개한 학생이 일제히 항의하며 산 쪽으로 달려 뛰쳐나갔다. 전시 때 일이었으므로 고등경찰의 조사받은 결과 '사상사건'으로 간주, '주모자' 학생 한 명이 퇴학, 여러 명이 장기 정학 처분을 받은 사건이 있었다. 이것은 지금 저항의 기억으로 그들 사이에 남아 있다.

그런 상황에서도 성립된 사제 관계는 상대적으로 W 선생이 성실하고 교육에 열심이었기 때문이다. 그것은 창씨개명, 일본어 강제, 노력 동원, 불합리한 폭력이라는 지금 생각해보아도 화가 나는 일이 일상화되던 중의 일이었다. W 선생도 그러한 현장에 접하고 있었기 때문일까, 정말 재회가 가능할까 그들이 자신을 받아들여줄까 불안한 기색이었다.

이 동창회를 개최하기로 하면서 새롭게 과거의 동기생 명부를 만드는 작업이 이루어졌는데 여기에도 황민화의 흔적이 있었다. 즉 학교에 남아 있던 학적부를 참조할 수밖에 없었고 그곳에는 모두 창씨개명된 이름만이 기재되었던 것이다. 게다가 20명 정도의 누락이 있었다. 그래서 그들은 학적부에서 이름만 베껴내어 와서 몇 사람에게 돌려보게 해서, 이 이름이 그 녀석이다, A 녀석이 빠져 있는 게 아닌가, B 녀석은 어디 어디에 살고 있다, 아니 언제 죽었다 등등을 이야기하면서 종이에 본명과 OX를 써놓은 결과 드디어 명부가 만들어졌다. 기록을 기억으로 수정하면서 과거와 현재를 연결해 간 것이다. 동기생 측은 W 선생에 대하여, 교실에 W 선생이 그렸던 유화가 걸려 있었다, 자기들 마을에 사생하러 왔다, 출정 전에 모두 앞에서 슬프게 노래를 한 곡 불렀다, 전쟁터에서 엽서가 왔다는 것과 같은 상세한 일들을 잘 기억하고 있었다. 한편 W 선생 쪽은 조금씩 젊은 시절의 일들을 생각해 내고는 있었지만, 예를 들면 자신이 맡아 있던 학급의 학생이 대개 몇 명이었던가 하는 것도 기억하지 못하였다. 당시의 자료도 거의 남아 있지 않았다.

이와 같은 상황이었으므로 우선은 이 재회의 장에서 필요한 것은 상호 기억의 차이를 메워가는 것이라고 생각하였다. W 선생은 당시 취미로 찍었던 상주 지역의 사진을 수십 장이나 보관하고 있었는데, 그때의 농촌에서 카메라는 실로 귀중한 것이어서 그곳에는 그런 사진은 남아 있지 않았던 것이다. 나는 이것이 기억의 차이를 메워가는 매개가 되지 않을까 생각하였고, 그래서 꼭 이 사진을 복제하여 앨범을 만들고 제자들에게 선물로 주라고 요청하였다. W 선생은 재빨리 많은 복사본을 만들고 표제를 써넣었다.

동창회는 그 해 8월에 열렸다. 교장의 인사가 있고 동기생 대표로부터 서로 건강하게 만날 수 있었던 것은 무엇보다 다행한 일이다. 동기생 80명 중 전쟁 등으로 죽고, 살아 있는 사람은 40명, 오늘 온 사람은 27명이라고 하는 인사가 있었다. 거기에 W 선생의 답사가 있고 당시의 전쟁교육으로 여러분에게 무리한 일도 시켜서 좋지 않은 기억도 남아 있을 것이라는 이야기도 하였다. 그리고 기념품 교환도 하였으며, 모인 동기생이 한 사람 한 사람 소개되었다. 동기생 대표가 본명을 부르면 각각 일어나서 당시의 이름으로 자기 소개를 하고 인사를 하는 형식이었다. 또한 연회에서는 국민학교 당시에 배운 창가를 몇 곡이나 불렀다. 당시의 고통스런 기억을 말하는 사람은 없었다. 필경 W 선생을 위한 환대방식이었지만 그러나 그것은 1940년대 방식에 의한 것이었다.

소중한 앨범을 대표로 교장에게 증정한 것은 좋았으나 아쉽게도 연회장에 가져오는 것은 잊어버려서 거기에서 한 장 한 장 같이 보려고 했던 당초의 계획은 진행할 수는 없었다. 60년째의 동창회가 도대체 어떤 기억의 장이 되었던 것인가, 기억은 어떤 식으로 서로 맞추어진 것인가, 내게는 아직 충분히 이해되지 않은 채 남아 있다.

메모 3. 바다 저편에서 본 '평화의 비(碑)'

C 씨는 상주에 있을 때 몇 번이나 만나서 내게 정말 많은 이야기를 들려주신 분이다. C 씨는 오전 중에 자주 전화를 해서 설화(雪花)다방에서 기다리고 있으니까 이야기라도 하자면서 나를 불러내곤 했다. '다방'이란, 한자로 '茶房'이라고 쓰며 말하자면 차를 마시는 가게다. 서울에는 그다지 보이지 않지만, 상주에는 여기저기에 다방이 있어서 비교적 나이

든 남자가 중심인 사교장 역할을 한다. 설화다방도 그 중 하나로서 그곳에 모이는 분들은 멋을 부려 "스노우 플라워 카페"라고도 불렀다. 그 C 씨가 2000년 12월의 어느 아침 다시 전화를 걸어왔다. 이번에는 불러내는 것이 아니라 나에게 한 가지 부탁이 있다는 것이다. 그 내용은 아래와 같다. C 씨는 상주의 양반가문에서 태어나 상주농잠학교에 입학했고, 재학 중 교사에게 학도병이 되라는 권유를 계속 받았다. 당시는 아직 징병령이 시행되기 전이어서 지원병제이긴 했지만 학교 안에는 "지원하지"라는 식으로 강제가 있었던 것이다. 그래서 어쩔 수 없이 지원했고 교토의 항공기승무원양성소로 가게 되었다. 거기에서 시험을 보고 합격한 것은 좋았으나, C 씨는 다치아라이(大刀洗) 육군비행학교의 아마키 생도대에 특별간부후보로 입대하게 되었다. 즉 특공대원이 된 것이다. 상주를 떠날 때에는 생각지도 않았던 사실에 눈앞이 캄캄해졌다. 다만 '특별간부'로서의 1년 반 과정을 마치기 전에 패전이 되었기 때문에 불행 중 다행이랄까 특공대로 가는 것만은 면할 수 있었다. 그러나 비행학교 시절 조선인 차별은 심하였다. C 씨는 학문도 체력도 남보다 갑절이어서 그 때문에 오히려 '기합'이라는 명목으로 많이 맞았는데, 창씨개명한 이름을 쓰고 있었지만 그것도 의미는 없었다. 그런 중에 M 씨라는 사람만은 자신을 감싸주어 "기운 내시오"라고 말해주었다. 전후에도 편지를 주고받곤 했으나 한국전쟁을 경계로 완전히 연락이 두절되고 말았다. 만약 살아 있다면 꼭 만나고 싶다. 소식을 알고 싶다는 것이 그 전화의 취지였다.

오랫동안 신세지고 있었기 때문에 무엇인가 해드리고 싶다는 생각을 하고 있던 나는 다치아라이 기념관이 있는 미와초 사무소에 전자메일로 물어보았다. 그러자 놀랍게도 그 다음날 다치아라이 비행장 관계자들의 연줄에 의해 오카야마에 M 씨가 살고 있다는 것을 알게 됐고, 게다가 벌써 연락이 되었다는 회신 메일이 도착하였다. 이 소식을 C 씨에게 전하자 정말 좋아하면서 그 날 밤은 아침까지 잠들지 못했다고 한다. 얼마 지나지 않아 두 사람은 국제전화를 통하여 다시 연락을 취하게 되었다.

C 씨는 '이심전심'이라고 쓴 족자를 M 씨에게 보냈다.

이 이야기가 그 마을 대표에게 알려져 매년 3월 27일에 열리는 '평화의 비(碑)를 위한 모임'에 두 사람을 초대하기로 하였다. 이것은 1945년에 타찌아라이 비행장이 폭격되어 많은 사상자를 낸 날 그 희생자를 추도하기 위해 열리는 집회이다. C 씨는 비행장터를 다시 한번 방문해 거기에서 M 씨와 재회하고 싶다고 생각하고는 있었다. 하지만 물가나 비자 등의 현실 조건을 고려할 때 한국에서 만나는 것이 현실적이라고 생각하고 있던 터에 이 초청은 매우 고마운 것이어서 C 씨도 두 번째 답장에서 승낙하였다. 하지만 나는 약간 걱정되었다. 그것이 단순히 '옛 친구의 재회'라는 '미담'으로만 지나가 버리는 것은 아쉽다고 생각했다. 그래서 나는 주제넘다고 생각하면서도 아래와 같은 메시지를 미와초 사무소에 전달하였다.

C 씨는 식민지하에서의 성장, 고향을 떠나 도일, 비행장에서의 치열한 훈련, 공습, 일본의 패전, 한국으로의 귀국, 해방 후 혼란과 분단, 한국전쟁이라는 실로 20세기 격동의 시대를 살아온 분입니다. 양반 출신이라고 해서 좋은 직업을 가졌던 것만은 아니고 때로는 분뇨수거까지 하며 자식을 키웠습니다. 일본군 소속이었다는 것만으로 '친일파'라고 비난받은 적도 있습니다. 이미 부인은 사망하고 혼자 살고 있습니다. 그런 중에 다시 한번 만나고 싶은 사람과의 재회이므로 즐거워합니다만, 한편으로 이것이 단지 '옛 친구의 재회' 만은 아니라는 점도 중요하다고 생각합니다. '일시동인', '내선일체'라며 일본인이 되라고 하면서도 어디까지나 '조선인'이기 때문에 냉대하는 사회 모순 속에서 겨우 이루어진 우정이었습니다. 당시 일은 생각하는 것만으로도 화가 난다고 말합니다. 아마 당시의 일본인과는 기억의 차이가 있으리라고 생각합니다. 그와 같이 타찌아라이 비행장을 보는 또 다른 눈, 또 다른 기억이 있었다는 것이 이번 재회로 분명해진다면 그것 또한 역사적으로 의미 있는 일이라고 것이라고 생각합니다.

실제 C 씨의 전전 일본에 대한 평가는 매우 나빴다. 현재도 일본어가 익숙하여 겐지모노가타리를 위시한 고전도 읽고 와카도 읊을 정도의 사람이지만 그러한 평가는 또 별개였다.

그리고 3월. C 씨를 배웅하고 상주에 남은 나에게도 규슈의 신문기자로부터 전화취재가 있었다. 그 기자로부터 들은 이야기는 예상한 대로였다. 일본 측 관계자를 취재하였더니 차별이 있었다는 기억은 도무지 없으며, M 씨도 특히 의식적으로 보호했다는 기억은 없고 C 씨는 강건한 남자였다고 말했다고 한다. 그러한 상황이지만 상주에 돌아온 C 씨는 '은인'이라고 생각해왔던 M 씨와 재회한 것에 정말 기뻐하고 들떠 있었다. 다만 신문과 텔레비전 등 미디어 등에 둘러싸인 일은 상당히 당황스러웠던 것 같다. 조금 더 말하자면 이번 방문이 일본과 한국에 있는 한국인들에게 어떻게 받아들여졌을까를 걱정하기도 했다. 그 후 신문기사와 텔레비전 보도의 녹화테이프 등을 보게 되었는데, 기억의 차이에는 초점을 두지 않고 역시 "한일의 옛 친구, 56년만의 재회"라는 것에 중심이 놓였다. '모임'에서 C 씨는 "전쟁 중 많은 영혼이 산화하였으나 지금은 일본에 평화라는 큰 꽃이 피었으며 세계 평화의 꽃도 필 것을 소망하고 있다"라고 말했다고 한다.[13] C 씨는 진실로 '예(禮)'의 사람이어서 상대방을 세심히 배려해서 고통스러운 체험 가운데서도 애써 '평화의 꽃'이라는 표현을 사용했던 것이며 그의 표현에 나도 모르게 감동했다. 그러나 그 표현이 얼마나 깊은 심연 저편에서 나온 것인지를 그 모임에 참가한 사람이나 뉴스를 접한 사람들은 대체 얼마나 알 것인가?

---

13) 『서일본 신문』, 2001년 3월 8일.

마치며

이상 단편적이지만 상주에서의 기억의 장과 관련하여 내가 겪은 몇 가지 일들을 소개하였다. 원래 더 많은 사례를 쓸까도 생각했다. 동학이 성했던 마을에서 전쟁 시기의 기억, 독립운동에 참가했던 아버지를 가진 사람의 이야기, 1930년대 농촌청년의 일기에서 본 '일본'이라는 존재, '5광(狂)'이라는 이름을 스스로에게 붙인 사람 이야기 등등이다.[14] 이것들은 시간과 지면 관계상 다룰 수 없었지만, 앞서 세 가지만으로도 중요한 문제점은 생각할 수 있을 것이다.

임란의 기억, 황민화교육의 기억, 특공훈련의 기억, 그 중 어느 것도 '일본'과 무관할 수 없다. 그럼에도 이러한 기억들의 당사자로 지목되는 일본에서 그런 일들은 망각되고 있다. 아니면 다른 형태의 기억 존재방식이 있을 수 있다는 상상력이 차단되어 있어, 그것이 망각이라는 것조차 망각되는 것이다. 즉 거기에는 기억의 경제학이 초래하는 불균형성이라고도 부를 만한 것이 있다.

게다가 최근에는 '한류 붐' 등으로 '한국'에 대한 일본의 정보량은 확실히 증가하고 있다. 그러나 한편으론 오히려 자기 주위에 있는 '조선'을 둘러싼 '기억의 장'은 시야 밖에 두고 있는 것 같다. 전전부터 일본에 살고 있는 조선인의 존재, 과거 '재조일본인(在朝日本人)'이었던 자의 기억 등 실제로는 무수한 '기억의 장'이 있다. 나 자신도 가까운 곳에 W 씨와 같은 사람이 있을 것이라는 전혀 생각지 못했다. 그러나 그러한 기억의 장을 자신의 문제로 대하는 일은 많은 경우 회피되고 있다. 그러한 당사자성이 결여된 상황에서 '북한'을 둘러싼 무시무시한 이미지나 독도 / 다

---

14) 이 중에 1930년대 일기를 통하여 본 '일본'관에 대해서는 이타가키 류타, 「식민지의 우울」(이성시 등편, 『식민지 근대의 관점』, 이와나미 서점, 2004), 5광 여석전에 대해서는 「'5광'소전」(『한국조선의 문화와 사회』 3호, 2004)에 기록하고 있다.

케시마 문제를 둘러싼 강렬한 영상 등이 전해지면 '내셔널리즘 대 내셔널리즘'과 같은 구도가 설정되어, 점점 문제는 자신의 주체성이 결여된 '세간의 관심사'가 되고 만다. 그리하여 '조선'을 타자화하면서 '일본'이라는 내셔널한 주체가 나서게 되는 근현대사를 관통하는 구조가 여기에 있는 것이다.

그렇다면 당장 필요한 작업 중 하나는 동아시아에서 트랜스내셔널한 기억의 장을 추출하고, 거기에 담긴 차이와 불균형성까지 포함해 구체적인 차원에서 해부하고, 상호 대응시켜 탈구축해가는 것이 아닌가 생각한다. 그것은 에둘러가는 작업일지도 모르지만, 한편으로는 극히 자신과 가까운 곳으로부터 시작할 수 있는 일이기도 하다.

영화사가는 일한 관계에 무엇을 기여할 수 있는가

요모타 이누히코(영화사) 지음 / 심정명 옮김

영화사가는 일한 관계에 어떤 기여를 할 수 있는가. 1970년대부터 한국영화 연구와 소개에 종사해 온 사람으로서 나는 위압적으로 관념적인 원칙론을 내세우는 것이 얼마나 무의미한지 지겨울 정도로 잘 알고 있다. 모든 것은 구체적으로 하나하나 검토하는 것부터 시작하지 않으면 안 된다. 다음은 올해 4월 28일부터 5월 6일에 걸쳐 개최된 제6회 전주국제영화제의 심포지엄 「한국영화재고」에 관한 보고이다.

일제시대의 조선에서는 1921년부터 1945년 사이에 약 150편의 극영화가 제작되었다. 물론 그 대부분은 계속되는 정치적, 사회적 혼란 속에서 파손되어, 겨우 전시(戰時)하에 일본인 감독이 일본어로 감독한 고작 3편을 제외하면 오늘날까지 잃어버린 것으로 생각되었다. 식민지시대의 조선영화 연구는 문헌자료 이외에는 방법이 없다고 간주된 것이다. 하지만 작년 10월 베이징 중국전영자료관(中國電映資料館)에서 소장 작품을 연구하던 중, 불완전하기는 하나 이 시기 필름 네 편이 발견되었다. 한국 영상자료원은 즉시 이것을 구입하였다. 네 편 모두 1940년 전후에 조선 영

화인이 조선어로 찍은 극영화이다. 이 낭보는 곧바로 일본에 사는 내게
도 전해졌다. 상황에 따라서는 이 외에도 새로운 발견이 나올 수도 있다
있다는 이야기가 연구자를 미치도록 기쁘게 만들었다. 동아시아 영화사
를 구상하는 이에게 그것은 마치 태양계에서 새로운 행성이 발견된 것
과도 같은 사건이었던 것이다.

　일본의 식민지 통치하에서 어떤 식으로 영화가 제작되었는지는 명료
하지 못한 점이 많다. 현재 중국 공산당정권은 만주국의 존재 자체를 부
정하고 있다. 따라서 일본이 그 지역에 설립한 '동양 최대 규모의 영화제
작소', 이른바 만주영화협회가 제작한 필름은 분명히 그 상당수가 남아
있지만 스크린으로 보면서 연구할 수는 없다. 이러한 상황에서 조선영화
의 실물을 접하는 것의 의의는 대단히 크다. 나는 즉시 새로운 발견이
처음으로 공개되는 올 4월 말의 전주국제영화제로 향하기로 했다. 거기
서는 네 작품 모두가 약 65년 만에 상영됨과 동시에 한국의 연구자를 중
심으로 한 심포지엄이 개최되었다. 두 명의 연구자가 발표를 하고 나는
일본인연구가로서 코멘테이터를 맡았다. 우선 네 편의 개략적인 내용을
소개하겠다.

　『군용열차(軍用列車)』(徐光霽, 1939)는 철도원 두 명의 우정을 그린 작품
이다. 준영의 꿈은 군용열차를 운전하는 것이다. 다른 한 명인 원진은 준
영의 여동생 연심과 결혼하기를 바라고 있다. 연심을 연기한 이는 '조선
의 릴리안 기쉬(Lillian Gish)'라고 불리며 청초한 분위기로 인기를 모았던
문예봉(文藝峰)이다. 연심은 식당차에서 일하고 있으나 어떤 사정으로 200
엔의 빚을 떠안고 기생 일에 몸을 담게 되었다. 원준은 이 같은 괴로운
처지에서 그녀를 구하기 위해 중국 스파이에게 군용열차에 관한 정보를
팔아넘기고 만다. 죄의식을 견디지 못한 그는 친한 친구에게 모든 것을
고백하고 열차를 스파이에게서 지킨다. 마지막에 그는 준영이 운전하는
군용열차에 몸을 던져 죽고 만다. 영화에서 군국주의적 경향이 뚜렷이
보이기 시작한 최초의 작품이라 할 수 있다. 모두가 입에 침이 마를 정

도로 군용열차를 찬미하는 대목에서 그 점을 확인할 수 있다. 물론 이러한 경향은 작품의 첫머리와 끝 부분에 한정되어 있고, 중간의 대부분은 신파조이다. 스파이에 대한 묘사는 치졸하다. 여동생의 빚에 대해서는 현존하는 불완전한 필름으로는 그 동기를 충분히 이해하기 어렵다. 이 부근의 문제는 검열을 피해 일부러 애매하게 그릴 수밖에 없었다고 상상하는 것도 가능하다.

『어화(漁火)』(安哲永, 1939)는 가난한 어촌에서 경성으로 올라온 여자아이의 이야기이다. 어부인 천삼은 고기가 안 잡히는 날이 계속되는 바람에 장 씨에게 큰 액수의 빚을 지고 만다. 그는 폭풍 속에 배를 냈다가 조난당하고 결국 죽는다. 천삼의 딸 인순은 원래 도시를 동경하고 있었기에 친구의 권유를 받고 경성으로 상경한다. 그러나 그녀는 속아서 기생이 되어 버린다. 비통한 매일을 견디지 못해 그녀는 음독자살을 시도한다. 사정을 안 인순의 남자친구 춘석이 마음을 굳게 먹고 그녀를 다시 시골로 데려가는 데 성공한다. 작품은 그들이 이전처럼 둘이서 바다를 바라보며 일찍이 서로 애송하던 시를 떠올리는 데에서 끝난다. 감독인 안철영은 독일에서 공부하고 귀국 후에 영화회사를 세웠다. 이 영화는 시마즈 야스지로(島津保次郎)가 감수하고 요시무라 코자부로(吉村公三郎)가 편집을 담당하였다. 이 때문인지 『군용열차』 이상으로 쇼치쿠(松竹)의 신파 멜로 드라마적인 분위기가 짙게 느껴진다.

『지원병(志願兵)』(安夕影, 1941)은 첫머리에 '황기(皇紀) 2600년'을 현창(顯彰)하며, 이 영화를 조선총독 미나미 지로(南次郎)에게 바친다는 자막을 내걸고 있다는 점에서 군국주의를 고무시키려는 목적에서 제작된 작품임을 알 수 있다. 이 영화는 시골 역에서 많은 사람들이 일장기를 들고 지원병을 배웅하는 장면에서 시작한다. 춘호는 아버지가 죽은 후 박 씨의 소작인으로 일하고 있다. 그의 고민은 조선인이기 때문에 일본군에 입대하여 전선에서 싸울 수 없는 것이다. 그러나 전시체제가 강화되어 조선인도 지원하면 병사가 될 수 있게 되었다. 마을 아이들 사이에서 바로 지원병 놀이가 유행한다. 춘호가 지원병이 되었다는 사실을 안 박 씨는 그를 대하는 태도를 바꾸고 이를 환영한다. 그가 약혼녀를 남기고 사람들의 환성에 둘러싸여 시골 역에서 출정하는 장면으로 영화는 막을 내린다.

약혼자를 연기하고 있는 이는 『군용열차』와 마찬가지로 문예봉이다. 감독인 안석영은 일찍이 KAPF에 참여하여 좌파경향의 영화에 관여했던 인물이지만, 여기서는 모범적인 군국주의영화를 연출하고 있다. 물론 프로파간다적인 색채를 명료히 알 수 있는 것은 첫머리와 마지막 장면뿐이고, 장황하게 이어지는 중간 부분은 토지 관리인의 변경을 둘러싼 소작인의 불안과 동요를 주제로 한 드라마에 불과하다.

그러나 이 네 편 가운데 가장 중요한 작품은 『집 없는 천사(家なき天使)』(崔寅奎, 1941)이다. 이 작품에 대해서는 조금 상세하게 쓰도록 하겠다.

『집 없는 천사』는 해질 녘 경성의 조선인 번화가 종로에서 시작한다. 일본 통치하의 이 도시에서 유일하게 조선인 민족 자본으로 운영되는 화신백화점의 전광판에 중경(重慶) 폭격 성공 뉴스가 흐르고 있다. 나이트클럽에서 호스티스와 찰싹 붙어 있는 손님들이 마음껏 술과 음악을 즐기고 있다. 그 가운데 오직 한 사람, 울적하게 즐기지 않고 있는 이가 의사인 안인규이다. 독일인 부인이 죽은 뒤 그는 매일 밤 술에 빠져 있는 것이다. 여기에서 근대도시 경성을 그리는 방식은 제법 흥미롭다.

명자와 용길은 나이트클럽에 오는 손님들에게 꽃을 팔아 생활하고 있다. 그들은 원래 고아인데, 권(權) 오야붕이라는 두목에게 착취당하고 학대당하며 매일을 보내고 있다. 용길은 그 날 밤 드디어 오야붕에게서 도망치고 목사인 방성빈이 그를 구한다. 경건한 크리스찬인 방은 온 집안에 부랑아들을 거둬들여 보살펴왔으나, 지금은 절망적인 자금 부족과 토지 부족으로 고민하고 있다. 생각다 못해 그는 부인 마리아(문예봉)의 형 안인규에게 원조를 부탁한다. 안안규는 처남의 정열에 감동하여 교외에 있는 강가의 광대한 부지를 고아원을 위해 무상으로 제공한다. 이리하여 '향린

원 소년기숙사(香隣園少年寮)'가 탄생한다. 용길도 그곳으로 들어간다.

하지만 고아원 생활은 사건의 연속이다. 이상주의자인 방목사는 아이들에게 사랑과 신앙을 설교하고 땀 흘려 토지를 경작하여 야채를 키워서 판 돈으로 고아원의 생계를 유지하려고 하지만, 아이들 중에는 규칙적인 생활에 진저리를 치며 탈주를 꾀하거나 도벽이 든 이들도 있다. 다이아반지를 훔쳤다는 생각지 못한 혐의를 받고 고민하는 소년도 있다. 그리고 권 오야붕은 용길을 되찾기 위해 부하를 데리고 고아원에 난입한다. 용길은 탈주하려는 친구를 말리려다 물에 빠져 빈사 상태에 이르고 만다. 그러나 결국 탈주한 소년이 돌아오고 용길은 회복한다. 그는 이제 안의사의 간호사가 된 누나와 재회한다.

마지막으로 옥외에서 국기가 게양되고 소년들은 의사와 목사 앞에서 황국신민의 맹세를 암송한다. 이 광경을 떨어진 곳에서 보고 있던 악한 권 오야붕도 어느덧 개심한다. 안의사 일행을 태운 작은 배가 경성에 돌아오면서 영화는 끝난다.

지금까지 소개한 세 편의 영화가 모두 조선어였던 데 반해『집 없는 천사』에서는 부분적으로 일본어가 사용되고 있다. 목사와 아이들이 일장기 앞에서 천황에게 충성을 맹세하는 마지막 장면에서이다. 이 부분만은 아무리 봐도 일부러 갖다 붙인 것 같이 붕 뜬 인상을 준다.

세계의 영화사를 보면, 어떤 시기 어떤 나라에서든 아이들을 주인공으로 한 작품이 빈번히 제작되고, 여기에 우수한 작품이 집중되는 현상이 종종 있다. 구체적으로 말하면 1940년대 전반의 일본이나 1980년대 전반의 타이완, 1990년대의 이란이 그러했다. 단적으로 말해 여기에는 두 가지 원인을 생각해볼 수 있다. 첫 번째는 사회가 극히 억압적이어서 영화 제작 현장의 검열이나 금기가 너무나도 심각하기 때문에 어른들의 이야기를 그리는 것이 명백하게 곤란한 경우이다. 이때 감독들은 어른들의 이야기를 아이들에게 투영하여 우의적으로 어린이 영화를 찍는다. 앞에서 언급한 타이완이나 이란의 경우가 이에 해당한다. 두 번째는 파시즘

같이 국가와 사회의 쇄신을 내세우는 새로운 체제가 등장했을 때, 젊음이나 무구(無垢), 공동체를 위한 자기 희생을 주제로 삼으면서 그 상징으로 어린이를 특권적으로 채용하는 경우이다. 1930년대 팔레스타인의 시오니스트 영화나 제2차 세계대전 시기의 일본영화가 이에 해당한다.

『집 없는 천사』의 경우는 이러한 두 가지 요소가 미묘하게 중첩되어 있는 듯이 보인다. 1941년 시점에서 어른들의 이야기를 그리려면『어화』처럼 정치색이 없는 신파 멜로드라마라든가『군용열차』나『지원병』처럼 제목부터 군국주의에 영합하는 내용을 택해야만 했다. 설령 멜로드라마로 가더라도 사회적 모순을 묘사할 경우에는 큰 곤란이 예상되었다. 여기서 거론한 세 편의 작품에서 기생의 비참한 현실을 리얼하게 묘사하는 것이 용납되지 않았으리라는 것은 쉽게 추측할 수 있다. 조선인이 곤궁한 원인을 모든 정서를 배제하고 냉정하게 분석한다면 즉시 검열의 대상이 되었을 것이다. 영화용 필름의 배급이 군수품으로 통제되어 조선인의 영화제작이 날로 곤란해지던 1941년 시점에서 아이들의 이야기라는 핑계로 적지 않은 장애를 회피할 수 있었음을 상상하기는 어렵지 않다. 그러나 한편으로 이 작품은 황민화정책을 구가하는 자세로 위장함으로써 겨우 찍을 수 있던 영화였다고도 할 수 있다. 결말 부분의 국기게양과 뒤이은 황국신민의 맹세 장면에서 어린이는 신체제의 희망이자 모범으로서 상징적인 역할을 담당하고 있다. 우선 아이들이 훈육됨으로써 어른들도 이에 복종하게 된다. 감독인 최인규는 이렇게 하여 우의와 상징이라는 이중의 수준을 능숙하게 가려 쓰면서 작품을 완성하지 않으면 안 되었다. 그 흔적은 언어 차이에서 명확히 드러난다. 어린이를 진상을 숨기기 위한 표면상의 명목으로 내세우고, 사회를 이야기하는 부분에서는 거의 모든 대사가 조선어로 유창하게 말해지며, 어린이가 신체제의 규범으로 현창되는 부분에서는 지극히 공식적인 어조로 일본어가 의례적으로 사용되고 있다.

이러한 이중 전략은 아마도 당시의 위정자 측을 당황시켰을 것이다.

『집 없는 천사』는 처음에 조선총독부의 검열을 통과한 다음 조선군 보도부와 문부성에서 추천영화라는 자격을 획득했다. 그러나 공개 직전 내무성의 재검열에서 200피트가 제거되었다. 문부성이 추천을 취소하지 않았으나 개정판은 추천하지 않았다. 그러한 한 번 받은 추천으로 인해『집 없는 천사』를 '내지'에 배급한 토와(東和)상사와 쇼치쿠(松竹)는 이 사실을 포스터에 인쇄했다. 왜 이러한 혼란이 일어난 것일까.『집 없는 천사』가 공개되고 얼마 안 된 1941년 하즈미 쓰네오(筈見恒夫)는 제작자 히로카와 창용(廣川創用; 이창용)과 영화평론가 이이지마 다다시(飯島正)에게 다음과 같이 말하고 있다.

> 근본적인 이유는 조선영화이니까 역시 안 된다 입니다. …… 조선어로 말하는 영화가 나올 수 있다는 것을 환영하지 않는 거지요. 조선영화라도 국어라면 괜찮다고 생각합니다.
> —좌담회「조선 영화 신체제 수립을 위해」,『영화순보(映畵旬報)』,
> 1941년 11월 1일호, 15면

참고로 이 필름이 제작된 이듬해인 1942년에는 임전체제(臨戰體制)라는 명분으로 조선의 모든 영화회사가 통합되어 철저한 사전검열이 이루어졌다. 1943년 이후에는 조선인이 메가폰을 잡는 것 자체가 완전히 불가능해진 대신 '내지'에서 이마이 다다시(今井正; 전후에는 민주주의 영화의 대표가 된다)와 같은 신예 감독이 의기양양하게 등장하여『망루의 결사대(望樓の決死隊)』와 같은 만주-일본 국경의 공비정벌을 그리는 국책영화를 감독했다.

연속 상영 후에 개최된 심포지엄에서는 세 시간 동안 어떤 영화가 '친일영화'이고 어떤 영화가 그렇지 않은가를 둘러싸고 세 명의 한국인 영화연구가가 격렬한 논의를 계속했다. 연배가 있는 연구자와 젊은 연구자 사이에는『군용열차』에 대한 평가를 둘러싸고 의견 대립이 보였다. 그들

에게 무엇보다 중요했던 것은 과거 일본 통치시대의 영화인 속에서 친일파를 일소하는 것이었다. 그들의 진지한 정열에 갑작스런 노무현 대통령의 친일파 청산정책에 대한 호소가 반영되었는지 여부는 알 수 없다. 어쨌든 회장에서는 『군용열차』의 제작자가 해방 후 이승만 정권에서 중추적인 존재가 되었다는 사실이 지적되기도 하고, 『지원병』의 감독인 안석영이 해방 후에 즉시 반일영화파로 변신하여 "영화야말로 민족의 양심"이라고 뻔뻔스럽게 말했다는 언급도 있었다. 『집 없는 천사』의 최인규가 일본 패전 직후에 『가미카제의 아이들(神風の子供たち)』과 같은 작품을 연출했다는 사실도 밝혀졌다. 그는 해방 후 즉시 『자유만세(自由萬歲)』를 발표하여 민족주의를 고취시킨 감독으로 이름을 떨쳤지만, 이러한 신화는 젊은 연구자의 집요한 문헌조사를 통해 부정되었다. 이에 대해 연배가 있는 평론가는 객석에서 최인규가 개인적으로는 친일이 아니었을 것이라고 반론했다. '친일영화'의 개념 규정을 좀더 명확하게 해야 한다는 목소리가 객석의 다른 곳에서 터져 나왔다. 이렇게 세 시간이 흘렀다.

나는 일본인으로서 그들의 친일논쟁의 옳고 그름을 판단할 수 있는 어떠한 도덕적 기준도 지니지 못했음을 깨달았다. 이것은 한국인인 그들이 해야 할 작업이지 내가 끼어들 성격의 것은 아니다. 단지 나는 새로 발견된 네 작품을 둘러싼 토의가 시종일관 친일파 담론으로 끝난다면 너무 아깝다는 생각을 하고 있었다.

왜냐하면 『집 없는 천사』를 끝까지 본 내가 생각한 것은 감독이 채용한 교묘한 이중 잣대 전략과 함께 카메라를 담당한 가나이 세이치(金井成一)의 뛰어난 능력, 『군용열차』·『지원병』과 함께 여기서도 히로인을 연기한 문예봉의 클로즈업이 보여준 청명한 매력이었기 때문이다. 가나이 세이치가 실은 김학성(金學成)의 일본 이름이고, 나중에 『오발탄』(1960) 등을 통해 한국 영화를 대표하는 촬영감독이 되었음을 이미 나는 알고 있다. 이 인물의 카메라맨으로서의 출발점을 보았다는 만족감은 컸다. 문예봉과는 1992년에 평양에서 인터뷰를 했다. 그러나 그녀가 여배우로서 가장 발랄하게 생기를 뿜내던 1930년 후반부터 1940년대의 작품을 직접 본 것은 이번이 처음이었다. 심포지엄에서 발언을 요청받은 나는 이 두 가지에 대해 이야기하였다. 하지만 한국의 연구자들이 나의 발언에 별 반응이 없었기에 그것으로 끝이었다. 우리들은 같은 네 편의 영화를 같은 자리에서 보고 있으면서 실로 전혀 다른 영화를 보고 있었던 것이다.

일한 관계에 영화연구가는 어떤 기여를 할 수 있을까. 내가 지금 생각하는 것은 심포지엄 석상에서 같은 영화를 본 일한 연구자의 자세 사이에 놓여 있던 너무나도 커다란 간격이다. 이 간격을 어떻게 메워갈 것인지가 앞으로의 과제이다.

사사야마와 한반도

알지 못하는 고향의 역사를 향해

호소미 가즈유키(독일사상) 지음 / 박삼헌 옮김

1. 들어가며

태어난 고향인 사사야마시(篠山市)에 돌아온 지도 어느덧 3년째를 맞이
했다. 단바(丹波) 사사야마라는 지명을 아는 사람이 얼마나 있을지 모르
겠지만, 사사야마는 효고현(兵庫縣)에 속하고 교토에 가깝게 위치하고 있
다. 사사야마성(篠山城)을 중심으로 인구 5만 명을 넘지 않는 작은 도시이
지만, 나이 많은 분들에게는 '데칸쇼 절(節)'[1]의 발상지로, 또는 구로마메
(黑豆)나 멧돼지 고기요리(牡丹鍋)[2]로 유명한 관광지로 그럭저럭 알려져
있을 지도 모른다. 그렇다 할지라도 기본적으로는 간사이(關西) 지역 사

---

1) 민요풍 유행가의 하나. 메이지 말기에서 다이쇼 초기에 걸쳐 전국의 학생들과 화류
계에 널리 애창되었음. (옮긴이)
2) 냄비 요리의 한 가지. 멧돼지 고기를 두부나 채소 등과 함께 된장국으로 끓인 것.
(옮긴이)

람들에게 알려져 있을 뿐일지도 모른다.

하지만 이번에 발생한 JR 탈선사고로 사사야마가 미디어에 어느 정도 등장하기도 하였다. 즉 사고가 있었던 JR의 도자이선(東西線)은 아마가사키역(尼崎驛)까지 다카라쓰카선(宝塚線) 및 후쿠치야마선(福知山線)과 겹쳐 있었고, 사사야마구치역(篠山口驛)이 많은 전철의 기점이나 종점이었던 것이다. 오사카부(大阪府) 사카이시(堺市)에 직장이 있는 나는 이 노선을 타고 통근하고 있다. 아마가사키에서 갈아타야 하기 때문에 보통은 도자이선을 이용하지 않지만, 때에 따라서는 도자이선 쾌속을 승차하는 경우도 있었다. 따라서 이번에 탈선한 차량을 내가 탔을 가능성도 있었다(평소 탔던 다카라츠카선·후쿠치야마선의 쾌속 차량이 탈선했다 해도 전혀 이상한 일이 아니지만). 게다가 내가 항상 타던 곳은 맨 앞 차량이나 두 번째 차량이었다.

이번 사고도 사사야마와 관련되는 것이 여러 가지 있지만, 이것은 다시 기회를 만들어 이야기하겠다. 아무튼 여기에 적어두고 싶은 것은 지금 내가 고향에서 만나고 있는 한반도와 사사야마의 폭력적인 역사이다.

2. 한 신문기사의 충격

나는 유대계 독일 사상을 중심으로 연구해 왔지만, 김시종(金時鐘) 씨를 축으로 한 '재일'문학과 역사에도 관심을 지녀 왔다. 원래 내 자신이 시를 쓰기도 하기에 현대시를 중심으로 한 비평도 나에게는 중요한 테마이다. 고향에 돌아온 것은 부모님의 고령화 등과 관계되지만, 이를 계기로 조금은 확산될 것 같던 내 자신의 일을 어느 정도 정리해 볼 생각도 있었다. 하지만 귀향하고 난 뒤 얼마 안 되어 알게 된 것은 고향이란 것이 거리를 두고 자신의 일을 관망할 수 있는 안온한 장소가 결코 아니었다는 점이다.

그 계기는 사사야마시와 한반도의 교류사에 관한 연구프로젝트의 시작을 보도한 고베신문(神戸新聞) 기사였다. 이 기사에는 하타광산(畑鑛山)을 비롯한 사사야마의 광산에 태평양전쟁 중의 강제연행자를 포함한 한반도 출신 노동자가 다수 일했던 것, 따라서 전후 사사야마에는 재일조선인도 다수 살고 있었고, 내가 다녔던 사사야마 소학교에서는 내가 재학할 때에도 '민족학급'의 편성이 이뤄졌던 것, 게다가 전후 사사야마에서 재일조선인들의 활동거점이 처음엔 '공작회관(孔雀會館)'에 설치되어 있었던 것 등이 적혀 있었다. 동시에 사사야마시는 고분시대이후 한반도와의 역사가 깊기 때문에, 이러한 흔적을 세밀히 발굴하는 작업인 '사사야마시 재일코리안 족적조사'가 사사야마시 인권·동화교육연구협의회 등의 주최자로 시작되었다는 것이었다.

이 기사는 그 동안 몰랐던 것들을 갑자기 깨닫게 한 충격과도 같았다. 생가(현재 우리 집이 있는 곳)에서 자전거로 20분 정도 떨어진 하타산(畑山)은 어릴 적 놀이터 중 하나였다. 소학생 때는 친구들과 함께 하타산에 놀러가, 파헤쳐진 암석 사이에서 수정이나 황동광 같은 진기한 광물을 찾아 집에 가지고 오곤 했다. 또한 소학교에서 고등학교에 이르기까지 조선 이름을 쓰는 동급생(여성)이 한 명 있었지만, 사사야마에 재일조선인이 다수 살고 있다는 감각은 전혀 없었다. 더구나 내가 다녔던 소학교에서 '민족학급'의 편성이 이뤄졌던 것도 전혀 몰랐다.

하물며 전후 사사야마에 있어서 재일조선인의 최초 활동거점이라고 보도된 '공작회관'은 나에겐 지극히 친숙한 장소이다. 우리 집은 사사야마성의 동쪽인 다쓰마치(立町)에 있지만, 다츠마치 남쪽 부분의 통칭은 가미타쓰마치(上立町)로서 일상적으로는 가미타쓰마치가 하나의 단위이다. 즉 이 가미타쓰마치의 집회소가 '공작회관'인 것이다. 과거 사사야마에서는 초(町)마다 기온제(祇園際)를 모방한 가미코시(神輿)와 다시(山車)를 소유하여 가을 마쓰리(祭)에서 사용하였는데, 어렸을 때 가을 마쓰리의 하야시(囃子)3) 연습도 공작회관에서 했고, 지금도 한 달에 한번 정도로 가미타치마치 '청년단' 모임이 이뤄지고 있다(이미 40세를 넘은 나도 그 일원이다). 물론 이뿐만이 아니라 여러모로 공작회관은 가미타치마치의 행사에서 빠지지 않았다.

김시종 씨의 표현을 생각함에 있어서, 김 씨가 일본 식민지 지배하의 제주도에서 철저한 황국신민화교육을 받았기 때문에 일본이 패전을 맞이한 날 주위에서 울려 퍼지는 '만세'라는 동포의 함성을 무시한 채 덧없이 '가미카제(神風)'가 불기 바랐다는 체험을 빼놓고서는 생각할 수 없다. 이 결정적인 '뒤늦음' 때문에 김시종 씨가 조선인으로 자신을 회복하기 위한 싸움이 시작된 것이다. 하지만 등대 밑이 어두웠다고 말할 수밖에 없듯이, 일본의 패전일에 제주도를 뒤흔든 '만세' 소리는 내 고향인 사사야마에서도, 우리 집에서 수십 미터밖에 떨어지지 않은 곳에 있는 공작회관에서도 드높게 울려 퍼졌었음에 틀림없다. 나는 내 고향의 일을 전혀 알지 못했다는 것을 통감하였다.

3. 고향에서의 심포지엄

작년 12월 11일에는 사사야마 시민센터에서 "사사야마시 재일코리안 족적조사"의 중간보고 형태로 귀중한 심포지엄이 열렸다. 조사 멤버 중 한사람인 츠지모토 히사오(辻本久夫) 씨가 코디네이터, 데라오카 히로시(寺岡洋), 윤달세(尹達世), 김경해(金慶海), 서근식(徐根植), 다나카 히데오(田中秀夫), 후지이 고노스케(藤井幸之助) 등이 패널리스트였다. 이곳에서 오랫

---

3) 가부키 등의 연기에서 장단을 맞추거나 흥을 돋으려고 연주하는 반주 음악. (옮긴이)

동안 교직에 있던 다나카 씨를 제외하곤 모두 한신 지역(阪神地域)4)을 생
활 터전으로 삼으며 효고현의 조선인 역사를 발굴하는 작업을 지속적으
로 해 온 사람들이다.

2시간 반이 넘는 심포지엄이었지만, 발표자가 많았고 게다가 테마는
고분시대에서 현대에 이르는 한반도와 사사야마의 막대한 역사였기 때
문에 각각의 보고는 간략하게 문자 그대로 중간보고적인 성격이 강했다.
하지만 하타광산 등에서 있었던 태평양전쟁 시기의 가혹한 노동 상황과
강제연행에 관한 서근식 씨의 발표, 그 현장을 어렸을 때 실제로 간 적
이 있다는 다나카 씨가 기억해낸 조선인 노동자들의 모습, 게다가 1948
년의 이른바 '한신교육투쟁(阪神敎育鬪爭)'과의 관련 속에서 사사야마 소
학교의 '민족학급' 편성을 언급한 츠지모토 씨의 발표 등은 나를 더욱
미지의 고향 속으로 빠져들게 하였다.

츠지모토 씨의 발표에 따르면, '민족학급'이라는 형태를 취하기 이전인
1946년에는 '기카미조련초등교육학원(紀上朝連初等敎育學院)'이라는 명칭의
민족학교가 설립되었고, 그 소재지가 다름 아닌 공작회관이었다('기카미(紀
上'란 당시의 기타군(多紀郡)과 히카미군(氷上郡)에서 딴 명칭으로, '조선인연맹기카미
지부(朝鮮人聯盟紀上支部)'가 운영모체이었던 것과 관계있는 듯하다). 1949년 11월
10일에 공작회관은 결국 가미타쓰마치로 '반환'되어, 학원은 사사야마성
의 서쪽에 위치한 니시신마치(西新町)의 조선인 주택으로 이전했다.

당시는 외국인등록령 실시(1947)와 신헌법 시행(같은 해)으로 인해, 일본
국내가 재일조선인에 대한 처우를 둘러싸고 들썩거린 시기이다. 일본 정
부의 기본방침은 민족학교를 전혀 인정하지 않고 조선인 자제도 일본인
학교에 그대로 편입시키는 것이었기 때문에, 재일조선인들 사이에서 식
민지 지배하에서 빼앗겼던 민족의식과 말을 또다시 빼앗기는 것에 대한
분노가 격하게 타올랐다. 특히 효고현에서는 1948년에 대규모 데모대가

---

4) 오사카와 고베 사이의 지역을 의미. (옮긴이)

현청(縣廳)으로 몰려간 결과, 일단 이 운동은 효고현 지사로 하여금 학교 폐쇄령의 철회를 내리게 하기도 하였다. 그리고 이 사태에 이르러 GHQ는 비상사태선언을 발표했다……

이와 같은 운동의 전개는 사사야마에도 파급되었고, 현청으로 몰려간 대규모 시위대에는 사사야마에 사는 조선인도 포함되어 있었다. 1949년 11월 21일 사사야마의 효고현 지방사무소를 20여 명의 조선인 아동이 방문하여 학교 폐쇄 철회를 강하게 요구하였다. 그리고 1년 후인 1950년 12월에 효고현 다키군 지방사무소 소장과 조선인연맹기카미지부가 '각서'를 교환하였다. 그 내용은 사사야마 소학교 내에 과외학급을 설치하고, 조선인 교사 한명의 부임을 결정한 것이다.

그 최초의 조선인 교사(일본명은 다나카 신田中信, 본명은 정철鄭哲)는 1959년까지 근무하였고, 그 이후는 김귀동(金貴同)이라는 이름의 선생이 근무하였다. 1983년에 김귀동 씨가 정년이 되기 전에 퇴직함으로써 사사야마 소학교의 '민족학급'도 폐쇄되었다. 따라서 사사야마 소학교에서는 1950년부터 1983년까지 33년에 걸쳐서 '민족학급'이 편성되어 있었던 것이다. 참고로 내가 사사야마 소학교에 다녔던 것은 1968년부터 1974년까지이다.

원래 이번 조사 프로젝트의 발단이 되었던 것은 서근식 씨가 1985년에 발표한 「단바 사사야마의 동포」(재일본조선인과학자협회 효고지부 효고조선관계 연구회 편, 『효고와 조선인兵庫と朝鮮人』 수록)였다고 한다. 서근식 씨는 이 논고에서 하타광산 등에서 일했던 동포들의 인터뷰를 소개하면서 태평양전쟁 시기의 노동이나 전후 조선인학교 설립의 상황 등을 정리하고 있다.

이에 따르면, 1913년경에 단바(丹波) — 단바는 구(舊)다키군·현(現) 사사야마시, 구(舊) 히카미군·현(現) 단바시, 그리고 교토의 서쪽을 포함한 영역 — 에서 규석(珪石)이 발견되고, 그 품질이 우수하다는 것이 알려지면서 세간의 주목을 끌게 되었다. 1934년 시점에 사사야마의 초내(町內)에는 9군데의 채굴소가 있었고, 전성기에는 다키군과 히카미군을 합치면 전국 생산량의 절반에 가까울 정도였다고 한다. 특히 태평양전쟁 시기에는 규석 증산이 국가사업으로 추진되었다. 가혹한 채굴소 업무에 한반도 출신 노동자가 다수 고용되었다. 그 중에는 '강제연행'에 의한 사람도 적지 않았을 것이라고 서근식 씨는 논고에서 추측했다.

이번 심포지엄에서 서근식 씨는 적어도 80명이 실제로 '강제연행'이었음이 판명되었다고 발표했다. 1990년 5월 한국 대통령이 방일했을 때, 한국 정부가 「전전 전중의 조선인연행자 명부 만들기(戰前戰中の朝鮮人連行者の名簿作り)」를 요청하였고, 일본 정부가 3회에 거쳐 한국 정부에 건넨 107,904명의 명부 중 효고현의 13,477명에는 하타광산에 연행된 80명의 명부가 포함되어 있었다는 것이다. 결국 1970년대에 광산은 잇달아 폐산해 갔지만, 적어도 전전(戰前), 그리고 전후 잠깐 동안의 사사야마 '번영'은 하타광산을 비롯한 규석 채굴을 빼고는 있을 수 없었고, 여기에는 강제연행을 포함한 한반도 출신 노동자들이 결정적으로 관계하고 있다. 내 자신을 비롯한 사사야마의 많은 주민들은 이러한 사실을 완전히 망각하고 있는 것 같다.

내 자신의 기억에도 어렸을 때 놀던 하타야마는 이미 폐허와 같은 모습을 하고 있었다. 이것은 일찍이 규석에 의한 골드러시로 붐비던 광산의, 이른바 전성기가 지난 후사(後史)의 모습이었고, 그 화려한 과거에는 한반도 출신 노동자들의 피와 땀이 있었던 것이다.

4. 기호로서의 선인(鮮人)

심포지엄에서 발표된 서근식 씨의 자료에는 전전에서 전후에 거친 구(舊) 기타군의 재일조선인 인구추이를 다음 표와 같이 정리하고 있다.

年	1930	1939	1950	1951	1956	1959	1981
數	85	300	782	721	613	551	218

이 표에서 가장 많은 1950년은 『사사야마초 백년사(篠山町百年史)』에 의하면 구(舊)기타군 총인구가 5만 7천 정도이고, 재일조선인이 차지하는 비율은 1.37%이다. 이 표에는 없는 1940년대에는 그 비율이 더욱 높았을 것으로 추측되지만, 그렇다고 해도 놀랄 만한 수라고 말할 수는 없을지도 모른다. 하물며 전후 점차적인 수적 감소와 함께 사사야마 주민들의 눈에서 이들 한 사람 한 사람의 존재가 점차 보이지 않게 되어 간 것도 당연하다는 인상을 줄지 모른다. 하지만 실은 1930년대부터 1940년대에 거쳐 사사야마 사람들의 시선은 이들 조선인을 굴절된 형태로 강하게 바라보고 있었다(이하 당시의 『사사야마신문』 기사와 관련하여 아마도 지금은 익숙하지 않은 "선인(鮮人)"이란 모멸적 표현이 자주 등장하지만, 그 자체를 문제시하는 것이 본고의 취지이기 때문에 이해주길 바랍니다).

이 심포지엄을 비롯한 조사프로젝트를 지역에서 지원하고 있는 것이 '사사야마시 인권·동화교육연구협의회'인데, 얼마 전에 나는 이 사무소에서 시민 자원봉사로 수집된 막대한 신문기사의 복사물을 볼 수 있었다. 지역에서 발간되고 있는 『사사야마신문』을 중심으로 1914년부터 1954년까지의 기사 중에서 조선 관계, 광산 관계를 발췌한 것이다. 그 총수는 268건에 이르며, 가장 많은 것은 1930년대로 139건이다.

그 중에서 압도적인 수를 차지하는 것은 '선인'의 '범죄' '악행' '악벽(惡癖)'을 언급한 기사이다. 1930년대에 등장한 기사제목은 「술을 마시고 나와 칼을 휘둘러 선인의 대난투극」(『사사야마신문』, 1930년 5월 4일), 「선인의 망가진 시계판매」(6월 6일)를 비롯하여 「선인의 도둑질」(9월 1일), 「선인의 절도」(같은 달)로 이어진다. 1931년 4월에는 「선인의 반물(反物) 도둑질」(4월 5일), 「선인 금고를 털다」(4월 10일), 「삼인조 선인의 도둑질」(4월 25일) 등이 있다. 『사사야마신문』은 5일마다 간행되었기 때문에 4월 한 달에는 조선인이 저지른 '범죄'가 거의 매호에 실렸다고 볼 수 있다.

한편 이러한 기사들 중에는 조선인에 관한 '미담(美談)'도 가끔 보도되고 있다. 예를 들어 「향토애 선인 행상(行商)이 향토의 수해(水害)에 위문」이란 기사제목이 있다(『사사야마신문』, 1930년 7월 20일). 1930년 7월 태풍이 한반도와 규슈(九州)를 강타했을 때, 당시 인삼을 팔기 위해 사사야마에 머물고 있던 조선인이 신문을 통해 고향의 빈곤한 상황을 알게 되자, 10엔과 위문편지를 가지고 사사야마 경찰서를 방문하여 송금을 의뢰한 후 이름도 알리지 않고 사라져 버렸다는 것이다(후에 사사야마 경찰서는 이 행상인의 성명을 확인). 또는 「이 얼마나 칭찬할 만한 선인인가 이름을 밝히지 않고 5엔을 황군위문비로 기탁하다」라는 기사도 등장한다(1937년 5월 1일). 중일전쟁 와중에 '내선일체'가 점차 절실한 국책(國策)이 되었던 배경과도 관계가 있을 것이다. 1930년대 후반에는 이러한 조선인에 의한 헌금을 「선인의 미거(美擧)」로 전하는 기사가 여기저기 보인다.

대부분은 '범죄'·'악행'·'악벽'에 관한 기사, 그리고 때때로 '미담'에 관한 기사를 통해 전해지는 조선인의 모습은 당시 『사사야마신문』의 독자들에게 구체적인 얼굴을 지닌 한 사람 한 사람의 고유한 존재가 아니라 어디까지나 익명적인 존재, 즉 '선인'이라는 기호로 밖에 인식되지 않았을까. 사사야마의 일본인―당시 표현에 의하면 '내지인(內地人)'―사이에도 같은 종류의 '범죄'·'악행'·'악벽'은 존재했으련만 이러한 경우에 「내지인의 도둑질」이라는 기사제목은 물론 없다. 어떤 범죄의 당사자라 할지라도 '내지인'은 어디까지나 고유한 이름과 고유한 소재지로 특정화된 개인이지만, 조선인의 경우에는 무엇보다도 우선 '선인의 범죄'인 것이다. 사사야마의 경우는 조선인 노동 현장의 중심이 광산이었기 때문에, 특히 구(舊) 초내(町內) 주민들에게는 구체적인 조선인의 모습보다도 '선인'이라는 막연한 기호가 통용되기 쉬었을지도 모른다. 사사야마의 '내지인'에게 광산에서 일하고 있는(있을 것 같은) '범죄'·'악행'·'악벽'의 온상이며, 때로는 '미담'에도 등장하는 구체적이지 않은 집단으로서의 "선인".

하지만 이것이야말로 '착취'라는 관계를 가장 잘 보여주는 것이 아닐까. 당시의 사사야마는 규석 채굴을 위해 결코 '기호'가 아닌 '실체'로서의 조선인 노동력을 불가결한 조건으로 삼고 있었고, 실제로 이에 기반하여 초(町)는 발전하였다. 당시 신문에는 종종 「또 나왔다 거대한 규석층의 발견! 품질은 일본 제일」(『사사야마신문』, 1934년 9월 9일)과 같은 기사 제목이 보인다. 1944년에 사사야마구치역과 사사야마를 잇는 사사야마본선이 개통됐는데, 이것도 규석 운송이 주요한 목적이었다(따라서 광산의 축소·폐산에 따라 사사야마본선은 1972년에 없어졌다). 초의 발전을 위해 실체로서의 노동력은 최대한 활용하면서, 의식상에서는 기호로만 유통시키는, 사사야마 '내지인'이 조선인을 대하는 일방적인 관계는 '착취'라고 밖에 부를 수 없을 것이다.

5. 공작회관을 둘러싼 조선인연맹과 가미타츠마치

이와 같은 맥락에서 보면 일본의 패전 후 공작회관이라는 한 건물을 둘러싸고 가미타쓰마치와 조선인연맹기카미지부가 대치하게 된 국면은 가미타쓰마치 측에 의하면, 이제까지 '선인'이라는 기호에 불과했던 조선인이 고유한 이름으로 자신들의 앞에 고유한 소재지를 둘러싸고 대립하게 된 결정적인 순간이기도 할 것이다.

애초 공작회관에 설립된 민족학교 '기카미조련초등교육학원'에 대해서는 당시 현의 지방공무원으로 사사야마에 살고 있는 구쓰키 시로(朽木史郎)라는 분이 1963년 시점에 귀중한 기록을 남기고 있다. 앞에서 적은 바와 같이 1949년 11월 21일, 사사야마현 지방사무소를 20명 정도의 조선인 아동이 방문하여 학교 폐쇄를 철회해 달라고 강하게 요구하였고, 1년 후인 1950년 12월에 효고현 다키군 지방사무소장과 조선인연맹기카미지부 사이에 '각서'가 교환되었다. 구쓰키 씨는 이때 지방사무소 측에서 대응을 담당한 직원 중 한명이었다.

1963년 『역사와 고베(歷史と神戶)』 6호에 게재된 구쓰키 씨의 「사사야마초의 조선인학교 문제에 대해」는 1948년부터 1952년까지 쓴 자신의 일기를 중심으로 사태의 추이를 기술한 귀중한 기록이고, 앞에서 소개한 서근식 씨의 「단바 사사야마의 동포」라는 논고도 이것을 참고하고 있다. 즉 사사야마에서 재일조선인의 족적을 찾는 조사의 원점에는 서근식 씨의 논고가 위치하고 있는데, 이 논고에는 구쓰키 씨의 글이 기록=기억하고 있는 사실과 서근식 씨가 청취한 사사야마의 재일동포 기술이 밀접하게 관련되어 있는 것이다.

구츠키 씨의 글에는 공작회관과 조선인연맹의 관계에 대해 우선 1948년 5월 7일 "맑음. 조선인학교 조사, 증봉(增俸) 자료 작성으로 하루가 바빴다"라는 서술에 대한 주석—이것은 1963년 글을 쓰는 시점에 부기(附記)한 것—이 다음과 같이 서술되어 있다.

조선인학교는 사사야마초 가미타쓰마치에 있었고, 가미타치마치 공회당(公會堂)을 1946년 3월 13일부터 같은 해 7월 13일까지 임대 계약하여 사용. 이미 기간이 만료되었지만, 학교 간판을 달고 30명 전후를 수용하여 사용하고 있었다.

이 주석에 의하면, 적어도 1946년 3월 13일부터 7월 13일까지 4개월간은 가미타쓰마치와 조선학교의 관계가 일단은 '임대계약'이란 형태를 취했고, 4개월로 끝났어야 할 '임대계약'이 이 시점까지 이어졌다는 것도 알 수 있다. 하지만 문맥상 뉘앙스는 이것이 계약 '갱신'이라기보다는 (적어도 가미타쓰마치 측에서 보자면) 학교 측인 조선인연맹 측이 사실상 눌러앉았던 것이라고 생각된다. 아무튼 이 시점까지 공작회관에는 민족학교 내지는 조선인학교임을 나타내는 간판—이것은 한자로 쓰여 있었을까, 한글로 쓰여 있었을까—이 걸려 있었고, '30명 전후'가 공부하고 있었던 것이다(서근식 씨의 논고 「단바 사사야마의 동포」에서는 1948년 3월에 촬영한 기념사진과 함께 이 시점에서의 학생 수가 남자 18명 여자 17명 총 35명이라고 지적하고 있다).

구츠키 씨는 1949년 10월 19일자에서 다음과 같이 기술하고 있다.

> 구름. 조선인학교 조직개편 통지로 인해 심상치 않은 분위기를 느꼈지만 다행이 아무 일도 발생하지 않았다. 관련학교 교장을 소집하여 이후의 사태에 대한 주의가 있었다. 결국에는 폐쇄를 힐 것 같다.

그리고 가미타츠마치와 조선인연맹 사이에 공작회관을 둘러싼 관계가 이 일기에 주석으로 다음과 같이 기술되어 있다.

> 가미타츠마치로부터 공회당 반환에 대해 두세 번 요구가 있어서, 오는 11월 10일을 기한으로 정식으로 반환하기로 하였고, 이때부터 수업은 사사야마초 니시신마치의 조선인 주택에서 행해지면서 사실상 학교는 여기로 옮겨졌다.

여기에 등장하는 "가미타츠마치로부터 공회당 반환에 대해 두세 번 요구"라는 것은 1946년 7월 14일 이후 공작회관을 민족학교로 사용하였던 것이 가미타치마츠측에서 보면 결코 '계약'의 '갱신'이 아니라 사실상의 점거임을 알리는 것이다. 가미타치마츠 측이 반복하여 '반환'을 요구했었다는 것은 요컨대 철수를 요구했던 것이리라. 그 동안에 공작회관이라는 고유한 장소를 둘러싸고 가미타치마츠와 조선인연맹 사이에 격렬한 대치 관계가 있었을 것이라는 점은 상상하기 어렵지 않다. 이미 '선인' 등과 같은 기호로 처리할 수 없는 구체적인 조선인, 게다가 그 아동들의 교육이라는 문제와 사태는 밀접하게 관련지어져 있었던 것이다. 동시에 "오는 11월 10일을 기한으로 정식으로 반환하기로 하였"다는 표현은 그 '반환=철수'가 결코 폭력적으로 실현된 것이 아니라 나름대로 대화의 결과로 달성된 것임을 보여주고 있다. 아마도 수면 밑 교섭을 포함하여 여기에는 여러 가지 흥미로운 국면이 있었음에 틀림없다.

현재 공작회관에는 이 회관의 유래를 적은 문서가 액자로 만들어져 2000년 개축 때부터 장식되어 있다. 이에 따르면 공작회관은 1927년에 마을 집회소로 세워졌다고 한다. 그리고 "1945년 8월 종전 후, 일시적으로 조선인연맹에게 압수되어 집회소로서의 기능을 잃어버려 ……"라는 글이 쓰여 있다. 이 문서는 현재에 있어서 가미타쓰마치와 조선인연맹의 관계에 대한 기억을 상징적으로 보여준다고 말할 수 있다. 즉 2000년 시점에서 가미타쓰마치는 공작회관을 둘러싼 약 50년 전의 사태를 조선인연맹에게 '빌려주었다'고 이해하는 것으로는 납득이 가질 않는, 그렇다고 해서 '점거당했다'며 분명히 그 부당성을 주장할 수도 없는 것이다. 이러한 미묘한 관계는 많은 뉘앙스를 포함한 "압수되어"라는 표현을 통해 알 수 있는 것이다. 마치 GHQ를 향하는 듯한 '압수'라는 표현에는 일본의 식민지 지배와 전쟁 책임이라는 커다란 문맥과 함께 앞에서 서술한 전전·전후 사사야마의 일본인과 조선인 사이의 착취—피착취 관계에 대한 반성이 의식과 무의식 사이에서 표출되고 있는 것은 아닐까.

단 "압수되어"라는 표현이 주로 '피해자의식'에 서있는 것도 확실하다. 이것은 의식과 무의식 사이에서 표출되어 있는 사태를 명확히 다시 한 번 의식화하는 것, 무심코 가미타쓰마치가 직면했던 대치 상황이야말로 사사야마의 일본인이 조선인과 새로운 공생의 길을 찾을 절호의 찬스였다고 적극적으로 재평가하는 것, 적어도 '재일코리안의 족적'을 공작회관이라는 장소로부터 생각하려고 할 때 불가결하다고 여겨진다.

6. 나오며

이상과 같이 사사야마라는 고향에서 현재 내가 알아가고 있는 미지의 역사에 대해 적어보았다. 하지만 이것만으로는 어디까지나 문제의 첫머리에 서있을 뿐이다. 물론 알지 못하는 것이 산더미처럼 쌓여 있다.

예를 들어 이 글을 쓰면서 사사야마시청 니시키(西紀) 출장소를 방문했을 때, 그곳에서 사사야마소학교 '민족학급'의 2대 교원을 지낸 김귀동(金貴同) 씨가 남긴 교과서 두 권과 주소록 1권을 볼 수 있었다. 교과서는 마치 일본의 중학교에서 쓰는 영어 교과서처럼 한글로 된 간단한 회화나 문장을 실려 있다. 1960년 9월로 인쇄일자가 적혀 있는 주소록에는 당시 재일조선인총연맹회 본부와 각 지부의 주소와 함께 각지의 민족학교 소재지가 적혀 있다. 그리고 사사야마와 히카미의 '민족학급'에 대해 다음 표와 같이 적고 있다.

學校名	形態 · 校種	教員數	學生數	所在地
篠山町立 篠山小 · 朝鮮學級	民族 · 初	1	25	多紀郡篠山町　西新町
氷上　朝鮮　夜間	午後夜間	1	39	多紀郡篠山町　糯ヶ坪

첫째 칸에 적혀 있는 것이 1950년 12월 사사야마소학교 내에 설치되었던 '민족학급'임은 틀림없지만, 그 소재지가 니시신마치(西新町)로 되어 있다. 사사야마소학교가 있는 곳은 기타신마치(北新町)이다. 아마도 니시신마치는 소재지라기보다 연락처였을지도 모른다. 하지만 이것은 민족학교가 공작회관에서 니시신마치로 일단 '이전'했던 것과 틀림없이 관련이 있을 것이다. 1950년 12월 사사야마소학교에 '민족학급'이 설립된 후, 적어도 1960년 9월 시점까지는 니시신마치에 있었던 것도 민족학교적인 기능을 하고 있었기 때문인지도 모른다.

두 번째 칸의 '히카미 조선 야간(氷上 朝鮮 夜間)'은 한층 베일에 싸여 있다. 히카미의 민족학교 내지는 '민족학급'의 소재지가 사사야마초의 모치가쓰보(糯ヶ坪)로 되어 있는데, 모치가쓰보는 사사야마소학교나 니시신마치와 그다지 멀지 않기 때문에 가까운 곳에 일부러 두 개의 학교와 학급을 개교하였다고는 생각하기 어렵기 때문이다. 이것도 소재지라기보다는 일종의 연락처일 것이다. 경우에 따라서는 히카미 야간학교 교원의 자택이 모치가쓰보에 있어서 당시에 이것을 연락처로도 사용했을지도 모른다.

그리고 공작회관에 대해 말하자면, 본디 그곳에 민족학교가 설립된 것은 어떤 경위에서일까? 조선인과 공작회관의 관계는 일본의 패전 후 처음으로 시작되었던 것일까? 아니면 전쟁중에 이미 조선인이 그곳에서 살고 있었던 것일까? 그렇지 않다면 일본의 패전 후, '내지인'이 정신없을 동안에 조선인이 그 집회소를 거점으로 삼았던 것일까?

아마도 이미 돌아가신 나의 친할아버지가 이러한 경위를 상당 부분 자세히 알고 있었을 것이다. 전중에 그는 초(町)에서 국방부인회(國防婦人會) 결합을 담당했던 사람 중 한 사람이었고, 전후에는 최초의 초의회의원(町會議員) 중 한 사람이기도 하였다. 지방이기 때문에 초(町)의 결속은 강하였고, 따라서 선거는 거의 초(町)의 추천에 가까운 상태였다고 할 수 있다. 이 당시 친할아버지는 이른바 가미타쓰마치가 공인하는 초(町)의회의 의원이었던 것이다. 공작회관이 '반환'되기까지는 안팎으로 여러 가지 교섭이 있었을 것이고, 나의 친할아버지가 그 과정에 깊이 관여했을 가능성은 매우 높다고 말할 수 있다. 말하자면 길고 긴 교섭의 결과라 할지라도 결과적으로는 공작회관에서 조선인연맹과 민족학교 그리고 그 아동들을 '몰아낸' 장본인 중 한사람이 나의 친할아버지였을지도 모른다.

앞으로 나는 가미타쓰마치에 사는 노인들에게 청취를 하거나 당시의 문서자료 — 초내(町內)에서는 공작회관의 '반환'을 둘러싸고 몇 번이고 분위기 험악한 모임이 있었을 것이다 — 탐색을 통해 이상과 같은 문제들을 해명하려고 한다. 사사야마에 귀향한 지 3년째를 맞이한 나에게 그리운 고향은 흉흉한 소문이 떠도는 테베5)와도 같은 양상을 보여주고 있다.

5) 그리스 중부의 보이오티아에 있던 옛 도시. 그리스어로는 'Thebai'라고 함. (옮긴이)

반일이 비추는 우리

오카노 야요(정치사상사) 지음 / 김우자 옮김

중국과 한국에서 일어난 항일시위 행동에 대한 보도가 미디어를 떠들썩하게 하고 있다. 그러나 전후 60년을 맞이하는 올 해 양국에서 일본으로 발신된 메시지는 대부분의 우리 일본인에게는 와닿지 않고 있다. 애초부터 이번의 항일시위운동이 우리들에게 보내진 메시지인 것조차 생각하지 않는 것인지. 그들의 행동이 시위라는 형태를 취한 것은 어떤 동기에서든 우리 일본인을 향한 호소였을 텐데 말이다.

시위는 민주주의사회의 사람들에게 포기할 수 없는, 작은 목소리를 외부로 발신할 수 있는 거의 유일한 직접적 정치 행위이다. 노동자들의 메이데이, '종군위안부'로 끌려간 여성들을 중심으로 매주 수요일마다 주한일본 대사관 앞에서 600회를 넘어 지속되고 있는 수요시위, 세계 곳곳의 수많은 시민이 이라크 전쟁 반대를 호소하는 평화시위. 시위는 정치가 직업이 아닌 민중에게는 일상생활 가운데 소중한 그러나 지금은 어렴풋해진, 정치적으로 취할 수 있는 유일한 행위 중 하나이다.

그러나 한국과 중국의 시위에 많은 일본 미디어가 보여준 반응은 시위와 같은 민주적인 민중의 정치적 행위에 답하기보다는 대부분 기물파손 행위에만 초점을 맞추고 있다. 한국에서는 그러한 행위는 없었기 때문에 항의 행동 중에 흥분해 분신자살을 시도한 남자의 행위가 클로즈업되었다. 그런 중에 일본 정부는 파괴 행동에 대한 항의를 중국 정부에 전하는 것과 함께 '사죄와 배상'을 요구했다.

좌절된 대화

만약 '반일'시위가 민주주의에서 빼놓을 수 없는, 민중이 취할 수 있는 직접적인 정치 행위 중의 하나라면 거기에는 '우리' 일본인을 향해 '우리'들의 응답을 요구하는 메시지가 담겨 있을 것이다. 그것이 '반일'이라는 메시지일지라도

우리는 예상도 상상도 할 수 없는 상대가 우리를 지목해서 호소한다면, 그리고 우리가 그 호소에 응하려면 이렇게 물어야 할 것이다. "당신은 누구인가?" 그리고 "나를 언제 알았는가?" 처음 만난 당신이 나를 알고 있다. 나는 당신을 알고 싶다. 왜냐하면 당신은 이미 나를 아는 것 같기 때문에. 그것은 어쩐지 불안하다. 모르는 사이에 다른 사람에게 보여주고 싶지 않은 내 모습을 당신이 봤을 지도 모르니까. 그래서 당신에게 물어본다. "당신은 누구인가?" "나를 언제 알게 되었는가?"라고

생각지도 못한 상대에게서 온 호소에 대한 이러한 물음은 지금부터 당신과 시작할 대화에 앞서있다. 이른바 대화의 맹아(萌芽)이다. 그러나 그러한 물음은 자기 방어적인 측면도 지니고 있다. 낯선 당신이 봤던 것이 어떤 나였는지를 알고 안심하고 싶다. 누구에게도 보여주고 싶지 않은 나를 당신이 줄곧 보고 있었다면 불안해지니까 지금 처음 만난 것처

럼 하면 안 될까. 혹은 호소하는 소리 따위 애초부터 못 들은 척하고 얼버무리고 싶어질지도 모른다.

‘반일’시위에 대해 다양한 보도가 어지럽게 교차하는 가운데 일본 정부가 중국 정부에게 ‘사죄와 배상’을 요구했다는 보도를 듣고 먼저 생각난 것은 “농담이 지나치군”이었다. 물론 그것은 일본 대사관이나 일본요리점을 파손한 행위에 한정된, 외교적으로 일본 정부가 책임을 져야 할 범위 내에서 행해진 요구이며 일본 정부가 일본 국민의 안전을 위해 그러한 책임을 다하는 것은 당연하다. 그러나 ‘반일’시위 보도 중에 ‘우리’ 일본인은 정부가 요구한 ‘사죄와 배상’이 마치 항일시위운동 그 자체에 대한 것이라고 착각하고 있지는 않은가. 혹은 ‘사죄와 배상’이 요구된 파괴 행위야말로 항일시위운동이라고 혼동하고 있는 것이 아닌가.

적어도 지금까지 몇 번이나 중국과 한국 정부로부터 ‘사죄와 배상’의 요구를 받아온 일본 정부는 민중들이 제기한 ‘항일’의 호소에는 일절 귀를 기울이지 않는다. “당신은 누구인가”라고 되묻지 않는다. “나와 어떤 관계가 있는가”라고 자문조차 하지 않는다. 직접적으로 일본의 국익을 해치는 파괴 행위에만 반응하는 것이 정부로서는 당연한 것인가. 그렇다고 해도 ‘사죄와 배상’을 중국 정부에게 요구하기 전에 중국 민중에게 물어볼 수는 있었을 것이다. 아니, 일본 정부에 대해 왈가왈부하지는 말자. ‘우리’ 일본인은 어떤가. ‘우리’는 시위 행동에 대해 그들과 직접 대화하기 위한 물음을 갖고 있는가.

매스미디어 보도는 어떤가. 항일시위운동에 대해 대화의 길을 모색하지 않고 쉽게 ‘반일’로 보도하려는 일본의 미디어는 세계무역센터 폭파에 담겨진 메시지를 ‘반미의식’·‘증오’만으로 받아들여 9·11동시다발테러 이후 즉시 아프가니스탄에 대해 무력 공격을 결단한 미국 정부에 가담했던 당시 미국의 보도체제를 상기시킨다.

내가 이런 생각을 하는 까닭은 양국 정부 모두 낯선 타자로부터 온 지명에 대해 응하지 않고, 대화의 계기가 되어야 할 자문과 상대방에 대한 물음을 전혀 시도하지 않았기 때문이다. 물론 9·11동시다발테러와 '반일'시위에 대한 양국이 보여준 반응을 이렇게 나란히 논하는 것은 지나친 착란일 수도 있다. 그럼에도 불구하고 양국 정부가 자신을 향한 '폭력'을 자신이 일찍이 행사한 '폭력'과 관련지어 생각하지 않는 것에 나는 착란을 일으키지 않을 수 없다. "왜?"라는 물음이 자신에 대한 자문으로 향하지 않고 또는 자신들을 보고 있는 타자에게도 향하지 않고 다만 자신 속에서 "그들은 우리들을 증오하기 때문이다"라는 자기 이해에 갇혀버린다. 거기에서 대화의 싹이 뿌리째 뽑혔다.

일본과의 대화

그러면 우리는 이번의 항일시위를 계기로 어떠한 대화를 시작해야 할 것인가. 우선 다음 문장을 읽어보자.

정부와 매스컴이 일본 국민의 눈을 북조선으로 집중시키려는 의도가 보인다. 이번에는 전후 문제를 제대로 처리하지 않은 채 UN 상임이사국에 진출하여 세계 속의 일본을 확립하려고 한다. 그러기 위해 먼저 조선의 핵 문제를 거론하여 기세를 올린다. 거기에는 일본에서 살고 있는 조선인들에 대한 고려는 전혀 없다. 국책을 최우선으로 함으로써 결국 재일조선인에 대한 무차별공격이 된다. 그러한 의미에서 관동대지진 때의 조선인 대학살을 방불케 한다.
—시모가모 데츠로, 「'치마저고리 찢기 사건'을 짚어본다—
일본인은 변하지 않는가」, 『세계』, 1994년 11월, 186면.

윗 글은 1994년 북조선 핵개발 의혹이 부상했을 때 일본 국내 여러 곳에서 발생한 치마저고리 찢기 사건에 대해 히로시마(廣島)에 있는 조선인학교 교감선생님이 말한 것이다. 전후 50년의 일본에 대한 이 말을 현재 일본에 대한 것이라고 소개해도 아무도 의심하지 않을 것이다. 한반도를 둘러싸고 긴장이 높아질 때마다 재일한국조선인 소녀들에게 이유 없는 칼을 들이대어 졌다. 1983년 아웅산사건, 1987년 KAL기 폭파사건, 1989년 '파친코 의혹'1)과 같이 일본 국내에서 북한이 '문제'될 때마다 재일한국·조선인 소녀들이 표적이 되어 누군가에게 습격당했다. 100%라고 할 수 있을 만큼 약한 소녀들에게 칼을 들이대어 왔다.

10년 전에 치마저고리 찢지사건을 잡지『세계(世界)』에서 고발한 시모가모의 르포기사 부제는 "일본인은 변하지 않는가"였다. 나는 시모가모가 그때 제기하려고 했던 물음을 반일 보도가 어지럽게 교차하는 현재, 무겁고 그리고 슬프게 받아들인다.

그러나 여기서 생각하고 싶은 것은 앞서 언급한 조선인학교 교감선생님의 말로 표현된 일본과 조선의 관계가 지금도 변하지 않는다는 사실은 아니다. 그보다는 이번에 일본이 중국 정부에 대한 사죄와 배상 요구나 중국에 사는 일본인에 가해진 해코지를 보도하는 일본 매스미디어에 접했을 때, 도대체 '우리' 일본인들 중 몇 명이나 거기에 비추어진 '일본'에서 일어났고 또 일어나는 일을 돌이켜보려고 했는지이다.

주위를 조금 되돌아보는 것만으로도 충분하다. 한류 붐을 타고 조선어를 공부하기 시작한 일본인이 많다고 하지만 잘 생각해보면 일본 각지에 어째서 이렇게 조선어가 많은 것인가, 일본에서는 항상 "대체 언제까지 '사죄'하라고 하느냐"라는 의견이 들리는데 "사죄하라"라고 요구받은 지금의 '우리' 일본인을 그들은 어떻게 보고 있는가, '지금'의 자신을 되돌아보기만 하면 충분하다. 우리들의 부모나 조부모가 아니라 오늘날의

---

1) 1989년 당시 국회에서 소비세 유지 여부가 논의되었다. 유지를 주장해서 비판을 받고 있던 자민당이, 폐지를 주장하면서 자민당을 공격한 사회당을 불리하게 만들기 위해 파친코 업계가 사회당에게 헌금하고 있다고 주장했다. 동시에 언론은 파친코 업계가 북한에 송금하고 있다고 보도했다. 이것이 '파친코 의혹'이다. 파친코업은 재일조선인이 경영하는 주요 업종 중의 하나이다. (옮긴이)

'우리'가 여기서 지목받고 있으니까.

'우리' 일본인 대부분은 반일시위에 참가한 실제의 중국인들이나 한국인들과 대화할 기회가 없다. 그렇기 때문에 만약 대화할 의지가 있다면, 우리들은 그들이 바라보았을 '우리'의 모습을 '자문'이라는 형태로 돌이켜봐야 한다.

'사죄와 배상'이라는 일본 정부의 말을 들었을 때 내 마음에 스친 '우리' 일본인의 모습이란 지금까지 몇 번이나 중국인들, 조선·한국인들에게 음흉한 범죄나 해코지를 반복해온 얼굴이 보이지 않는 일본인들이다. 혹은 중국에서 '반일'시위가 일어난 후 일본 각지에 있는 중국총영사관이나 관련 시설에 칼을 보내는 등 무언의 압력을 가하려는 익명의 일본인들이다.

1987년 KAL기 폭파사건 직후 아침, 대로변에서 목 졸린 재일조선인 여성(당시 고등학교 2학년)이 있었다. 내가 상상하고 떠올리려는 것은 그 범인의 모습이 아니다. 그녀가 얼굴이 보이지 않는 범인에게 목을 졸리는 동안 그 옆을 아무 일도 없는 듯이 지나간 일본 주민들이다. 갑자기 살의의 표적이 된 그녀가 공포를 느끼면서 쓰러진 자신의 몸을 짓밟듯이 걸어 지나가는 그 일본인들을 어떻게 보았을까(앞의 글, 190면). 그녀는 그 후에도 누군가에게 목을 졸린 일이 있다. 같은 범인인지 확인할 길은 없다. 그녀는 첫 번째 사건을 신고했을 때 경찰의 대응이 미지근했기 때문에 두 번째 사건은 신고도 하지 않았다고 한다.

1987년에 일어난 이 사건은 매스컴에 보도되었고 세간의 주목을 받았다. 그러나 그녀가 일본인에게 받은 것은 협박장뿐이었다(앞의 글, 201면). 필경 그것들 또한 익명이나 가명이었음에 틀림없다. 그러한 협박장이나 해코지가 계속되는 동안 예컨대 일본 정부, '우리'를 대표하는 정치가들이 피해자들에게 사죄하거나 그녀들을 위문하거나 혹은 일본인들에게 그러한 행위를 하지 않도록 촉구하는 발언을 '자발적으로' 했다는 말은 과문한 탓인지 들어본 적이 없다.

1994년 치마저고리 찢기사건에 관하여 도쿄변호사회가 중심이 되어 UN 인권위원회 차별 방지 소위원회에 의견서를 제출했기 때문에 일본 정부는 마지못해 "우려할 만한 일이다"라고 남의 일처럼 말했다. 동시에 정부는 분명 조선인 차별에서 기인한 일련의 사건들을 접했음에도 그녀들의 안전 확보에 진력하지 않은 경찰에 대해서는 "차별 없이 엄정하게 수사하고 있다"고 해명하였다. 거기서 이번의 '반일'시위에 대해 일본 정부가 '사죄와 배상'의 근거로 삼는 국제법 —"수용국은 재류외국인을 보호해야 한다"— 을 따르려는 태도는 찾아볼 수 없다.

전후 60년 간 수없이 반복되어 온 차별 범죄가 일어날 때마다 일본 정부와 정치가가 재일외국인을 보호하는 것이 일본의 '의무'임을 '우리'에게 납득시키려 한 적이 있었는가. 나는 그러한 '의무'에 대해 일본 정부나 정치가들이 말하는 것을 들어본 기억이 전혀 없다.

반일시위를 대하면서 나는 자문한다. 그녀들이 봐온 '우리' 일본인이란 누구인가. 그것은 일본 국내에서 익명이기 때문에 중국인들, 조선·한국인들에게 수없이 차별 범죄를 되풀이해온 '우리'가 아닌가. 나는 1994년에 일어난 일련의 치마저고리 찢기사건을 분명히 기억하고 있다. 눈앞에서 저지르는 해코지나 찢기사건에 대해 그것을 보고서도 모른 척하기로 작정한 일본인들에게 당시 커다란 분노를 느꼈기 때문이다. 그렇지만 지금은 다음과 같이 자문한다. 길거리, 전철, 버스와 같은 공공장소에서 반복된 그러한 사건을 '우리' 일본인들은 분노하여 막으려 했던가. '우리' 일본인들은 목이 졸려 쓰러진 소녀 바로 옆을 지나쳐간 사람들과 똑같은 태도를 취해오지 않았는가.

지금도 일본에 존재하는 재일중국인, 조선인, 한국인들에 대한 뿌리깊은 차별의식. 이번에 민중시위라는 형태로 우리에게 제시한 '반일'을 계기로 '우리' 일본인은 자문하고 그들과의 대화를 시작해야 한다.

'반일'시위와 일본에서 일어난 차별 행위는 그 성격이 완전히 다르다고는 더 이상 말할 필요도 없다. 적어도 '반일'시위를 하는 그들은 가령

간접적이나마 '우리'에게 얼굴을 보인다. 그러나 협박장을 보내는 '우리' 일본인은 나에게조차 그 얼굴이 보이지 않는다. 그것은 부끄러운 '우리' 의 행위이자, 될 수 있다면 아무에게도 보여주고 싶지 않는 모습으로 '우리' 일본인들은 앞으로도 숨기려고 할 것이다. 아무 일도 없었던 것처럼 모르는 척하고 마치 '우리'는 지금 처음 만난 양 그들을 대하고 싶은 것 일지도 모른다. 그런 까닭에 '반일'을 마주한다는 것은 지금 현재의 '우리' 일본인들의 모습과 진지하게 마주보는 것이다.

2세론과 3세론 사이

홍귀의(정치학 · 사상사) 지음 / 김우자 옮김

1.

시대가 일회전한 것을 느낀다. 일한 관계가 극적으로 변화하고 대중 수준에서 한 때 한국에 갖고 있던 옛날 같은 혐오감은 우상숭배까지 이르렀다고 할 정도로 바뀌었다. 국경의 벽은 확실히 낮아지고 과거의 결의도 참여의식도 없는 가벼운 왕복운동이 양국 사이에서 펼쳐지고 있다.

이런 시대에 자이니치(在日)를 논하는 것은 어떤 의미가 있을까. 이미 그것은 효력을 상실한 과거의 유물인가. 만약 여전히 말할 의미가 있다면 그것은 어떤 방식일 수 있는가.

그렇지만 아무리 가벼워 보이더라도 일본과 남 · 북한 양국은 삼국 사이에서 발생하는 여러 가지 사건의 물결을 피할 수 없다. 역사인식 혹은 자이니치의 존재 자체와 그 다양한 양상에 대해서 우리 대부분은 항상 계몽적 태도를 강요받아 그것을 받아들일 수밖에 없었다. 그리고 그 계몽조차 수취인을 잃고 공허하게 소실해 가는 데에 현재의 굴절된 어려움이 있을 것이다.

변동하는 역사의 역동성 가운데 이 문제가 세계적인 연관에서 어떤 위치를 차지하고 있는지를 확인하기 위해서도 정체되고 후퇴한 작은 지점에서 출발해 역사 속에 묻혀 있는 길을 파고들어야 한다. 이 글에서는 언급된 적이 거의 없는 『2세의 기원과 '전후사상'』(리순애, 平凡社, 2000)의 일부분을 실마리로 생각하고자 한다.

2.

축적의 부재. 이것이 재일조선인론 현상에 대해 이 책이 제시한 가설이다. 예를 들어 다음과 같은 서술은 우리를 꼼짝 못하게 만든다.

> 그렇지만 『아주 보통의 재일 한국인』을 처음 읽었을 때 나는 정말 부끄러웠다. …… 윗세대가 추궁당하고 있는 것이 아닌가. 당신들은 무엇을 남겼는가. 나는 아무 것도 손에 넣지 못했다. 그 글에서 우리들이 읽어내야 하는 것은 '내 나름대로의 문제의식'을 쥐려고 암중모색하는 한 명의 고독한 3세의 모습이다.

> 자이니치 세대가 전면에 등장한 이후, 적어도 최근 40년 동안 모두가 다람쥐 쳇바퀴 돌듯하고 있다. 자신을 확인하고 싶다면 스스로가 처음부터 다시 사고하기 시작해야 한다.

윗세대에 대해 이렇게 쓰고 만 다음 세대는 누구인가. 이것을 읽고 몸둘바를 모르게 되는 것은 이쪽이다. 즉 자이니치 3세로서의 나이다.

'민족의식'이라는 말을 들으면 뭔가에 쫓기는 듯한 초조함이 느껴진다. 그 내용이 나의 것이 아님에도 불구하고 그것을 갖고 있어야 한다는, 조바심 같은 죄의식.

그러한 이들에게 2세인 저자의 말은 오히려 3세는 무엇을 해왔는지 그리고 어떤 존재인지 스스로 묻게 만든다.

자이니치라는 사실이 지니는 아픔과 거기에 담긴 문제를 이토록 통절하게 드러내는 말은 드물다. 사람을 몰아넣는 것이 아니라 사람에게 자리를 비워주는 사고가 여기에는 있다. 그리고 그 사고가 지니는 특징이 일본사람이 아닌 자이니치 자신에 대한 엄격한 자기 비판과 위기의식에서 온 것이라는 점을 간과할 수 없다.

물론 일본 사회를 비판하는 일은 필요하다. 그러나 지금은 일본 비판을 발판으로 삼지 않고 자기 자신의 자세를 묻는 태도, 그것이 절실하다

> 우리 재일조선인이 보고 있는 것은 넘어야 할 벽 그 자체를 자신 속에서 아직도 구축하지 못한 채 정체된 자신의 모습이다. …… 우리들에게는 축적함으로써 단련해야 할 사고의 부재가 현저하다.

이러한 축적의 부재, 사고(思考) 부재의 역사 속에서 이 책은 그나마 볼만한 '성찰의 시도'를 자이니치의 역사적 경험 속에서 찾으려고 한다.

3.

2세론의 기원을 어디에 둘 것인지는 다양한 논의가 있지만 여기서는 우선 1958년의 고마쓰가와(小松川)사건 피고인 이진우(李珍宇)를 통해서 본 자이니치론을 들고 있다.[1]

저자는 이진우를 '재일조선인의 문제'로만 파악하는 것은 "협소하고", "누락되는 것이 적지 않음"을 알아야 한다고 말한다. 그리고 "인간 실존의 근본으로 깊숙이 들어가서" 파악하는 관점을 자이니치 세대가 세워야 한다고 주장한다. "골육의 공범 관계인 만큼 해부할 필요가 있다고 생각하기 때문입니다."

일본인과의 '공범 관계'에 있다고 알려진 이진우는 특이한 살인사건을 범한 재일조선인으로 보도되었는데, 사건 당시 정작 자신은 조선인임을 의식하지 않았다고 기록했다. 이것이 무엇을 의미하는가.

이러한 이진우의 태도는 자이니치의 존재 형태 중 한 가지 측면을 부각시킨다. 거기에서 민족의 의미는 변화할 수밖에 없다. 이때 이른바 비민족적인 민족성, 비조선적인 조선성이 노출된다. 그러한 민족성, 조선성이 이 순간 그의 몸을 통해 자이니치라는 공간에서 나타나는 것이다.

리순애는 프랑스 문학자 스즈키 미치히코(鈴木道彦)의 논고 「일본의 쥬네-혹은 타자화한 민족」을 인용하는데, 스즈키는 이진우의 독자적인 존재방식을 "그의 철저한 부정성"이라고 말한다. "그리고 상상이란 본래 부정 그 자체이며 부정의 대상인 현실이 없으면 있을 수 없다. 그에게 이러한 부정성이 만들어낸 사형수로서의 자신이야말로 조선인으로서의 독특한 존재방식인 것"이라는 것이다.

이를 '부정성으로서의 재일조선인'이라 할 수 있지 않을까.

즉 조선인이 아니며 일본인도 될 수 없는, 그 어느 것으로도 존재할 수 없는 자기 자신을 품을 때 자이니치는 자이니치일 수 있다. 이것은 긍정적인 의미에서의 민족이 아니라 부(負), 바로 부정적인 민족의 역설적인 충동이며 패션(passion; 정열=수난)일 것이다.

---

1) 이 글에서는 이 사건과 그 의미에 대해 상세히 고찰할 수 없다. 다음의 문헌을 참고하기 바란다. 朴壽南 編, 『罪と死と愛と』, 三一書房, 1963(新版1984年); 朴壽南 編, 『李珍宇全書簡集』, 新人物往來社, 1979.

4.

　리순애는 2세 소설가 김학영(金鶴泳)의 민족관이 "자신 속에 절실함이 없기 때문에 공허하지 않았는가"라고 문제제기 한다. "내 마음에 걸리는 것은 '내 속에 있는 조선인의식은 항상 관념으로서의 민족의식이며 실감으로서의 그것이 아니다'라는 의식 그 자체가 작가에게 민족의식을 '외부의 문제'로 위치시키는 것은 아닌지"라는 것이다.

　즉 민족 문제가 작가에게 진정한 무거움을 지니고, 자신의 내면에 절대적으로 다가오는 자신의 진실로 포착된 것이었는지를 묻고 있다.

　이것은 단적으로 소설가의 딜레마이다.

　　'민족'의 문제를 말더듬이 체험처럼 말할 수 없었던 데에는 작가로서 살아가는 김학영의 딜레마가 있었을 것이다.[2]

　마지막까지 '반일본인성(半日本人性)'과 '조선인으로서의 주체성' 사이에서 옴짝달싹할 수 없었던 것이 현실이지 않을까.

　그렇다면 '외부의 문제'가 아닌 '내면'이란 어떤 장소를 가리키는가.

---

2) 여기서 말하는 말더듬이는 원문에서는 吃音이 되어 있는데, 김학영 작품에서 중요한 주제이다. 김학영은 1938년 태어났을 때부터 말을 더듬었다. 그는 대학 시절 시가 나오야(志賀直哉)의 『암야행로(暗夜行路)』를 읽고 문학에 뜻을 두었다. 1966년 『언입(凍える口)』으로 문예상을 탔고 작가로서 본격적으로 활동하기 시작하였다.
　그는 재일조선인 작가들 가운데 특이한 위치를 차지한다. '민족'·'국가'·'가족' 등을 작품의 주제로 삼으면서도 그에게 가장 중요한 주제는 '말더듬이'였다. 그는 "말더듬이 아니었으면 소설 따위 쓰지 않았다"고 할 정도였으며, 그에게 소설 집필의 계기가 된 것은 재일조선인 문제(일본 사회에 존재하는 조선인 차별)만으로 볼 수 없다. 『언입』에서는 말더듬는 사람이 고생하는 모습을 극명하게 그려내는데, 그것은 재일조선인이 겪는 고생보다 혹독한 것이다. 말더듬이와 그들의 고생을 담는 서술은 인간 그 자체보다 인간의 정치신조를 높게 평가하는 운동가나 조직에 대한 비판이기도 하다. 그들이 큰 소리로 주장하는 정치적인 정통성, 소수자의 사회적 정당성이라는 '올바름'에 의지하지 않고 자신의 감수성을 근거로 작품을 쓴 것이다. (옮긴이)

원래 김학영 평가는 이 책에서도 많은 페이지를 할애해 고찰하고 있는 다케다 세이지(竹田靑嗣)의 평론에 담겨 있다. 다케다는 김학영이 정치적인 이념이나 민족의 이념으로 도피하지 않고 그러한 것에서 계속 소외되는 인간 '괴로움의 원형질'을 비추어냄으로써 우리 삶의 핵심을 꿰뚫고 있다고 한다.

저자는 다케다의 이러한 논의를 높이 평가하지만, 그러나 한 걸음 더 내면으로 깊숙이 파고든다. 거기서 "'민족의 이념'에 투영된 '감정세계'의 존재 가능성"을 보아야 하며, 만약 김학영이 '민족의식 상실자'라는 관념을 자신의 '내면'과 교차하는 진실로서 파악했다면 자신에게 절실한 민족의 내용을 찾았을 것이라고 말한다.

이러한 '감정세계'의 존재를 어떤 식으로 이해할 수 있을까.

끝으로 그것을 감히 다른 맥락에서 검토하고자 한다. 레이먼드 윌리엄즈(Raymond Williams)의 '감정 구조(structure of feeling)'라는 맥락이다.

재일조선인의 감정세계는 단순히 일본 사회에서의 차별·피차별 관계나 개인이 지니고 있는 민족의식의 유무, 나아가 한반도의 양국만으로 규정되지 않는다. 그러한 감정세계의 내면을 파고들면 어느 곳으로 나아갈 수 있을까.

'감정 구조'의 영역이 바로 그 장소이다. 이 개념은 사회적·역사적인 관계들의 구조와 이 관계들에 대응하여 형성되는 문화적 제도들, 그리고 주체 위치의 양식들, 이 삼자가 상호적으로 작용·반작용을 반복하면서 서로를 매개하는 공간을 의미한다.

자이니치의 감정세계는 이러한 구조에 온몸을 담그고 있다. 이 구조를 읽어내야 한다.

"한반도와 일본열도의 틈에 있는 것 같기도 하고, 허(虛)와 실(實)의 틈에 있는 것 같기도 한 붕 뜨는 느낌", "자기 긍정이 끝끝내 불가능한 장", "절심함이 없기 때문에 허무해짐."(리순애) 이러한 것을 독해해낼 때 외력(外力)과 자중(自重)으로 얽힌 역학 관계가 모순을 안은 채로 X선을 통과

하듯 투시되는 것이다.

이미 낯익은 풍경이 된 '거대서사'를 가지고서는 이러한 감정세계를 밝힐 수 없다. 우리는 그러한 방식으로는 빛을 비출 수 없는 감정세계의 입자 하나 하나를 그 "주름을 따라 주름을" 읽어내는 시력을 가져야 한다.

3세론은 이미 시작되고 있다.

국경을 넘는 일한 대중문화

모리 요시타카(사회학·문화연구) 지음 / 최주한 옮김

혼성화하는 풍경

한때 즐겨들었던 CD 중 롤러코스터의 『앱솔루트』가 있다. 롤러코스터는 한국의 여성 보컬 3인조 그룹이다. 보사노바풍의 애시드 재즈인데, 약간 옛날풍의 멋쟁이라는 느낌이 미묘하게 그리운 여운을 남기는 사운드에다 한국어 보컬의 둥둥 뜨는 분위기가 강하지 않아 좋은 느낌을 준다. 『앱솔루트』는 그들의 세 번째 앨범이다.

한국은 2000년 무렵부터 매년 여러 차례 가고 있는데, 지금까지 딱히 마음에 드는 음악이 없었던 만큼 롤러코스터를 듣고 약간 놀랐다. 이 그룹은 서울의 연세대학교 학생이 소개해주었다. 일본과 한국의 학생이 합동으로 커뮤니티 FM을 위한 라디오 프로그램을 만들고 있을 때 그녀가 기초 자료로 가지고 왔다. 일본과 한국의 음악 현장이 여러 의미에서 서로 이어지고 있다는 사실을 실감했다.

지금까지 한국에 간 것은 연구회나 심포지엄에 참석하기 위해서였다. 대개 사회학자나 문화연구자와 만났는데, 폐쇄적인 일본 학계에 비해 훨씬 국제화되어 있어 꽤 놀랐다. 이것은 한국의 많은 연구자들이 학위를 미국에서 취득한 데에도 기인할 것이다. 서구의 정보는 일본보다 빠르고, 많은 연구자가 한국 외의 나라와 충분히 교류하고 있다. 최근 십 년 간 가전이나 IT 등의 산업에서 일본은 한국에게 따라잡혔다는 주장을 종종 접하는데, 이 주장은 인문계의 연구 영역에도 꼭 들어맞는다. 무엇보다 앞서느니 뒤지느니 하는 패러다임 자체가 그야말로 시대성인 것은 말할 필요도 없다.

그러나 그러한 연구회의 모임 틈틈이 놀러 갔던 레코드 가게나 클럽에서는 그만큼 재미있는 음악을 발견할 수 없었다. 소위 K-POP의 높은 목소리로 달콤하게 노래하는 발라드나 가요는 취향이 아니고, 클럽도 서구의 히트곡 중심이라 어딘지 부족한 느낌이 들었다.

롤러코스터의 등장에서 깨달은 것은 일본이나 한국이라는 국경을 초월한 트랜스내셔널한 문화권이 어느새 팝컬쳐의 영역에서 이루어져 있다는 점이다. 물론 한국의 롤러코스터와 같은 현장의 발견이 내게만 국한된 것은 아니다. 일본의 음악 현장은 이미 여러 가지 형식으로 한국의 음악과 관련을 맺기 시작했다. 고니시 야스하루(小西康陽)는 롤러코스터가 마음에 든다며 예전에 그들의 음악을 리믹스했다. 한편 롤러코스터의 리더인 지누는 일본의 클럽 이벤트에서 DJ로 활동하고 있다.

롤러코스터는 예외적인 그룹이 아니다. 자우림이라는 여성 보컬 밴드의 믹스는 켄 이시이가 맡았다. 약간 메이저면서 마이너한 성격도 지닌 음악 현장에서는 이러한 교환이 점점 증가하는 추세다.

이러한 동향이 재미있는 것은 '일본문화', '한국문화'라는 식의 지금까지 국가에 의해 규정되던 틀과는 전혀 다른 부분에서부터 문화가 생겨나고 있다는 점이다. 원래 대중음악은 진정성을 주장하는 공적인 문화와 달리 잡종의 문화다. 한국이든 일본이든 대부분의 가요는 미국과 유럽의 팝이나 록에 토착음악이 혼합된 것이다. 음악은 언어의 벽이 낮은 형식인 까닭에 서로 영향을 받고 쉽게 융합한다.

이러한 동향을 지탱한 것은 사람들의 일상적인 왕래이다. 서울에서 일한월드컵 심포지엄이 개최되었을 때, 우에노 도시야(上野俊哉)와 함께 클럽에서 갑자기 DJ를 하다가 누군가가 기재(機材)에 관해 일본어로 말을 걸어와서 깜짝 놀랐다. 듣자니 일본에서 DJ를 하고 있고, 잠깐 서울에 머물며 DJ를 하면서 스태프로도 활동하고 있다고 했다.

이런 젊은이들은 어느 정도나 있을까. 물론 개별 통계가 있을 리 없기 때문에, 이것만으로 일반화된 논의는 할 수 없다. 그러나 이는 최근 수년 사이에 교류가 급속히 진행되었다는 것을 실감할 수 있는 하나의 구체적인 사례일 것이다.

국토교통성(國土交通省)이 발행한 『관광백서』의 자료에 의하면, 일본에서 한국으로 가는 관광객은 1998년 195만 명에서 2000년 247만 명을 정점으로 변동이 없고, 2003년은 사스의 영향도 있어 180만 명으로 감소했다. 2004년 이후는 한류 붐도 있어서 다시 200만 명 이상에 달했다고 하는데, 이 숫자로 보면 2000년 무렵에는 일본인의 한국 관광이 이미 일반화했다고 할 수 있다.

주요 미디어는 '겨울연가'나 한류 등의 한국 붐을 극히 최근의 일로 보도하고 있다. 그러나 이러한 숫자로 보면, 미디어의 실태 파악은 늦다. 한류는 2000년부터 지속되어 온 거대한 흐름 중 하나의 효과에 지나지 않는다. 일반 대중 수준의 문화 교류나 공유는 확실히 한류 이전부터 확산되고 있었다. 음악 현장의 변모나 우연히 클럽에서 만났던 일본인 스태프도 이러한 확산 가운데서 드러난 현상의 일례일 것이다.

대중문화 팬의 능동성

일본과 한국 간 대중 수준에서의 문화 교류가 굉장한 기세로 진척중이다. 이것은 실제로 2000년, 한국의 연세대학교와 내가 당시 소속해 있던 큐슈대학이 대중문화에 관한 워크숍을 개최했을 때 느낀 것이다.

그러나 이 당시는 대부분이 개인적인 네트워크나 인터넷의 정보 교환, 또는 해적판의 교환 등을 통해서, 즉 비공식적 루트를 경유하여 이루어졌기 때문에 명확히 인식하기 어려웠다. 통계에 드러나지 않는 문화의 비공식적인 유통은 일한 관계뿐 아니라, 금후 동아시아 전역의 대중문화를 역사적으로 고찰할 때에도 중요한 문제이다.

작년 말에 나는 『일본식 한류 - '겨울연가'와 일한 대중문화의 현재』(せりか書房)라는 책을 한국과 일본의 사회학자, 문화연구자, 미디어연구자와 함께 편집하여 출판했다. 한창 붐이기도 해서 논의의 반은 '겨울연가'와 한류 붐의 분석이었지만, 나머지 논고에서는 한국에서의 일본문화 수용을 논하고 있다. 거기에서 발견되는 것은 역시 일본 대중문화가 공식적으로 인정되지 않은 시대에도 은밀하게, 그러나 왕성하게 소비되는 모습이다.

김현미는 「한국에서의 일본 대중문화의 수용과 '팬 의식'의 형성」이라는 논고에서, 1960년대에서 1980년대 한국의 미디어 산업이 일본의 문화를 표절·모방해왔다는 것과 금지되어 왔던 일본의 문화 생산물인 '왜색물'에 대해 한국인이 지니고 있던 양의적인 감정을 분석하고 있다. 이 분석에서 일본 대중문화는 공식적으로 인정되지 않은 시대에도 해적판이나 표절, 번안된 한국 버전을 통하여 은밀히 유통되어 한국 내에 뚜렷하게 침투했다고 한다.

1990년대 말에 인터넷이 폭발적으로 보급되어 누구든 자유롭게 의사를 표현할 수 있게 되자, 비공식적 언더그라운드 문화는 팬들의 '동호회'

문화로 확장된다. 일본보다 광역화가 빨랐던 한국에서는 TV 프로그램 등의 영상 소프트웨어를 인터넷으로 보는 것이 일반화되었다. 이러한 기술 혁신 가운데서 일본의 드라마나 애니메이션이 방송 후 곧장 한국의 인터넷 사이트에 자막이 붙어 업로드되었다.

박소연은 같은 논문집에 실린 「인터넷에서의 일본 드라마 유통과 팬의 문화 실천」이라는 논고에서, 인터넷에서 유통되고 있는 드라마의 자막 제작이 무수한 팬들의 자발적인 문화 실천으로 이루어지고 있음을 지적한다. 박소연은 자막의 많은 그림문자(이모티콘)와 일본어, 상황 해설, 그리고 창조력이 풍부한 의역이 그 자체로 생생한 문화 실천으로서 기능한다고 말한다.

물론 이러한 소프트의 유통은 저작권을 엄밀히 고려하면 큰 문제일지도 모른다. 그러나 공식적으로는 TV 방송이 금지되어 있는 일본 드라마나 애니메이션이 인터넷을 통해 유통되고 특히 그 이용자인 젊은 층들이 일본의 일정한 이미지를 형성하고 있다는 사실을 과소평가해서는 안 된다. 이러한 경험 가운데 하나로 '신세기 에반게리온'의 극장판이 상영되는 첫날에는 도쿄행 정기편이 애니메이션 마니아 전용기로 변한다고 얘기될 정도로, 동시대적인 문화로서 인식되는 것이다.

이와 유사한 능동적인 힘은 '겨울연가'로 대표되는 한국 드라마에 대한 일본 팬들의 행동 가운데서도 볼 수 있다.

나는 『일식한류(日式韓流)』를 편집하면서 '겨울연가'의 팬 20명과 인터뷰를 했다. 책을 편집했던 동기 중 하나이기도 했지만, TV 등의 미디어가 전하는 '겨울연가' 팬의 표상이 의문스러웠기 때문이다. 그러나 이것은 미디어만의 문제는 아니다. 한창 이 책을 편집하던 때 몇 사람인가 동세대의 동업자와 이야기했는데, 모두 놀랄 만큼 '겨울연가' 팬의 중핵인 중년여성에 대해 빈곤한 이미지밖에 갖고 있지 않았다. 나 역시 부끄럽게도 이러한 이해 부족을 공유하고 있었다.

인터뷰를 통하여 알게 된 것은 팬의 다양한 문화적 배경과 실천이다.

미디어에서 내보내는 천박한 중년여성이라는 스테레오타입의 '겨울연가' 팬의 상과 다른 모습을 발견할 수 있었다. 그녀들은 대부분 인터넷을 활용하고 전문지를 구입하며 팬들끼리 정기적으로 모임을 열어 활발하게 정보를 교환하고 있다. '겨울연가'의 유행이 꼭 매스컴의 주도로만 만들어진 것은 아니다. 특히 초기의 인기는 이런 팬들의 견실한 문화 실천이 축적되면서 불이 붙은 것이다. 물론 매스미디어가 수행한 역할을 무시할 수는 없지만, 처음 BS에서 방송됐을 때 인기가 높았던 것은 주로 입소문이나 인터넷에서 팬들이 정보를 교환한 덕분이다.

이러한 팬 가운데는 한국문화 전반에 관심을 갖고, 같은 세대의 재일한국인 주부를 초대하는 공부 모임을 열거나 한글 공부를 시작하고, 또 한국의 역사, 일본과의 관계를 다시 생각하는 등 활동을 넓혀가고 있는 사람들도 있다. 이러한 활동이 좁은 의미의 정치 영역으로 환원되는 것은 아니지만, 문화를 통하여 그녀들 나름대로의 대안적인 정치 영역을 개척하고 있는 중이다.

이러한 조사를 기회로 나는 몇 개의 메일링 리스트에 가입했는데, 최근 '반일(反日)' 소동을 매우 냉정하게 정보 분석하는 데에 강한 인상을 받았다. 이를테면 독도 문제를 한국에서는 어떤 교육을 하고 어떻게 받아들이고 있는지 그 배경을 상세히 논하거나, 일본의 미디어가 어떻게 한국의 반일운동 상황을 과장하거나 왜곡하여 보도하는지를 논의하고 있었다. 그 논의에서는 함부로 한국에서 '반일'운동이 고양된다고 보도하여 국가간의 대립을 강조하는 매스미디어 비판을 볼 수 있었다. 이러한 정보처에는 한국의 '겨울연가' 팬도 포함되어 있는데, 그런 의미에서 '겨울연가'를 중심으로 한 트랜스내셔널한 팬 의식이 형성되어 있다고도 할 수 있다.

한국에서 일본 대중문화의 수용이나 일본의 한류 붐은 둘 다 매우 일상적인 문화 실천이라서 좀처럼 표면으로 드러나지 않는다. 특히 미디어 산업과 연결되어 있기 때문에 현상으로 가시화되면 단순한 소비로 왜소화되는 경향이 있다. 그리고 소비자로 범주화되는 것은 여성과 젊은이, 즉 생산의 중심 영역은 물론 좁은 의미의 정치 영역에서도 배제된 사람들이다.

그러나 주목해 보면 수동적인 소비라고 간주되는 문화 활동 가운데 창조적이고 생산적인 다양한 실천이 섞여 있음이 보인다. 종종 국가가 통제하는 거대한 미디어 산업이 각각의 다양한 국민성을 스테레오타입화된 상에 가두고 국가간의 대립을 필요 이상 부채질하는 한편, 각 인간 관계에 기초한 문화적 네트워크 가운데 교환되는 살아 있는 정보는 미디어의 스펙터클을 완화하는 중요한 역할을 연출하는 것이다.

물론 이러한 것을 가지고 한국의 일본문화 팬은 친일적이라든가 한류에 들떠있는 일본 여성은 친한적(우려할 만하게도 이것은 종종 악의적으로 반일적이라고 간주될 위험을 내포하고 있다)이라고 결론지을 수는 없다. 앞서 언급한 김현미도 지적하듯이 한국의 일본 대중문화 팬은 일본이 행한 침략의 기억을 잃어버린 것이 아니라, 애니메이션이나 J-POP과 같은 일본문화를 일본 사회의 일반적 인상에서 분리하여 즐기고 있는 것이다. 거꾸로 일본의 한류 팬 여성 가운데에도 일한 역사 문제를 별로 얘기하지 않는 사람도 적지 않다.

국가나 문화, 역사에 대한 감정은 간단히 좋다 싫다로 분류할 수 없다. '반일'이 일본문화 붐 덕분에 돌연 '친일'이 되거나, 또 역사 문제 때문에 '반일'로 돌아서지는 않는다. 정신분석이론에서 사람들의 의식이나 감정은 늘 양의적이고 종종 모순된 다수의 욕망을 포함한다고 이야기된다. 의식이 하나의 명확한 방향성을 가리키는 것처럼 보여도, 그것은 다른 모순된 의식을 억압하거나 전위시킨 효과에 불과하다. 중요한 것은 호의와 증오가 모순인 채로 혼재하는 복잡한 의식이 존재한다는 것을 이해하면서 끈끈한 관계성을 구축해 가는 일이다.

정치 안의 문화 실천

　주지하듯이 최근 일한 관계는 급속히 악화되고 있다. 고이즈미 수상의 야스쿠니 참배 문제, 역사 교과서 문제, 그리고 독도 문제 등등. 이러한 사안이 문제화될 정도로 한국에서 격렬한 비판이 일어나, 반일운동이 확산되고 있다. 특히 지난 몇 년 간의 미디어 보도를 보면, 최근의 반일 감정이 가장 고조되고 있는 것처럼 보인다. 축구 W배와 한류붐을 계기로 단숨에 '가깝고도 먼 나라'에서 '가깝고도 가까운 나라'로 느껴졌던 일한 관계가 다시 '가깝고도 먼 나라'로 되고 있는 것 같다.

　그러나 최근의 일한 관계를 회고해보면, 표면적으로는 양호하게 보였던 관계도 실은 젊은이나 여성을 중심으로 한 문화 교류와 위기에서 탈출중인 경제 관계의 강화로 지탱되었던 것임을 알 수 있다. 정치적인 관계는 특히 고이즈미 정권 탄생 후, 그의 극단적인 미국 중시 외교와 아시아 경시, 전쟁 전과 이어지는 반동적 국가주의적 역사관과 그것을 노골적으로 긍정하는 고이즈미 수상의 발언 등으로 계속 위험한 상태였다. 정부가 지금까지 이 문제에 진정으로 관심을 기울이지 않았다면 그것이야말로 문제이다.

　최근에는 독도 문제에 강행책을 주장하는 정치가마저 있다. 그러나 세계의 모든 나라는 비슷한 영토 문제를 안고 있으며, 일본과 한국 사이의 문제가 예외적인 것은 아니다. 영토와 같은 미묘한 문제는 한 쪽이 영유권을 주장한다 해도 양국간 끈질기게 합의를 형성하는 것이 정치가의 역할이다.

　『일식한류』를 편집한 적도 있고 해서, 배용준이 독도 문제에 코멘트한 뒤 "정치 문제가 한류 붐에 어떤 영향을 주는가", 혹은 "한류 붐은 결국 일회성 문화 현상에 지나지 않는 것 아닌가"라는 질문을 종종 받는다.

　물론 미래는 알 수 없다고 말하려는 것은 아니다. 이러한 질문에 "정

치 상태가 이렇게 위기이기 때문에 문화 교류를 더 적극적으로 진행시
킬 필요가 있다"고 나는 일종의 희망과 더불어 답하고자 한다. 이것은
문화가 교류하면 정치 문제도 잘 해결된다는 낙관적인 인식이 아니다.
오히려 일한 관계에 위기감을 갖고 있기 때문에, 더욱 더 결정적인 정치
의 기능부전에 맞서 문화를 절실한 생명선으로 해야 한다는 생각인 것
이다.

순전히 정치의 입장에서 보자면, 음악 현장이나 드라마 팬들이 변덕스
럽고 향락적인 것으로만 보일지도 모른다. 그러나 바로 그러한 이유 때
문에, 그것은 너무 진지하여 막다른 골목에 들어선 정치에서는 발견할
수 없는 다른 우회로를 제시한다. 마지막까지 이러한 우회로에서 손을
떼서는 안 된다.

대중문화의 팬들은 관심을 갖고 정보 수집을 하는 과정에서 기존 매
스미디어 이외의 독자적인 정보 네트워크를 형성하는 중이다. 이것은 개
인적인 관계성으로 이룬 일시적이고 깨지기 쉬운 네트워크일지도 모르
지만, 그런 까닭에 일원화된 정보 관리로부터 빠져나오는 기술을 갖고
있다. 그것은 '일한 관계'라는 말을 일본과 한국이라는 국가의 관계로 환
원하는 것이 아니라, 무수히 연결되어 있는 복잡한 관계로 바꾸어 놓는
것이다. 이러한 관계를 점점 확장하여 최후에는 국경이라는 것을 없애고
싶다. 너무나 유토피아적인 상상일지도 모르지만, 정치가 지나치게 경계
를 끌어들이고 있기 때문에 굳이 이런 유토피아적 이미지도 어디엔가
담아두고 싶다는 느낌이다.

한류의 동아시아적 가능성

백원담(중국학) 지음

1. 21세기 동아시아 대중문화 삼국지—상업적 민족주의와 팝아시아주의의 변주

1) 대한민국주의의 명운(命運)

‘애국이라는 동전을 넣으면 성공이라는 상품이 나오는 자판기’, 「태극기 휘날리며」, 「이순신」, 거기에 하버드에 가서 대한민국 대표선수를 외치는 「러브스토리 인 하버드」의 장면을 넣어도 조금도 튀지 않는 것은 하나같이 ‘나라사랑’ 표찰을 달고 있기 때문이다. 2002월드컵·촛불시위·한류, 21세기 한국은 이들 문화코드로 태극기 휘날리며 현전(現展)한다. 거기서 "좋은 나라 만들기 캠페인"과 "누구도 우리를 말릴 수 없다"는 동전의 양면이다. 자기 부정의 카타르시스와 ‘막강 한국’의 욕망은 후줄구레하거나 찬란하거나 역사에 대한 호환과 오늘을 문제삼는 데에 서슴이 없다. 식민지지배, 분단 60년, 아직도 민족의 운명을 스스로 결단할

수 없는 이 척박한 땅에서 21세기 신인류들은 조국을 헐벗지도 너절하지
도 않은 휘날리는 깃발로 표상해내며, 새로운 한국을 말하고자 하는 것
이다. 이를 아래로부터의 발현된 민족주의의 새로운 흐름, 문화민족주의
라고 한다면 그 민족과 문화의 새로운 절합을 어떻게 이해해야 할 것인
가. 문화민족주의란 문화적 정체성의 재구축의 측면에서는 유의미한 측
면이 있다. 그러나 기본적으로는 문화보수주의로서 몰가치적인 민족일체
성을 강조함으로써 통치질서를 유지·온존하는 수단이 되고, 나아가 민
족국가의 경계를 넘어갈 때는 자민족중심성을 조장, 국가주의로 비대칭
적인 불평등 관계를 합리화하는 논리가 된다.

그런데 지금 한국에서의 문화민족주의는 그 형성 과정에 유의할 필요
가 있다. 무엇보다도 그것은 자본주의의 파행적 발전 과정 속에서 중심
부의 배제와 착취의 논리를 피눈물로 익히며 반주변을 이루는 가운데,
신자유주의 세계화의 각축장에 적응하며 반발하며 그 정점으로서의 문
화의 세계화시대에 대응한 문화수요와 문화생산력에 힘입은 바 큰 것이
다. 그것은 우선 근대적 민족국가의 성립 과정에서 한국의 국민문화 구
성 과정의 특수성을 반영한다. 한국의 국민문화 형성 과정은 탈식민의
과정을 냉전으로 강요당한 결과, 기본적으로 아메리카의 내재화, '아메리
카'로 상징되는 서구 자본주의문화와의 혼종교배를 그 특징으로 한다.
냉전체제 속에서 떨어내지 못한 식민적 열성과 함께 '아메리카'가 내몰
아간 문화적 파국, 그 냉전문화와 군사문화의 굴절을 현상 타파의 저항
성으로 대응해가며 만들어낸 모방과 중역(重譯), 변종과 창신. 그 혼종화
된 대중문화가 오늘의 한류로 현상한 문화적 민족주의라고 한다면, 그것
은 정확하게 문화의 세계화, 지구적 지역화라는 국가와 자본의 회로 속
에 있음을 부정할 수는 없다.

민족과 문화의 변주, 그것은 발랄한 문화정치적 역동성으로 오늘의 반
민족적 현실을 넘을 수 있는 가능성일 수 있지만, 그러나 대한민국주의
라는 문화민족주의의 요란한 취타악은 팝아시아주의를 꿈꾸는 무서운

욕망과 손을 잡는 데도 서슴이 없다는 데서 경계되지 않으면 안 될 것이다. 한국이 냉전과 탈냉전을 거쳐 오는 가운데 그토록 당했던 미국의 세계주의에 반대하면서도 그러나 아시아 속의 힘의 불균형, 그 비대칭성에는 눈을 감는 문제 말이다. 한국식 문화민족주의 앞에 중국과 동남아시아는 우리 문화상품의 소비 대상으로만 전락해 있는 것이 그 명백한 예증이고, 그런 점에서 대한민국주의의 문화민족주의는 문화보수주의에 다름 아님을 직시하게 한다.

2) 한무제와 '한무대제(漢武大帝)'

사마천(司馬遷)의 『사기(史記)』 「본기(本紀)」편 중 한무제편[1]은 전혀 『사기』답지 않다. 기전체의 역사기록에 사마천은 늘 촌철살인의 꼬리말을 달아놓았다. 그런데 「효무본기(孝武本紀)」의 꼬리말은 어이없게도 제사의례에 관한 것이다. 꼼꼼히 적어놓았으니 잘 따르라는 말까지 덧붙여. 게다가 고조선·흉노·남월(북베트남) 정벌과 같은 한무제의 치적은 단 한 줄로 끝낸다. 오경박사제도로 중국의 지배이데올로기와 관료제도를 마련하고 봉건 통치 구조를 구축한 기록은 아예 적지도 않았다. 대개가 한무제가 얼마나 신선을 만나고 싶어했나, 그를 위해 방사를 만나고, 봉선(封禪, 하늘과 땅에 제사지내는 것)을 올린 내용이다. 또한 황제(黃帝 : 軒轅氏, 중국의 전설적인 제왕. 五帝 중 중국의 開祖에 해당)가 한 대로 제단을 쌓고 궁을 짓고, 황제의 위상을 넘보며 황제를 모방한 행적의 기록도 꼼꼼하다. 한무제는 사마천을 궁형에 처했고, 사마천은 그 속에서 발분지작(發憤之作) 『사기』를 저술하였다. 그런 사마천으로서 한무제에 직접 문제제기하기보다는 이른바 중국 천하를 세운 한무제가 방사들이나 따라다니고 신선방술에 관심을 두면서 감히 황제에 비견하고자 했던 지극히 한심한 인물로 역사에 각인

---

1) 司馬遷, 『史記』 「孝武本紀」.

시켜 놓았으니 그런 치명적인 복수가 따로 없는 것이다.

그 한무제가 최근 중국에서 「한무대제」라는 역사드라마(CCTV8)로 만들어졌다. 총 58부작, TV드라마 사상 최대규모의 제작비(3년, 약 60억 원), 시청률 2위. 황금방송대에 방영되는 이 대하역사극은 '중화민족정신의 발양, 애국주의의 기치, 영웅서사시라는 언론의 극찬을 받는다. 시청자들은 한나라에 관심을 기울이게 되었고, 그로써 중화의식·대국주의가 고양되고 있다는 평가이다. 이전에 역사극들은 주로 강희제−건륭제−옹정제 등 만주족의 황제들이었다. 그러나 이제는 만주족이 아니라 한족의 원조에 해당하는 강한 통치자, 그 천하군림의 형상은 21세기 부강하고 강한 나라로 다시 서고자 하는 중국의 욕망을 그대로 전현해줄 것이다.

봉건 중국을 넘어 자본주의를 넘어 사회주의를 건설했고, 아직도 사회주의의 깃발을 내리지 않은 오늘의 중국에서 전제군주의 형상으로 국민적 동의와 상업적 이해와 국가의 안위를 모두 거두고자 하는 것은 그야말로 역설이 아닐 수 없다. 나날이 심해지는 빈부 격차와 새로운 계급갈등, 피폐해지는 농촌, 지방 정부마다 개발 바람에 천지가 공사중인 중국. 그 발전주의의 문제에 심입하기보다는 애국주의를 조장, 오늘의 어려움을 감수케 하려는 국가적 프로젝트, 중국은 과연 자본의 세계화시대에 연착륙할 수 있을 것인가.

그 중국이 문화산업을 기치로 들었다. 한류 바람에 문화 대국 중국이 자존심이 상하기도 했지만, 그 정도가 아니라 엄청난 컨텐츠를 바탕으로 문화산업 대국을 꿈꾸는 것이다. 「한무대제」는 바로 중국이 드라마 대국으로 나서기 위한 선언과도 같다. 물론 문화산업 대국의 몽상 앞에서 중국 정부는 문화산업의 발전을 위해 문화의 자율성을 보장해주어야 하는데 그렇다고 문화에 대한 통제권을 놓을 수는 없는 딜레마에 빠져 있다.

장이모우(張藝模) 감독의 「영웅」이 그려낸 상업주의와 국가주의의 절묘한 결합은 또 다른 문제를 제기한다. 해외 자본에 의한 블록버스터영화는 중국 영화계를 거대한 자본의 돌풍에 휘말리게 했고, 그리하여 중국의 영화계에서 일고 있던 독립영화발전의 소중한 계기들을 박탈해버린 것이다. 그러나 장이모우야말로 영상산업의 발전메카니즘을 가장 잘 꿰뚫고 「연인(十面埋伏)」에 이어 무협3부작으로 헐리우드의 블록버스터와는 다른 중국형 블록버스터영화에 대한 일대 실험을 하고 있다는 점에서 그의 기획을 주목해볼 필요가 있다. 그것은 중국 정부가 문화산업의 발전에 대한 과감한 구조 조정에 들어간 것과 궤를 같이 한다. 국가주의와 문화산업으로 세계사에 귀환하는 문화 대국, 2008년 북경올림픽은 21세기 중국문화민족주의의 화려한 등극을 표징해낼 것이다.

그러나 21세기 거대한 중국은 사마천의 꼬리말을 잊은 것이 아닐까. 한무제가 봉선을 행하며 황제를 닮고자했을 때, 끝내 신선을 만나지 못한 늙은 궁상으로 영원히 각인해놓은 사마천의 발분(發憤)을.

3) 「라스트 사무라이」, 「하울의 움직이는 성」, 그리고 일식 한류(日式 韓流)

한국과 중국이 거침없이 국가주의를 드러내는 동안 일본은 그럴 수 없으니 노회하게 간다. 가장 문화화된 양식으로 21세기 동아시아에 일본 없는 일본을 전현해내고 있는 것이다. 일본에는 상업적 민족주의 같은 것은 없다. 탈색한 국가주의와 상업주의의 은밀한 결탁이 꿈꾸는 아시아 제패의 욕망. 거기에는 전후 패전의 그늘 속에서 욕망과 폭력으로서의 아메리카, 그 아메리카를 내재화한 「라스트 사무라이」도 있고, 인도주의 적이지만 패전의 아픔을 현시함으로써 식민과 탈식민의 문제의 본질을 넘어서려 한다는 혐의로부터 자유롭지 못한 「반딧불의 무덤」도 있고, 세계의 폭력을 나이의 무게로 말하지만 그러나 하울의 형상에 어린 서구적 근대의 환상이 혼돈스러운 「하울의 움직이는 성」도 있다. 그리고 소니(Sony)식 현지 아이돌스타시스템의 성공작인 보아와 욘사마, 거기에 문화적 주변이었던 일본아줌마들의 주체적이고 경제적 소비로서의 일식(日

式)한류. 일식 한류는 무라카미 류나 무라카미 하루키 소설 속에 적나라하게 표상된 일본적 삶이의 폐쇄회로2) 속에서 어떤 의미일까. 아련하거나 세련된 노스탤지어의 소비이기도하고 그것을 통한 자아의 출로일 수도 있다. 그러나 그것은 자이니치, 재일조선인의 어제의 역사를 은폐하며 오늘의 활기를 분식하는 기제이기도 하다. 망각이 일상화된 일본의 오늘의 자화상이기도 한 것이다. 그러나 한국이 이제 가지게 된 대중문화 생산력을 일본은 놓치지 않는다. 그러므로 그 일본이 한국에 손 내미는 아시아로의 문화적 공조 제의는 석연치 않다.

그처럼 21세기 동아시아의 지구적 지역화를 일본은 무표정으로 기획한다. 희망의 상상력으로서의 센과 히치로, 전지구화로서의 포켓몬, 그 모두가 미국의 전세계적인 유통배급망이 있었기에 가능했다는 것을 국가와 자본은 잘 알고 있고, 그 일본의 아시아주의욕망은 경제적 군사적 문화적으로 주도면밀한데 그들의 손짓에 한국은 반갑게 꼬리를 흔든다. 세계 문화시장이라는 거대한 쇼핑몰, 미국과 일본이 주도하는 세계 문화시장의 하위단위로서 그 패권적 구도에 편제될 것이냐, 배제와 착취가 아니라 다원적 공존을 위한 새로운 문화적 경로를 어렵지만 헤쳐갈 것이냐. 일식 한류의 흐름에서 가늠하는 한류의 자리와 갈 길은 그래서 난감하다. 아시아를 제패했던 일본의 새로운 초국가적 지역화기획은 문화적 제패 수준이 아닌데, 독도는 외롭고…….

---

2) 무라카미 류(村上 龍)의 『미소 수프』(동방미디어, 1997)는 미국과 일본의 서열화된 관계상과 폐쇄회로인 일본을 다루는 미국의 발상이 잘 표상되고 있다. 태생적 살인마였던 미국인 프랭크, 그의 불법적인 관광가이드 스무 살 겐지, 프랭크의 엽기적인 살인과 그에 대한 겐지의 공포와 무력함, 미소 수프를 먹는 사람들은 어떻게 살고 있을까가 궁금해서 일본으로 건너온 살인마 프랭크와 겐지의 관계의 불가항력과 무소불위의 폭력은 미국과 일본의 관계의 역사와 현재를 드러내준다. 그것은 일본과 동아시아에서의 아메리카나이제이션과 동아시아에서 저패나이제이션의 계서화된 정치적 문화적 관계 지형의 재현이기도 하다.

4) 각축하는 아시아

21세기 접어들어 세계화는 지구적 지역화 현상으로 양상한다. 한편으로는 자본주의의 세계화가 지역블럭화를 요구하는 가운데, 동아시아의 경제 성장과 국민국가의 발전에 따라 그러한 권력과 자본에 의한 주동적 지역화 과정이 이루어지고 있다. 다른 한편 반세계화적 대응으로서 새로운 아시아 지역주의 가능성, 아시아 지역화의 비판적 상상이 있다. 그러나 이러한 세계화와 지역화의 흐름 속에 민족주의는 결코 쇠락하지 않았다. 그것은 동아시아에서 한·중·일의 각기 그리는 아시아상과 세계상 속에서 각축하는 양상이다. 거기서 한국은 늘 불리하고 불안하다. 한국이 대한민국을 외치며 국민 한사람 한사람이 대한민국 대표선수를 외치며 어깨를 거는 것, 그 붉은 대한민국주의로 다원적이고 평등한 복수의 아시아의 공존을 꿈꾸는 것은 과연 가능한가.

2. 한류의 의미와 가능성

한류란 원래 21세기를 넘어서면서 한국의 상업주의 대중문화가 국경을 넘어 동아시아에 돌연 두드러지게 유통되며 반향을 일으킨 문화현상을 일컫는 말이다. 그런 점에서 한류는 동아시아 경제 성장에 따라 지역 내 문화수요가 창출되고 자체 문화생산에 의한 소비가 가능해진 동아시아 발전의 오늘을 표상한다. 로컬 상품의 리져널한 소비, 한류의 파고는 바로 산업화된 문화의 지역적 전개회로 속에 홀로 솟구쳐 있는 것이다.[3]

---

3) 물론 한류가 동아시아에서 유일무이한 역내 문화교통의 표징인 것은 아니다. 이미 동아시아에서는 홍콩·타이완의 대중문화, 일류라는 문화산업이 주도한 문화상품의

다만 그것이 각국에서 자신의 면모를 드러내는 양상과 시차가 다름으로
해서 거품이다 대세다 하는 논란을 불러일으켜 왔다. 그리고 현재 초기
의 격류가 유지될 것인가 하는 기대감과 의구심, 대개는 한국 경제의 어
려운 국면에서 한류의 부상이 가져오는 경제적 효과에 대한 사회적 기
대감과 문화의 산업화에 따른 문화의 몰락에 대한 우려가 엇섞인 시각
이 다양한 스펙트럼을 그리는 가운데, 지금은 한국 사회나 동아시아 각
국 사회가 그것의 의연한 장기적 지속에 의아함과 당혹스러움 속에서
대책마련에 부심한 단계라고 할 수 있다.

　나는 문화의 세계화시대, 한국과 동아시아의 21세기 문화적 관계망은
자본의 논리에 의해 철저하게 조장되고 있으며, 한류란 결국 이들 거대
자본들에 의해 기획되고 조직되는 21세기 초반 문화산업버전에 다름 아
니라고 갈파해왔다. 다만 여기서 한류가 일방적으로 국경을 넘어 흘러들
어가는 것이 아니라 각국의 문화 상태와 문화 주체들의 선택적 수용, 곧
주체적 선택에 의해 오늘의 국면을 이루고 있다는 점에서 수용 주체적
입지를 강조한 동아시아의 문화 선택이라는 점을 중시하고자 하였다. 아
울러 한류가 아무리 상업주의대중문화로 동아시아에 회통된다고 해도
그것이 동아시아에서 어떤 이유로든 선택되어진 한, 그 계기성을 잘 포

유통과 동아시아적 소비를 경험한 바 있다. 홍콩은 1960년대부터, 타이완은 1980년대
계엄령 해제 이후 만연한 사회문제를 시장의 강화를 통해 무협영화와 홍콩느와르, 대
중음악을 주조로 한국과 중화권에 탄탄한 문화시장을 구축한 바 있다. 1980년대는 타
이완이 아시아에서 유일하게 미국의 문화전제로부터 자유로웠고, 아시아문화시장을
구축하고 있었던 홍콩과 함께 뉴시네마로 문화시대에 돌입하는 시기였다. 홍콩과 타이
완 자본의 문화적 축적은 1980년대 중·후반부터 대륙에 서구문화가 수용되는 중요한
통로가 된다. 사조·유파의 소개와 번역, 칸토팝과 타이완음악 등 잡종성 문화 역시 서
구문화의 중화적 중역 과정을 예시해주고 있으며, 이는 이후 동아시아에서 문화교통의
궤적을 유형적으로 파악할 수 있는 좋은 기제가 된다. 타이완의 Ping-Hui Liao(廖炳惠)
는 1960년대와 1970년대에 타이완인들은 일본의 전자 제품에 매혹되었고, 1980년대 이
후로는 일본의 대중문화가 타이완인의 사회적 상상의 중요한 부분이 되었다고 설명한
다. 성공회대학교 동아시아연구소 워킹페이퍼자료집 「타이완연구세미나자료집」,
Ping-Hui Liao(廖炳惠), *Image Consumption and trans-local discursive practice : decoding advertisements in
the Taipei MRT Mall*, Postcolonial Studies, Vol.6, No.2, 2003.

착해야 한다는 점을 역설해왔다.

아직도 분단을 살고 있는 한반도적 살이의 어려움 속에서 한류의 돌연한 흐름은 한반도적 살이가 자아낸 긴장의 한 표현이며, 그런 점에서 한반도의 평화와 동아시아의 다원평등한 공존을 위해 한류의 이면 혹은 새로운 한류의 가능성을 열어내야 한다는 것이다. 물론 그러한 입장이 권력과 자본에 의해 간취되어 동아시아에 대한 지배이데올로기, 언감생심 국가주의와 문화 자본의 패권논리로 화해 주변화의 어두운 그늘을 만들고 말 것이라는 내 안의 심각한 우려가 없는 것은 아니다. 그러나 그럼에도 불구하고 사안의 긴급함과 중요함으로 인해 나는 한류 안의 관계적이며 현상타파적 저항성의 문화형질의 발현가능성을 결코 놓칠 수가 없는 것이다.

어쨌든 한류에 대해 나름으로는 이렇게 간명하게 정리를 해도 아직 의문은 남는다. 그것은 대개 세 가지로 정리될 수 있다.

첫째, 한류의 존재 여부 자체에 대한 의문이 있다. 그것은 거듭 강조하거니와 기대감과 의구심, 대개는 어떤 의미에서든 도저한 기대감에서 비롯된 것이다. 한국 사회는 한국 사회대로 동아시아 지역사회는 각기의 이해 관계에 따라.

둘째, 한류가 있다면 그것이 지속되고 있는 원인에 대한 규명 문제이다. 그것은 물론 한류의 지속가능성을 묻는 문제, 역시나 어떤 기대감과 연결되어 있다.

셋째, 한류의 파장은 과연 우리 사회와 동아시아에 어떤 의미인가 하는 것이다. 이것은 한국과 동아시아 각국의 입지, 그러나 전체 동아시아와 세계적 입지에서 동아시아의 새로운 국제 관계 형성 단계에 있어서 한류파장의 의미에 대한 규명을 요하는 문제이다.

이 문제를 나는 다음 세 가지 각도에서 규명해가고자 한다. 문화현상, 문화산업, 문화적 지역주의가 그것이다.

우선 나는 한류를 21세기초반 동아시아에 흐르는 주된 문화현상으로 파악하고자 한다. 그러나 한국의 문화산업의 성장과 발전으로 문화의 세계화시대에 미디어와 교통의 발달에 따라 한국의 문화상품이 빠르게 동아시아 각국으로 퍼져나간 것이라는 점에서 문화산업으로서의 한류를 규명해내어야 할 것이다.

그런데 다른 한편 한류가 자본의 논리를 따라가지만 그것이 문화인 한, 그 안에는 분명히 어떤 가능성을 내재하고 있다는 점에서 그것에 대한 포착을 통해 동아시아의 구래의 불행한 관계성을 넘어설 새로운 동력을 찾아낼 수 있는 희망의 고리를 잡아내고자 한다. 그를 위해 나는 '문화적 지역주의'라는 개념과 지향을 제안한 바 있다. 그것은 동아시아의 새로운 관계성, 다원평등한 공존의 세상을 만들어가고자 하는 이념적 가치 지향이라고 해도 좋을 것이다. 그런데 분명한 것은 문화적 경로를 세워나가고자 한다는 것이다. 그것은 무엇보다 동아시아사회가 모두 서구로부터의 충격에 타율적 근대의 경험을 공유하고 있고, 그러나 당장 동아시아적 보편성으로 내세우기 힘든 상호 불행한 역사적 경험을 가지고 있다는 점에서 문화적 되비추기를 통해 서로를 제대로 들여다보는, 그러나 정지 상태가 아니라 함께 흐르면서 서로를 껴안는 과정이 필요하다는 점에서 문화의 본원인 교류의 힘과 새로운 지향에 대한 문화적 상상력의 힘을 빌리고자 하는 것이다. 한류는 그런 점에서 나의 시야 속에 목적의식적인 배치와 활용의 의미가 강하다.

그런데 한류는 위의 세 가지 지점에서 이후 각기 다른 행로를 가늠할 수 있다.

첫째, 한류를 21세기 초반 동아시아에 두드러진 문화현상으로 파악할 때, 그것은 그것의 여정, 국경을 넘어 한류가 흘러간 곳곳의 문화현상들을 비판적으로 검토해갈 필요를 요구한다. 대다수 한국인은 한류에 감격하지만 그러나 해당 국가의 사회문화 문맥 속에서 한류란 과연 무엇인가 하는 문제를 해당 국가의 문화 상태와 문화현상 속에서 보아내는 것, 그것은 한류의 실체를 구체적으로 파악하는 첩경이 될 것이다. 그것은 한류를 통해 한국 국민이 동아시아사회를 이해하는 경로이기도하고 한국과 가까운 공간범주 속에서 살아가는 사람들과 다시 새롭게 만나가는 계기와 방법을 찾아가는 과정이기도 하며, 무엇보다도 동아시아 지역에서 한국과 한국문화의 위치를 가늠하는 척도가 되어줄 수 있을 것이다.

둘째, 한류를 문화의 산업화시대에 문화산업의 한국판으로서 이해한다면, 그것은 한국경제의 규모와 내용이 자본의 세계화 추세 속에서 문화산업의 영역에까지 확대 혹은 전화를 이루고 있는 표징이라는 점에서 문화산업의 각도에서 한류의 문제점과 전망을 진단해볼 필요를 촉구한다. 그것은 거꾸로 한류를 통해 한국 문화산업의 발전 정도와 전망을 가늠해보는 과정이기도 하다. 물론 여기서 간과해서는 안 될 것은 초기 한류란 문화산업적 차원보다는 거대 자본들이 경제 효과를 위해 상업주의 대중문화를 활용한 측면이 크다는 점이다.4) 따라서 한류를 문화산업 자체보다는 다른 산업과의 연관, 다시 말하면 한국의 거대 자본들의 다국적 자본화 과정 속에서 문화의 위치가 어디인가를 규명하는 작업이 필요할 것이다.

한류에 대해서는 1997년 이후 IMF시대의 경제적 몰락상황에서 김대중 정부가 문화산업을 21세기 국가기간산업으로 등극시키고자 하는 일련의 기획 속에서 문화산업진흥책이 마련되고, 그것에 의해 다양한 문화산업의 성장 발전이 이루어진 것이라는 즉, 국가의 문화산업정책에 의해 견인된 바 크다는 다른 나라에서의 평가가 있고, 그로부터 "한국(한국의 문화산업)을 배우자"는 차감(借鑑) 노력이 각국에서 대두되고 있다. 그런 점에서도 한류는 한국의 자본화 과정에서 문화산업의 대두와 발전의 문제의 차원에서 본격적으로 논의되어야 한다는 생각이다.

이는 미국과 서구, 일본을 중심으로 한 세계 문화시장의 강고한 구조

---

4) 중국에서의 삼성의 MP₃와 노트북, 애니콜 핸드폰의 판매전략 차원에서 한류가 목적의식적으로 추동된 측면이 큰 점, 베트남에서 LG생활건강이 화장품판매를 위해 한국 TV드라마붐을 조성, 한류를 추동한 것이 구체적 예증이다.

속에서 한국과 동아시아가 그 하위체제로 편제되는 과정의 문제를 필연
적으로 안는다. 한국 문화산업은 과연 세계 문화시장, 문화의 세계화체
제에 안착할 수 있을 것인가. 아니면 이미 정착했는가, 그렇다면 그 수준
은 어느 정도인가. 한류는 동아시아 경제 성장에 따라 세계 문화시장 판
도에 변화가 일어나고 있다는 것에 대한 하나의 표징이다. 한류는 동아
시아사회에서 어떤 가능성, 대개는 세계 문화시장 진입의 가능성 혹은
재편에의 긴장으로 작동하고 있다.

중국의 경우, 자본의 세계체제 속에 스스로 걸어들어 온 후 급속한 경
제 성장 속에서 지식산업과 아울러 문화산업 다시 말하자면 문화 대국으
로서의 자존심과 풍부한 문화유산을 가지고 문화산업의 육성을 통한 세
계사적인 부상 혹은 귀환을 준비하고 있는 가운데 한류를 중요한 차감체
계로 삼고 있다. 그런 점에서 중국에서의 한류는 일종의 충격파였고, 중
국을 문화산업에 눈뜨게 하고 문화산업체계를 가동시키게 한 장본이라고
할 수 있다. 따라서 한류의 파장으로 인한 중국의 문화산업의 태동과 발
전 추세를 가늠해보는 것은 자본의 세계화 추세의 변화 국면과 세계 문
화시장과 동아시아 문화시장의 재편의 오늘을 파악하는 중요한 지점이
될 것이다. 이는 중국의 사회문화의 전면적 재편 과정을 예시해주는 바,
그런 점에서 중국의 문화적 격동 혹은 문화 중국의 새로운 가능성과 한
계를 보아낼 수 있는 계기가 되기도 한다. 사회주의문화 해체 이후 중국
의 문화 선택, 그것은 철저하게 자본의 궤도 속에 있겠지만, 그러나 사회
주의문화 전통을 어떻게 현재화하면서 새로운 정합 과정에 이를 것인가.

일본의 경우, 한류의 발동이 늦었지만, 그러나 추세가 만만치 않다는
점에서 주의를 요한다. 일식 한류, 최근에 일본에서 비판적인 문제인식
을 가진 문화연구자들이 한국의 일부 문화연구자들과 함께 펴낸 책의
제목이 바로 '일식 한류'5)이다. 한국에서 명명하는 일본음식이 일식이라

---

5) 毛利嘉孝 編,『日式韓流』, せりか書房, 2004.

는 점에서 착안하기도 했다는 책의 표제는 한류, 특히 일본에서 일어난 한류 흐름에 대해 초국적 지역주의의 관점, 곧 문화의 세계화 추세 속에 지역화 흐름이라는 점에서 비판적인 시각을 견지하면서도 그것의 일본에서의 주체적 수용을 중요하게 포착하고 있다. 나 역시 한류란 문화 수용 주체의 입지에서 동아시아의 문화 선택이라는 시각을 제기했지만, 일본에서의 한류에 대한 주체적 수용의 문제는 묘한 여운을 남긴다.

미국과 함께 세계 문화자본의 인수합병을 추동하며 세계 문화산업을 주도해온 일본이 동아시아에서 타이완을 거점으로 한 번의 회오리를 일으킨 뒤 잠시 침체된 국면에 한류의 주체적 수용, 책의 저자들 중에는 이러한 일본의 초국적 지역주의의 문화산업전략, 해외 현지 아이돌스타의 양성에 의해 일본색을 탈색한 채 문화시장을 조성해 들어가는 그 가공할 일본 문화산업과 신대동아공영권, 일본의 새로운 동아시아지배전략의 교묘한 결탁에 대해 그 상업주의와 국가주의의 간교한 공조에 신랄한 비판을 비판해온 이와부치 고이치(岩渕功一) 교수도 포함되어 있다는 점에서 이 책의 의도는 분명하다. 한류의 일본에서의 파장과 일본문화 개방에 따른 일본에서의 한국드라마 수용 양상 등에서 그 양측의 수용 주체에 대한 이해와 함께 한일 관계의 새로운 모색, 그리고 일한 드라마의 아시아 수용을 목도하면서 아시아에서 지역 내 문화교통의 문제를 비판적으로 인식해가고자 하는 것이다.[6]

그러나 문제는 일식 한류라는 말에서처럼 이제 어떤 문화도 문화상품도 일국 단위로 사고할 수 없는 과정에서 그 안에 엄연히 존재하고 있는 비대칭성을 어떻게 극복할 것인가 하는 것이다. 한류는 그런 점에서 한

---

6) 이는 1990년대 중반 이후 타이완을 중심으로 동아시아에 풍미한 일류에 대한 일본에서의 연구의 후속작업에 속한다. 일류에 관한 연구로는 다음을 참조할 수 있다.
　　이와부치 고이치(岩渕功一), 『아시아를 잇는 대중문화 Transnational Japan』, 또하나의 문화, 2004; Edited by Koichi Iwabuchi · Stephen Muceke and Mandy Thomas, Rogue Flows; Trans-Asian Cultural Traffic, HongKong University Press, 2004; Iwabuchi, Koich ed., *Feeling Asian modernities : Transnational Consumption of Japanese TV Dramas*, Hong Kong University Press, 2004.

국이 일본을 따라 세계 문화시장의 한 구석을 차지하고 신입답게 초기의 돌풍을 일으키고 있는 바, 향후 가속화될 일·한 문화산업공조체계를 굳건히 하고 손잡고 동아시아 세계시장으로 나아가는 문제, 그것이 일으킬 안팎의 파장에 대한 총체적인 고찰을 요하고 있다.

이 즈음에서 한국 문화산업의 현 단계를 제대로 점검하고 자원이 부족하고, 다국적 독점기업으로 발돋움한 거대기업 이외에 여타 산업 구조가 취약한 실정에서 고부가가치를 창출하는 문화산업이 과연 국가의 기간산업으로 정위될 수 있을 것인가, 한류의 경제 효과가 경이롭다고 감탄해마지 않는 사회 분위기 속에서 문화산업의 성장이 우리 경제회생의 관건인가 아닌가를 문제를 심도 있게 논의해보아야 할 것이다. 그것은 한국 사회 내부에서는 한국 사회문화의 발전, 문화의 사회적 가능성을 열어가고자 하는 문화공공성 논의와 추진의 성과와 한계를 논하는 것과 양축을 이루며 진행되어야 할 것은 물론 밖으로는 한국 문화산업의 성장과 발전이 동아시아 지역사회에 일으키는 장력의 성격과 실질을 논의해나가야 할 것이다.

여기서 세계 문화산업 구도를 놓고 그 속에서 문화의 산업화를 가속적으로 추동해가고 있는 정부와 문화산업 자본에 대해 문화를 경제논리로만 파악하는 문제의 심각성을 우선 제기하고자 한다. 문화산업 자체로 놓고 보더라도 한국 문화산업은 이제 초기성장단계로 생산과 유통에 있어서 전근대성이 두드러진다.[7] 그것은 한국 자본주의의 파행적 발전의 원치 않는 후과에 다름 아닌 바, 이러한 문제들을 극복하고 제대로 된 문화산업체계를 구축해가는 문제로 논의를 진전시켜가야 할 것이다. 그것은 미국의 문화산업전략, 할리우드스타시스템과 유통배급망의 장악을 통해 전세계 지역을 문화시장으로 변질시키고, 다양한 문화정체성들을 파괴하고 '아메리칸 스탠더드' '글로벌 스탠더드'로 획일화시켜가는 미

---

7) 이에 대한 본격적인 논의로는 신현준, 『글로벌, 로컬, 한국의 음악산업』, 한나래, 2002 참조

국의 문화제국주의에 대한 비판적 인식을 바탕으로 거스를 수 없는 문화의 산업화문제에 적극적으로 대응하는 의미를 가진다. 또한 일본의 할리우드스타시스템의 동아시아판인 현지 아이돌스타시스템에 대한 문제제기 속에서 문화의 다원화 국면조차 차별화된 상품의 생산과 유통·판매시장으로 통합해가는 전지구적인 문화의 세계화 추세에 대한 정면 돌파의 문제 성격도 지니고 있다.

이제 그 구도 속에 순응하고 하수로 쫓아다니며 떡고물이나 받아먹을 것인가, 저항하며 새로운 문화교류와 인간적 문화산업의장을 창출해내어 이 무도한 세계문화 지배 구도의 판을 갈아엎을 것인가, 그렇게 우리는 다시 사회적 결단의 갈림길에 서 있다. 그러나 한반도적 살이가 늘 그래왔듯이 문제인식의 첨예함에도 불구하고 그것은 우리의 의지와는 무관하게 강대국의 논리에 의해 늘상 훼절당해 왔음을 잘 알고 있다. 하지만 다시 스스로 기로에 서는 것을 두려워해서는 안 될 것이다.

동아시아 지역의 각기 사회가 담지한 아름다운 문화전통과 문화생산 능력을 여실히 목도한 입장으로서는 그것이 그 빛나는 미학의 소재를 채 확인받기도 전에 마구잡이로 상품화되어 거대한 문화시장, 쇼핑몰 속에 박제화되거나 시장 밖 뒷골목에서 조야한 모조품으로 헐값에 팔려가는 문화적 사회적 몰락을 결코 외면할 수 없다. 그것은 다른 지역사회의 문제가 아니라 바로 한국의 지방 정부가 추진하는 고장의 문화판촉바람 속에서 얼마든지 확인되는 바이다. 인간의 노동력만 상품이 된 것이 아니라 인간 자체가 상품화되고 인간의 무의식적 욕망까지도 상품화된 시대에 그런 촉구란 구태의연하기 짝이 없는 소치로 무시당하기 십상일 것이다. 혹자는 오히려 문화소비의 맥락에서 제대로 된 소비문화를 만들어가는 것이 더 빠른 길이라고 역설하기도 한다. 그러나 과연 그런가. 문화산업의 특장은 다른 산업과 달리 문화상품이라는 정신적 미적 가치의 생산이라는 점에서 초동단계에서부터 제대로 길눈이를 세워 체계를 잡고 문화적 본연에 충실한 문화산물들을 만들어낼 수 있는 문화생산력을 확보해내고 그 문화적 생산물들의 가치를 온전히 보존할 수 있는 수평적 유통 구조를 만들어가야 할 것이다.

세 번째로 그 동안 한류에 대한 탐구를 통해 그 한류 속에는 동아시아의 구래의 불행한 관계성을 넘어설 새로운 동력이 담지해 있다는 판단 속에서 그 가능성을 찾아내는, 새로운 지역화의 지향이 한류의 다른 행로로 가시화된다. 그것은 동아시아의 새로운 관계성, 다원평등한 공존의 세상을 만들어가고자 하는 이념적 가치 지향이라고 해도 좋을 것이다. 나의 궁극적 목적은 아직도 세계사의 주변으로 몰려있는 동아시아와 서구의 한 세기 반을 넘는 비대칭적 관계상과 불평등한 질서를 혁파하고, 복수의 자본주의가 아니라 다원적이고 평등한 새로운 문명세상을 만들어가기 위한 문화적 경로를 밝히고 그것을 다양한 실천의 조직화를 통해 실현해가는 데 있다. 그런데 왜 하필이면 한류인가. 상업적 대중문화가 주류를 이루는 한류 속에서 과연 무엇을 찾아낼 수 있다는 것인가.

문화란 원래 높은 데서 낮은 데로 흐르는 물과 같다고 한다. 그러나 나는 강조하고자 한다. 문화의 흐름의 가장 중요한 특징은 낮은 데로 낮은 데로 흐르는 데 있다는 것을. 그것이 오물투성이가 되었더라도, 뒤섞이면서 흐르면서 물은 어떤 식으로든 자기를 정화하거니와 그것이 여의치 않으면 물은 아예 위로 흐르기를 멈추고 스며들어간다. 사람들은 그것을 문화의 죽음이라고 하지만, 그러나 나는 그 문화의 스며들어 거대한 수원을 이루며 다시 흐를 길을 찾아나서는 잠문맥들을 이어내는 것이 새로운 문화적 경로를 만들어가는 과정이라고 감히 말하고 싶다. 동아시아의 역사, 그 전 과정에는 이렇게 서로 마주 오면서 함께 흐른 경험의 궤적들을 얼마든지 찾아볼 수 있다. 물론 그 속에서 아시아적 가치와 같은 '현자의 돌'을 찾아내겠다는 어리석은 우를 다시 범하는 일은 없어야겠다. 내가 말하고 싶은 것은 세계사의 전진을 위해 나아갔던 아름다운 지향들이 일구어놓은 그 흐름의 궤적들을 이어내어 그것을 동아시아 공동의 문화전통과 역사전통으로 안으며 새로운 미래 지향으로 나아가자는 것이다. 그런데 그것을 찾아 나선 지 꽤 오래되었건만 일부 지식계층과 문화계에 문제인식만 공유되었을 뿐, 사회지층으로 전화해내는 길은 참으로 요원하였다.

그 즈음 한류를 만난 것이다. 물론 문화적 탁류였다. 그러나 그것이 회통되어 가는 길목을 따라가 보니 뜻밖의 상황을 만나게 되었다. 다름 아닌 한류에 어린 한국민(韓國民)의 부박한 살이들이 국경을 넘어갔을 때, 사람들은 거기서 다름 아닌 한 국민의 속내까지 빤히 들여다보고 때론 옆에 서있기도 하더라는 것이다. 그것은 물론 미디어매체의 발달과 동아시아의 경제 성장에 따른 자체의 문화수요에 걸맞은 문화적 선택이 가능해진 때문이다. 그리고 인터넷. 그 가상의 공간에서 문화의 수용 주체들이 자유로운 문화횡단을 감행하고 있는 것을 발견하게 되었는데, 그것은 물론 문화의 소비차원이 여실하고, 스타시스템에 부박된 측면이 강하다. 그러나 그들이 만들어낸 소통의 공간에서는 분명 다른 무엇인가도 이루어지고 있었다. 그것을 가상공간에서 만들어낸 문화적 온기 혹은 생기라고 한다면, 그것을 두고 문화의 기사회생이라고 말할 수 있을 것인가.

문화의 산업화시대, 문화의 세계화시대에 문화에 관철된 자본의 논리는 엄연하다. 그러나 그것에 한편으로는 순응하면서도 다른 한편으로는 그것의 강제와 요구를 뛰어넘는 다른 문화적 생동을 어떻게 보아야 할 것인가. 한류가 타고 가는 문화적 경락, 그 속에서 기생(氣生)하는 상호관계성의 새로운 문화풍토, 그것이 식민지시대에는 나라의 독립과 세계의 평화를 위해 때로는 함께 총을 들고 때로는 지향점을 놓고 격론을 하던 그 결연한 눈빛들의 만남과는 비교할 수 없는 수준이라도, 지식과 정보까지 자본화한 카피라이트세계, 그야말로 자본의 천지에서 그들이 벌이는 무정형의 카피레프트 문화향연은 가히 문화게릴라전에 비견될 만큼 찰나의 포착과 유연한 대처, 말걸기와 댓글달기로 이어지는 무국적의 소통들. 그것은 때로는 민족국가의 자장 속에서 반목하기도 한다. 그러나 보다 중요한 것은 온라인의 가상의 만남을 오프라인의 현실에서 구현해

가며, 나름의 사회문화적 단죄와 정의 구현의 경로를 열어가고 있다는 것이다. 주로 대중스타의 자발적 팬페이지를 중심으로 이루어지는 이러한 소통의 장이 미약하나마 새로운 동아시아의 지역성을 만들어가고 있는 것이라면, 그렇다면 그것을 문화적 지역주의가 실현되어 갈 수 있는 가능성의 증거로 삼아도 될 성싶지 않은가.[8]

권력과 자본의 이해에 의한 EU의 형성 과정에 대한 성찰 속에서 가장 중요하게 보아낼 부분은 바로 이러한 아래로부터의 상호 이해와 소통의 문화경로를 열어가는 가운데, 그 보편적 이해 관계로부터 새로운 관계상을 만들어가야 한다는 점일 것이다. 동아시아에서 문화적 지역주의의 가능성을 한류 속에서 찾아내고자 한 것은 바로 이 아래로부터의 경로와 수평적 관계상에 대한 고민으로부터 비롯되었다. 물론 이것은 어떤 경로를 거쳤던 EU가 자체 형성에 성공한 것과 달리 전후 냉전 시기 그리고 탈냉전 시기인 오늘에 이르기까지 동아시아 특히 동북아에서 미국을 배제하고 새로운 국제 관계를 형성해간다는 것이 거의 불가능한 일이라는 상황을 절감한 어떤 반발의식의 발로라는 비판을 면할 수 없다는 것을 잘 안다. 그리고 아무리 아래로부터의 경로를 모색한다고 하더라도 민족국가의 경계를 넘어 새로운 지역공동체를 구상한다는 것은 지금으로서는 거의 환상에 가깝다는 것도 분명히 인식하고 있다. 그러나 그러므로 더욱 문화가 갖는 힘, 서로에 대한 구체적이고 실질적인 이해와 소통을 가능하게 하는 문화적 경험의 공유, 공동의 문화 향유의 경험[9]과 그에

---

8) 이에 관한 연구로는 백원담, 「이병헌 팬사이트를 통해서 본 동아시아 대중문화소통 현상 연구」, 『중국현대문학』 30호, 2004년 9월 참조.

9) 동아시아에서 역내 문화교통의 실제정황에 대한 역사적 고찰로서는 이와부치 고이치, 앞의 글들; 김현미, 「타이완 속의 한국 대중문화—'번역'과 '혼종성'의 문제를 중심으로」, 『'한류'와 아시아의 대중문화』(조한혜정 편), 연세대 출판부, 2003; 신현준, 「한류 혹은 K-pop—하나의 현실, 두 개의 신화, 세 개의 패러다임」, 성공회대 동아시아연구소 국제컨퍼런스 발표문, 2005.2; 백원담, 「중국에서 1980~1990년대 문화 전형의 문제—중국의 문화전형과 동아시아 역내 문화교통의 연관을 중심으로」, 『중국현대문학』, 32호, 2005년 6월 참조.

기반한 상황적 질곡을 단숨에 뛰어넘는 문화적 월경, 그 비약에 기대를 걸어보는 것이다.

3. 남는 문제들

　한류라는 말 자체가 국가주의를 내재하고 있다는 점에서 많은 문제를 야기할 수 있지만, 그러나 바로 그렇기 때문에 문제의 지점들을 대면하는 가운데 자기 정체성을 확인할 수 있다는 점에서 진정한 의미의 보편과 특수의 문제를 사고할 수 있게 한다. 예컨대 한류의 건너감이 만들어 낸 파장을 선명하게 바라보면서 그 다른 파장, 이를테면 진짜 한류의 파장 또한 적시해냄으로써 막연한 동아시아 지역성, 새로운 동아시아의 시대를 운운하는 것이 아니라 새로운 아래로부터 상호 이해와 소통의 지반을 만들어가면서 공동운명체의 가능성들을 타진해나가기 위해 한류 혹은 한국이 가장 첨예한 문화산업의 문제로 시험대에 오르는 것이다.
　우리가 획득하고자 하는 지역성, 지역적 정체성이라는 것이 애매한 추상적 지역성이 아니라 새로운 관계 속에서의 자기 정체성의 확인과 부단한 자기 부정을 통한 관계상을 구축해가는 과정에서 획득되는 것이라고 한다면, 문화의 세계화시대에 문화의 본연에 충실하면서도 가장 구체적인 모순을 함유한 문화산업의 지역화를 새로운 차원에서 고민해가는 것도 새로운 지역화의 비판적 상상의 한 경로가 될 것이다. 그것은 물론 아시아경제의 발전과 문화수요자의 창출, 무엇보다도 아시아가 담지한 자체의 문화생산력과 문화생산성에 근거한 것임은 말할 나위가 없다. 거기서 일본과 한국, 혹은 한국과 중국이 새로이 자본적 공조체계로 아시아를 새로운 시장으로 재편해갈 것이냐, 새로운 문화적 지역성의 구현으로서 아시아를 평화공존의 아름다운 문화세상으로 만들어갈 것이냐, 그 선택은 한국민을 비롯한 동아시아인들의 오늘의 결단에 달려 있다. 자본이 아니라 문화생산 주체의 이름으로.

여기서 나는 한류의 문화산업시스템을 동아시아 새로운 다원공존의 문화적 지역화를 위한 과도기적 기제로 제안하고자 한다. 그것은 이처럼 다원공존의 수평적인 문화생산과 유통의 질서를 만들어가기 위해 지역 내 문화 불균형 구조 및 세계의 문화의 비대칭성을 끊임없이 문제삼으며 그 비대칭적 구조를 만드는 장본에 대한 끊임없는 전선을 설치해나가는 공동의 대처 능력의 창출체계를 의미한다.

스크린 쿼터수호를 위한 세계적인 문화연대가 그렇고 세계문화 다양성 수호를 위한 문화전선을 설치해나가는 작업이 그러하다. 이는 문화산업의 가장 큰 문제로서 세계 문화시장 진출과 개방 국면에서 문화산업을 무역협상 수준에서 해결하고자 하는 미국 등 주도국의 입장에 대한 대항적 의미를 가지는 것이다. 저작권이나 인터넷 관리 규정을 국가간 통상협상 차원이 아니라 문화산업업체의 이익보다도 문화수용자들의 입장에서, 그리고 자국의 문화와 문화산업의 보호라는 측면에서 보다 원칙적인 입장을 가지고 세계 문화시장의 새로운 질서를 주도해갈 필요가 있다. 문화다양성의 수호와 상호문화발전과 문화의 광범한 대중화라는 차원에서 후발문화산업국가는 물론 지역문화시장에 대해서 상호존중과 상호보호적인 원칙을 주도적으로 관철해가야 할 것이다.

한편 한류의 계기성을 일정한 방향으로 추동해가는 일, 곧 우리의 목적 지향을 온전히 펼칠 수 있는 대등한 문화적 관계 지형들을 중국과 일본은 물론 동남아와 외몽고 등 주변을 확보해가는 일 또한 매우 중요한 작업이 될 것이다. 베트남을 평화의 지향 속에 문화적 관계망의 거점으로 위상짓고, 동북아에서는 외몽고를 유라시아 대륙을 잇는 평화문화 지형의 연계거점으로서 확보하고, 러시아의 엄청난 문화자원과 문화 수준을 적극적으로 수용하여 그러한 주선과 부선의 다양한 관계망 형성으로서 기존의 한·중·일에 국한된 관계 형성의 문제를 넘어 새로운 동아시아 구도를 세워가야 할 것이다. 동남아시아와 외몽고, 러시아를 잇는 평화문화벨트의 형성, 물론 거기서 우리의 위상과 역할, 한류의 작용원리는 분명하다. 우리민족의 생존문제가 달려있는 만큼 동북아평화공존을 이루어내는 관계의 주도적 위상을 가지고 동아시아의 중심과 주변의 모순 해결의 매개자로서 중층적 관계망의 형성을 주도해갈 필요가 있다. 물론 거기서 남북의 공동운명체인식은 관건적이며, 아울러 중국과의 관계를 위의 동력을 기반으로 생산적으로 이끌어내야 할 것이다. 물론 이는 추상적인 관계성 형성의 기획은 아니다. 한류로 실제하는 동아시아 역내 문화교통의 실감이라는 공통의 문화경험을 기초로 각기의 빛나는 미적 가치들의 다양한 발현들을 미래 지향적 선색으로 이어내면서 공동의 소비로부터 공동생산·제작과 주체적 수용의 과정들을 맥락화하는 것, 인간의 가장 아름다운 노동의 가치와 미적 가치의 행복한 결합을 추동하는 구체적 문화적 지역화 과정의 구체적인 기획인 것이다.

한류, 민족국가 경계를 넘어 흐르는 21세기 동아시아의 문화 선택, 그것이 새로운 아시아를 위한 문화적 상상과 비판적 아시아 지역주의 형성의 계기적 경로임을 우리는 과연 입증해갈 수 있을 것인가. 대국은 자신을 낮춤으로써 천하가 만나는 곳이 되며, 모든 가능성의 중심이 되는 것이며,[10] 물은 흘러흘러 못을 이루는 곳에서 돌연 소리가 멈추며 조용히 새로운 문명의 태동을 준비하는 것인데.[11]

---

10) 『老子』, "大國者下流 天下之交 天下之牝."
11) 宋龜峰, "水成潭處却無聲."

잠류潛流하는 동아시아 연대　4부

상호적인 상기(想起)의 문화를 위하여

혹은 금할 수 없었던 어떤 유추

이와사키 미노루(정치사상) 지음 / 심정명 옮김

대개의 경우 사건 자체가 없었던 것으로 취급된다. 하지만 이미 그럴 수 없을 때에는, 어쨌든 그것은 전시에 일어난 일이고 구태여 문제시할 수 없는 정당방위였다고 한다. 그러니 살육이나 학살 같은 것은 더더욱 아니며, 통상적으로 전쟁에 동반되는 혼란에 지나지 않는다는 것이다. 그렇기는커녕 군(軍)은 오히려 주민을 보호하라는 명령을 받았고, 결과적으로 정연하게 이루어지지는 않았을지언정 그 나름대로 배려했다고 얼버무린다.

하지만 거기에서 있었던 실상은 다르다. 그것은 실로 처참하기 짝이 없었다. 피해자들의 앞에 나타난 병사는 저항하는 자는 물론이고 아이들이나 여성에서부터 노인까지 무차별적으로 내몰아 살육을 계속했다. 총살, 사살, 강간이 무제한적으로 반복되어, 여성들을 발가벗겨 춤추게 하고 산채로 기름을 끼얹어 태우며 모자(母子)의 배를 찢어 가르는 등 형언하기 어려운 범죄가 군대의 손에 의해 조직적으로 행해졌다. 산더미 같은 시체에 섞여 정신을 잃었거나, 거의 우연한 기회로 살육자의 사각(死

角)에 들어간 사람들만이 모조리 죽이고 태우려는 악의의 집요한 손을 빠져나갈 수가 있었다. 그렇게 해서 살아남은 사람들은 두 번 다시 말할 수 없게 된 무수한 생명을 위해 아픔을 견디며 최후의 증언을 남기고 있다. 이들만이 사건을 증명하는 것은 아니다. 우연히 현장에 있었던 외국인 선교사나 의사 혹은 외국인 군사고문 등도 본국에 긴급보고를 하였다. 물론 사태를 안 외부는 기민하게 개입하지도 않았고, 도움을 요청하는 소리가 한 건의 서류 파일 속에 철해진 채 관료조직의 책장 한구석에 처박혀 버리는 경우도 종종 있었다. 희생자들은 모든 희망이 거부된 곳에서 살육되었을 뿐만 아니라 사건 후에도 줄곧 묵살과 망각 속으로 던져져 있었다.

이미 길고 긴 세월이 흘렀다. 시간의 경과를 핑계로 현행 정부고관들은 과거의 이 사건이 언급될 때마다 뻔뻔스러운 부정을 되풀이한다. 당시의 정체(政體)가 분명히 현행 정부와는 달랐다는 사실이 오늘날 이 문제를 파헤치려 하지 않는 하나의 이유가 되고 있다. 혹은 자신들의 아버지에 관한 불명예스러운 고발을 '치욕'으로 여기며 거부하는 것도 또 하나의 이유일 것이다. 당시와의 비연속성도 연속성도 똑같은 결론으로 귀결된다. 그러므로 이는 물론 논리나 윤리가 아니다. 그저 제약 없는 감정과 왜소한 타산일 뿐이다. 뿐만 아니라 그것을 인정하거나 그것에 관한 국가의 책임을 받아들이는 것은 곧바로 '영토' 분쟁으로 이어지는데, 그래도 좋은가라는 구실을 꺼내 놓기도 한다. 애당초 우리의 역사적 죄과를 고발하고 있는 외부의 힘은 영토에 야심을 품고 있다는 관점이기 때문이며, 과거의 역사에 '자학적'이라는 것은 결국 '영토 문제'의 불이익으로 이어진다는 것이다.

이런 식으로 온갖 구실을 대며 과거의 행위를 끝까지 부인하려는 정치 지배자들이 지금도 정책 결정의 중추를 점하고 있다. 그런데 요즘에 문제의 이 사건이 '인도에 대한 죄'였다는 것이 국제적으로 이해되어 보편적인 승인을 받기에 이르렀다. 미래의 좋은 관계를 위한 윤리적 자원으로서 사건을 떠올리고 상기한다는 선택이 문화적 토양의 일부가 되고 있다. 이를 상기의 문화라고 부르고 싶다.

가해 당사자들만이 득의양양하게 변명하고는 이에 만족하고 있지만, 그 모습이 얼마나 고립되어 있는지 그들에게는 보이지 않거나 아니면 그들이 보려고 하지 않을 뿐이다. 과거 기억의 문제는 국제적 무대에 화려하게 오르고자 하는 자신들의 국가적 야심에 심각한 장애물이 되는 경우에만 그들은 초조해 한다.

당연히 논쟁의 중심은 역사교육이 된다. 정치 지배자들이 만들게 한 교과서에서는 이 '오욕'의 역사에 대한 서술이 배제되었다. 이 나라의 역사 선생들은 문부대신의 지시에 따라, 정부가 없었다고 우겨대는 대학살은 교실에서도 철저하게 부인해야만 한다. 자국뿐만 아니라 다른 나라의 교과서에 그 사건에 관한 서술이 있고 또 그것이 '인류에 대한 범죄' '제노사이드(Genocide; 말살)'였다고 비판받고 있는 것을 발견하면, 마치 선전포고를 받은 것처럼 반발하면서 창피한 줄도 모르고 한사코 정정할 것을 요구한다. 자신들의 내셔널한 감정에 역사적 사실을 끼워 맞추지 않고서는 못 견디는 것이다.

역사박물관도 표적이다. 왜냐하면 박물관의 전시는 사회적으로 공유된 기억의 한 형식이기 때문이다. 사건은 자국 내의 전시에서는 흔적조차 없이 지워져 있다. 뿐만 아니라 다른 나라의 박물관에서 문제의 대살륙이 많은 역사적 제노사이드 중 하나로 전시될 계획이 있다는 것을 알게 되면, 가능한 한 압력을 넣어 그것을 철회하라고 요구한다. 실제로 온갖 수단을 동원한 위협은 종종 그 역할을 충실히 수행해 왔다.

*

1915년 4월 24일 제1차 세계대전이 한창이다. 오스만투르크 제국의 말기에 청년 터키당의 군대는 국내 아르메니아인 주민에게 일제히 공격을 가했다. 그들을 마을에서 강제로 내쫓아, 식량과 물도 주지 않은 채 기나 긴 죽음의 도피행을 강요한 것이다. 아르메니아인이 살고 있던 마을이나 주거는 철저하게 파괴되고 약탈되었으며, 살아남은 사람들도 군의 감시를 받는 죽음의 여정 어딘가에서 살해당했다. 적어도 백만 명 이상이 희생되었다고 추정된다. 이 사건으로 인해 다민족국가 터키 내의 아르메니아인 소수자는 마침내 성립된 국민국가 터키에서 제거되었다. '민족 정화'라 할 만한 행위였다. 사건 직후 분명 오스만제국에서는 당사자에 대한 사법적 제재가 행해졌지만, 조직적인 계획성은 애매하게 덮이고 극히 일부가 처벌되는 데 그쳤다. 심지어 터키공화국이 성립되면서 이 행위의 실행 책임자는 정부의 요직에 올랐다. 동시에 이 역사적 사건은 터키의 정사(正史)에서는 항상 가장 부인해야만 할 것이 되었다.

2005년 4월에 유럽이 이 문제를 하나의 초점으로 삼은 것은 올해가 사건 90주년에 해당하기 때문이다. 터키 정부는 국제적으로 지금도 이 사건 자체를 계속 부인하고 있다. 최근 10년 간 터키는 워싱턴의 홀로코스트 박물관 전시계획을 철회시키고, 프랑스 정부의 비난에는 프랑스 상품 불매운동으로 응했으며, EU 가입 조건에 역사인식을 결부시킨 EU의회의 자세에도 수단과 방법을 가리지 않고 반발해 왔다. 하지만 이러한 자세는 상호적인 상기의 문화가 점차 성숙하는 가운데 국내외 언론으로부터 점점 더 혹독하게 비판받고 있다. 올 4월에는 독일 연방의회에서 아르메니아인 학살사건에 관한 동의(動議)가 제출되는 국면조차 연출되었다. 이에 대해서도 터키 정부는 2005년 4월 20일 『Hürriyet』지(紙)의 인터뷰에 답하는 형식으로 재독 터키 대사 메메토 알리 일템추리크의 견해를 게재하여 다음과 같이 정당화하였다. 그 말하는 방식 또한 우리를 어떤 유추로 이끈다.

사건의 인과 관계는 역전되어 설명된다. 혼란은 "오스만제국을 해체하려 했던 제정 러시아나 대영제국에 고무되고 강한 지원을 받아, …… 동(東)아니토리아에서 아르메니아인의 반란이 시작되었던" 것이 문제였다고 주장한다. 그 아르메니아인 반란 비적(匪賊)은 "독립이 가까웠다고 생각하고 러시아와 전쟁중이던 오스만군을 전선의 배후에서 공격하여 양면작전을 강제"했기 때문에 "아르메니아인을 이 지방에서 전쟁 지역과 떨어진 오스만투르크 지역으로 이주시킨다는 결단"이 필요했다. 따라서 이것은 "참을 수 없는 배신 행위에 대한 자기 방어라는 필연성"을 지니고 있었다는 것이다. 상황과 국제 정세라는 것을 자의적으로 상정하면 거기에서는 백만 명을 살육한 것도 정당방어가 된다. 게다가 아르메니아인뿐만 아니라 터키인 중에도 피해가 있었음을 들추어내 사태의 전체적 의미를 바꾸어버린다. 이러한 방식은 근래 우리가 빈번히 맞닥뜨리는, 일본의 근현대사 특히 전시(戰時)에 일어난 일에 대해 역사수정주의자가 이용하는 개념조작 그 자체이다. 이럴 때는 늘 그렇듯이 관여 규모가 극소화된다. "반란과 관계가 있는 이스탄불, 이즈미르 등의 지방에 사는 극히 소수의 아르메니아인만이 이러한 결정의 대상자였습니다." 이러고 나서 나오는 것이 '실증적' 수완이다. 한편에서 그들은 실증적인 진실을 향한 온갖 노력을 내셔널한 자기 감정과 자기 연민을 위해 희생해 왔다. 그럼에도 불구하고 입장이 불안해지거나 피해 현실에 대한 추궁을 받으면, 이번에는 과거를 둘러싼 진정한 서술의 힘을 감소시키기 위해 기괴한 '실증적' 수법에 손을 뻗는다. 여기에서 '실증적'이라는 것은 은폐되어 있는 것을 밝히는 수단이 아니라, 오래 전에 먼 곳에서 일어난 단절된 행위에 대한 기억이나 증언에 애당초 불가능한 부하(負荷)를 걸어 그것을 무효화하고 사건의 의미를 소거하기 위한 트릭이다. 부인(否認)이라는 동기와 결부된 '실증적' 연구는 자신들의 행위에 관한 비판적 담론을 모두 이데올로기나 조작으로 환원하며 그 타당성에 얼마든지 구멍을 낼 수 있다. "터키 측의 오랜 침묵을 이용하고 있는 아르메니아인이 실은 가장 잘 알고 있어요. 그들이 대대적으로 선전 행위를 벌여 많은 사람들에게 믿게 한 그 제노사이드라는 게 실은 존재하지도 않았다는 것을 말이죠. 그래서 그들은 우리의 제안을 거절하고 있는 겁니다. 양측 전문가들이 선입견 없이 진지하게 과거를 연구하여 다양한 텍스트를 통해 해명하자는 제안을요.” 터키 정부는 이 행위를 둘러싸고 일어난 반발이나 국제여론이 모략이며 배후에는 그것을 조작하는 적이 숨어 있다고 주장한다. “그들의 목적은 터키가 우선 제노사이드에서 유죄임을 인정하는 것, 그 일을 사죄하는 것, 그리고 아르메니아인에게 보상하고 영토를 주는 것입니다. …… 아르메니아 외무대신은 이를 암묵적으로 표명하고 있어요. 그는 ‘역사가는 이제 할 일을 다 했다. 지금 문제는 정치적인 것이다’라고 합니다. 이 목적을 달성하기 위해 그들은 제노사이드라는 전설을 만들어내지 않으면 안 되었던 거죠.”

이 인터뷰는 터키 대사관 홈페이지에서 열람할 수 있는 준공식발언이지만, 말미에서 터키의 앞잡이인 질문자는 “어떻게 하면 이 같은 악순환”을 극복할 수 있는지 묻고 있다. 대답은 이렇다. “제 희망은 역사의 맹목적인 작용으로부터 자신을 해방시키는 덕(德)을 보여 달라는 것입니다. 그리고 인류 공통의 미래를 위해 협력하지 않겠느냐는 우리들의 호소에 적극적으로 답해달라는 것입니다. 이러한 사건에서 목숨을 잃은 사람들을 평안하게 잠들게 하고 다가올 세대를 위한 길을 여는 것입니다.” “역사의 맹목적 힘으로부터의 해방!” 사건의 부인(否認)임과 동시에 이러한 장밋빛 희망과 결부하여 태연하게 주장하고 있는 이러한 참혹함을 보고 동아시아에서 되풀이되는 일본 정치가의 거동을 연상하지 않는다는 것은 힘든 일이다.

*

무척이나 닮은 광경이다. 이 인터뷰의 말미 같은 것은 아베 신조(安部晋三)나 마치무라(町村) 외무상 등의 발언이라고 인용해도 아무도 의심하지 않을 것이다. 남경학살을 소거하는 방식, 교과서를 둘러싼 위협적인 태도, 반일시위 대응 등은 이러한 부인(否認)이 가장 알기 쉽게 드러난 형태이다. 물론 다른 시대, 다른 장소에서 일어난 일인 만큼 어떤 유추라도 유보는 필요하지만, 적어도 부인의 심적 메커니즘은 완전히 일치한다. 과거의 사건과 마주보길 회피하여 지금의 현실정치가 치졸하기 짝이 없는 실태를 거듭하고 있다는 점에서도 사정은 마찬가지다. 왜냐하면 고이즈미가 국제연합 상임이사국 진출을 둘러싸고 중한의 반대에 부딪히고 있듯이, 사건의 부인은 유럽공동체의 일원으로서 일체화를 추진하려는 터키의 희망을 가로막기도 하기 때문이다.

사건으로부터 1990년이 지나 유럽은 터키의 이 같은 부인을 이질적인 것, 이상한 행위로서 보편적으로 비판하는 단계에까지 도달했다. 이는 무언가를 보존하는가 하지 않는가의 문제만이 아니다. 살아남은 사람들이 거의 세상을 떠나고 있는 가운데 서로 과거를 어떻게 표상하는가, 또한 그때그때 이 문제와 어떻게 도의적으로 관계를 맺을 것인가라는 예의와 윤리가 문제되고 있는 것이다. 아직 도중이라고는 해도 이러한 상기의 문화를 자각적으로 받아들이고 나아가서는 그것을 지역을 넘어서는 상호적인 과제로서 받아들였기 때문에 아르메니아 문제를 이렇게 다룰 수가 있었다.

동아시아는 어떠한가. 일본은 극우와 이에 동조하는 사람들이 근현대사에 대한 건망증을 앓고 있다는 점에서 역시 이상한 증상을 보이고 있다. 일본 정부는 반일시위가 중국 정부의 사주를 받은 것이라는 주장을 굽히지 않는다. 혹은 중국의 반일교육 때문에 생긴 착오라고 단정짓는다. 떨쳐버릴 수 없는 집합적 기억이 타자와의 관계에서 모습을 드러내도 그것은 자신의 행위의 귀결이 아니라 어딘가 먼 곳에 있는 누군가의 탓이라고 한다. 자신들이 이런 꼴을 당하는 것은 누군가가 밖에서 조종하고 있기 때문이라고 그러나 이번 사태를 통해 동아시아가 기억의 문화를 입체적으로 구축하기 위한 출발점에 우리들도 겨우 서려고 하고 있는지도 모른다. 이미 무언가가 시작된 것이다. 상기의 문화를 구축하는 과정은 그것이 유럽에서도 결코 평탄하지 않았으며 지금도 많은 분쟁을 내재하고 있듯이 기억에 관한 무수한 과제와 마주볼 것을 요구한다. 정부가 아닌 차원에서 감정도 포함한 상당히 광범위한 표상의 공유와 교환, 대립이 경험되는 시기가 이어질 것이다. 여론은 얼마든지 조작할 수 있다는 자신들의 볼썽사나운 확신을 상대방에 투영하는 것으로 때운다는 점에서 정치가들이 일·한, 일·중에서 일어나고 있는 반응을 어떤 식으로 단정짓고 있는지를 알 수 있다. 하지만 이미 가장 근원적인 변화의 징후가 생기고 있다. 아시아에서 상기의 문화를 내셔널한 것으로서가 아니라 모순이나 대립을 안고 있으면서도 공동의 무언가를 생각하는 상호적 과정으로서 어떤 식으로 만들어 나갈 것인가? 그 단서는 의외로 반일시위의 발발이라는 이 신기한 경험 속에 있는 것이 아닐까? 절망만이 있는 것은 아니다.

동아시아의 수채화

히가시 다쿠마(음악평론) 지음 / 남효진 옮김

0-1

　얼마 전 테리 길리엄(Terry Gilliam) 감독의 『브라질(*Brazil*)』이 생각났다. 1980년대 초반의 작품이었나. 복고풍 세트의 SF영화로 예언적인 작품이라고 기억한다. 소프트한 전체주의사회 속에서 부유한 사람들은 성형수술과 쇼핑에 열중하고, 폭탄사건이 일상적으로 일어난다. 로버트 드니로가 배관공으로 나오는데, 얼핏 봐서는 그라는 걸 알아차리기 힘들다. 정보를 나르는 배관을 새로 만드는 행동주의자다. 이른바 해커. 주제곡인 '아쿠아렐라 도 브라질(Aquarella do Brasil : 브라질의 수채화)'은 다민족국가인 브라질의 국민 통합을 축복하는 곡이기도 하다. 그런 내용의 보잘것없는 글을 쓴 후, 브라질음악연구에 뜻을 둔 대학원생과 이야기할 기회가 있었는데, 그 영화가 다시 생각났다. 생각해보면 길리엄은 영국인이고―영화는 '브라질'과는 전혀 관계가 없다.

브라질의 영화감독에게 "세계에 무슨 일이 생기면 일본인은 자기만 챙긴다. 모두들 그렇게 생각한다"는 이야기를 들은 적도 있다. 비국민인 나조차도 글로 쓰는 것이 오히려 차별을 불러일으킬 것 같아 망설여지는 비판을 신랄하게 하는 외국인도 적지 않다. 그리고 그것은 "다 말씀하신 대로입니다." 덕분에 "저는 '일본인'일지는 모르지만, 국가나 정부로서의 일본과는 관계가 없습니다, 당신 나라에서도 그런 건 있을 텐데요?"라고 반론하는 훈련이 된 것 같기도 하다. 물론 처음부터 그 정도는 상식인 사람이 많다. 또 나는 '기업'에는 비판적이지만, 개인적으로 움직이는 일이 많은 탓에 강한 비판정신을 갖고 해외에서 일하는 일본기업의 회사원을 많이 만났다.

그런데 대학원생들과 대화를 나누던 그 자리에서 국민 통합의 수채화 같은 것은 터무니없는 것이라고 이야기되었다. 국민 통합이 무리일까? 다민족국가 브라질이기 때문에? 아니면 수채화라는 현대적이지 못한 예술기법 때문에? 그 당시에는 첫 번째 물음에서 중단해버렸지만, '동아시아의 수채화'를 좀더 생각해보면 좋았을 텐데. 내셔널리즘에도, 글로벌리제이션에도, 또 역사 문제에도 대처할 수 있을 것처럼 희망적으로 이야기되고 있는 '동(동북)아시아공동체'라는 구상 자체가 어딘지 '수채화' 비슷한 건 아닐까 하고.

1.

얼마 전에 있었던 독일 월드컵 일본―북한 경기를 도쿄에서 TV로 '관전'했다. 시합이나 응원 수준은 차치하고, 아름다운 '파랑'색이 싫어질 정도로 이상한 동질감에 위화감을 느꼈다. 고향인 히로시마에 갔더니,

지방방송의 TV 프로그램에서 산프레체 히로시마 소속으로 북한 대표가 된 재일조선인 선수를 화제로 삼고 있었다. 그에 관해 "히로시마의 자랑이죠", "이겼으니 하는 말이지만, 정말 한 골은 넣었으면 했습니다"라고 캐스터가 말했다. 실제로 북한이 이겼다면 히로시마 사람들이 어떤 반응을 보였을까라는 생각을 하면서, 결국 '이겼으니 하는 말'이라는 부분이 다소 마음에 걸리지만 그래도 그 프로그램을 보고 왠지 모르게 즐거워졌다. 지방은 이렇다.

히로시마에 돌아가면 역시 한국이 '가깝다'는 느낌이 든다. 도쿄나 오사카처럼 거대한 코리아타운이 있는 것은 아니다. 그러나 본가가 있는 구시가지의 항구 근처는 재일조선인사회도 포함해서 일상적으로 가까운 느낌이 든다. 가까운 중화면옥에서의 일이다. 단골로 보이는 여성이 TV의 북한보도를 열심히 보고 있었다. 가게여자가 말을 걸었다. "그치, 아무래도 모국의 일이라 신경 쓰이지?" '어?' 하고 생각하는데, 여성이 "글세, 패스포드는 그렇긴 하지만" 하고 대답했다. 어머니가 다니는 병원 옆에는 아무리 봐도 한국인 뉴커머가 새로 문을 연 듯한 편안한 느낌의 작은 한국식당도 있고, 우지나항에는 부산가는 국제 페리까지 있다. 도쿄보다 한국 쪽이 더 가깝다고 반 농담 삼아 말하지만, 점점 더 가까워지고 있는 것이다.

(한국이라기보다는)조선반도·다도해세계(전에 동아시아 지중해East Asian Mediterranean Sea라는 생각을 해보았는데, 동지나해는 어떻게 해야 할까?) 및 재일조선인사회가 '가까운' 것만은 아니다. 히로시마에서 개최된 아시안게임에서 지역 모임이 나라를 하나씩 각각 선정해서 교류·응원한 적이 있다. 그 후 올림픽에서 자신들이 교류한 나라의 대표와 일본이 대전할 때는 교류한 측을 응원한 사람들도 있었다는 이야기가 생각난다. '멀리 있는 가족보다 가까운 이웃'까지는 아니지만, 만난 적도 없는 일본 대표보다 만난 적이 있는 사람을 응원하는 것이 도리에 맞았기 때문이다. 여기서 확인해두고 싶은 건 혈연·지연주의가 아니라 오키나와의 "이챠리바 초—데(만나면 형제)" 사상

같은 관계를 맺는 방식이 있다는 것이다.

좌우·보혁 모두 일본에는 민주주의가 확립되지 않았다고 말하는 목소리가 적지 않다. 확립되지 않은 것인지, 공공권에 대한 사고가 무시되고 있는 건 아닌지, 아니면 대의제 민주주의의 기능부전인지, 이 모두인지. 아무튼 나 역시 상태는 그렇다고 생각한다. 그러나 한편, 아직까지 '일본'도 확립되지 않았다. 메이지시대가 되면서 지방의 일반 백성 대부분이 천황의 존재를 몰랐기 때문에 서둘러 주지시켰다. 그런 일도 포함하여 벼락치기 식의 '근대'국가 만들기가 잠시 별채 증설이나 내장공사에 몰두하던 시기를 거쳐 또 다시 급피치를 올리며 재개되고 있는 듯하다.

2.

월드컵 일본―북한 경기가 있고 얼마 되지 않았을 무렵. 시마네현 의회에서 다케시마―독도 관련 조례가 의결되던 날 전후로 히로시마에 있었다. 시마네현은 바로 옆이다. 개헌 이전에 헌법정지·국제법 무시라는 상태가 계속되고 있는 최근의 비정상적인 일상 속에서, 일상적인 거리 수준의 이런저런 조례제정부터 난민송환에 이르기까지 뭐가 뭔지 알 수 없는 일이 또 일어나고 있구나 하는 것을 보도를 보며 실감했다.

그 즈음 중앙의 미디어에서 어떤 보도가 있었는지는 모르겠다. 그러나 놀라운 것은 시네마현까지 찾아온 한국 국회의원과는 만나려고도 하지 않았던 시마네현 의원들(하나같이 누추한 양복차림의 아저씨들만 잔뜩. 이것은 시마네현 의회만 그런 건 아니다. 지방의회라는 건 정말 대단하다. 지방이란 것은 역시 그렇다)이 그 날로 조례를 가결하고, 의회건물 안에서 특공대복을 입은 우익들의 감사장과 박수를 받은 것이다. 이걸 보면 중국 정부가 시위를 규제하기는커녕 부채질한다는 등 왈가왈부할 것도 없다.

한편, 한국 정부는 일본 정부에 엄중한 비판을 한 후, 마지막에 "시민사회의 관계는 견지한다"라는 내용의 성명을 냈다. "플러스 지향으로 가자"라는 막연한 고이즈미의 담화와 비교해보면, 이 명확한 성명이 지닌 의미는 적지 않다. 단지 경제·문화 교류에 대해서만이 아니다. 적어도 한국 정부 측은 일본의 '정부'와 '시민사회'를 명확하게 구별해서 보고 있다는 것을 밝혔기 때문이다. 중국도 예전부터 같은 자세를 표명하고, 이라크에서의 인질사건 당시 지나친 인질과 그 가족 때리기와 관련해서 미국신문에서(조차)도 "위에 약한 일본인의 체질"이라는 보도를 한 것을 기억할 필요가 있다.

오키나와 국제대학에 미군 헬기가 추락하여 미군이 그 대학을 점거했을 때, 일본 정부나 매스미디어는 어떻게 대응했는가? 이라크 반전 등으로 많은 '일본인'이 '반일'이라고까지 할 만한 항의를 했을 때, 매스미디어는 제대로 보도했는가? 이런 것들을 고려하면 한국이나 중국에서의 '반일' 행동에 대한 히스테릭한 보도태도는 질과 양 모두 비정상이다. 시위 자체를 억누르고 진압할 것을 요구하는 듯한 보도조차 있었다.

이것으로 분명해진 것은 적어도 일본 매스미디어는 '일본 정부'(차라리 '국체'라고 할까)의 대리역은 해도, 국경을 거쳐 존재하는 민중들의 입장에는 서지 않는다는 점이다. 이것은 이중 잣대 정도가 아니라 삼중 잣대다. 미일 관계에서 정부가 하는 것은 호응하지만 시민이 하는 것에는 제동을 건다. 아시아 관계에서는 정부에게든 시민에게든 함부로 말한다. 시민사회의 권리제한과 인종차별의 이중 잣대가 2단계의 제한을 가하고 있는 것이다. 원칙을 정해놓고 특정한 가족(천황가를 일컬음—옮긴이)에게만 경어를 쓰는 미디어에게 무엇을 요구하든 기본적으로는 애초부터 무리겠지만, 그래도 이런 태도는 걱정스럽다.

언제부터 우리들은 우리가 발 딛고 있는 곳에서부터 생각하는 것을 멈추게 되었는가? 그리고 '우리'라고는 말하고 싶지 않으면서, '일본인'이라는 말은 입에 달게 되었는가? 전자는 그 나름대로 꽤 오랜 시간이 걸리기도 했고 그만한 이유가 있는 것 같기도 하다. 후자는 비교적 아주 최근인 듯하다.

중국이나 한국·북한이 압력을 가하고 있는 '역사 문제'에 대해서, "사죄했다." "지나간 문제인데 언제까지" "내정간섭이다." …… 이런저런 말들이 있다. 그러나 흔히 하는 말로 쬐그만 아버지의 가부장제라는 느낌이 든다. 이쪽의 '쬐그만' 녀석은 바로 거대한 아버지의 위광에 기대려고 한다.

자유주의사관의 사람들이 말하는 이런 신화+에피소드주의는 '과학'이나 '실증'으로서의 '역사'가 아니라 그런 '신앙'('사상'이기도 하지만)으로 지탱되고 있다. 그러나 여기에는 권력 관계에서 소수자들의 방법을 유용하고 있는 부분도 있어 문제를 복잡하게 한다. '자학'이라는 표현에서 미국 백인남성의 의식과 비슷한 우위에 있는 자가 공격받는다는 피해자의식이 드러나고 있다. 그리고 실제로 이 나라에서 살기 힘들어하는 젊은 층이 자신의 르상티망(ressentiment)을 쌓고 있다.

그러나 '거대한 아버지의 위광'이라는 것은 이중의 의미에서 환상이다. 조금 양보해서, 좋은 아버지도 있을 것이다. 그러나 그것은 가부장제와 그 제도로 지켜지는 것에 불과하다. 대부분은 '쬐그만' 사람들이었다. 그것은 그것대로 좋다라고는 왜 생각하지 못할까. 망가진 남성이 많은 것은 일본적 민족주의의 원형이라기보다도 세포 같은 가부장제가 여성뿐만 아니라 남성도(어쩌면 더 심하게) 구속하고 있기 때문은 아닐까. 자민당의 개헌안은 종전(終戰) 전의 국가유기체설에 가까운 놀랄 만한 내용이다. 그러나 혈연 가족→국가라는 '신화'로 만들어진 민족주의는 그 '상징'이 되는 천황제와 마찬가지로 일억 삼천만 인구를 품은 근현대 민주주의 국가에서는 건전하게 실현될 수 없다.

자국의 것을 모른다면 외국 사람들의 것도 존중할 수 없다는 얼핏 일리가 있는 이야기도 최근 민족주의자들이 정해놓고 되풀이한다. 그러나 이것은 내 경험으로도 몇 가지 점에서 잘못되었다. 타자가 없다면, '나' 또한 없다는 것, 국가와 개인은 우연한 결합에 지나지 않는다는 것, 한 나라 안에도 여러 문화·공공권이 있다는 것, 좋고 나쁜 건 어찌됐든 지금 세계화시대의 공간에서 뭘 만날지 알 수 없다는 것…….

이런 점들을 염두에 둔다면, 역사 문제에 대한 '내정간섭' 비판도 이중의 의미에서 맞지 않는다. 우선 일본 식민지였던 때의 일이므로 '외압'이 아니라는 것, 그리고 '집단적 자위권'까지 들먹이는 논리로 본다면 '내정간섭'이라는 이야기 자체가 성립하지 않는 것은 아닐까. 그리고 무엇보다 문제인 것은 이 경우야말로 '우리'라고 해야 하지만, 일본에 있는 '일본인'들이 그 내부의 문제를 정리하지 않고 있다는 점이다. 나처럼 전후에 태어난 사람들은 '전쟁 책임'이 없다고 생각하지만, '전후 책임'은 있을 것이다. 독일은 불완전하게나마 나치즘과의 연속성을 끊을 수 있었지만, 이 나라는 어떤가. '민영화(사유화)'를 운운할 것도 없이 이 나라 내부의 '민주화'운동은 미완인 채이다.

0-2

한국 영화 『친구』를 보니 이런저런 생각이 났다. 1964년에 태어난 나와 거의 같은 세대의 부산 남자들을 그린 영화다. 다른 길을 걷는 죽마

고우들. 민주화투쟁이 가장 심할 때지만 이 영화에는 전혀 나오지 않는다. 연대가 명확하게 자막에 나오지 않았음에도 불구하고 조직폭력배(야쿠자)가 된 죽마고우가, 히로시마에서 참가했던 광주항쟁에 대한 항의집회가 생각났다. 어느 것이나 아득히 먼 그리움 같은 것도 있으며, 아직도 다 껴안지 못한 것도 있다. 지나치게 생생해서 어쩜 수채화로는 그리지 못할 것 같다. 그리고 '동아시아공동체'는 수채화로 그린다 해도 아직 너무나 흐릿해서 맥 빠질지도 모르겠다고 문득 생각했다.

중국의 반일과 어떻게 마주할 것인가

아시아의 연습을 위해서

사카모토 히로코(중국사) 지음 / 김도형 옮김

반일은 이렇게

한국에서 시작된 '반일' 행동이 불길 번지듯 중국으로 옮겨갔다. 물론 이것은 1919년 3·1운동과 그 직후에 일어난 중국의 5·4운동이 아니라 최근의 사태를 말하는 것이다. 이것을 곤혹스러워 하는 일본인도 많겠지만, 역사와 최근의 정세로 생각해보면 오히려 충분히 예상할 수 있는 일이었다.

무엇보다도 일본의 전쟁으로 피해를 입은 나라의 사람들을 불안하게 만드는 움직임이 지속되고 있다. 중국은 냉전 시기의 문화대혁명에서 입은 상처를 치유하는 과정에서 고양된 1980년대 민주화운동을 1989년의 천안문 사태로 좌절시킨 뒤, 1990년대 후반에는 급속도로 경이적인 고도 경제 성장을 달성하였다. 이러한 중국은 일본에게 '위협'으로 간주되었다. 이와 같은 변동과 거의 보조를 맞추기라도 하는 것처럼, 최근 몇 년

간 일본은 미국을 중심으로 하는 군비재편(軍備再編)의 움직임 속에서 군사적인 역량을 강화시켰고, 해외파병을 정당화하기 위한 개헌으로의 흐름도 만들어 왔다. 한편, 1990년대부터는 방치된 전쟁 책임을 둘러싸고, 중국인·조선인 강제연행 관련소송에서 사죄와 배상이 요구되었다. 사죄와 배상은 물론, 이와 더불어 인간 존엄성의 회복까지도 촉구하기 위해 2차 3차의 피해까지도 감수하면서 고통스럽게 커밍아웃한 종군위안부를 포함해 전시 성폭력 피해자들의 소송이 이어졌다. 이렇게 되자, 네오 내셔널리스트들이 무리를 지어 목소리를 높이기에 이르렀다. 인도(人道)에 대한 시효(時效) 없는 죄악이 세계적으로 문제시되는 가운데, 오히려 전쟁 가해 행위를 반성하고 그 역사를 교과서에 기록하는 일을 '자학적'이라며 아시아를 적시(敵視)하고 있는 것이다.

전쟁피해를 입은 나라의 사람들을 불안하게 만드는 요소는 여기서 그치지 않는다. 얼마 전 북한에 의해 납치된 일본인 일부가 귀국하자, 히스테릭할 정도로 북한에 대한 증오를 격화시켜서 조선인학교에 다니는 학생들에게 폭력이나 욕설을 가하는 일이 잇따르고 있다. 생존피해자 수색의 진척에 흥분하며 '제재'를 촉구하는 이들은 앞서 말한 움직임을 주도하는 일부 정치가들만이 아니라 지금까지 정치색을 띄지 않았다고 생각해온 민간 수준의 사람들이기도 하다. 그렇다면 강제연행이나 종군위안부의 고통에도 생각이 미칠 수 있으련만, 그 표정만큼이나 사고력이 경색되어 있다.

그럼 중국의 사정은 어떠한가. 고도 경제 성장에 매진하던 도중, 1999년 미군 미사일에 의한 베오그라드 중국 대사관 '오폭'사건으로 30여 명이나 되는 사상자가 발생하였다. 이에 중국은 관민일체로 격렬한 대미 항의 행동을 전국적으로 펼치고, 대미(對美)를 통해 내셔널리즘을 고양시켰다. 하지만 공교롭게도 금세기에 들어 미국의 9·11사건 이후, 반(反)테러라는 원칙에서 일치하면서 미국에게는 협조 관계로 급선회하였다. 따라서 이라크 반전시위도 엄격히 규제되었다.

한편, 일본과는 오로지 경제면에서 관계를 긴밀히 하고, 장쩌민 주석 방일시에 역사 문제를 일관되게 전면에 내세웠던 외교정책이 '중국 혐오(嫌中)'로 이어진다 하여 궤도를 변경하고, 2000년 후반에는 대일 관계 회복에 나섰다. 이미 너무나 먼 옛날이야기가 되어 버린 듯한 착각조차 일으키지만, 일본을 방문한 주룽지 수상이 시민과 대화하는 내용의 TV프로그램에 출연한 것은 그 상징이었다. 여기에 찬물을 끼얹은 것이 고이즈미 정권인데, 그는 대미 추종으로 일관하면서 야스쿠니 참배를 시작했다. 이것도 중국을 방문하여 항일전쟁기념관에서 희생자들에 대한 '사과와 애도'를 표명함으로써 일단은 타개된 것처럼 보였다. 하지만 미국과 중국이 협조로 돌아서게 된 무렵, 일중 국교정상화 30주년인 해에 수상은 어이없게도 야스쿠니 참배를 강행하여 중국 측을 다시금 낙담시킴으로써 노력해도 어쩔 수 없는 일이라고 생각하게 만들었다(淸水美和, 『中國はなぜ「反日」になったか』, 文春新書).

이렇게 되면 작년 축구시합 때 있었던 국지적인 소동에서 보여지듯이 내셔널리즘의 창끝이 일본을 향해도 이상한 일은 아니다. 게다가 이에 박차를 가했던 것은 정부만이 아니었다. 예를 들면, 일본인 유학생들의 경솔한 행위가 원인이 되었던 시안촌극사건(西安寸劇事件)[1] 등이 그러하다. 이것은 일본의 대학축제 등에서 집단 행동으로 통용되고 있는, 독선적인 '전통'의 이름을 빌어 행해지는 비속하고 외설스런 오락 행위를 유학하는 곳에서까지 했기 때문에 일어난 일이다. 마침 이 사건은 헤이룽장(黑龍江)성에서 구 일본군의 유기화학병기였던 독가스로 인해 사상자가 발생한 사건이나, 광둥(廣東)성 쭈하이(珠海)시에서 회사의 위무휴가를

---

1) 2003년 10월 29일, 시베이(西北)대학의 열린 문화제에서 일본인 남자유학생 세 명과 교사 한 명이 촌극에 출연했다. T셔츠에 빨간 브래지어를 하고, 등에는 '日本', '하트 모양', '中國'이라고 쓰고 허리에 종이컵을 붙인 채로 춤을 췄다. 곧 주최자에 의해 저지되었으나, 30일 아침부터 중국인 학생들이 유학생에게 사죄를 요구하며 항의했고, 유학생이 '이것이 중국인이다'라고 적은 간판을 매고 있었다는 홍콩 신문의 오보로 인해 '중국을 모욕했다'는 불만이 중국학생들에게 급속히 퍼져나갔다. (옮긴이)

온 일본인들이 벌인 집단매춘소동 등, 아직 식민지의 양상을 완전히 불식하지 못한 듯한 상황들이 연속되던 해에 일어났다. 이런 의미에서 이들 유학생에게 가해진 항의자들의 폭행은 논할 가치도 없다고 생각한다. 따라서 유학생의 자각 없는 행위를 나무라는 것은 그 처우에 문제가 있기 때문에 '가혹'하다고 주장하는 중국사연구자 미즈타니 나오코(水谷尙子) 씨의 의견(『산케이신문』, 2003년 11월 8일)을 대학에 있는 사람으로서 도저히 이해할 수 없다.

　　마침 올해는 한반도에게는 해방, 중국에게는 항일전쟁 승리 60주년, 게다가 한반도의 경우는 일본에 의해 보호국이 된 지 100주년에 해당한다. 이렇듯 식민지화 · 침략전쟁에서 피해를 입은 주변국에게는 내셔널리즘을 자극할 계기가 유난히도 풍부한 해라고 할 수 있다. 여기에 시마네현(島根縣)의회의 다케시마 조례를 계기로 한국이 미디어를 총동원해 '반일'을 표방하고, 노무현 대통령은 주변국을 배려하지 않는 일본의 UN 안보리상임이사국 진출 희망을 강하게 비판하고 나섰다. 중국 정부는 거부권을 가지고 있는 만큼, 거부권을 행사해 일본의 바람을 좌절시킬 경우 발생할 일중 관계의 악화를 당연히 고려하고 있을 텐데, 아직 그런 언급은 하지 않았다. 하지만 재미중국인 단체가 거부요구운동을 인터넷에서 시작하였고, 이것이 인터넷 · 휴대전화세대인 본국 중국 청년에게 순식간에 확산되면서 각지에서 허가받지 않은 '반일'시위가 터져 나오기에 이르렀다.

반일시위로부터

    특히 베이징이나 상하이에서 대규모로 행해진 무허가 시위는 참가자도 적었고 정연하다기보다 온화한 분위기에서 시작되었다고 한다. 상하이의 4월 16일 시위는 천 명 정도에서 시작해 행진 중에 10만 명 정도로까지 규모가 커졌다. 이때 인터넷이나 휴대전화로 일본 총영사관에 토마토나 계란을 투척하라는 지시가 있었던 것 같다. 하지만 점차 흥분하는 분위기가 되면서 일부가 투석을 시작하였고, 많은 학생들이 가세하여 총영사관에 대한 항의활동을 전개한 후, 일부 사람들에 의한 일본계 레스토랑의 파괴활동이 시작되었다(朱建榮, 「けんかを續ければ日中は共倒れだ」, 『論座』, 2005년 5월).

    이 사건에서 우선 지적해두어야 할 것은 미디어의 보도 양태이다. 중국에서 주요 보도가 '억제'되었던 것과 마찬가지로, 일본의 '부분 반복과장'식 보도도 문제가 크다. NHK뉴스는 '단속하지 않는 중국 경찰'의 검증, 다른 TV미디어도 전체를 두루 살피는 시각을 완전히 결여한 채 극히 제한된 장소에서의 파괴 장면만을 반복해 내보냈다. 시청자는 다른 것은 알 수 없었는데, 이는 미국에서의 수법을 상기시켰다.

    사건을 아는 데에 이와 같은 한계가 있음을 확인한 후에, 이러한 시위에 대한 중국의 반응도 다양한 루트를 통해 들어보았다. 내가 알 수 있었던 바로는, 우선 일부에 의한 파괴 행위를 비판하는 목소리가 높았다. 천안문사건 때 목숨을 걸고 민주화운동에 참여했던 것과는 달리, 배외적이고 비이성적인 행동을 하는 이들에게는, '신의화단'(이 경우의 의화단에 대한 평가는 별도로 하고)이라던가, '애국무죄'(이는 중국 정부를 향한 것이라고 생각된다)를 구실로 삼는 '애국적(愛國賊)'이라는 비난조차 가해지고 있다. 글로벌화 속에서 이젠 순수한 일본의 음식점과 제품이 있을 수 없는 상황이기에 일본계 레스토랑을 배격하는 것은 시대착오라는 지적도 많았다.

실제로 이번에 피해를 입은 일본계 레스토랑을 위한 모금운동도 상하이 시민의 호소로 시작되었다고 한다.

그럼에도 불구하고 일본인이 중국인을 싸게 고용하는 불균형성이 존재하는 상황에서, 일본도 중국 민중이 일본에게 갖고 있는 불만이나 경계를 받아들이고 대처함으로써 일본과 중국 간의 긴장 관계를 타개해야 한다는 의견이 공유되고 있다. 게다가 혁명을 모르는 포스트 천안문사건 세대, 인터넷·휴대전화세대의 등장을 실감하고, 정부의 제어도 효과가 없는 행동의 불가측성에 당황하고 있다는 점이 공유된 것도 무척 인상적이었다.

이러한 중국인의 반응에 접하면서 암담하다고 느낀 것은 오히려 일본의 태도였다. 나 역시 '소일본(小日本)'과 같은 모멸적인 언어로 된 플랜카드를 보면 솔직히 질리기도 하지만, 이미 언급했듯 '반일'을 양성하고도 남을만한 요인이 있었다는 것을 무엇보다 먼저 무겁게 받아들여야 한다. 하지만 어떠한가? 우선은 정부도 미디어도 중국 정부에게 시위 단속, 사죄나 배상이 없다고 소란스럽다. 그렇다면 천안문사건에 대해서는 시위 탄압을 독재라고 규탄하고, 지금까지 손해에 대한 사죄나 배상을 거부해 온 것은 누구였던가? 비록 중국인은 아니지만 전쟁가해를 잊고 있지 않은가라고 말하고 싶어진다. "모든 것은 일본 정부의 책임"이라는 것은 지나친 말이겠지만, 다시금 "문제를 야기한 원인은 일본에 있다"라고 말하는 중국 측의 주장은 나름대로 설득력이 있다고 생각한다.

반일을 아시아의 연습으로

'반일'사건을 당사자인 일본과 중국, 나아가서는 주변국도 포함해 부정형·미래형의 아시아를 사고하는 방향으로 설정하여, 그것을 위한 중요한 연습 문제로 삼을 수는 없을까. 탈(脫)'미국의 내재화'로서 아시아의 가능성을 모색하는 자원으로 삼는 것이다. 물론 미래는 과거를 마주하지 않고는 열리지 않는다. 고이즈미 수상의 야스쿠니신사 참배는 당연히 중지해야 한다. 배상 문제도 장제스 국민당 정부가 배상위원회를 조직하여 실시했던 상세한 피해조사(타이완의 민주화 이후, 최근 관계문서가 공개되기 시작했다)를 참작하고(손해 총액은 ODA 지출금 총액을 훨씬 뛰어넘을 것이다), 냉전 구조하에서 강제적으로 방기된 경위에 입각해 가급적 피해국가의 사람들이 납득할 수 있는 방책을 한시라도 빨리 강구해야 한다. 이것은 무엇보다 화해에 바탕을 두고 공생하는 '아시아'를 연습하기 위해 필요한 일이다.

그러나 일본이 '반일'운동에서 무엇을 읽어내려고 하는지 생각해보자. 눈에 띄는 것은 중국 정부가 경제 고도 성장의 왜곡에 따른 경제 격차 등의 국내 모순이 발생하자 불만을 전화시키기 위한 것이라는 설, 그리고 1990년대 장쩌민 정권하의 '애국교육' '반일교육'에 의해 일어났다는 설이다. 이러한 것들은 그다지 배울 것도 없고 내용도 빈약하다. 또한 정도나 성격의 차이는 있겠지만, 일본 내부의 문제이기도 하다(특히 '독재국'도 저리가라 할 정도로 '히노마루 게양·기미가요 제창'을 강제로 시키는 애국교육을 보라!). 중국만의 문제라고 단정하며 일본을 향해 벌어지는 운동을 이러한 방식으로 해소해 버리는 것은 옳지 않다. '반일교육'의 내용을 허구로 취급하는 '새로운 역사 교과서 만드는 모임'의 하타 이쿠히코(秦郁彦) 씨처럼 새로운 '탈아'에 가담하여 중국과 단교한다는 파멸적인 길을 선택하려는 것이 아니라면, 어리석은 일이다. 화해를 향해 상대의 주장을 받아들이고, 자기 자신을 되돌아보는 자원으로 삼는 편이 나을 것이다.

'반일'과 마주하며 배우고자 하는 방향으로 나아가려면, 교과서 문제에 관한 제언에 유의해야 한다. 어느 나라건 국사(national history)는 자기를 정당화하는 경향을 갖기 때문에, 서로간의 역사를 대조함으로써 각자의 편향을 깨닫고 바람직한 방향을 다각적으로 모색할 필요가 있다. 이미 중국도 일본도, 한 권의 교과서에서 얻은 지식·관점만을 언제까지고 기억하고 믿는, 그러한 교육환경에 놓여 있지 않다. 이제 어린 시기부터 인터넷을 활용하는 시대가 도래한 것이다. 최근 중국에서 학교교육을 받고 돌아온 유학생을 포함한 학생들과 접촉하면서 얻은 느낌 또한 이것이다.

　이런 의미에서 나는, 지식인들이 지적하듯이 자기 폐쇄적이고 내셔널리스틱한 '새로운 역사 교과서'에 문제가 많다고 생각하기에 그 채용에는 반대할 작정이지만, 검정(檢定)으로 저지하는 방법에는 의문을 갖는다. '올바름'을 추구하는 검정의 강화라 하더라도, 이것을 강조하면 오히려 검정의 '강화'로 귀결될 수 있기 때문에 '양날의 칼'이 된다. 일중한, 가능하다면 보다 여러 나라 사이의 공동 연구에 기초해, 다른 의견도 병기할 수 있는 부독본(副讀本)을 작성하는 방식으로 문제를 해결해가야 할 것이다.

　일본인은 미를 사랑한다는데, "중국에 대해서는 왜 저렇게 추악함을 보이는 것일까", 일본인은 요령이 뛰어난데도, "행동하는 데에서는 너무나 졸렬하다", 일본인은 누구보다도 청결하지만 "행동하는 데에서는 왜 이리도 지저분하고, 때로는 너무나 비열해서 메슥거림까지 느끼게 하는가."(『日本管窺の四』) 일본 침략이 본격화되자 항일테러가 빈발했던 1937년, 루쉰의 동생이기도 한 지일(知日) 문학자, 쩌우쭈어런(周作人)이 했던 말을 지금 곱씹어야 할 것이다.

중국의 반야스쿠니 직접 행동을 생각한다

오가타 고우(중국사상) 지음 / 김인수 옮김

작년 말 고이즈미 수상이 자신의 야스쿠니신사 공식 참배에 대한 위헌판결을 태연히 무시했을 때, 우리들이 취할 수 있는 행동은 두 가지였다. 하나는 제정분리를 지상명제로 하는 헌법원칙을 국정의 장에서 재인식하도록 요구하는 것이었고, 다른 하나는 법치국가의 원리를 일탈한 행위에 대해 민중 수준에서 항의운동을 전개하는 것이었다. 그러나 실제로는 야스쿠니 공식 참배의 합법화를 노리는 개헌론자가 우세를 점했을 뿐, 민중의 직접 행동은 일어날 기미조차 없었다. UN 상임이사국 가입의 대합창이 분출하듯이 일었던 것은 그 직후이다. 일본이 5대 핵 보유국 집단의 일원이 된다는 것은 재군비로 향하는 길을 여는 것인데, 이를 위해서는 절대평화주의인 헌법 9조를 버려야 할 필요성이 생겼다. 사정이 그러한데도 개헌논쟁과 상임이사국 문제는 전혀 별개의 사안인 것처럼 논의되어 헛되이 시간만 흘려보내고 있었다.

중국의 반야스쿠니 직접 행동은 이러한 일본 언론계의 폐색 상황을 마치 노리기라도 한 듯 직격탄을 날렸다. 야스쿠니 문제, 개헌, UN개혁을 서로 관련지어 생각하면, 동아시아의 평화와 안정을 훼손하는 방향으로 일본을 유도해 가는 용의주도한 시나리오의 윤곽이 드러난다. 일련의 시위는 이러한 용의주도한 시나리오의 존재를 우리들 앞에 명확히 드러나게 했다. 그뿐만이 아니다. 중국 민중은 일본이 그런 길을 가서는 안 된다는 강한 의사를 가두에서 힘껏 표명했던 것이다.

이것은 어떤 의미에서 보더라도 '반일'시위가 아니다. 정치외교에 종사하는 자가 국익의 유지라는 관점에서 그렇게 부르는 것은 물론 어떤 의미에서는 필요한 일이다. 하지만 매스미디어가 이들을 쫓아 이번 사건의 중심적인 테마를 '반일'이라고 단정하여 보도한 것은 크게 잘못된 일이다. 중국 민중은 일본의 정치와 동아시아 외교를 크게 전환시키길 바라고 있다. 이번 사건은 그러한 그들의 소망이 담긴 표현이고, 중일 양국 간 새로운 우호 관계의 가능성을 여는 시도이다.

이번 사건을 두고 사람들은 1972년 국교정상화 이래 중일 관계가 최악의 상황임을 상징하는 일이라고 말한다. 그러나 오히려 나에게 충격적인 것은 이 사건을 다룬 일본의 평론 가운데 중국이나 동아시아의 입장에서 나온 논의는 전혀 찾아볼 수 없다는 점이다. 이런 경향은 '친중'적이라는 이유로 일부 논자들로부터 공격받는 입장에 섰던 미디어에서 오히려 두드러졌다. 일본이 야스쿠니와 역사 문제를 반성해야 하는 것은 당연하지만, 중국의 투석 행위에 대해서는 엄연히 손해 배상을 청구해야 한다, 일본의 아시아 태평양전쟁에 관한 역사인식은 시급히 개선되어야 하지만, 중국의 애국주의교육과 공산당의 미디어 규제 역시 개선될 필요가 있다, 고이즈미 총리는 앞으로 두 번 다시 야스쿠니신사를 참배해서는 안 되지만, 중국이 반국가분열법(反國家分裂法)을 만들어 일본의 '영해'를 침범하는 상황에 대해서는 이를 그저 가만히 보아 넘길 수 없는 측면이 있다. 이런 식으로 논의는 판에 박힌 듯한 양쪽 입장서술과 양자 책임주의로 일관했다. 후세 사람들은 이번 사건을 계기로 '친중파'가 일본의 논단에서 완전히 소거되어 버렸다고 말할지도 모른다.

이와 같은 매스미디어의 참상에 날개를 달아준 것은 차이나 와처(China Watcher)를 자칭하는 사람들의 중국 인식이었다. 이들은 1990년대 이래로 상투적인 문구가 되어 버린 듯한 "애국주의를 통한 중국 공산당의 대중조작"이라는 음모설을 반복하기만 할 뿐이다. 하지만 이러한 음모설이 성립하지 않는다는 사실은 TV에서 흘러나오는 시위 광경을 보면 보다 분명해질 것이다. 수만 명의 민중은 분명히 일본 대사관과 기업, 상점 등에 돌을 던졌다. 유리창 파편이 무수히 흩어졌다. 하지만 상점 안으로 들어가 일본 상품을 약탈하려는 민중은 없었다. 이것은 특필되어야 할 사안이다.

현대 중국의 주요 도시에는 농촌에서 온 노동자가 총 1억 명쯤 살고 있다. 4월 시위의 주체가 이러한 노동자가 아닌 학생과 일반시민이었다는 것은 어느 도시에서든지 시위에 참가한 사람의 수가 2만 명 이하였다는 점에서 미루어 알 수 있다. 이번 시위에는 넘어선 안 될 하나의 선이 존재했다. 시위 참가자는 시위의 폭동화를 스스로 억제하고 있었다. 고이즈미 수상을 향한 분노가 약탈로 이어지지 않았다는 것은 거의 기적이라고 할 수 있다. 그런데 중국 공산당은 학생과 일반시민이 시위의 주체가 되는 한, 이것이 정권 교체를 포함한 국내혁명으로 전화할 위험은 거의 없다는 사실을 경험적으로 알고 있다. 물론 지금 이들 중국의 신중간층은 당의 지령을 두말없이 받아들이는 로봇은 아니다. 그러나 노동자와 농민대중이 시위의 대세를 점하게 되면 상황은 일변한다. 1989년 천안문사건을 떠올려 보자. 항의운동의 주체가 학생들만이었다면 덩샤오핑(鄧小平)과 양상쿤(楊尙昆)이 과연 천안문 광장에 발포할 결의를 했을까? 시위가 100만 명 규모로 확대되고 노동자들이 무리지어 그곳에 참가하기 시작하는 것을 보고서 혁명 제1세대인 그들은 전율할 만한 공포를 느꼈다. 그래서 그들은 무력으로 민중을 진압했던 것이다. 대중을 '반일'시위로 조작하라! 그렇듯 거대한 일을 생각해낼 만큼 어리석은 이는 아마 중국 공산당의 최고지도자층 중에는 없을 것이다. 대중이 주체가 되는 시위의 창 끝은 반드시 당 자신에게로 향할 것이기 때문이다. 후진타오

(胡錦濤)와 원자바오(溫家寶)가 자청하여 자신의 목을 조르게 될 계획에 가 담했다는 것인가? 그리고 무엇보다도 사건 초기에 이 둘은 모두 베이징 을 떠나 있었다.

이미 일부 보도되었듯이, 이번 사건의 발단은 미국에 거주하는 중국인 들이 벌인 반야스쿠니 캠페인이 인터넷을 통해 중국 국내로 전달되어 국내 활동가들에게 행동의 계기를 제공했던 것에 있다. 운동은 처음부터 신중간층을 동원 목표로 진행되었다. 2만 명이라는 시위 참가자 수는 중 국적 감각에서 보면 적은 수이다. 나는 이번 사건이 당에 의한 대중조작 이라기보다는 차라리 1999년 6월 파룬궁(法輪功)사건과 유사하다고 생각 한다. 그때도 보스턴과 버클리 유학생들이 조직적으로 중국 대륙에 들여 온 종교적 담론이 사건의 기폭제가 되었다. 시위에 참가한 총인원도 거 의 이번 사건과 비슷하다. 사건 초기 베이징시와 당 중앙의 대응이 적극 적이지 않았던 점도 흡사하다. 허를 찔린 시위였다는 주요도시 무장경찰 책임자의 발언은 거짓말이 아니라, 사건의 핵심을 집어낸 것이라고 생각 한다.

반야스쿠니 직접 행동은 학생과 일반시민들의 매우 자주적인 판단에 서 시작되었다. 어느 정도는 미숙한 면도 보이지만, 그 배후에는 일본의 동아시아정책과 외교를 자신들의 행동으로 바꾸겠다는 통절한 바람이 담겨 있다. 그렇기 때문에 그들의 직접 행동은 올바른 것이다. 어떤 양쪽 입장서술이나 어떤 객관적인 논의도 그들이 몸으로 표현한 행동 앞에서 는 설득력을 잃게 될 것이다. 야스쿠니 문제로 상징되는 일본의 동아시 아정책은 근본적으로 잘못되었고, 인접국의 신뢰를 전혀 얻을 수 없다. 우리들은 이것을 통절하게 인식하여 자기 개조의 길을 찾아나서야 한다.

나는 4월 사건 이래 나카에 우시키치(中江丑吉), 기타 잇키(北一輝), 스즈 에 겐이치(鈴江言一) 등과 같은 다이쇼(大正) 시기 저술가들의 글을 다시 읽고 있다. 정치적 입장도 주의와 주장도 서로 다른 세 사람이지만, 이들 은 중국 현대사의 기점으로 불려지는 1919년 5·4운동의 목격자이자, 이

운동에 공감함으로써 자신들의 중국과 아시아 인식을 키워갔다는 점에서는 모두 공통점을 지니고 있다. 지금 우리들이 극복했다고 믿고 있는 천황제 파시즘이 휘몰아쳤던 시대, 그들은 격렬한 일본 제품 보이콧운동의 분위기 속에서 그 일본 비판의 담론과 행동에 일관되어 있는 중국 사회의 새로운 움직임을 예감하고, 그것을 깊이 공감할 수 있었다. 나는 국가의 벽을 가뿐히 뛰어넘는 그 강인한 사색의 탄력성에 감동을 받았다. 어떻게 하면 그들의 유산을 이어받아 그것을 새로운 세기로 넘겨줄 수 있을까? 여기서 핵심은 '인도(人道)'이다.

이번 직접 행동에 참가했던 중국 민중에게 전해주고 싶은 말은 실은 이 '인도'의 문제와 깊은 관계가 있다. 미시마 유키오(三島由紀夫) 식으로 말하면, "당신이 이번에 내건 '애국무죄(愛國無罪)'의 슬로건을 '인도무죄(人道無罪)'라는 슬로건으로 바꿔주기만 했다면, 나는 당신과 함께 일본의 동아시아정책을 전환시키는 직접 행동에 참가했을 것이다. 나는 당신의 애국주의교육이 단순한 정권 유지의 방편에 불과하다고 생각하지 않는다. 중국의 애국주의교육이 1994년 미국에서 휘몰아친 중국위협론을 반론하기 위해 만들어진 것이었다는 점, 애국주의교육에는 미국식의 글로벌리즘에 대항하는 세계전략의 측면이 있다는 점은 중국 연구자로서 이해할 수 있는 바이다. 그럼에도 불구하고 천안문사건에서 민중에게 총을 겨누도록 명령했던 당신의 정부와 당을 옹호하는 것은 어떤 의미에서도 이해할 수 없다."

극동군사재판은 천황제 파시즘이 아시아·태평양전쟁에서 범한 전쟁범죄를 '인도에 대한 죄'라고 불렀다. 헌법 전문(前文)은 '보편주의'라는 정치도덕의 원칙에 의거하여 편협한 내셔널리즘의 극복을 촉구하는데, 여기에 언급된 '보편주의'는 '인도에 대한 죄'로부터 탈각하여 새로운 형태의 인도의 존재방식을 모색하는 행위라는 의미를 담고 있다. 고이즈미 수상의 야스쿠니 참배는 이런 맥락에서 보면 과거 전쟁에서 범한 '인도에 대한 죄'를 부인하고, 새로운 '인도에 대한 죄'를 범하는 것과도 같다.

반야스쿠니의 직접 행동은 이러한 '인도에 대한 죄'를 향한 항의운동이다. 이러한 의미에서 동아시아 민족이 중국, 한국, 일본이라는 국경을 넘어 이 지역의 평화와 안정을 위해 행동을 함께 할 때 '인도 무죄'라는 슬로건 이상으로 적절한 것은 없다.

고이즈미 수상이 야스쿠니신사 참배라는 어리석은 행동을 다시 반복한다면, '인도 무죄'의 깃발을 높이 내건 직접 행동의 물결은 베이징, 상하이, 우한(武漢), 홍콩, 서울뿐만 아니라, 도쿄와 내가 살고 있는 고베(神戶)의 거리를 가득 메울 것이다.

2005년 5월 9일 제2차 세계대전 종전 60주년 기념식 날에.

한일 관계와 연대의 문제

권혁태(한일관계사) 지음 / 오석철 옮김

  사적인 일이긴 하지만, 결코 짧다고는 할 수 없는 10년 이상의 '체일' 경험을 갖고 있는 나는 최근 일본을 방문할 때마다 적지 않은 충격을 받는다. 너무나도 변해버린 일본 사회의 '공기' 탓이다. 북한·중국·한국 때리기가 전쟁 위기의 선동과 더불어 온 나라를 뒤덮고, 닛뽄(일본)·닛뽄진(일본인)이라는 부르짖음이 나라 구석구석까지 침투해 있다. 오랜 기간 금기시되어 왔던 '헌법 개정'은 말할 것도 없고, 심지어는 '일본 핵무장론'조차도 이제는 또한 그다지 새삼스럽지 않다. '애국심'이라는 말이 횡행하고 '전후 민주주의'라는 말은 오로지 부정(극복이 아니다)의 대상으로서만 언급되어, 마치 골동품 취급을 받는다. '인권'이나 '민주주의'는 오직 '의심'의 대상일 뿐이며, '평화'는 2001년 후소샤 공민 교과서를 집필한 대표적인 우파 인사인 니시베 스스무(西部邁)의 말을 빌리자면, "정신의 발달 상태가 유형(幼形)임의 확연한 증거"이며, 따라서 '위선과 기만'의 말에 다름 아니다.1) 이것은 극단적인 예일지도 모르겠다. 그러나 국기·국가법(國歌法), 주변사태법, 유사법제, 야스쿠니신사 참배, 교과서 문제,

'영토' 분쟁, '쇼와(昭和)의 날' 제정 등 어지러울 정도로 잇달아 발생하는 변화를 어떻게 설명할 수 있을까? 최후 마무리는 '헌법 개정'으로 장식될 것인가?

최근 일본 사회의 변화를 미국 국무성의 전 일본부장인 폴 지아라(Paul Giarra)는 '슬로모션 혁명'이라 표현했는데, 이것은 일본의 신속한 개혁을 바라고 있는 미국 네오콘의 초조함을 부각시키는 레토릭일 뿐이다. 내가 보기에는 최근 일본의 변화는 '브레이크 없는 폭주기관차'에 다름 아니다.

불과 10년도 채 안 되는 기간에 이만큼 사회가 변할 수 있는 것인지, 놀라움과 함께 이러한 상황을 예견하지 못한 사회과학자로서의 무력감에 빠질 수밖에 없었다. 약 20년 전에 반공독재의 '가난한' 나라 한국에서 일본으로 유학을 갔던 내가 목격·체험한 당시의 일본 사회와는 마치 정반대의 방향으로 달려가고 있는 듯이 보인다. 당시의 일본 사회는 다소 쇠퇴하는 기색은 있었지만, 여전히 평화·민주주의·인권이라는 '전후 민주주의'의 공기로 둘러싸여 있었다. 경제 성장의 과실에 의해 지탱된 '통합'의 여유라고 말할 수밖에 없을지도 모르겠지만, 여하튼 그러한 '공기'는 높은 생활 수준과 더불어 나를 압도하기에 충분했다. '헤이와 보케(평화병)'라는 말에는 '안보 프리라이더(free rider)'를 알아차리지 못하고, 그저 평화라는 '과실' 속에서만 살아가고 있는 젊은이에 대한 초조함의 시선과 함께, 전쟁의 '폐허'에서 일어나 '평화'라는 달콤한 '과실'을 자유롭게 향수하고 있는 일본 사회의 '성공 이야기'에 대한 자랑스러움과도 같은 것이 은근히 비치고 있었다. 실제로 제2차 세계대전 후, 전쟁의 공포에서 벗어나 경제적으로 풍요롭게 살 수 있는 지극히 당연한 '일상의 권리'를 획득한 나라는 그리 많지 않다. 그것을 일본 속의 '타자'로서 바라볼 수밖에 없는 나로서는 일본의 풍요로움이나 '평화'가 한국의 상대적인 '빈곤함'이나 '불평화'와 기묘한 대칭을 이루면서 더욱 더 증폭되어

---

1) 西部邁, 『戰爭論』, 角川文庫.

갈 뿐이었다. 그것은 좀 과장된 표현을 하자면, 김석범(金石範)이 『화산도
(火山島)』라는 대하소설에서 그린 것과 같이, 제주도의 '4·3학살사건'을
피해 일본에 건너온 사람이 요요기(代々木)역에 내려 일본 공산당의 당당
한 간판을 보고 빠져든 '무력감'과 닮은 것인지도 모르겠다. 더 나아가
전전에 많은 식민지 출신의 조선인이 돈벌이로 혹은 유학으로 일본에
건너와서 '세련된 선진 일본'과 '식민지 조선' 간의 격차로 인해 느낄 수
밖에 없었던 '절망'과 비슷한 것인지도 모른다. 이러한 경험은 나뿐만이
아니라 일본에 체재한 경험을 지닌 많은 '한국인'에게 공통된 것이리라.
그러나 한편의 '평화'가 다른 한편의 '불평화'와 서로간에 밀접한 형태로
연결되어 있다는 점을 알아차리기까지는 그다지 많은 시간이 필요하지
않았다.

실제로 한일 관계뿐만이 아니라 동북아시아에서는 특히 19세기 이후,
평화라는 가치를 동시에 공유한 경험이 거의 없다. 19세기 말부터 20세
기 전반기까지는 일본을 '맹주'로 한 '서열화된 국가·민족' 관계가 동북
아시아를 지배하고 있었다. 전후에도 전전의 유산을 간직한 채, 큰 틀에
서는 북방의 '소련·중국·북한'과 남방의 '미국·일본·한국'이라는 각
각의 삼각체제에 의해 '냉전적 평화' 구조가 유지되었다. 한마디로 말하
자면, 동북아시아에서는 적어도 100년 이상 동안 '비대칭적 관계'를 반복
해온 셈이 된다. 한일 관계에 한정해서 말하자면, 한국이 반공독재체제
아래에서 반자유·반민주주의·반인권·반평화의 길을 걷고 있었던 시
기에, 일본은 자유·민주주의·인권·평화라는 가치에 뒤덮여 있었다.
그러나 거꾸로 한국이 민주화를 획득하여 겨우 인권·민주주의·평화라
는 가치에 주목하려고 하자, 이제 일본은 역방향으로 기울어지고 있는
것이다.

일본 우경화의 조건

　일본의 우경화를 제도·운동·사상의 영역으로 나누어서 살펴보면, 최근의 우경화는 과거와는 달리 제도적 성과를 잇달아 달성하고 있다는 데에 그 특징이 있다. 우경화 원년이라 부를 만한 1999년 이후 국기·국가법, 주변사태법, 유사법제, 헌법 개정을 향한 움직임 등이 그에 해당한다.

　일본의 전후 민주주의는 주지하는 바와 같이 높은 경제 성장, 보수와 혁신의 대립 및 공존에 기초한 의회민주주의, 평화헌법에 기초한 경무장 평화주의가 미일동맹에 의해 지탱되는 체제이다. '냉전'의 일본적 전개인 셈이다. 따라서 미일 관계로 대표되는 냉전질서에 '안주'하는 것이 무엇보다 중요하다. 이것은 샌프란시스코강화조약(반면 강화)과 미일안보조약을 한 묶음으로 하는 대외 관계를 기초로 하여 그 기반이 만들어졌다. 이후 미국이 군사적 리스크를 부담하고 일본이 군사기지를 제공하는 미일간의 '역할 분담'이 자리를 잡게 되고, 이 덕분에 전후 일본 사회에는 명분으로서의 '평화노선'이 유지되었다. 이러한 미국과 일본의 역할 분담 속에서 일본에는 병참기지, 한국을 비롯한 주변국에는 전투기지로서의 역할이 각각 미국에 의해 주어졌다. 일본을 포함한 주변국에는 미국이 부여한 역할에 상응하는 안정된 정치체제가 필요했고, 이런 필요가 일본에서는 자민당 정권, 한국 등 주변국에는 반공독재체제를 만들어냈다. 그 대가로서 미국은 원조 및 시장을 제공함으로써 정치체제의 물적 기반을 정비하였다. 정치체제가 경제 성장을 촉진하고 경제 성장이 정치적 기반의 외연을 확대면서 정치체제의 안정성을 유지하는 이른바 '냉전적 발전'의 선순환 구조의 완성인 것이다. 또한 내부적으로는 자민당과 사회당으로 대표되는 보수와 혁신의 대립 및 공존이라는 구도가 존재했다. 사회당은 개헌을 저지할 수 있는 3분의 1의 의석을 유지함으로써 개헌의 흐름을 막는 역할을 담당했다. 사회당은 정권 획득에는 실패했지만,

개헌 저지선을 유지함으로써 전후 민주주의의 '방파제'의 역할을 했다는 것이다. 따라서 현재 일본 사회가 향유하고 있는 장기간의 평화 상태와 높은 생활 수준은 전쟁의 폐허에서 쌓아올린 '전후 민주주의'의 결과라고 볼 수 있다.

그러나 이러한 전후 민주주의체제를 지탱해온 내외의 조건이 변화함에 따라 일본의 우경화가 하나의 현실노선으로서 나타난다. 우선 내부 조건의 변화로는 전후 민주주의의 '방파제' 역할을 맡고 있던 사회당 등의 호헌평화주의 세력이 급속하게 쇠퇴한 점을 들 수 있다. 사회당은 사민당으로 외양을 바꾸긴 했지만, 현재 의석은 6석에 지나지 않다. 1958년의 166석, 1990년의 139석에 비하면 몰락의 심각성을 실감할 수 있다. 하지만, 그렇다고 해서 자민당의 '압승'이나 '안정'을 의미하는 것도 아니다. 최근 고이즈미 수상의 대중적인 인기로 인해 얼마간 회복의 조짐이 있다고는 하지만, 자민당의 득표율은 1986년의 34.6%에서 2000년에는 20.3%로 급속하게 하락하고 있다. 전후 민주주의의 두 축에 금이 가고 있는 것이다.

외부의 조건 변화도 전후 민주주의체제의 변화를 촉진시키는 요인이다. 미국이 일본 측에 군사적 리스크의 분담을 요구하고 있기 때문이다. 미국의 요구는 자위대를 '군사화'하여 미국의 군사 리스크의 일부를 대신 부담케 하려는 것인데, 이는 최종적으로는 일본의 헌법 9조의 개정 요구로 귀착된다.

그러나 한일 관계에 한해서 살펴본다면, 일본의 전후 민주주의가 앞에서 서술한 바와 같이 주변 여러 지역의 '군사적 희생'에 의거하고 있다는 점이 중요하다. 일본이 본격적인 군사력을 보유하지 않아도 '평화체제'를 유지할 수 있었던 이유는 미국의 대 아시아 전략에 편입되어 일본 내 미군기지의 75%를 오키나와에 주둔시키고, 또 한국이 일본의 전투기지 혹은 '범퍼'로서의 역할을 떠맡았기 때문이다. 바꾸어 말하자면, 주변 여러 지역이 군사적 리스크를 부담함으로써 일본의 전후 '평화체제'가 유지될 수 있었던 것이다. 좀더 단순화된 논리로 설명하자면, 한국의 엄격한 '징병제'는 일본의 "군대에 가지 않아도 되는 젊은이들의 당연한 권리"와 서로 연관되어 있는 것이다. 양석일(梁石日)이 1974년의 문세광(文世光)사건을 다룬 소설 『죽음은 불꽃처럼』[2]에서 주인공인 송의철(문세광)로 하여금 "일본은 너무나도 평화롭다. 평화가 평화이기 위해서 다른 희생을 필요로 한다면 그것은 평화라 말할 수 있을까"라고 말하도록 한 것은 일본의 평화주의의 일국적 한계를 지적하고 싶어서였을 것이다.

그러나 1990년대 이후 한국 등의 민주화로 인해 주변 지역에서 그 동안의 전투기지로서의 역할을 거부하는 움직임이 강하게 일어남에 따라 군사적 부담이 일본으로 회귀하게 되었고, 그것이 일본의 우경화를 촉진하는 새로운 구도가 생겨났다. 한국의 반공 군사독재정권이 일본의 평화주의를 지탱하고, 한국의 민주화가 일본의 평화주의를 위협함과 동시에 일본의 '우경화'를 촉진시키는 '아이러니'를 다시 한번 확인할 수 있다. 한일 관계가 얼마나 비대칭적인 것인지를 말해주고 있다.[3]

2005년 문제의 특징

하지만 일본의 평화주의가 내외의 조건 변화에 따라 안정성이 훼손되어 최근의 우경화의 배경이 되었다고 하더라도, 그것이 반드시 2005년

---

2) 梁石日, 『死は炎のごとく』, 毎日新聞社.
3) 나는 이러한 내용을 2003년 11월에 한국에서 행해진 '동북아시아의 평화와 일본국 헌법'에 관한 학회에서 일본의 헌법학자인 기미지마 아키히코(君島東彦) 씨의 보고에 대한 나의 코멘트 속에서 언급한 적이 있다. 이에 대해 기미지마 씨는 "오키나와·한국의 군사기지, 한국, 대만, 동남아시아의 군사정권을 외재적으로 보는 것이 아니라, 일본국 헌법의 평화주의의 문제로서 보는 시점이 요구될 것이다"며 정리하고 있다(君島東彦, 「NGO平和構築が憲法の平和主義を具体化する」, 『論座』, 朝日新聞社, 2004년 12월호).

문제의 원인이라고는 할 수 없다. 즉 2005년에 들어서서 주변국과의 역사인식 문제가 어째서 '영토 문제'와 결합된 형태로 전면화되었는가를 생각해봐야 한다는 것이다. 왜냐하면 지금까지 일본과 한국 등의 주변국과의 역사인식을 둘러싼 갈등은 수차례 있었지만, 2005년 문제의 새로움은 지금까지 도미노적으로 진행되어 온 자위대의 외연 확대나 헌법의 형해화(形骸化)로 대표되는 '우경화'의 흐름에 교과서 문제나 영토 문제가 결합된 형태로 나타나면서, 주변국과의 '갈등'이 전면화되었다는 점에 있기 때문이다.

이론적으로는 일본의 헌법 개정 등을 비롯한 우경화 노선이 반드시 역사인식의 '전환'을 필요조건으로 한다고는 할 수 없다. 실제로 일본 정부의 일각에는 1990년대 후반까지는 역사인식 문제와 우경화 문제를 분리시키려는 움직임이 있었던 듯하다. 분리 방식이란 간단히 말하자면, "식민지 지배와 전쟁에 대해서는 사죄한다. 그러나 헌법은 개정하고 자위대는 군대로 바꾸겠다"는 것이다. 1990년까지 일본의 수상이 몇 번이고 반복한 '사죄발언'은 이러한 분리 방식을 대표한다고 여겨진다.

그러나 지금의 일본의 정치적 지형이나 내외의 여론을 보건대, '우경화'의 최종 목표인 헌법 개정에 대해서는 적지 않은 반대여론이 있어서 이 장애물을 뛰어넘는 것이 그리 간단하지는 않다. 따라서 헌법 개정에 필요한 정당 및 일본 국민의 '결집'이 필요하다. 게다가 아시아뿐만이 아니라 일본 국내에서도 헌법 개정을 비롯한 일련의 '우경화' 움직임에 대한 경계심이 강하다. 따라서 만일 헌법 개정이 정치일정에 올라 구체적인 '내용'으로 나타난다면, '내용' 여부에 따라서는 일본 국내에 정치적인 대치 지형이 만들어져 사회적 혼란을 피할 수 없게 될 것이다. 이런 과정에서 일본의 '우파'가 가장 경계하는 것은 대치 노선이 전쟁과 평화로 나뉘어져 자신들이 전쟁을 찬미하는 세력으로 간주되어 일본 내에서 '고립'되는 일이다. 따라서 고립을 피하고 일본 내의 유동층을 우파의 흐름에 끌어들이기 위해서는 역사 문제를 둘러싼 주변국과의 갈등을 국가

간 대립의 구도로 가져가는 것이 가장 유효한 방법이라고 판단했을 것
이다. 영토 문제는 주변국과의 역사인식 문제 등을 국가간 대립으로 전
화(轉化)·수렴시키는 가장 효과적인 소재이었던 셈이다. 왜냐하면 역사
인식 등이 일단 인류의 보편적 가치를 둘러싼 대립의 성격을 지니면서
주변 지역과의 정합성이 중시되는 문제인 데 비해, 영토 문제는 '국익의
완전 노출'을 통해 쟁점을 국가간의 충돌로 끌어넘으로써 '국민'의 결집
을 용이하게 도모할 수 있는 매우 '인화력'이 강한 현재진행형의 소재이
기 때문이다. 더구나 영토를 둘러싼 갈등은 일본 내에 '주권'에 대한 위
기감을 선동하는 데 적합하다. 특히 2002년에 표면화된 '납치 문제'는 인
권 문제로서가 아니라 일종의 주권 침해의 사례로서 각인되어 자민당
및 일본 정부의 '현실파'의 입지를 좁혔을 뿐만 아니라, 정치가·정부·
지식인·미디어·시민단체의 '우파 네트워크'를 결집시키는 매개가 되었
다. 이후, 우파 네트워크는 역사 문제, 영토 문제, 북한 문제, 헌법 개정
문제를 하나의 쟁점으로 묶어 진지를 구축하는 데 성공했다. 이들은 주
변국을 '공생의 이웃'이 아니라, 언제라도 일본의 주권이나 인권을 침해
할 수 있는 '외적(外敵)'으로 간주하고, '외적'으로부터 일본을 지키기 위
해서는 현행 헌법을 개정하여 자위대를 군대로 개조하고 '힘'을 배양해
'주권'을 지켜야 한다고 주장한다.

한국 정부의 대일 외교─조용한 외교의 파탄

　전통적으로 한국의 대일 외교는 미국의 압도적인 영향하에서 안보 문
제와 경제 문제를 최우선으로 하고, 미국을 정점으로 하는 수직적 계열
의 하나로 자리매김하고 있었다. 따라서 대일 외교에서는 한국의 독자적

인 판단은 기능하지 못하고, 오로지 미국을 경유한 '안보적 판단'이나 자본 측의 '실익적 판단'이 우선되었다. 또한 역대 한국 정부는 민중의 가슴 밑바닥에 잠재하고 있는 '반일 정서'를 경제 발전과 '국민 통합'의 한 수단으로서 이용해 왔다. 그리고 '민중의 요구'를 통제할 수 없다고 판단하면, 배상이나 보상이 따르지 않는 '사죄발언'을 일본에게 요구하였고, 그 과정에서 한일 관계에서의 역사 문제를 둘러싼 '갈등'은 '사죄발언'의 수준이나 범위를 어떻게 조정할 것인가에 따라 부분적으로 '해소'되어 왔다. 따라서 식민지 민중의 피해를 은폐·축소·억압하는 데 가담해온 역대 한국 정부도 역사 문제의 책임에서 자유롭지 못하다. 1990년대 이후 한국 사회에서 식민 지배의 피해에 대한 배상 요구가 분출하고 있는 것은 한국 사회의 민주화에 따라 '안보적 판단'이나 '실익적 판단'에서 역사 문제를 이용하는, 지금까지의 대일 외교의 골격이 작동할 수 없게 되었다는 것을 의미한다. 따라서 민주화운동은 한편으로는 한국 국내의 문제이면서도, 다른 한편으로는 한일 정부의 역사적 공범 관계를 폭로하는 의의를 가짐과 동시에, 과거 제국주의시대에 대한 식민지 경험 지역의 안티테제라는 세계사적 의의를 지닌다.

그러나 한국 사회의 민주화에 따른 대일 외교의 '민주화'와 '투명화'는 일본 정부로서도 한국 정부로서도 적지 않은 리스크가 따른다. 왜냐하면 독재정권하에서 잠재해 있던 역사 문제가 일거에 분출해버리면, 한일 관계에 금이 생겨 미일동맹과 한미동맹을 내용으로 하는 한·일·미의 삼각체제에 적지 않은 부담이 되기 때문이다. 실제로 노무현 정부 초기에 일본의 일부 언론 등이 노 대통령의 대일 및 대미 외교 방침의 전환 가능성에 관해 이례적인 우려를 나타내며 '당혹감'을 표시하거나 '동북아시아 질서의 불안 요소'라며 소란을 피운 것은 노 정권의 등정이 반공 독재정권하에서 억제되어 온 역사 문제를 분출시키는 계기가 될 뿐만 아니라, 미국이라는 우산 아래의 수직적 계열에의 편입을 한국이 전략적으로 조절함으로써 지금까지 수직적 계열로의 편입에 의해 항수해

온 일본의 '기득권'이 흔들릴 가능성이 매우 높다고 판단했기 때문일 것이다. '기득권'의 위기에 대한 일종의 반동인 셈이다. 결과적으로는 일본이 얼마나 과거 질서 속에 안주하려고 하는가, 또 얼마나 새로운 질서 만들기에 불안을 품고 있는가를 보여주는 증거이기도 하다.

이러한 상황 속에서 한국 정부는 역사 문제와 일본의 헌법 개정 문제를 비롯한 일련의 '군사 대국화' 문제를 분리하는 이른바 '조용한 외교'를 하기 시작한다. 역사 문제에 '망언'이 없다면 일본의 헌법 개정이나 자위대의 외연 확대를 문제삼지 않겠다는 것이다. 실제로 노 대통령은 2002년 3월 16일 일본의 가와구치(川口) 외무장관과의 회담에서 "과거 문제도 중요하지만 동북아시아의 미래를 위해 협력하는 것이 중요하다"면서, 동북아시아의 평화를 위한 협력이 역사 문제에 우선한다는 인식을 드러냈다. 또한 노무현 대통령은 '영토 문제'로 한일 관계가 경직된 상태에 있던 올해 3월 23일의 '국민에게 드리는 글'라는 성명에서 '조용한 외교'의 내용에 대해 이렇게 말하고 있다.

> 일본은 그간 자위대 해외파병의 법적 근거를 마련해놓고, 이제는 재군비 논의를 활발하게 진행하고 있습니다. 이 모두가 우리에게는 고통스런 과거를 떠올리게 하고 미래를 불안하게 하는 일들입니다. 그러나 이미 일본이 사과하고 우리가 이를 받아들여 새로운 파트너십을 선언한 마당에, 보통의 나라들이 일반적으로 누리고 있는 국가의 권능을 일본만 갖지 못하게 하는 것은 일본 국민들이 납득하기 어려울 것입니다. 이러한 판단에서 우리는 걱정스러운 마음을 억누르고 하고 싶은 말을 참아왔습니다. 한일 관계의 미래를 위해서였습니다.

특히 이라크에 한국군을 파병한 노 정권으로서는 아무리 현행 헌법에 저촉된다고 하더라도 일본 자위대의 이라크 파병을 문제삼을 수는 없었을 것이다. 게다가 대북 관계에서 일본 등의 주변국의 협력을 무시할 수 없는 한국 정부로서는 역사 문제와 군사화의 움직임을 분리하는 방식은 한일 관계의 '연착륙(軟着陸)'을 위한 '고뇌의 방책'이었을 것이다.

이렇게 본다면, 올해의 '영토 문제'는 역사 문제와 군사화의 움직임을 잇는 매개물의 역할을 한 셈이 된다. 한국 정부는 '영토 문제'를 통해 지금까지의 '조용한 외교'가 불가능하다는 점을 깨달은 것이다. 어쨌든 영토 문제에서 양국 정부의 '본심'이 일거에 드러나고 영토 문제가 교과서 문제 등의 다른 문제로 불꽃이 옮겨가는 등, 최근의 한일 관계는 일종의 '치킨 게임'의 양상을 드러내고 있다.

국제연대를 규정하는 것

지금까지의 국가간 관계는 정보·사람·상품·돈의 국가간 이동을 정부가 일방적으로 독점하고 이러한 자원을 선택적이고 자의적으로 배분·조절함으로써 국가 발전의 중요한 소재로 삼아왔다. 특히 국가 주도의 발전전략의 경향이 강했던 동북아시아에서 이런 경향은 더욱 현저했다. 상품이나 자본의 이동에 대해서는 보호무역정책이나 외환 규제를 통해, 또 서적·신문·대중문화 등에 대해서는 정부나 일부 기관이 검열·여과하는 형태로, 노동력 이동은 해외여행에 대한 규제나 신분검사를 통해 국가가 조절해 왔다.

이러한 관점에서 본다면, 한국의 일본관은 단편적으로 접하는 정보를 국가의 발전전략에 적합한 형태로 가공하거나 혹은 가공된 정보를 개인의 기억·체험·전승에 의해 재가공된 형태로 형성되어 왔다고 할 수 있다. 일본 사회에서도 한국 사회에 관한 정보는 일부의 사람에 의해 매우 제한된 형태로 일본으로 유입되었으며, 따라서 일본 사회의 한반도 인식은 일본 사회의 현실과 방향성에 맞추어 가공·첨삭되는 경우가 적지 않았다. 따라서 이러한 조건하에서는 두 사회에 국가나 자본으로부터 자유로운 시민사회가 존재할 수 있었다 하더라도 국가 독점·국가 가공(加工)으로부터 자유로운 국제적 시민 연대의 사상이 만들어지는 것은 지극히 어려웠다. 바꾸어 말하자면, 일국에서의 시민사회의 성립이 반드시 국가나 자본으로부터 자유로운 시민사회의 국제네트워크의 형성으로 이어지지 않았다는 것이다. 따라서 국가 독점하의 시민사회간의 네트워크는 당연히 '보편적 이념'에 의지할 수밖에 없었다. 예컨대 김옥균 등의 '갑신정변'(1884)으로 대표되는 '급진개화파' 이래의 연대와, 식민지시대의 사회주의자의 연대는 각각 '근대화'와 '사회주의'라는 보편적 이념에 기초한 것이었다.

이러한 이념형 연대는 각각의 지역이 놓여 있는 현실을 '근대화'나 '사회주의'라는 보편적 이념으로 재해석하고, 그 재해석을 통해 '국제연대'를 보편이념이라는 규범적 가치를 실현하기 위한 일종의 '통로'로 상정했다는 점에서 그 공통점이 있다. '근대화'의 흐름은 차치하더라도, 카라타니 고진(柄谷行人)의 말을 빌리자면, 원래 '국가의 양기(揚棄)'[4]를 목표로 삼고 있었을 터인 사회주의라는 이념도 운동이라는 현실에서는 국가나 민족이라는 틀에 용해되는 경우가 많았다. 이것은 '근대화'나 '사회주의'라는 보편이념이 그 교과서적인 원리와는 달리 근대적인 의미에서 국가나 민족을 기본 전제로 하여 출발한 데에 그 원인이 있다. 따라서 전후세계에서 '연대의 사상'이 국가나 민족으로부터 완전히 자유롭게 될 수 없었던 것은 어떤 의미에서는 당연하다고 말할 수 있다.

대략적으로 말하자면, 전후 '근대화'의 이념은 '자본주의화'라는 이름으로 한일 양국 정부 간의 흐름으로, 또 사회주의의 이념은 한일 민중연대, 혹은 조일 연대의 흐름으로 각각 흡수되었는데, 이 흡수가 '국가'라는 틀의 재구축을 통해 이루어졌기 때문에 이 흡수 과정에서 배제되거나 튕겨나오는 문제나, 혹은 새로이 발생한 문제에 대한 자각은 1960

---

4) 柄谷行人, 「インタビュー「一九四五年」と「二〇〇〇年」」, 『世界』, 2005년 1월호.

년대 이후에 등장하기에 이른다. 특히 일본에서는 1960년대 이후 베트남 전쟁을 계기로 하여 일본이 역사적으로 가해자였을 뿐 아니라, 그 가해 자로서의 위치가 전후에 계승되어 전후 일본의 번영을 뒷받침하고 있는 상황에 대한 자각의 조짐이 일부에서 나타나기 시작한다. 이러한 자각의 조짐은 일본의 번영이 아시아, 특히 한국 등의 아시아 국가의 '희생' 위 에서 성립된 것이며, 따라서 한국의 정치 상황에 대한 문제제기=한국의 민주화운동에 대한 지원 연대는 곧 일본 사회의 과거와 현재에 걸친 비 판적 문제제기이기도 하다는 깨달음에 기초한 것이다. 이러한 새로운 자 각의 단서가 탈민족·탈국가적인 지향성을 갖고 '국경'을 뛰어넘으려는 문제의식으로 귀착하게 된 것은 사회주의 이념이 국가나 민족이라는 틀 로 인해 더 이상 국제연대의 사상을 담보할 수 없다는 것을 현대 일본의 '현실' 속에서 깨달았기 때문이다. 따라서 이와 같은 새로운 자각을 통한 연대 사상의 흐름은 일정 부분 사회주의적 국제 연대에 대한 비판적 성 찰의 계기를 동반하게 된다.

이에 반해, 해방 후의 한국에서는 '근대화'(=자본주의화)의 이념이나 통 로를 정부가 독점함으로써 민간 수준에서의 근대화의 이념이나 통로조 차도 정부의 관리 아래에 놓인다. 당연히 해방 전에 존재한 다양한 '국제 연대'의 사상, 특히 사회주의적 연대의 사상은 분단과 철저한 반공체제 의 등장으로 인해 설 자리를 잃게 된다. 따라서 한반도의 남부에 갇힌 한국의 사회운동은 '근대화'의 정부 독점에 대한 '이의 제기'를 통해 '근 대화'의 완성(자유민주주의의 실현)을 지향하거나 혹은 '잃어버린 또 하나의 세계'인 사회주의로의 이념적 편향이라는 형태를 취할 수밖에 없게 된 다. 이런 이유 때문에 결국 한국에서 '국제연대'의 사상은 '민족국가'의 완성을 위한 외부 지원의 하나로 받아들여져 '한국'이라는 '통로'에 의해 서만 국제연대로 자리매김하게 된다. 특히 사회주의를 둘러싼 국제사회 의 내부 분열과 '내적 성찰'(예컨대 스탈린주의, 중·소 이념분쟁, 신좌익의 등장 등에서 발생한 '고통')에서 한 발짝 거리를 둘 수밖에 없었던 한국의 사회운동은 국제 프롤레타리아트운동이 사회주의적 패권주의로 변질되어 가는 과정을 체험할 수 있는 내적 계기를 갖지 못한다.

결국 일본의 사회운동이 탈국가·탈민족으로의 지향이라는 새로운 사상적 자각 속에서 국제연대를 자리매김하려 하고 있는 반면, 한국의 그것은 '민족국가의 완성'이라는 운동 목표 속에 국제연대를 자리매김하려고 하는 것이다.

새로운 조건과 연대의 새로운 구축을 위하여

냉전이 해체된 후, 동북아시아에서는 유동화·액상화(液狀化)가 계속되고 있다. 동북아시아에 다음과 같은, 얼핏 보기에 모순되는 듯이 보이는 두 가지 흐름이 가속화되고 있다. 하나는 글로벌리제이션의 전개이며, 다른 하나는 내셔널리즘적 경향의 강화다.

그러나 글로벌리제이션의 진전은 신자유주의적 질서를 향한 편성이라는 문제를 지니면서도, 다른 한편으로는 20세기를 지배해온 고립적 근대국가의 경계의 벽을 약화시켜 국가간 관계가 정부 대 정부에 그치지 않고 민간 대 민간, 혹은 개인 대 개인이라는 '탈정부적 관계'로 발전할 수 있는 전망을 가져다주었다. 바꾸어 말하자면, 국가로부터 '상대적으로 자율적'인 국제 교류가 가능하게 되었다는 것이다. 또한 정보통신산업의 발달로 인해 국제 교류에 필요한 비용이 급속하게 경감되고, 무차별적 교류가 사회의 모든 분야로 확산되어 지금까지의 '규제' 중심의 정부 독점체제가 붕괴하기에 이르렀다.

이러한 경향은 동북아시아에서 특히 현저하다. 여행, 유학, 기관 교류, 청소년 교류, 학회간 교류, 공동연구 등, 다양한 민간 교류의 폭발적인

증가를 보면 일목요연하다. 예컨대 한국에서는 일본어를 학습하는 인구
가 약 100만 명에 달하고 있고, 일본 관련 학과는 100개교, 중국 관련 학
과는 약 50개교의 대학에 설치되어 있다. 동북아시아 3국간의 교류를 위
한 학습 기반은 일단 한국에서는 양적으로는 정비되어 있는 셈이다.

지금까지의 공교육, 거대 미디어, 정부 등에 독점되어 있던 상대국에
대한 정보를 염가로, 게다가 리얼타임으로 손쉽게 일상생활에서 경험할
수 있게 되었다. 이러한 변화는 개인이 자신이 속해 있는 국가체제와 상
대적으로 거리를 두면서, 상대의 정보를 '자신의 의사'로 선택할 수 있게
되었다는 점을 의미한다. 이것은 한일 관계의 주역이 '식민지 경험 세대'
나 '이념형 세대'에서 '탈역사·탈이념 세대'로 옮겨가, 정보 독점이나
두 사회의 '정보의 비대칭성'에 기초한 연대나 교류가 연대의 메카니즘
으로 더 이상 기능할 수 없게 되었다는 점을 의미한다. 이러한 새로운
현상을 '생활형'이나 '개인형'이라 명명한다면, 생활형 및 개인형 교류는
구체적 접촉을 통해 획득한 상대에 대한 이미지가 정보 독점과 이념형
교류에 의해 형성된 지금까지의 이미지를 수정·보완하거나, 더 나아가
대립·충돌하는 경우를 종종 낳는다.

따라서 냉전체제하에서 위로부터 부여된 정보에 기초하여 배양된 일
국주의적 세계관에 일정한 변화를 가져다줄 것으로 기대하는 것은 어떤
의미에서는 당연한 것이다. 이런 기대는 자신을, 특정한 국가에 종속된
부속물로서가 아니라 보다 넓은 단위, 예를 들면 동북아시아를 구성하는
개인으로서 자리매김할 가능성을 열어줄 것이며 이는 동북아시아에서도
국가를 넘어설 수 있는 지역주의적 접근의 조건이 점차 힘을 얻어갈 것
이라는 낙관적인 입장의 기반이 된다. 냉전 해체와 글로벌라이제이션이
일국 중심의 역사서술의 약화를 가져와 최종적으로 '역사의 비국가화'[5]
로 귀결된다는 주장이나 동북아시아 공동의 집 구상 등은 21세기의 동북

---

5) 入江昭, 「一國中心の歷史をこえるために」, 『世界』, 1994년 1월호.

아시아가 스스로 동북아시아를 하나의 '단위'로서 '사고'하려는 새로운 모색의 전형처럼 받아들여지고 있었다.

그러나 1990년대 이후 우리가 목격하고 있는 동북아시아의 현실은 이러한 기대를 완전히 저버리고 있다. 동북아시아 3국은 경제 및 문화 교류의 확대에도 불구하고 현실세계에서는 대립적 세계관을 국가라는 틀을 통해 오히려 더욱 강화하려는 흐름이 힘을 얻고 있고, 이러한 경향은 대개 '네이션 빌딩(nation-building)' 혹은 '국가 아이덴티티'라는 형태로 나타난다. 따라서 민간 교류의 확대가 국가 경계의 약화로 이어질 것이라는 기대는 현재로서는 하나의 환상인 듯이 여겨진다. 특히 최근의 '역사의 기억'이나 '영토'를 둘러싼 국가간 갈등은 경제 및 문화 교류가 반드시 동북아시아 3국의 평화와 공존의 기반에 직결하는 것이 아님을 새삼 실감케 하는 계기가 되었다. 즉 역사나 영토를 둘러싼 국가간 대립은 얼핏 국가의 틀로부터 자유로운 듯이 보인 각 지역의 시민사회를 일거에 국가라는 틀에 회귀시키는 계기가 되었다는 것이다.6) 따라서 최근의 한일 관계는 국가나 자본에 의해 주도되는 '국제 교류'를 견제·감시하는 역할에 그치지 않고, 새로운 '교류 연대'의 모델을 만들 필요를 새삼 확인하는 계기가 된 셈이다. 따라서 국제연대를 하나의 규범적인 이념으로 묶을 수 없게 된 현실 속에서, 그리고 개인의 만남의 축적이 국경의 벽을 낮추어줄 것이라는 기대가 국가간의 충돌 속에서 제대로 기능하고 있지 못하고 있는 현실 속에서, 모든 공간·시간·영역에서의 '만남'은, 단순한 정보 교환이나 친선 교류에서 벗어나, 쟁점별로 구체적인 공통의 목표를 설정하고 공통의 목표를 실현시키기 위한 실천적인 '만남'으로 전환되어야 할 것이다. 예를 들면, 교과서 파동을 해결하기 위한 한·

---

6) 예컨대 2004년에 일어난 고구려사를 둘러싼 한국과 중국의 갈등은 역사를 둘러싼 갈등이 단지 '일본 문제'로서가 아니라, 아시아 전체의 문제로서 확산될 수 있는 문제임을 환기시켰다(권혁태, 「'고구려사 문제'와 일본의 동북아시아 인식」, 『황해문화』, 2004년 겨울호).

중·일 시민사회간의 연대나, 혹은 동북아시아 군축을 위한 모델 만들기 같은 것들이 이에 해당된다. 이와 같은 구체적 사업을 통한 연대의 경험과 그 성과 위에서 비로소 새로운 연대의 사상이 담보된다는 새삼스러운 교훈을 확인한다.

아시아 지역주의 속의 타자

도사 히로유키(정치학) 지음 / 김도형 옮김

경계의 대두와 일본 문제

전후 50년째인 1995년 8월 15일, 무라야마 수상은 "식민지 지배와 침략으로 많은 나라들, 특히 아시아 여러 나라 사람들에게 막대한 손해와 고통을 입혔던" 것의 사죄를 포함하는 이른바 무라야마 담화를 발표했다. 그리고 "과거의 역사를 직시하기 위해 역사도서와 자료수집, 연구자 지원 등을 내용으로 하는 역사연구지원사업"과 "지적 교류나 청소년 교류 등을 통한 각계각층의 대화와 상호 이해를 촉진하는 교류사업"을 골자로 하는 "평화우호 교류계획"이 동시에 발표되어, 정부 주도의 교류 사업이 시작되었다. 일한 교류의 해라고 불린 2002년에는 축구 월드컵의 일한 공동개최 등 일한 신세기 공동프로젝트 등의 사업이 추진되고, 같은 해에 행해진 각종 여론조사만을 본다면 표층적인 여론 레벨에서는 일한 양국의 상대국에 대한 신뢰가 높아지는 징조를 볼 수 있었다.

그러나 이러한 흐름과는 정반대로, 일본의 네오내셔널리즘운동과 체제의 공세를 계기로 일한, 일본과 중국 간의 집단적 기억의 경계가 다시금 대두되고 있다. 2001년 4월, '새로운 역사 교과서를 만드는 모임(이하 '만드는 모임')'의 중학교 역사과 공민 교과서(후소샤판)가 문부과학성의 검정에 합격한 것에 대해 아시아 각국과 지역으로부터 강한 비판과 항의가 집중되었다. 그리고 2005년 4월, '만드는 모임'의 개정판 교과서가 문부과학성의 검정에 다시 합격하면서 한국, 중국 등에서 강한 비판이 가해지고 광범위한 반일 움직임이 눈에 띄게 되었다. 이러한 역류현상이 보여주는 것은 네오 내셔널리즘에 기대고 있는 고이즈미 정권이 태도를 바꾸어 역사 문제에 부적절한 대응을 취하고 있는 점과 자기 망상적인 '태양의 제국'의 어두운 그림자(식민지 지배의 책임 문제)가 사라지기는커녕, 한층 더 짙어지고 있는 현실일 것이다. 그러나 일본 정부와 일부 매스미디어는 중국과 한국의 반일교육 등에 책임을 전가하면서 나아가서는 영토 문제와 관련한 중국위협론 등을 선동하며 네오 내셔널리즘을 더욱 보강하는 방향으로 이끌어가려고 한다. 역사 문제라는 '집합적 기억의 경계'를 둘러싼 대립, 나아가서는 영토 문제로 대표되는 '지리적 공간의 경계'를 둘러싼 대립이, 미디어의 선동으로 배타적 내셔널리즘의 생성을 재촉하고 있는 과정 속에서 다시금 드러나는 것은, 동아시아 지역 내 일본의 고립화가 아닐까.

미소냉전이 종언한지 10년이 경과하고, 유라시아 대륙의 저편, '산허리(岬, cap)'라고도 말할 수 있는 유럽에서는 불완전하게나마 전쟁의 후유증도 극복되고, 지역적 통합의 심화와 확대(데리다의 표현을 빌자면 '다양성의 유지 / 동일성의 생성'이라는 수행적 모순을 실현하려는 시도)1)가 진행되는 데 비해서, 대륙의 이쪽 편인 동아시아에서는 왜 반대의 양상을 보이는 것일까. 동아시아에서는 냉전의 유물이기도 한두 개의 분단국가 문제(중국과

---

1) 자크 데리다(Jacques Derrida), 高橋哲哉・鵜飼哲 역, 『他の岬』, みすず書房, 1993, 30~31면.

대만, 남한과 북한)가 아직 위험한 화약고로 남아 있을 뿐 아니라, 소위 일본의 아시아 침략전쟁의 책임 문제조차 여전히 충분하게 해결되지 않고, 뿌리깊은 불신의 구조가 불식되지 않고 있는 것은 어째서일까. 후자에 한정해 말하자면, 그 책임의 많은 부분은 일본 정부나 이를 지지하는 네오 내셔널리즘에 있다고 결론짓는 설명이 일본 바깥에서는 설득력을 지니고 있다. 이러한 '일본 문제'의 뿌리는 전전(戰前)의 탈아입구(제국주의에 대한 과잉 적응)나 전후의 일미동맹 최우선(미국적 글로벌리즘에 대한 과잉 적응)과 같이, 구미적인 '강자의 논리'에 과잉 적응하면서 아시아 주변 지역을 무시하는 태도로 계속 행동하는 경향, 일본이라는 국가 아이덴티티의 경계성,2) 이중성격성에 있다.

이것은 반(半) 주변적인 위치에 있는 자가 중심적 서클에 동화하려고 지나치게 노력한 나머지, 주위에 있는 자들에게 방약무인한 행동을 취하는 상황과 비슷한 것이리라. '잃어버린 10년'이라는 말이 상징하듯이, 사회의 자신 상실 상태 내지는 신자유적인 아노미 상태가 한층 공격적이고 쇼비니스틱한 행동을 촉진하고 있다고도 말할 수 있다. 어느 쪽이건 침략의 역사와 정면으로 맞서지 않는 일본이 설령 UN 안보리상임이사국이 되었다 한들, 아시아 지역 사람들의 목소리를 얼마나 반영할 수 있을 것인가. 이런 의문과 비판이 나와도 전혀 이상하지 않다. 일본 문제는 무엇보다도 일본 사회를 보는 아시아 주변 각국의 불신에서 비롯하며, 이런 상황을 그다지 자각하고 있지 않은 일본 정부 관계자의 행동이 더욱 불신을 불러일으키고 있다. 어떤 의미에서는 '이지메' 문제를 자각하거나 기억하지 못하는 가해자와 그 피해자 관계와도 비슷한 점이 있는데, 이런 인식적 착오가 이른바 동아시아공동체 형성의 큰 장해가 되고 있는 것은 분명하다.

---

2) 일본 국가 아이덴티티의 경계성과 아시아태평양 등의 지역 개념 형성의 관련에 관한 연구로는 예를 들어 大庭三枝, 『アジア太平洋地域形成への道程』, ミネルヴァ書房, 2004년을 참조

또한 아시아에서 '위로부터의 지역주의'가 늦어진 것은 일본 문제 외에 미국 문제와도 관련되어 있다. 미국 정부는 지금까지 자국의 통제를 벗어난 독자적인 지역주의의 발전을 잠재적 위협으로 인식하며 그 맹아(동아시아경제그룹 구상이나 아시아통화기금 구상 등)를 억제해 온 경위가 있고, 냉전기에는 물론 냉전 후에도 미국을 축으로 하는 방사 형태의 양국동맹망(herb and scoop)인 미한과 미한 관계로 지역질서를 제어하고자 한 것이 지역주의의 형성을 지연시켰다. 클린턴 정권만 해도 아시아에서의 지역주의 형성 움직임을 보고도 못 본 체 했지만, 부시 정권은 미국의 국익을 위협하는 아시아 지역주의의 형성을 저지하려고 한다.3) 아시아와 미국 사이의 연결고리라기보다는 미국의 에이전트적인 역할을 수행하고 있다고 할 일본 정부의 외교정책에도 당연히 이 같은 미국 문제가 반영되어 있다. 냉전적 사고를 대신하는 중국위협론, '미-중-일'의 전략적 삼각형을 참조 틀로 하는 권력 정치적 사고양식이 다시금 강화되고 있다는 점에서도(예를 들어 작년 12월 발표된 신방위계획대강新防衛計劃大網을 보라), 경계의 대두, 지역주의의 움직임에 반하는 역공(backrush)이 일어나고 있다고 하겠다.

중국을 축으로 하는 '위로부터의 아시아 지역주의'

'위로부터의 지역주의'를 지체시켰던 또 하나의 원인으로 중국 문제도 언급해야 할 것이다. 침략이나 간섭이라는 과거의 역사가 불신감을 양성한다는 점에서 말하자면 일본과 마찬가지로 중국도 비슷한 문제를 안고

---

3) Glbert Rozman, *Northeast Asia's Stunted Regionalism : Bilateral Distrust in the Shadow of Globalization*(Cambridge : Cambrige University Press, 2004), p.293.

있다. 예를 들어 중국은 한국·베트남·인도네시아 등과 같은 국가들과 직접 전쟁을 치르던가, 간접적인 간섭을 해 왔고, 그 결과 외교 관계는 단절 상태에 있었다. 특히 인도네시아, 말레이시아 등 동남아시아 각국은 화교커뮤니티를 매개로 하는 공산주의(毛澤東主義)의 침투와 디아스포라 내셔널리즘의 파급을 위협으로 간주하고 있다(이것들도 미국의 '제국주의적' 공격에 대응한 서발턴 리얼리즘의 왜곡된 표현이라는 측면이 있다는 점은 부정할 수 없지만). 어떤 의미에서는 중국과 이를 표상하는 화교는 동남아시아 사회에서 언제나 '타자'의 위치에 있었다고 할 수 있다.

그러나 1990년대 이후, 동아시아와 동남아시아에서 중국의 위치는 크게 변화하고 있다. 우선 중국 정부는 인도네시아(1990), 베트남(1991), 한국(1992)과 국교정상화를 이루는 등, 주변 각국과의 신뢰 양성에 나서, 1997년 이후부터는 본격적인 다각적 외교에 나서고 있다.4) 이러한 변화를 재촉한 큰 계기 중 하나는 1997~98년의 아시아 통화위기일 것이다. 미국이 주도하는 경제적 글로벌리제이션의 귀결이기도 한 단기 자본의 과잉유동성 문제는 경제적 파급의 형태로 아시아 지역을 덮쳤고, 그에 따라 국가주권의 취약성이 드러났다. 여기에 1998년에 발생한 NATO군의 베오그라드 중국 대사관 '오폭'사건도 중국의 정치 엘리트나 학생들에게는 큰 충격을 주었던 것으로 보인다(실제 이때도 대규모 학생시위가 있었다). 코소보로 상징되는 일련의 '인도적' 군사개입은 미국이 주도하는 군사적·정치적 글로벌리제이션 앞에서 일개 국가의 주권이 얼마나 유약한 것인지 분명히 보여주는 사례이다. 이들 사건 이전인 1996년에 중국 정부는 협조적 안전보장과 종합적 안전보장 등으로 이루어진 신안전보장관(新安全保障觀)을 제창하였고, 1997년을 기점으로 하여 이 신안전보장관에 기반한 다각적 외교를 활발히 전개하고 있다.

---

4) 중국 정부의 지역주의적 구조에 대한 관여 움직임에 대해서는 高原明生, 「中國の多角外交」, 『國際問題』 No.527, 2004, pp.17~30; David Shambaugh, "China Engages Asia : Reshaping the Regional Order", *International Security*. Vol.29 No.3, 2004 / 05, pp.64~99를 참조.

특히 눈에 띄는 것은 ASEAN 지역 포럼(ARF), ASEAN+1(중국), ASEAN+3 (일·한·중) 등에 대한 중국 정부의 적극적인 개입이다. 아시아 통화위기 직후인 1997년 12월에 콸라룸푸르(kualalumpur, 말레이시아 수도)에서 열린 수뇌회의 이후, ASEAN+3은 제도화되었는데, 중국 정부는 이러한 틀을 적극적으로 활용하고 있다. 또한 남중국해 영토와 영해 문제에서 더 이상의 대결을 회피하면서, 2002년에는 ASEAN과의 포괄적 경제 협력구조협정을 조인하는 등, 동남아시아의 지역주의적인 구조에 대한 적극적 관여를 점차 강화하고 있다. 게다가 2003년의 바지파이 인도 수상의 중국 방문으로 상징되듯이, 국경 문제를 안고 있는 인도와도 신뢰양성에 노력하고 있다. 이에 더해 중국은 1996년에 러시아나 중앙아시아 각국(카자흐스탄, 키르기스스탄, 타지키스탄)과 국경 지역 신뢰양성협정(상하이협정)을 결성하고, 국경 지역의 병력 삭감 등과 같은 국가간 신뢰 양성을 추진하며, 2001년에는 이들 국가와 상하이 협력기구(이른바 상하이 파이브, 上海五國)를 설립하기에 이르렀다. 물론 상하이 파이브의 지역 협력에는 이슬람 원리주의계열의 반정부 그룹에 대한 진압을 공동으로 추진한다는, 즉 미국을 축으로 진행되고 있는 '대 테러전쟁'의 보완적 기능이 있음을 놓쳐서는 안 될 것이다. 단, 전체적으로 보자면, 동아시아의 지역안전보장복합체는 중국을 축으로 하면서 동남아시아, 나아가서는 남아시아 등의 지역안전보장복합체 등이 연대하는 형태로써 복수(複數) 지역에 걸친 아시아 슈퍼 안전보장복합체 (Asian Supercomplex)5)를 형성하고 있다. 이 계기가 아시아 통화위기였다고 한다면, EU와 마찬가지로 아시아 지역주의는 미국 주도의 글로벌리즘에 대한 대항적 지역 질서 형성의 시도라는 측면을 가지고 있다. 단, '아시아의 위로부터의 지역주의'는 EU와는 달리, 국가주권을 보강하기 위한 통로라는 측면도 동시에 가지고 있는 점은 유의해야 할 것이다.

또한 동남아시아 각국 등에서의 중국위협론이 완전하게 불식되지 않

---

5) Barry Buzan and Ole Waeber, *Regions and Power : The Structure of International Security* (Cambridge : Cambrige University Press, 2003), pp.144~171.

는 한 중국에 대한 균형자로서 일본과 미국을 아시아 지역주의 안에 포함시키려는 발상도 동시에 유지된다. 덧붙여서, 중국을 축으로 한 아시아 지역주의 형성의 움직임에 초조해진 일본 정부는 ASEAN 각국과의 FTA(자유무역협정)에 소극적이던 자세를 바꿔 반격을 꾀하고자 하고 있다.6) 구체적으로는 2002년 1월에 체결된 일본·싱가포르 신시대 경제연휴협정(JSEPA)의 체결, 이와 동시에 고이즈미 수상이 밝힌 동아시아 커뮤니티 구상 등과 같은 움직임이 그것이다. 동아시아 커뮤니티 개념에 미국은 들어 있지 않지만, 미국 밑에서 부보안관(副保安官)을 자임하는 오스트레일리아가 포함된 것은 무엇을 의미하는가. 1990년에 말레이시아의 마하티르 수상(당시)이 주장한 동아시아 경제그룹(EAEG) 구상이 미국 정부의 강한 반대로 무너진 경위를 염두에 두면서, 아시아 지역주의의 구조를 EAEG 구상과는 다른 것, 가능하면 미국 정부를 자극하지 않는 '아시아태평양'적인 구조로 만들고 싶다는 외무관료 등의 구상이 희미하나마 엿보인다. 하지만 한국 정부도 중국과 마찬가지로 ASEAN+3의 구조로 아시아 지역주의를 추진하는 방향으로 움직인다는 점을 고려하면, '위로부터의 아시아 지역주의'를 둘러싼 패권다툼은 '일본/중국+한국'이라는 양상이 되고 있다. ASEAN을 연결고리로 하면서 일·중·한의 협력 관계가 긴밀화되어야 할 때에, 오히려 일본 정부 스스로가 재연(再燃)시킨 역사 문제로 아시아 지역주의에서 '타자로서의 일본'이라는 구도가 다시금 부각되고 있다. 억압된 집단적 트라우마(trauma : 정신적 외상) 기억이 간헐적으로 반복하며 나타나는 것에 당혹스러워하면서도, 이것을 '미래 지향'이라는 단어('역사 문제를 권력정치의 도구로 사용하지 마라'는 메타 메시지를 포함하는)로 청산하려는 일본의 일부 정치엘리트들의 행동이 오히려 트라우마를 일으켰던 '가해자로서의 일본'이라는 모습을 보여주고 있는 것이다.

---

6) 일본 정부의 아시아 지역주의정책에 대해서는 山影進, 「東アジア地域主義と日本·ASEANパートナーシップ」, 山影進 編, 『東アジア地域主義と日本外交』, 日本國際問題研究所, 2003, 1~10면을 참조.

국경을 넘어선 집단적 기억과 '아래로부터의 아시아 지역주의'

그렇다면 아시아의 지역주의 구조가 정치권력과 세력 균형 등을 기조로 삼는 지역질서에 그칠 것인가. 아니면 결국 이러한 한계를 넘어서서 다각적으로 규범적인 안전보장공동체로 발전해 갈 것인가. 후자가 단기적으로 실현될 가능성은 분명히 낮다. 그리고 설령 전자에서 후자로 바뀌었다 해도 지역주의적 아이덴티티의 형성 과정에서 '배제해야 하는 타자'의 문제는 사라지지 않는다. 이것은 EU 통합에서 무슬림계 이민 문제 등과 같은 형태로 나타나는데,[7] 아시아 지역주의의 형성 과정에도 당연히 이러한 문제가 생길 것으로 예상된다. 하지만 그 이전에 아시아 지역주의적 아이덴티티로 보는 타자의 위치에 이미 일본이 끼워져 버린 것이다. 아시아 지역주의의 기초가 되어야 하는 '국경을 넘어선 공통 집단적 기억'이 일본에 의한 식민지 지배와 침략이란 점을 생각할 때, 일본 사회가 네오 내셔널리즘에 경도되어 식민지 지배를 정당화하는 수정주의를 향해 가면 갈수록, 일본은 주변 여러 나라의 내셔널리즘의 공격 대상이 됨과 동시에, '동아시아공동체에서의 타자'라는 역할을 맡게 될 것이다.

묘하게도 일본의 네오내셔널리즘운동과 체제가 무시하거나 은폐하려는 '종군위안부' 문제의 기억이 매개가 되어 국경을 초월한 네트워크가 형성되었고, 그 결과 2000년 동경에서 여성국제전범법정이 열렸던 것은 아직 생생한 기억으로 남아 있다. 어떤 의미에서 이것은 국경을 넘어선 트라우마적 기억을 매개로 한 '아래로부터의 아시아 지역주의'의 견본이 되었다. 일본·한국·북한·중국·대만·필리핀·인도네시아에 이르기까지 피해를 입은 사람들이 속한 국가와 지역을 연결하면서, '제국'의 이

---

7) EU 통합 과정의 '구주 아이덴티티와 타자' 문제에 대해서는 Thomas Risse, "Social Constructivism and European Integration", in *European Integration Theory*, edited by Antje Wiener and Thomas Diez(Oxford : Oxford University Press, 2004), pp.166~171을 참조.

면에 들러붙어 있던 트라우마의 흔적을 재추적하는 과정을 통해 재구성해 가려는 시도는 문자 그대로 트랜스내셔널적인 공동체를 형성하려는 시도이기도 했다. 이 근저에는 패배의 집단적 기억과 함께 가해 책임을 명확히 하려는 인권적 규범이 있었다는 점은 말할 필요조차 없다.

아시아에서 '위로부터의 지역주의' 움직임은 자칫하면 권력정치나 세력 균형 등을 기조로 하는 지역 질서 형성으로 기울기 쉽다. 이에 대해 '아래로부터의 지역주의' 움직임, 국경을 넘은 다각적이고 규범적인 동아시아공동체를 대항적으로 만들어 갈 힘이 필요하다. 국경을 넘어선 트라우마를 재구성하면서, 트랜스내셔널한 역사=이야기(物語)를 만들어 가려는 시도는 그야말로 후자의 움직임 가운데 하나였다. 또한 가해자 측도 그 인권침해 행위는 어디까지나 '용서받을 수 없는 행위'라는 점, 즉 1995년 무라야마 담화에서 결론이 난 것도 청산된 것도 아니라는 점을 다시 인식하면서, 앞으로도 피해자로부터의 비난과 자책감의 고통을 견뎌가야 할 것이다. 이것이야말로 가해자 측의 정치공동체에 귀속된 자의 책임이며, 그 책임에 계속해서 응답하는 것이 식민지주의적 폭력의 트라우마라는 '패배의 유산'을 공통된 뿌리로 지니는 동아시아공동체에 들어갈 수 있는 유일한 방법일 것이다. 이것은 배타적 쇼비니즘의 연쇄 과정을 탈피해 가는 길인 동시에, '다양성의 유지 / 동일성의 형성'이라는 수행적 모순(double bind)을 내포한 원대한 프로젝트를 다른 모습으로 실현해 가는 길이기도 하다.

편집자의 비밀

한국의 독자에게

이케가미 요시히코(『現代思想』 편집장) 지음 / 최태원 옮김

지난 4월 2일의 일이다. 올 3월 일본의 교과서문제에 대한 노무현 대통령의 연설과 독도 / 다케시마 문제로 불이 붙어 급기야는 중국의 여러 도시에서 반일시위가 번지는 소란의 한복판이었던 것으로 기억한다. 그날 나는 어느 연구회에 참석했다. 한 일본 연극인이 타이완의 타이페이에서 타이완인들과 함께, 그것도 대륙의 중국인까지 스텝으로 가세해 공연한 연극의 보고를 듣고 그 성과를 검토하는 자리였다. 마침 한국에서도 몇 명의 젊은 친구들이 앞으로의 교류를 위해 결합했다. 덕분에 연구회의 보고와 토론은 꽤나 활기찬 분위기 속에서 진행되었고, 그 열기는 고스란히 저녁의 뒤풀이로 이어졌다. 그 자리에는 말 그대로 십년지기인 이정화가 있었다. 술자리는 이런 저런 화제로 곳곳에서 이야기꽃을 피웠는데, 느닷없이 그녀가 말했다. "이케가미, 뭔가 해야 하지 않겠어." 편집자로서 언젠가는 한 번 다뤄야 할 문제라고 늘 느끼고 있었지만, 정말 제대로 된, 지금 여러분이 보는 형태의 특집을 꾸리기로 마음먹은 데는

이런 사정이 있다. 꼭 남겨야 할 기록이지 싶다.

1980년 3월 말 한국에 잠시 가본 적이 있지만, 두 번째 만남은 2000년이 되고 나서다. 2000년 1월 중순 자정이 다 될 무렵 이정화의 전화를 받았다. 지금 당장 나오라는 것이다. 문부식이 동경에 왔단다. 나는 그 당시 문부식이 누구인지도 몰랐다. 이미 전차가 끊겼다는 핑계로 다음 날 아침 일찍 합류하게 되었다. 문부식이 거기 있었다. 그의 경력은 한참 뒤에야 알게 되었으니 그때는 무슨 이야기를 꺼내야 할지 몰랐는데, 그 날 어떤 이야기를 했는지는 지금도 기억나지 않는다. 그냥 마음 놓고 있어도 좋은 분위기였다는 정도만. 그래도 뭔가 이야기를 꺼내야 한다는 조바심이 들 즈음, 미국에서 귀국하던 길의 임지현이 그 자리에 동석했다.

얼마나 돌아다녔을까. 식사를 하고 차를 마시고 몇 군데 술집을 돌고 돌아 마침내 우리는, 내가 학생시절 자주 다니던 어느 주택가 한복판의 조용한 술집에 닻을 내렸다. 보글보글 끓는 찌게를 앞에 두고 내가 물었다. "한국인은 정말 술이 쌔네. 이유가 뭐요?" 누군가 말했다. "질문 좋구려. 한국인이라면 모르는 사람이 없는 소설인데, 식민지에서 그 누가 술 없이 살 수 있으랴, 대충 그런 소설이 있어요. 아마 그런 사정으로 한국인의 술이 쌘 게 아니겠소?" 나는 흠칫 놀랐다. "술로 치자면, 나가노 시게하루의 「몇 잔의 술(五勺の酒)」이라는 단편소설이 있지요. 전쟁이 끝나고 얼마 안 돼 쓴 작품인데, 겨우 한두 잔의 술에 취해서는 궁시렁궁시렁 천황제를 비판한다는 그런 내용이죠" 그런 대답 아닌 대답을 하고 말았다.

우리말고는 손님이 없었다. 언제부터 우리 이야기를 듣고 있었는지 주인이 끼어들었다. "한국어가 섞여 있는 것 같은데, 문학 이야기를 하고 계신 거 맞죠? 사실 제 아버지가 조선인입니다. 재일문학(在日文學)이라면 전부 읽었습죠 나도 같이 이야기합시다." 가게주인은 학생 시절부터 아는 사이였지만, 그 이야기는 나도 처음 들었다. 이정화나 한국 유학생이 통역해 주기는 했지만, 뭔가 알맹이가 있는 이야기를 한 기억은 없다. 그렇지만 나는 아직도 그 장면을 또렷하게 기억한다. 그 날 이후로도 몇 번이고 몇 번이고 그 장면을 떠올렸다. 뭐랄까, 우리는 그 날 그 술집에서 앉은 그대로 녹아 내렸던 것만 같다. 그만큼 즐거운 밤이었다.

한국의 지식인들과 만난 건 그때가 처음은 아니다. 그로부터 2년 전, 그러니까 1998년에도 한 번 한국 지식인들과 만난 적이 있다. 타이완의 천꽝싱(陳光興)을 1997년 동경에서 열린 심포지움에서 만났는데, 그의 초대로 타이페이에 가게 되었다. 2월 말이었다. 현재 라우토렛지에서 발간하는 계간지 『Inter Asia Cultural Studies』를 준비하는 모임이었다. 천꽝싱은 당시 아시아의 지식인들과 교류를 시작하는 단계였는데, 그 일환으로 우리도 타이페이에 간 것이다. 그곳에 조혜정·김성례·김현미가 있었다. 신선한 놀라움이라고 할까, 그들과의 만남에서 그런 걸 느꼈다. 말이 통하는 친구들이라는 것도 놀라웠지만, 그럼에도 무얼 이야기해야 좋을지 잘 모르겠다는 사실을 알게 된 건 더 놀라운 일이었다. 굳이 에두를 것도 없었고, 자의식 같은 일본 지식인의 나쁜 버릇을 드러낼 필요도 없었는데. 그냥 하고 싶은 말을 솔직히, 내키는 대로 했더라면 좋았을 것을. 그때는 그러지 못했다. 무얼 어떻게 말하면 좋을지 몰라 마냥 더듬거렸다.

내세울 것 없는, 정말 개인적인 내 나름의 일한교류사는 대부분 당혹감이나 그 당혹감에 값하는 할 말 없음의 기억들로 점철된다. 대개는 내 공부가 부족했거나 성격 탓이었으리라. 하지만 그 당혹감은 나 혼자만의 것이 아니리라 믿는다. 이런 저런 유보는 달아두어야 하겠지만, 최근 몇 년 동안 비교적 대등하다고 할 만한 교류가 민중들 사이에서 폭발적으로 일어났다. 이런 움직임은 근대 이래 동아시아에서 처음 경험하는 것이 아닐까 싶다. 더구나 지난 3월부터 꿈틀거리기 시작한 반일 문제는 일본인으로서 자기 반성하는 계기가 되었다.

자기 자신이 누구인지 깨닫고 자기 밖을 향해 말을 해야 한다는 의미에서 절호의 기회. 나는 이번 반일에서 그런 걸 느꼈다. 그 기회가 비록 한 순간의 가능성으로 끝나더라도, 지금은 벌써 그 기회조차 잃어버린 듯이 보이더라도, 사건이 지닌 의미에서 여전히 그 사건은 환영할 만한 것이다. 물론 지금 이 시점에서 그 움직임의 다채로움이 퇴색한 것처럼 느껴질지 모르겠지만, 그 사건들이 일본인에게 불러일으킨 가능성들, 요컨대 다양한 뉘앙스를 내포하는 그 문제의 깊이와 대면한 것, 중국의 여러 도시에서 일어난 시위를 통해 상상 속의 민중이 아니라 구체적인 민중의 모습을, 텔레비전의 화면이기는 하지만 자신의 피부로 실감한 것, 앞으로 그들과 어떻게 이웃할 것인지를 생각하게 된 것, 나는 그 계기의 중요성을 높이 사고 싶다.

반일 문제를 다루는 방식은 여럿일 테고, 보다 일반적인 차원에서 문제를 명확하게 논의하는 편이 좋았을지도 모르겠다. 하지만 나는 내 개인적인 관계들을 되짚어 보는 방식, 한 사람 한 사람과의 만남을 되짚어 확인하는 길을 선택했다. 아니, 지금의 나로서는 이 방법말고 다른 선택이 있을 수 없다. 이런 건 보통 편집자가 밝히지 않는 편집상의 비밀인 셈이니, 집필자들 개개인의 생각과는 완전히 별개인 후일담에 가깝다. 지금 쓰고 있는 이 글이 이 책의 총론도, 서론도 아니라는 것, 그 무엇도 아니라는 변명을 덧붙여두자.

서울의 젊은 벗들, 연구공간 수유+너머의 친구들에게서 이번 특집을 한국어로 번역하겠다는 이야기를 들었을 때, 편집자로서 너무나도 기뻤을 뿐만 아니라 번역에 참여하겠다는 이들에게도 고마움을 느꼈다. 하지만 한편으로는 일본인을 향해 쓴 글들이 한국에서 번역된다는 사실이 왠지 불안하기도 하다. 한국의 독자들이 이 특집을 어떻게 받아들일 것인지, 지금의 내 상상력으로는 감당할 수 없는 문제이다. 반일 문제는 계속될 것이고, 만약 한국의 독자들이 이 책에 어떤 반응을 보인다면 나는 다시금 새로운 기회를 만날 것이다. 그 기회를 기다리고 있다.